2026학년도
초·중등 보건교사
임용고시 대비

김이지 02
보건임용

정신간호학

Preface
이 책의 머리말

본 교재는 보건교사 임용고시를 준비하는 예비보건교사들의 합격의 길잡이가 될 것으로 확신합니다.

김이지 전공보건 2권 정신간호학 교재의 특징은 아래와 같습니다.

1. **'최신의 엄선된 자료'로만 함축 정리**
   - 가장 최신의 개정된 각론서, 임상심리학 교재, DSM-5-TR를 기반으로 보건복지부 등 국가기관의 공신력 있는 자료 등 함축 정리

2. **임상심리사 검수와 최신의 공신력 있는 자료**
   - 본 교재는 임상심리사의 검수를 받은 신뢰할 수 있는 자료이며, 참고문헌에 정리된 자료 외에도 논문, 대한정신의학회 언론 보도자료 등 신뢰할 수 있는 참고문헌 등을 모두 참고하여 교재 총정리

3. **완벽이해를 돕기 위한 DSM-5-TR 진단기준별 각 사례 및 예시 정리**
   - 정신과 진단의 이해를 돕기 위해, DSM-5-TR 진단기준별 각 사례 및 예시 정리
   - 각 개념별 개념 이해를 돕기 위해, 각 사례 및 예시 정리

4. **최신의 기출 경향성을 반영한 '최신 트렌드'의 교재**
   - '최신의 기출' 경향성을 완벽분석하여, 다빈도 출제영역의 핵심을 전달하고, 향후 출제될 경향성이 있는 최신의 자료로만 업데이트한 교재 완성

5. **'그림과 도식화'를 활용하여 개념별 구조와 틀 완성**
   - 그림, 도식화, 표 등을 활용하여 개념별 '구조화'를 통해, 머릿속에 사진처럼 찍혀 시험날까지 기억에 남는걸 최종목표로 교재를 구성

교재의 내용 한글자 한글자를 집필할 때는 이 교재가 바로 여러분의 '시험지의 답안'이라고 생각하고, 쉽게 암기하면서도 고득점을 맞을 수 있는 방법을 고민하고, 또 고민해서 교재를 만들었습니다.

김이지 전공보건 강의의 특징은 다음과 같습니다.

> **1. 각 교과의 복습을 최소화하는 '완벽 이해'중심의 교재와 강의**
> - 교재도, 강의도 완벽한 이해가 기반되지 않으면 암기도, 인출도 할 수 없습니다.
> - 수험생의 복습을 최소화하도록 저는 완벽이해 중심으로 강의합니다.
>
> **2. 장기간 기출중심 문제풀이로 기출 문제에 대한 완벽 적응 강의**
> - 기출문제에 대한 경향과 트렌드 파악은 과거를 통해 미래의 실제시험문제를 예측하기 위합니다. 2024년, 2025년 가장 높은 적중률로 증명해 보였고, 앞으로도 증명할 것입니다.
>
> **3. '키워드' 중심의 강의로 명확하고 체계적인 이론의 틀 정리**
> - 강의도중 암기해야 할 '키워드'는 명확하게 제시해드립니다
>
> **4. '반복 문제풀이'를 통한 실제 시험에 대한 적응력 향상 강의**
> - 이해와 적용은 반복학습을 통해 완성됩니다. 사회현상과 최신의 간호내용을 총정리한 출제예상문제를 통해 실제 여러분의 합격을 도울 것입니다.

합격의 길은 막막하지 않습니다. 얼마든지 즐겁게 행복하게 공부할 수 있습니다. 딱 하루하루만 허들을 넘듯, 최선을 다해봅시다.
그럼, 어느순간 합격의 길에 여러분이 있을 것이라 확신합니다.

미래의 보건실에서 사랑스럽고 귀여운 학생들을 마주할 예비교사 선생님들의 합격을 기원합니다.

끝으로, 이 교재를 완성하도록 도움을 주신 해커스 임용고시 학원선생님들과 법률저널 출판사 관계자분들, 그리고 집필에 도움을 주신 배연구원님과 김은진 연구원님께도 깊은 감사를 드립니다.

2025년 3월
저자 김이지

Contents 이 책의 차례

PART 01
인간의 정신역동적 이해 ········· 10
1. 의식의 구조(수준) (Freud) ············ 10
2. 성격의 구조 (Freud) ··················· 12
3. 방어기전 (방어기제) ···················· 15

PART 02
인간의 생물학적 이해 ············ 26
1. 뇌 신경계의 구조와 기능 ············· 26
2. 뇌신경계 검사 ··························· 31
3. 신경전달물질 ··························· 32

PART 03
인간의 발달적 이해 ················ 37
1. 정신성적 발달이론 ····················· 37
2. 정신사회적 발달이론 ·················· 40
3. 대인관계 발달이론 ····················· 42
4. 분리개별화 이론 ························ 43
5. 매슬로우 욕구단계 이론 (욕구계층 이론) ··· 44

PART 04
정신건강간호의 이해 ·············· 45
1. 정신건강의 개념 ························ 45
2. 정신건강의 특성 ························ 45
3. 정신건강 평가기준 (마리야호다) ······ 45
4. 정신질환 ································· 46
5. 정신건강예방 (1,2,3차 예방) ········· 47
6. 스트레스 ································· 48
7. 심리검사 ································· 51

PART 05
치료적 관계와 치료적 의사소통 ········· 58
1. 치료자 관계 ····························· 58
2. 치료적 관계의 단계 (페플라우) ······ 61
3. 의사소통 기술 ·························· 62
4. 치료적 의사소통 ······················· 66
5. 비치료적 의사소통 ···················· 72

PART 06
이상행동의 이해 ····················· 78
1. 일반적인 상태 사정 (외모, 언어, 태도) ········ 78
2. 사고장애 ································· 79
3. 정동장애 ································· 88
4. 행동장애 ································· 91
5. 지각장애 ································· 94
6. 기억장애 ································· 98
7. 의식장애 ······························· 100
8. 언어장애 ······························· 101
9. 지능장애 ······························· 101
10. 판단력 장애 ·························· 102
11. 지남력 장애 ·························· 102
12. 병식결여 ······························ 102

PART 07
정신건강관련 이론과 치료 ········· 103
1. 정신분석치료 ·························· 103
2. 행동치료 ······························· 104
3. 인지행동치료 ·························· 107
4. 실존주의 정신치료 ··················· 114
5. 인간중심치료 (로저스) ··············· 118
6. 지지정신치료 ·························· 119
7. 마음챙김에 근거한 심리치료
   (최신 인지행동치료) ················· 121

PART 08
인지치료 ········· 126
1 Beck의 인지치료 ········· 126
2 Ellis의 합리적 정서·행동치료
 (합리적 정서치료) ········· 135

PART 09
집단정신치료 및 가족치료 ········· 137
1 집단 정신치료 ········· 137
2 가족치료 ········· 140

PART 10
정신과 약물의 이해 ········· 165

PART 11
아동기와 신경발달 장애 ········· 168
1 의사소통장애 ········· 168
2 운동장애 ········· 171
3 특정학습장애 ········· 176
4 지적발달장애 (지적장애) ········· 177
5 전반적 발달지연 ········· 179
6 자폐스펙트럼장애 (ASD) ········· 180
7 주의력결핍 과잉행동장애(ADHD) ········· 184

PART 12
조현병 스펙트럼 및 기타 정신병적 장애 ········· 189
1 조현병의 개요 ········· 189
2 조현병 스펙트럼 진단 ········· 193
3 항정신병 약물 ········· 196
4 조현병 환자 간호중재 ········· 199

PART 13
양극성 및 관련 장애와 간호 ········· 201
1 양극성 장애 정의 및 원인 ········· 201
2 조증 및 우울관련 증상 ········· 202
3 양극성 장애 진단 ········· 204

PART 14
우울장애 ········· 213
1 우울증의 생물학적 원인 ········· 213
2 우울증의 정신사회적 원인 ········· 214
3 우울증 관련 사정 ········· 218
4 우울장애 치료단계와 치료목표 ········· 219
5 우울증 진단기준 ········· 220
6 우울증 약물치료 ········· 226
7 우울증 비약물치료 ········· 231

PART 15
불안장애 ········· 233
1 불안의 수준 ········· 233
2 불안의 원인 ········· 235
3 불안장애 진단 ········· 236
4 사회불안장애 ········· 240
5 범불안장애 ········· 247

PART 16
강박장애 ········· 249
1 강박장애의 원인 ········· 249
2 강박장애 증상 ········· 251
3 강박장애 대상자 특징 ········· 252
4 강박장애 유병률 및 영향 ········· 253
5 강박장애 치료 ········· 253
6 강박장애 간호중재 ········· 254
7 강박장애 진단 ········· 254

Contents 이 책의 차례

PART 17
파괴적, 충동조절, 그리고 품행장애 ········ 259
1. 적대적 반항장애 ································· 259
2. 품행장애 ·· 261
3. 간헐적 폭발장애 ································· 264
4. 병적 방화 ··· 267
5. 병적 도벽 ··· 267

PART 18
외상, 스트레스 관련 장애 ·················· 268
1. 외상, 스트레스 관련 장애 개요 ············ 268
2. 외상, 스트레스 관련 장애 종류 ············ 271

PART 19
해리장애 ··· 284
1. 해리 장애 개념 및 증상 ······················· 284
2. 해리장애 종류 ····································· 285

PART 20
신체증상 및 관련장애 ························ 288
1. 신체증상 및 관련장애 개요 ·················· 288
2. 신체증상 및 관련장애 종류 ·················· 289

PART 21
급식 및 섭식장애 ······························· 298
1. 신경성 식욕부진증 ······························· 298
2. 신경성 폭식증 ····································· 303
3. 폭식장애 ·· 306
4. 이식증 ·· 307
5. 되새김장애 ··· 307
6. 회피적/제한적 음식섭취장애 ················ 308

PART 22
배설장애 ··· 310
1. 유뇨증 ·· 310
2. 유분증 ·· 311

PART 23
성관련 장애, 젠더 장애 ····················· 312
1. 성관련 장애 용어 ································ 312
2. 성관련 장애 – 성기능부전 ··················· 312
3. 성관련 장애 – 변태성욕장애 ················ 313
4. 젠더 불쾌감 ······································· 316

PART 24
신경인지 장애 ···································· 317
1. 섬망 ··· 317
2. 주요 신경인지장애 ······························ 318
3. 경도 신경인지장애
  (Mild Neurocognitive Disorder, MCI) ········· 318

PART 25
수면-각성 장애 ·································· 319
1. 수면의 이해 ······································· 319
2. 수면각성장애 ····································· 327
3. 사건수면 ·· 333
4. 호흡곤란 수면장애 ······························ 339
5. 일주기리듬 수면–각성장애 진단기준
  (DSM–5–TR) ··································· 340

PART 26
성격장애 342

1. 성격장애 개요 342
2. A군 성격장애 344
3. B군 성격장애 348
4. C군 성격장애 354

PART 27
자살과 비자살적 자해, 위기간호 359

1. 비자살적 자해장애 359
2. 자살단서와 자살행동 361
3. 자살원인 362
4. 자살 고위험군과 사정요인 364
5. 청소년 자살 367
6. 자살 간호 중재 368
7. 위기간호 369
8. 배우자 폭력 371

PART 28
정신건강 법적 윤리적 상황 373

1. 개인정보보호와 관련된 법령 373
2. 정신건강증진 및 정신질환자 복지서비스 지원에 관한 법률(약칭: 정신건강복지법) 374
3. 정신건강 법적 윤리적상황(입퇴원 기준) 375

PART 29
물질 관련 및 중독 장애 383

1. 물질 관련 및 중독 장애 개요 383
2. 알코올 사용장애 390
3. 카페인 관련장애 393
4. 담배관련 장애 394
5. 아편계 395
6. 진정제, 수면제 또는 항불안제 396
7. 자극제 398
8. 환각제 400
9. 대마제제 400
10. 흡입제 401
11. 기타물질 401
12. 물질 남용 약물치료 403
13. 비물질 관련 장애 403
14. 청소년 물질 중독 404

정신간호학

PART 01	인간의 정신역동적 이해	PART 15	불안장애
PART 02	인간의 생물학적 이해	PART 16	강박장애
PART 03	인간의 발달적 이해	PART 17	파괴적, 충동조절, 그리고 품행장애
PART 04	정신건강간호의 이해	PART 18	외상, 스트레스 관련 장애
PART 05	치료적 관계와 치료적 의사소통	PART 19	해리장애
PART 06	이상행동의 이해	PART 20	신체증상 및 관련장애
PART 07	정신건강관련 이론과 치료	PART 21	급식 및 섭식장애
PART 08	인지치료	PART 22	배설장애
PART 09	집단정신치료 및 가족치료	PART 23	성관련 장애, 젠더 장애
PART 10	정신과 약물의 이해	PART 24	신경인지 장애
PART 11	아동기와 신경발달 장애	PART 25	수면-각성 장애
PART 12	조현병 스펙트럼 및 기타 정신병적 장애	PART 26	성격장애
PART 13	양극성 및 관련 장애와 간호	PART 27	자살과 비자살적 자해, 위기간호
PART 14	우울장애	PART 28	정신건강 법적 윤리적 상황
		PART 29	물질 관련 및 중독 장애

Part 01 인간의 정신역동적 이해

① 의식의 구조(수준) (Freud) 18 임용

- 의식, 전의식, 무의식으로 구성됨

1 의식

개념	• 개인이 현실에서 쉽게 알아차릴 수 있고, 노력하지 않고도 알게 되는 모든 활동임 • 깨어있을때만 작용하며, 개인이 인식하고 통제할 수 있는 지각, 생각, 감정임	
원칙	현실원칙	• 현실을 검증하고, 현실을 지각하여 행동함
사고	2차 사고과정	• 현실적, 논리적, 합리적, 체계적인 사고로 현실과 부합하게 처리하는 사고과정임
기능	• 현실원칙에 의해 조절되며, 논리적이며 합리적이고 신중하게 행동하도록 이끌어줌	
구성	• 대부분의 자아와 일부 초자아로 구성	

2 전의식

개념	• 잠재의식으로 마음을 집중하면 쉽게 떠올릴 수 있는 경험, 사고, 감정, 욕망 등임	
원칙	현실원칙	• 현실을 검증하고, 현실을 지각하여 행동함
사고	2차 사고과정	• 현실적, 논리적, 합리적, 체계적인 사고로 현실과 부합하게 처리하는 사고과정임
기능	① 자주 사용하지 않고 필요로 하지 않은 사실들이 의식에 남아, 부담이 되는 것을 방지 ② 수용하기 어렵고, 혼란스러운 무의식적 기억이 의식에 도달되지 않도록 도움 → 전의식의 기능은 '완충작용' 임	
구성	• 자아와 초자아로 구성	

3 무의식

개념	• 모든 억압된 기억, 감정, 생각, 욕구, 충동 등으로 개인이 일생동안 경험한 지식, 감정, 경험의 모든 것임 • 마음의 10분의 9이상으로 수용할 수 없는 억압된 기억과 감정, 생의 초기 미해결된 갈등 등이 무의식에 저장되어 있음 • 개인은 거의 무의식적 내용을 떠올릴 수 없지만, 숙련된 치료자의 도움으로 일부는 의식으로 끌어올 수 있음 • 종종 꿈, 실언, 농담, 최면요법 등으로 떠오름 (무의식 → 전의식 → 의식)	
원칙	쾌락원칙	• 현실적인 제한이나 미래에 관계하지 않고, 즉각적인 본능을 추구, 충동적이고 비합리적임
사고	1차 사고과정	• 비논리적, 비합리적, 비체계적인 사고로 즉각적인 욕구충족을 바라는 사고임
기능	• 무의식에 저장되었던 기억과 감정은 신경증적 증상이나 인간행동에 강력한 영향을 미침	
구성	• 이드와 초자아로 구성	

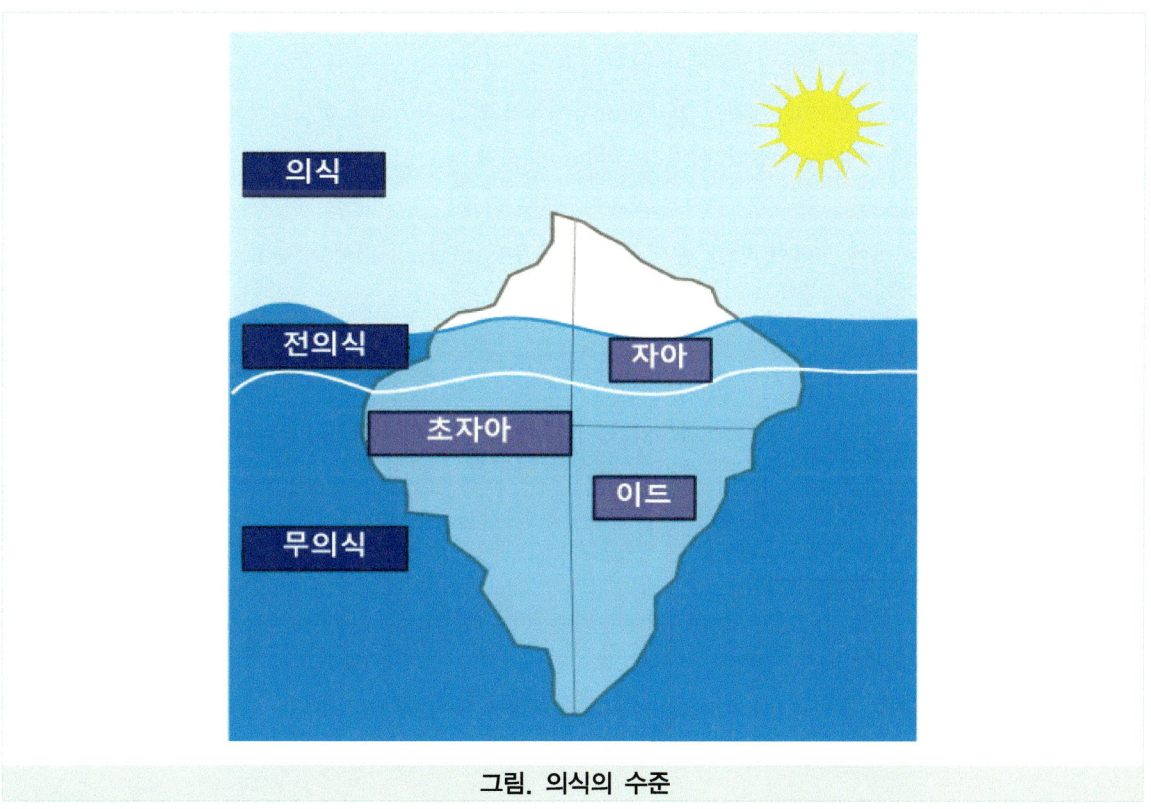

그림. 의식의 수준

2 성격의 구조 (Freud) 21 임용, 96 임용

- 이드(id), 자아(ego), 초자아(superego)로 구성됨

1 이드(id) 21 임용

개념		• 성격의 근원적인 부분으로 무의식적이고 충동적임, 본능, 욕구의 원천임
의식		• 무의식 전부분에 걸쳐 존재
발달		• 출생 시부터 존재, 5~6세(초자아 형성으로)에 약화, 청소년기 증가, 여성은 폐경기에 증가함
원칙	쾌락원칙	• 현실적인 제한이나 미래에 관계하지 않고, 즉각적인 욕구을 추구, 충동적이고 비합리적임
사고	1차 사고과정	• 비논리적, 비합리적, 비체계적인 사고로 즉각적인 욕구충족을 바라는 사고임
기능		• 성격을 형성하는 정신에너지의 원천임

2 자아(ego) 21 임용

개념		• 이드에서 분화되며, 성격의 일부로 외부세계와 직접 접촉하여 현실원칙에 따라 현실을 검증함 • 외부세계, 이드, 초자아 사이의 조화를 유지함
의식		• 의식(대부분), 전의식, 무의식 모두에 걸쳐 작용
발달		• 출생 시부터 필요한 만큼 존재, 4~6개월부터 발달, 2~3세에 형성, 동일시 과정을 통해 변화·성장함
원칙	현실원칙	• 현실적, 논리적, 합리적, 체계적인 사고로 현실과 부합하게 처리하는 사고과정
사고	2차 사고과정	• 현실을 검증하고, 현실과 부합되게 처리하는 사고과정 • 이드와 초자아 사이의 균형을 이루고 현실을 지각하여 행동함
기능	조정자	• 이드의 욕구, 외부세계의 현실, 초자아의 요구 사이에 조정자 역할
	성격의 집행부	• 성숙한 성격으로 성장하기 위해서는 자아의 적절한 발달이 필수적임
	이성적 역할 (현실검증)	• 현실을 검증하여 이성적인 역할을 담당하여, 성숙한 인간의 모습으로 살도록 함
	방어기능	• 방어기전을 사용하여 마음의 불안을 처리함

표. 자아의 기능

현실검증	• 외부세계의 상황을 분별할 수 있고, 자신에게 일어나는 심리적 과정을 인지하는 능력
현실감각	• 외부세계에 대한 경험이나 개인의 유일성에 대한 느낌, 자기 신체나 자신의 부분에 대한 감각
판단력	• 현실과 부합하게 행동할 수 있는 식별력
본능·정서·충동의 조절과 조정	• 더 큰 만족을 위해 충동적인 쾌락추구 행동을 지연시키고, 참을 수 있는 능력
대상관계	• 대인관계에서의 융합과 분리를 결정할 수 있는 능력
2차 사고과정	• 현실을 검증하고, 현실과 부합되게 처리하는 사고과정 • 주의, 기억, 집중, 예측, 개념 형성을 추진하고 촉진함
적응적 퇴행	• 더 나은 성취를 위해 적응할 때, 자아기능 수준이 적응하도록 퇴보할 수 있는 능력
방어기능	• 위협적인 내·외적 자극에 대해 방어하고 관리하는 능력
자극관문	• 여러 수준의 감각자극을 통합하고 조절해서 받아들이는 능력
자율적 기능	• 학습된 지식이나 기술, 취미, 습관, 관심, 집중력 등이 포함되며, 정신장애가 발생해도 손상 받지 않는 능력 • 이 기능이 보전되어 있으면 다른 약한 자아기능의 회복을 도움
통합기능	• 모순되는 태도나 가치, 정서상태 등을 통합하여, 외부로 나타내는 행동이 전체적으로 통합하는 능력
숙달과 자신감	• 환경을 지배할 수 있고, 타인에게 영향을 줄 수 있는 능력과 그것을 깨닫는 능력

3 초자아(superego)

개념		• 자아에서 분화되며, 성격의 도덕적 표준이나 사회적 이상(idea)으로 옳고 그름을 판단함 • 부모나 외부 영향으로부터 얻어지는 양심, 가치, 도덕임
의식		• 의식, 전의식, 무의식(대부분) 모두에 걸쳐 작용
발달		• 3~6세 남근기에 발달, 부모와 윗사람들과의 '동일시'과정을 통해 발달, 청년기까지 발전함
원리	완벽 원칙	• 도덕적 표준(기준), 양심에 맞추어 행동하도록 완벽을 추구함 　이드 : 쾌락추구, 자아 : 현실 검증. 초자아 : 완벽 추구
	사회적 원칙	• 도덕적 목표와 완전을 추구하도록 하여, 개인의 사회화에 중요한 역할을 함
기능	사회화	• 개인의 사회화에 중요한 기능을 함
	재판관	• 도덕적 표준이나 사회적 이상(idea)으로 옳고 그름을 판단함
초자아 요소	양심	• 부모와 사회로부터 내재화된 '하지 말아야 할 것들'
	자아이상	• 부모나 사회로부터 내재화된 '해야 할 것들'
성격	반사회적 성격	• 이드 〉 초자아 : 초자아가 약해 이드의 충동을 억제하지 못할 때 발생 　→ 충동조절부족 → 반사회적 성격
	신경증적 성격	• 초자아 〉 이드 : 초자아가 강해 이드를 억제할 때 발생 　→ 죄책감, 죄의식, 금욕주의자, 불안, 초조감에 쫓기는 사람 → 신경증적 성격

> 프로이트(freud)의 '성숙하고 적응적인 성격' 이란 ?
> : 이드, 자아, 초자아가 균형을 유지하고 있는 상태임

표. 성격의 구조에 근거한 행동의 예

이드	자아	초자아
"내가 이 자갑을 찾았어. 내가 돈을 가질 거야"	"나는 이미 돈이 있어. 이돈은 내것이 아니야. 이지갑을 잃어버린 사람은 돈이 없을 거야"	"너에게 속하지 않은 어떤 것을 취하는 것은 절대 옳지 않아"
"나는 내가 선택한 사람과 내가 원할 때 섹스를 할 거야"	"성적 문란함은 매우 위험할 수 있어"	"결혼 이외의 섹스는 언제나 옳지 않아"

자료원. 김경희외. 제 7판 정신건강간호학(2023). 현문사

표. 프로이트(freud)의 불안의 종류

현실적 불안	신경증적 불안	도덕적 불안
• 외부세계에서 오는 위험에 대한 두려움 • 자아가 현실을 지각해 느끼는 불안으로 자아보존에 도움을 줌	• 현실적인 자아와 이드의 갈등에서 오는 불안 • 불안을 느껴야 할 현실적인 이유가 없는데도 현실적인 자아가 이드(본능)를 통제하지 못해서, 처벌을 받을지도 모른다는 두려움을 느낌 • 주로 성적본능과 공격적 본능이 주된 원인임	• 현실적인 자아와 초자아(양심)의 갈등 혹은 이드와 초자아의 갈등 • 양심의 두려움으로 죄책감 발생
예 무서운 동물, 홍기, 화재, 어두운 골목길, 지진 등 예 "높은곳에 올라가다 떨어지면 어떡하지. 골목길에 개에 물리면 어떡하지…"	예 "내가 화가 친구를 때리면 어쩌지?" 예 성적 욕구를 참지 못할까봐 외출을 피함 등	예 "지하철에서 앉아서 가고 싶은데 어른에게 자리를 양보해야 하는데…" 예 "노숙자를 도와야 하는데… 엄마가 불쌍한 사람을 도와주라했는데…"

3 방어기전 (방어기제) 24, 18, 16, 15, 96, 95, 94 임용

1 방어기전의 정의

불안	• 극도의 불안감을 일으킬 수 있는 감정과 기억에 대한 고통스러운 인식에서 자아를 보호하는 것으로 적응하기 위한 수단임
자아 보호	• 즉, 내면적 갈등으로 인한 불안을 감소시켜, 자아를 보호하기 위한 수단으로, 자아가 발달시키는 기능임
적응	• 개인의 적응에 매우 중요하며, 정신건강과 심리적 성숙과도 관련이 있음

> **불안이란?**
> 이드의 욕구(충동)과 초자아의 억제(압력)의 중재로 자아가 위협을 느낀다는 신호임

2 방어기전의 특징 16 임용

무의식	• 억제를 제외한 모든 방어기전은 무의식 수준에서 작용함
갈등, 감정 관리	• 방어기전은 갈등과 감정을 관리하는 주요 수단임
동시에 사용	• 불안을 대처하는데 몇가지 방어기전을 동시에 사용함
서로 별개	• 방어기전은 서로 별개임
가역성	• 종종 주요 정신의학 증후군의 특징이지만, 가역성이 있음
병적 vs 적응력	• 방어기전은 병적이기도 하지만, 적응력도 있음
발달단계에 따라 적응 vs 부적응	• 개인이 발달단계에 적절한 방어기전을 사용할 경우는 적응적이지만, 발달단계에 적절하지 않은 방어기전을 사용하거나 혹은 지나치게 사용하는 경우는 부적응적임
성숙한 방어기전	• 성숙한 방어기전을 사용할수록 자아존중감과 자아발달 수준이 높음
미성숙한 방어기전	• 미성숙한 방어기전을 사용할수록 부적응의 지표가 되며 정신과적 증상을 많이 호소함

3 방어기전의 종류

표. 성숙한 방어기전과 미성숙한 방어기전

성숙한 방어기전	• 이타주의, 승화, 유머, 억제
미성숙한 방어기전	• 부정, 억압, 전치, 반동형성, 신체화, 취소, 상환, 합리화, 주지화, 수동공격성, 행동화, 평가절하 등
병리적 방어기전	• 전환, 분리

(1) 이타주의

정의	• 다른 사람들의 요구를 충족시켜 자신의 갈등과 스트레스 요인을 해결하는 것으로, 만족감과 대리만족을 얻는 것임
사례	예 자살 유가족이 자신과 같은 상황을 겪고 있는 대상자들을 위해 자원봉사를 함으로써 만족감과 기쁨을 얻는 것 예 6개월전 차사고로 남편을 잃은 부인이 주 1회 시행하는 사별상담봉사를 통해 슬픔에 잠겨 있는 사람들을 돕는 것

(2) 승화

정의	• 의식적으로 허용하기 힘들거나 사회적으로 용납될 수 없는 충동이나 행위를 의식적, 사회적으로 용납되고 건설적인 활동으로 바꾸는 것임
사례	예 대변으로 장난하고 싶은 욕망을 가진 사람이 조각가나 기생충학자가 됨 예 공격적인 충동을 가진 소년이 복싱선수가 됨 예 사람에 대한 분노가 커서 칼을 휘두르고 싶은 사람이 외과의사가 됨

(3) 유머

정의	• 자신과 타인에게 불쾌한 감정을 느끼게 하지 않으면서 자기 느낌이나 생각을 공개적으로 우스꽝스럽게 표현하는 것으로 웃음을 유발하여 심리적 갈등이나 부담을 감소시킴
사례	예 취업 면접실에 입실하면서 너무 긴장하여 미끄러지자 "제 발이 여러분께 먼저 인사합니다" 하면서 면접관에게 웃음을 주는 것

(4) 억제 - 의식적으로 사용 11 임용

정의	• 불안한 상황이나 감정을 의식적으로 누르고, 잊으려고 노력하거나 생각하지 않으려는 것임 • 불안하게 하는 상황이나 느낌을 의식적으로 부정하는 것임 • "그 일에 대해 이야기 하고 싶지 않아요." 혹은 "다음에 생각해야겠어요" (일부러 생각, 말 안하는 것 임)
사례	예 암 진단을 받은 홀어머니를 둔 외동딸이 어머니의 암 진단결과가 나올때까지 "나는 할 일이 너무 많고 마음이 동요될 여유도 없어요"라고 말하며 어머니의 죽음에 대한 불안을 뒤로 미루기로 결심한 경우 예 아버지를 점점 미워하게 된 현경이는 최근 가출하고 싶은 생각이 들었지만 그래서는 안된다고 스스로 달래며 참고 있는 중임 11 임용 예 지금 당장은 아들의 죽음에 대해 생각할 수 없다고 친구에게 말하는 경우 예 시험공부를 하는 학생이 "내일 시험이 끝날때까지 집세 낼 걱정은 하지 않을 것이다"라고 말하는 경우 예 한밤중에 공동묘지를 지나가면서 무서운 생각이 떠오를 때, 묘지를 지나가면서 무서운 생각이 떠오를 때, 그런 생각을 하지 않으려고 큰소리로 노래 부르면서 가는 경우

(5) 억압 11 임용, 94 임용

정의	• 불쾌하거나 원치 않은 경험, 감정, 생각을 무의식영역에 묻어버려, 기억하지 못하고, 잊어버리는 것임 (대부분 기억상실에 해당함) • 억압은 모든 방어기전의 기본이 되는 가장 보편적이고, 1차적인 방어기전임 (가장 일반적이고, 중요한 방어기전임) • 억압된 생각이나 충동 등은 무의식에 남아있으면서 어떤 행동을 하는데 동기로 작용함
사례	예 가정학대로 이혼한 여성이 전남편의 이름을 잊어버림 예 부모의 학대로 벗어난 자녀가 7세 이전 이전에 대해서는 아무것도 기억하지 못하는 경우 예 자신이 운전하던 차에 사고가 나 조수석에 있던 친구를 잃게 된 남자가 자신이 차를 운전했다는 사실을 기억하지 못하는 경우 예 강간을 당한 여성이 자신의 강간당한 상황, 강간범을 기억하지 못하는 경우 예 세 살때 기찻길에서 형의 죽음을 목격한 경우, 이를 기억하지 못하지만 기차소리에 불안과 초조함을 느끼며, 기차 외의 다른 교통사고를 이용 하는 경우

억압 vs 억제
- 억압 : 무의식적 과정 (기억상실)
- 억제 : 의식적인 과정 (의식적으로 부정)

(6) 격리

정의	• 고통스러운 감정을 의식에서 몰아내는 것으로, 사실은 기억하지만 고통스러운 감정은 사실과 분리시켜 무의식에 남게 하는 것임
사례	예 일주일 전 성폭행을 당한 여성이 그 당시의 상황을 이야기하면서 다른사람의 이야기를 하듯 편안하듯 무덤덤하게 이야기하는 경우 예 말기암 환자가 자신의 암 발병사실에 대해 감정이 배제된 채 무표정한 모습으로 이야기하는 경우 예 너무 억울한 일을 당한 사람이 일정기간이 지난 그 사건에 대해 감정을 섞지 않고 사실을 이야기 하는 경우

억압 vs 격리
- 둘다 감정을 배제(감정을 무의식에 남게 함)
- 억압(사실도 잊어버림) vs 격리(사실은 기억함)

(7) 부정 (부인) 15 임용

정의	• 받아들이기 힘든 생각, 감정, 현실등을 인정하지 않고, 현재상태를 무시하는 것임 • 외상적인 사건이나 충격으로부터 회피하거나 부인하여, 일시적인 안정감을 얻음
사례	예 정신과 의사가 아들을 조현병으로 진단내렸는데, 어머니가 아들은 고3이라 힘들어서 그런것이지 아무 문제가 없다고 하며, 의사선생님이 잘못 진단한 것이라고 하는 경우 15 임용 예 불치병에 걸려 며칠밖에 살 수 없는 환자가 미래의 장래계획을 세우는 경우 예 급성불안과 환각증상으로 두려워하는 한 젊은 여성이 정신의학과 병동에 입원하였는데, "저는 단지 휴식이 필요했을 뿐이에요"라고 말하는 경우 예 사랑하는 사람을 사고로 잃은 사람이 "아무일도 안생긴 거지요"라고 말하는 경우

(8) 합리화 18, 95 임용

정의	• 용납할 수 없는 감정, 사고, 행동에 대해 이유나 변명으로 개인의 행동을 정당화하는 것임 • 논리적이고 합리적인 설명을 제공함으로써 그럴듯한 이유로 정당화하여, 자존감을 보호, 죄책감이나 부정적인 감정을 최소화함
사례	예 17세 여학생이 실력이 없어 시험점수가 안좋게 나오자 시험 당일 컨디션이 좋지 않아 시험을 잘 볼 수가 없었다고 말하는 경우 18 임용 예 회사에서 해고당한 남자가 그 직업은 자신에게 그리 중요하지 않았다고 말하는 경우 예 모두가 시험에서 부정행위를 한다고 말함으로써 자신의 부정행위를 정당화하려고 함 예 아내를 폭행한 남편이 아내가 자기말을 안들었기 때문이라고 말함 예 시험에서 부진한 학생이 시험준비 부족을 인정하기 보다 불공평한 시험, 까다로운 교수, 또는 부적합한 학습 자료의 탓을 함 예 혈압이 많이 올라간 환자가 아침에 차가 너무 막혔고, 병원 주차장에 자리가 하나도 없어서, 혈압이 안올라갈 사람이 없을 것이라고 말하는 경우 예 신포도예시: 키가 작아서 딸수 없는 포도를 신포도라고 합리화

(9) 투사 11 임용

정의	• 받아들여질 수 없는 감정이나 충동의 원인을 다른사람, 대상, 상황 탓으로 돌리는 것임 • 즉 외부로 돌리는 것으로, 다른 사람을 비난하거나 책임전가 하는 것임 • 투사를 많이 사용하는 사람은 타인에게 적대적이며, 편집증(망상, 환각) 대상자에게 흔함
사례	예 자신의 잘못으로 시험을 못 본 아이가 엄마때문에 시험을 망쳤다고 하는 경우 예 아버지에게 서운한 마음을 가진 아들이 아버지가 자신을 미워한다고 생각하는 경우 예 술을 마신 청소년이 "내가 술을 마신 것은 다 아빠 대문이야"라고 말하는 경우 11 임용 예 부도덕한 성적욕망을 가진 사람이 배우자가 부정을 저지르고 있다고 단정하는 경우 (무의식적으로 바람을 피우고 싶은 욕구가 강한 부인이 남편의 바람기를 의심하는 경우

(10) 함입(introjection) 11 임용

정의	• 자신에게 중요한 다른 사람의 사고방식인 성격특성, 태도 등을 자신의 자아구조에 융합하는 것임 → 대상을 내면의 자아속으로 받아들임 • 어떤 감정이나 행동의 책임을 자신에게 돌리는 것임 (투사 반대)
사례	예 어떤 사건이 발생했을때 언제나 "이 일이 발생하게 된건 제가 잘못해서 그렇게 된거에요. 다 제 탓이에요"라고 말하는 경우임 예 "착했던 네가 아빠에게 대들다니 내가 교육을 잘못 시킨 탓이다." 11 임용 예 남편과 사별한 한 여성이 남편의 성격특성이나 태도 등을 그대로 따라하면서 자녀들을 대함

> **함입 vs 투사**
> • 함입 : 어떤 감정이나 행동의 책임을 자신에게 돌리는 것임 (우울증 환자에게 흔함)
> • 투사 : 어떤 감정이나 행동의 책임을 타인에게 돌리는 것임 (책임 전가)

(11) 동일시 24 임용

정의	• 다른 사람으로부터 닮고 싶은 속성이나 태도를 자기성격의 일부로 삼는 것임 • 자아와 초자아 성장을 결정하는 중요한 방어기전임 • 동일시는 무의식적으로 일생을 통해 지속되며, 3~6세에 시작되어 두드러지며, 청소년기에도 나타남
사례	예 엄마가 간호사인 5세 여아가 친구들과 놀때 주로 병원놀이를 즐기며 주사기와 청진기를 가지고 노는 것을 좋아하는 경우 예 자해한 학생이 웹툰 주인공이 친구 관계에서 받는 스트레스를 스스로 상처 내면서 푸는 것을 보고 따라해 봤다고 하는 경우 24 임용

> **동일시 vs 함입**
> • 공통점 : 타인의 특성을 받아들여 자기 것으로 함 포괄적, 긍정적 의미
> • 동일시 : 대게 포괄적, 긍정적 의미
> • 함입 : 대게 부정적 의미, 공격자(갈등관계)와의 동일시로 자기 탓을 하는 경우

(12) 공격자와 동일시

정의	• 두려운 대상의 특징을 닮아 자기화하여, 그 대상에 대한 두려움을 극복하는 것임
사례	예 호된 시집살이를 한 며느리 호된 시어머니가 되는 경우 예 어린시절 학대 받은 아이가 커서 자기 아이를 학대하는 경우

(13) 합일화

정의	• 동일시의 원시적인 형태로 '자기'와 '자기 아닌 것'이 구분이 안되는 상태
사례	예 어린아이가 엄마가 웃으면 자기가 웃는 줄로 여기고 자기가 좋아하는 줄 아는 경우임 예 엄마가 눈물을 흘리면 자신이 불행하다고 여기는 것

> **동일시 vs 합일화**
> - 동일시 : 타인의 특성을 받아들여 자기 것으로 함
> - 합일화 : 자신과 외부와 구별이 안되는 시기에 발생하는 시기에 발생하는 원시적인 동일시

(14) 주지화

정의	• 고통스러운 경험과 연관된 감정을 피하기 위해, 그 경험 자체에 대해 지나치게 논리적인 사고를 하는 것임 • 즉, 사고를 감정과 연결하지 않고 분리하여, 감정보다는 사고로 정서적 불편감을 제거하려는 것임
사례	예 유방암 선고를 받은 환자가 슬픔의 감정을 표현하기 보다 암치료법과 같은 통계자료를 제시하는 경우 (감정은 보이지 않음) 예 범죄를 겪은 피해자가 감정을 표현하기 보다 범죄자들의 심리적 성향, 다른 범죄 사례 등을 분석하는 경우 예 최근 심장발작으로 갑자기 남편을 잃은 아내는 남편이 만성적 질병으로 오랜기간 고통받다 죽는것보다 오히려 그렇게 죽은것이 더 낫다고 친구들에게 말하는 경우 예 사람이 사랑하는 사람을 잃었을 때, 그 상황을 "생명의 자연스러운 순환"이라고 이야기하는 경우

> **주지화 vs 격리**
> - 공통점 : 둘다 감정을 보이지 않음 (감정을 무의식에 남게 함)
> - 주지화 : 논리적인 사고로 불편감 제거
> - 격리 : 사실은 기억함
>
> **합리화 vs 주지화**
> - 합리화 : 일종의 자기 변명, 핑계
> - 주지화 : 논리적 사고나 지식에 몰두

(15) 전치 95 임용, 96 임용(보기)

정의	• 특정한 사람, 대상, 상황과 관련된 감정을 실제로 자극한 대상보다 덜 위협적인 다른 사람, 대상, 상황으로 돌리는 것임
사례	예 학교에서 학교선생님께 꾸중을 듣고 기분이 나빴던 것을 집에 돌아와 어머니에게 화풀이하는 경우 예 자신이 중요한 시험에 실패한 것은 교사의 과실이라고 믿으면서도 분노를 표현하지 못한 학생이 기숙사로 돌아왔을 때 방 친구가 음악을 크게 틀자 그 친구에게 분노폭발하는 경우 예 부하가 상사에 대한 미움으로 장작을 패거나 공을 차는 것으로 표현하는 경우 예 학교에서 왕따를 당하는 초등학생이 집에 와서 7살 동생에게 욕을 하고 때리는 행동을 하며 말을 듣지 않으면 놀지 않겠다고 하는 경우 예 동에서 뺨맞고, 서에서 화풀이

(16) 반동형성 (과잉보상) 11 임용(보기), 95, 94 임용

정의	• 받아들이기 힘든 감정이나 행동과 반대되는 행동이나 감정으로 표현하는 함으로써, 불안을 회피함
사례	예 아버지를 미워하는 감정을 가진 아들이 자신의 집을 방문한 아버지에게 오히려 극진히 대접하는 행동 예 남편이 바람을 피워 다른 여자와의 사이에서 태어난 아이를 키우며 과잉보호하는 아내 (증오를 사랑과 헌신의 행동으로 나타내면서, 매일의 불쾌감을 회피함) 예 자신의 상사를 경멸하는 사람이 다른 사람에게는 그 상사가 얼마나 뛰어난지를 이야기함 예 동생이 태어나 동생에 대한 질투와 미움이 있는 7살 남자 아이는 동생을 사랑한다고 하며 꽉 껴안아주는 경우 예 전쟁에 참여하는 것에 대한 극도의 두려움이 있는 젊은 군인이 가장 위험한 최전선 임무에 지원하는 경우 예 미운아이 떡하나 더주기

(17) 전환 11 임용

정의	• 기질적 원인 없이, 불안이나 심리적 갈등이 신체의 감각기관이나 수의근계 증상으로 표출되는 것임 • 병리적 방어기전임
사례	예 시험 당일 등교하면서 오른쪽 팔에 마비가 나타나서 응급실을 방문했고, 당일 오후 호전을 보여 귀가한 경우 11 임용 예 시어머니와 갈등이 심한 며느리가 시어머니만 쳐다보면 말을 하지 못하거나 다리가 마비되는 경우 예 부부싸움을 한 후 부인의 갑자기 눈앞이 보이지 않는다고 하는 경우 예 시험에 스트레스가 심한 고3 학생이 갑자기 귀가 안들린다고 하는 경우

> **전환 vs 신체화**
> • 전환 : 감각기관이나 수의근계 증상
> • 신체화 : 감각기관이나 수의근계를 제외한 증상

(18) 신체화

정의	• 기질적 원인없이 불안이나 심리적 갈등이 신체의 감각이나 수의근계를 제외한 신체증상으로 표출됨
사례	예 신규프로젝트 발표를 앞둔 부서대표가 갑자기 머리가 심하게 아파서 발표를 할 수 없다고 하는 경우 예 연인 간 다툰 후 데이트를 앞둔 여성이 갑자기 복통이 생겨 약속에 나갈수 없다고 하는 경우 예 아이가 등교를 앞두고, 학교에 가기를 두려워하거나 거부하고, 두통이나 복통, 어지러움 등을 호소하는 경우 (학교공포증)

(19) 취소

정의	• 용납되지 않은 행위를 용인되는 행동을 함으로서, 무효화하여 자신의 행동에 대한 책임을 면제받고자 함 • 불편했던 경험을 실제적으로나 상징적으로 지우기 위한 목적으로 특정한 행동을 하는 것
사례	예 아침에 부인에게 직장스트레스로 소리를 지른 남편이 저녁에 장미 10송이를 아내에게 선물한 경우 예 바람을 피우고 있는 남편이 아내에게 고액의 가방을 선물한 경우 예 모욕적인 이야기를 듣고 그것을 씻어내기 위해 손을 계속적으로 씻는 행동 (강박적인 손씻기) 예 성적인 공상이나 자위행동을 많이 한 사람이 손을 반복해서 씻는 행동 예 비서한테 추파를 던진 후, 아내가 원하는 콘서트 표를 사가지고 퇴근하는 행동 예 순간적으로 화가 난 엄마가 아이를 때리고, 곧바로 아이를 쓰다듬고 뽀뽀하는 경우

(20) 상환

정의	• 배상하는 행위를 통해 무의식에 있는 죄책감으로 인한 마음의 부담을 줄이는 것임
사례	예 맞벌이하는 엄마가 자식에게 신경써주지 못해 미안함에 고액의 용돈을 줌 예 다이너마이트를 발명한 노벨이 노벨평화상을 제정하는 행위 예 자신의 죄책감을 줄이기 위해 계속 자선행위를 하는 행위 예 지독하게 가난하다가 형편이 나아진 직후 지병으로 아내가 사망하자 재산을 자선사업에 바치고 가난하게 사는 남자

취소 vs 상환
- 취소 : 무효화, 책임면제
- 상환 : 배상, 죄책감 없애기

(21) 수동공격성

정의	• 타인에게 간접이며 수동적으로 공격성을 표현함으로써 갈등이나 스트레스요인에 대처하는 것임
사례	예 물건을 사러 온 손님이 큰 소리를 지르며 빨리 물건을 계산해달라고 하자 직원이 다른일로 바쁜척하며 계산하는것을 꾸물거리는 경우 예 상사에게 불만이 있던 부하직원이 상사에게 주요 업무발표 현장에 쓸 자료를 준비한다고 해놓고는 발표당일에 연락두절되거나 미처 자료를 준비 못했다고 하여 상사를 당황하게 하는 경우 예 고의로 잊어버리기, 시킨일을 하지 않고 지연시키는 것, 침묵하기, 상대방이 원하는 것을 알지만 해주지 않는 방식으로 표현하는 것 등

(22) 분리 (splitting)

정의	• 자신이나 타인에 대해 가질 수 있는 상반된 정서나 이미지를 통합하지 못하고, 긍정적이거나 혹은 부정적으로 인식하는 것임 (경계성 성격장애에 흔함) • 병리적 방어기전임
사례	예 경계성 성격장애로 정신건강의학과에 입원한 한 환자는 무조건 나쁜 사람이고, 간호사는 무조건 좋은 사람이라고 하는 경우 예 비행 청소년이 자신을 꾸짖는 부모나 교사에게는 무조건 부정적인 감정이나 이미지를 가지고, 자신과 어울리는 친구들에게는 무조건 긍정적인 감정이나 이미지를 갖는 경우 예 23세 여성은 처음에는 자신의 지인들의 진가를 인정하지만, 그들이 결점이 있는 것이 드러나면 언제나 환상이 깨져 환멸을 느낌

(23) 퇴행 16 임용

정의	• 현재의 갈등이나 불안을 감소시키기 위해 이미 지나간 행동수준으로 후퇴하고 의존적인 모습을 보이는 경우
사례	예 25개월 아동이 동생이 태어난 후 젖병을 요구, 동생 젖병을 물고 누워서 맘마 먹는다고 아기처럼 말하기도 하는 경우 16 임용 예 6세된 아동이 동생이 태어난 후 이불에 오줌을 싸고 기저귀를 차는 경우

(24) 고착

정의	• 발달단계의 과제를 성공적으로 완료하지 못하고, 인격의 한 부분으로 고정되어 버리는 것임 • 스트레스 상황에 의해 성격발달이 그 다음단계로 진행되지 못하고, 어느 시기에 멈추어 버리는 것임
사례	예 성인이 된 여성이 스트레스 상황에서 손가락을 입에 무는 행동을 하여 손가락 기형까지 발생하는 경우 예 알코올 의존환자는 발달단계 중 구강기에 고착된 것임

(25) 보상

정의	• 한 분야의 결함을 다른 분야의 탁월성이나 우수성으로 메우려는 시도임
사례	예 키가 작은 젊은 청년이 축구팀에 들어가지 못하는 대신 자신이 즐기고 좋아하는 수학공부를 열심히 하여 수학천재가 되는 경우 예 소아마비 아이가 공부를 잘하는 경우

(26) 왜곡

정의	• 내적인 욕구를 충족시키기 위해 외부 현실을 크게 변형시킴 • 대부분 망상, 특히 과대 망상적 신념, 우월감과 연관되는 망상이 해당됨
사례	예 자신의 학력에 대한 열등감이 심한 한 여성이 자신은 세계적으로 유명한 대학에서 우수한 학생으로 인정받았고 학위도 받았다고 말하고 있으나, 확인결과 그녀의 과대망상으로 들어난 경우

(27) 행동화

정의	• 생각보다 행동으로 갈등이나 스트레스 요인에 대처함
사례	예 화가 나면 무조건 앞에 있는 물건을 던짐 예 무력감을 느끼거나 위협감을 느끼면 옆에 있는 사람을 때림 예 경계성 성격장애의 반복적인 자해행동

(28) 저항

정의	• 의식에서 용납하기 어려운 무의식의 내용을 의식화할때, 이 의식을 방해하는 것을 말함
사례	예 가족 간의 갈등이 있는 환자가 치료자와 면담을 하다가 가족과 관련된 일이 기억나지 않는다고 말하는 경우 예 정신분석치료의 자유연상과정에서 억압된 내용을 상기시킬 때 연상의 단절, 당황, 침묵, 불안 등의 저항 현상이 나타남

(29) 대리형성

정의	• 욕구불만의 긴장을 감소하기 위해 원래 대상과 비슷하며 사회적으로 용납되는 다른 대상으로 만족함
사례	예 어머니를 잃은 여아가 이모를 따르거나 아버지를 잃은 경우 삼촌을 따르는 경우 예 오빠를 좋아하는 여동생이 오빠와 닮은 청년과 결혼하는 경우 (꿩 대신 닭) 예 아이를 갖고 싶은 여성이 아이를 낳지 못하자 어린이집을 차림

(30) 평가절하

정의	• 갈등이나 스트레스 요인인 부정적인 자질이 자신이나 타인에게 있다고 생각하는 것 • 다른사람을 평가절하할 때 반대로 자신이 더 나은 사람으로 보인다고 생각할 수 있음
사례	예 직장동료가 상을 받게 되자 "아, 그래요. 그녀가 상을 받았죠. 그 상은 아무러 의미가 없는데, 그녀가 그 상을 받기 위해 무엇을 했는지가 궁금하네요"라고 말하는 경우임

(31) 이상화

정의	• 다른 사람을 과장되게 긍정적인 방향으로 대함으로써 갈등이나 스트레스 요인을 해결하는 것임
사례	예 자신이 사랑하는 사람을 다른 사람이 보는 것보다 훨씬 더 과대 평가하는 경우임

(32) 상징화

정의	• 어떤 사람이나 사람이나 사물에 부착된 가치를 어떤 상징적 표현으로 전치시키는 것임
사례	예 꿈에서 나타난 흙이나 땅이 모성적 이미지를 상징하는 경우임 예 꿈, 공상, 신화, 농담, 예술 작품 등

(33) 공상

정의	• 실제로는 이루어질 수 없는 욕구나 소원을 마음속으로 만족시키기 위해 비현실적을 상상하는 것임
사례	예 재정적인 위기에 직면한 직장여성이 세계적으로 유명한 휴양지에서 값비싼 휴가를 즐기는 것을 상상함으로써 자신의 현실상황에서 일시적으로 도피하는 경우임

(34) 해리 11 임용(보기)

정의	• 해리는 기억과 연결된 생각, 감정, 감각, 행동을 분리시키는 현상으로 외상적 기억과 감정을 차단함 → 강력한 외상에 노출되었을 때 일시적으로 자신을 보호하기 위한 기능임 → 점차 현실을 수용함에 따라 해리증상도 해소되면서 증상도 완화됨 • 마음을 불편하게 하는 자신의 성격일부가 그 사람의 의식적인 지배를 벗어나 별개의 독립적인 성격을 지닌 존재처럼 행동하는 것
사례	예 지킬박사와 하이드씨, 다중인격, 몽유병 등

Part 02 인간의 생물학적 이해 24 임용

① 뇌 신경계의 구조와 기능

• 대뇌, 변연계, 소뇌, 뇌간, 뇌실로 구성

1 대뇌

• 의식, 사고, 운동기능, 언어, 추상적인 사고, 인지 등을 수행함

• 뇌량으로 연결된 두 개의 반구(좌반구와 우반구)로 나뉨

> 뇌량 : 좌/우반구를 연결하는 신경섬유덩어리, 대뇌반구 사이의 정보를 연결함
> 나이가 들수록 줄어들어 노인 정신장애와 관련됨

좌뇌	• 우리 몸의 우측을 조절하고, 논리적인 추론과 분석적인 기능을 수행(언어기능)
우뇌	• 우리 몸의 좌측을 조절하고, 창의적인 사고, 직관과 예술적인 능력을 주관

(1) 대뇌의 주요 구조와 기능

전두엽 기능	전두엽의 정신질환으로 인한 비기능적 증상
① 사고 조직·사고과정(고도의 지적 기능수행) **전두엽의 사고과정 기능** • 목표를 세우거나 선택 • 계획 • 행동의 시작, 계획, 종료 • 통찰, 동기 • 사회적 판단, 도덕적 판단 등 ② 이성, 주의, 판단, 사고, 정서, 도덕적 행동, 주의집중, 문제해결, 의사결정 능력 ③ 신체 운동을 조절 – 자발적 운동능력의 시작	〈 전전두피질 이상 (전두엽 증후군 발생) 〉 • 인격변화의 발생(인지기능은 유지)으로 의지, 추상력, 창조적 문제해결 능력, 계획능력, 사회적 판단, 결정능력 등의 기능손상 → ADHD, 주의산만, 기억장애(치매), 자발성 감퇴, 양심이나 자제력 감퇴 등 다양한 문제 발생
• 브로카 영역 : 언어의 구사 기능(말을 하는 기능) **브로카 실어증 (Broca's aphasia)** • 말을 유창하게 하지 못함 (운동 실어증) • 언어 이해는 정상임	• 부적절하고 억제되지 않은 행동 부적절한 감정, 동기가 사라짐 등 • 치매, ADHD, 조현병 등

두정엽 기능	두정엽의 정신질환으로 인한 비기능적 증상

① 감각을 해석
   - 다양한 체감각과 운동감각을 수용·해석·평가
② 장소에 대한 지남력에 관여
   - 공간감각에 관여
	• 공간지각 능력의 감소
	• 좌우 방향감 상실
	• 신체상의 손실 등

측두엽 기능	측두엽의 정신질환으로 인한 비기능적 증상
① 청각, 후각 기능 ② 정서표현(감정표현)의 중심기관 - 정서(성, 공격, 두려움 등)을 표현하는 변연계와 연결 ③ 기억에 관여 ④ 추상적 사고·판단력, 언어이해, 언어 생성 • 베르니케 영역 : 언어의 의미를 이해하는 기능 **베르니케 실어증 (Wernicke's aphasia)** • 언어의 의미를 이해하지 못함 (감각 실어증) • 말을 유창하게 하지만, 의미있는 언어가 아니고, 조리있게 말하지 못함	• 환청, 환후 • 일부 공격적이고 폭력적인 행동 • 언어 이상 등

후두엽 기능	후두엽의 정신질환으로 인한 비기능적 증상
① 시각 기능 ② 기억에 관여(시각적 기억) ③ 언어 생성(형성)	• 환시, 시각적 착각, 히스테리성 실명 등

(2) 변연계

• 해마, 편도, 시상·시상하부를 포함하여, 대뇌피질 주변에 위치함

변연계 기능		변연계 이상으로 인한 정신질환
• 변연계는 감정의 뇌(정서적 뇌)로 불림		〈 정신장애 및 감정적 행동 장애 〉
감정	• 희(기쁨), 노(노여움), 애(슬픔), 락(즐거움) • 공격성, 공포, 분노 등의 감정	• 공격적 행동 증가 • 성욕 증가, 식욕 증가 • 무감동, 정동 둔마 • 정신증 및 조증에서의 기분 및 충동조절 장애 등 • 기억력 손상(치매), 인지장애
행동	• 식욕, 성욕 등의 본능적인 행동 • 감정과 관련된 행동에 관여	
기억	• 기억 저장 및 회상 • 인지기능	

표. 변연계의 주요 기능와 장애

해마 기능			해마의 이상으로 인한 정신질환
〈 해마와 편도 기능 〉			
	기억	기억과 관련된 지각	• 기억력 손상과 인지장애
	감정	감정의 처리 : 행복, 슬픔 등의 감정표현	→ 알츠하이머 치매나 알코올 중독시
〈 해마의 기능 〉			
	기억	• 해마는 단기기억을 장기기억으로 전환 (다량의 신경전달물질을 포함)	

	편도 기능	편도의 이상으로 인한 정신질환
감정 조절	• 불안과 공포, 두려움, 기쁨 등의 감정조절 기능 • 특히, 공포와 불안의 감정을 느낌	• 불안장애, 우울증 등 정서장애 • 공포증 • 화를 잘 내고, 공격성 증가 • 두려움 및 공포를 느끼지 못해 발생하는 여러 문제 발생
스트레스 조절	• 위급한 상황에서 피해야 할지 직면해야 할지 (도피-투쟁반응)를 결정하는 집행부 역할 • 과도한 스트레스 반응을 조절	

시상 기능

• 감정, 감각, 활동을 조절하는 중추임
→ 감각, 감정, 운동(활동), 연합정보를 대뇌로 중계
• 통증반응과 관련 됨 (아편수용체가 많음)

시상하부 기능			시상하부
생리적 기능	자율신경 조절	• 교감신경, 부교감신경 조절 → 스트레스 반응을 조절 (도피-투쟁반응)	• 분노, 흥분, 조증행동 등의 충동적 행동 • 스트레스 관련 신체화 장애 등 예) 시상하부 종양시 분노 및 충동적 행동 증가
	뇌하수체 조절	• 뇌하수체(전엽, 후엽)에서 생산되는 호르몬을 조절 → 내분비계 조절기능, 항상성 유지 → 코티졸 분비로, 스트레스 조절	
	체온 조절	• 시상하부에서 체온 조절	
	음식물 섭취와 수분대사의 조절	• 식욕중추, 포만중추, 갈증포만중추 존재 → 식욕조절, 배고픔, 갈증 등	
감정	감정과 행동	• 감정의 변화에 따르는 행동 통제	

(3) 기저핵

	기저핵 기능	기저핵 이상 증상 및 질환
운동 조절	• 운동의 계획, 조절, 운동 수행 기능 • 근육운동을 시작하고 멈추는 기능을 조절 • 자세 변경을 조정	• 파킨슨병, 헌팅톤병 • 틱장애, 뚜렛장애 • 조현병에서의 이상행동 등

도파민 분비	• 기저핵의 흑질에서 신경전달물질인 '도파민' 분비
	  • 도파민 부족 → 파킨슨병
	  • 도파민 과잉 → 헌팅톤병	

불수의적 운동 억제	• 무의식적 운동 통제 • 불필요한 근육 움직임 억제 등	

2 소뇌

	소뇌 기능	소뇌 이상 증상 및 질환

평형, 운동 조절	• 평형감각 조절, 수의적 운동의 조절, 자세조절, 근육긴장도, 미세협응운동 등	• 보행실조(ataxia)
		• 안구조절장애 : 어지럼증, 안구진탕
		• 미세협응운동 장애(파킨슨병, 혈관성치매)
		  → 소뇌의 도파민 절달 억제와 관련
		• 감정조절 장애
		  → 우울증이나 불안장애와 같은 정서적 문제

감정 조절	• 감정과 기억(인지기능)을 조절	

3 뇌간

- 뇌간은 중뇌, 뇌교, 연수, 망상체로 구성

중뇌	시각, 청각 중개	• 시각, 청각기능을 중개하는 역할 • 눈의 움직임, 시청각 기능
	운동기능 조절	• 운동 기능 조절
	도파민 분비	• 도파민 분비
뇌교 (교)	연수와 소뇌 연결	• 연수와 소뇌를 연결하는 다리 역할로 일차적인 운동통로
	청반	• 뇌의 노르에피네프린 대부분을 생산하는 작은 뉴런(신경원) 집단 (노르에피네르린의 핵) → 불안, 공황장애와 관련됨
연수	생명 중추 (호흡, 심혈관)	• 호흡, 심박동, 연하, 구토, 기침, 재채기 등 관여
망상활성계 (망상계)		• 각성, 의식상태 조절 • 수면주기(수면각성주기) 조절

┃ 뇌간의 '정신생물학적' 주요 기능와 장애 ┃

망상활성계 기능	망상활성계 이상 증상 및 질환
• 각성, 의식상태, 주의력 조절 • 수면주기 망상활성계는 변연계와의 상호작용으로 정신병리학적으로 중요한 부위	• 수면장애 • ADHD • 불안장애 • 우울증 등 집중을 방해하여 정신장애를 유발, 악화
청반의 기능	청반 이상 증상 및 질환
• 뇌의 노르에피네프린 대부분을 생산하는 작은 뉴런(신경원) 집단 → 노르에피네르린의 핵	• 불안장애 • 공황장애 장애 • 충동적인 행동 등
추체외로 기능	추체외로 이상 증상 및 질환
• 대뇌의 추체외세포(전운동영역)에서 대뇌기저핵을 거쳐 척수신경으로 정보를 보내는 역할 → 하행 신경회로, 불수의적 운동기능 조절	• 파킨슨 증후군, 정좌불능증, 지연성 운동장애 등 추체외로 증상 발생 (운동장애) → 정형 항전신병 약물 부작용

2 뇌신경계 검사

뇌영상 기법	설명	적응증	정신과적 판독
뇌 전기신호 : 뇌의 전기적 활동 검사			
뇌파 (EEG)	두피에 전극을 연결하여 뇌로부터 전기신호를 기록함	• 각성, 수면, 마취 시 전류양상이 다르므로, 상태에 따른 뇌 기능의 변화를 확인 → 상태에 따른 전류적 패턴이 다름	• 뇌의 이상을 나타내는 광범위한 부위확인 → 뇌전증, 뇌졸중, 뇌종양, 뇌염 등 • 추가 검사 필요할 수 있음
뇌 구조적 특성 : 뇌 구조의 전반적인 해부적인 세부사항을 보여줌			
컴퓨터단층촬영 (CT)	뇌에서 추출된 X-선을 이용해 3D컴퓨터 촬영	• 병소(병변) • 경색 부위 • 동맥류 확인 등	• 조현병, 피질위축, 제3뇌실 확장, 인지장애, 기형적 구조
자기공명영상 (MRI)	자기장내에서 고주파를 전사하여 3D 컴퓨터 촬영	• 뇌부종 • 허혈(국소빈혈) • 감염 • 신생물 • 외상 확인	• 조현병, 뇌실의 확장, 측두엽과 전전두엽의 감소 • 뇌의 구조, 초기 대뇌병변 진단에 유용
뇌 기능적 특성 : 뇌 활동을 보여줌			
기능적 자기공명영상 (fMRI)	뇌의 어떤 부분이 활동하고 있는지를 혈액의 산소소모 정도로부터 유추하여 뇌의 기능 진단	• MRI와 동일	• MRI와 동일 • 성인 ADHD
양전자방출 단층촬영 (PET)	양전자를 방출하는 방사성 물질을 체내에 주입하여 정상세포보다 포도당 이용률이 높은 비정상 부위 진단	• 산소 이용 • 포도당 대사 • 혈류량 • 신경전달물질 - 수용체 간의 상호작용	• 미상핵의 D_2, D_3, 수용체의 증가 • 변연계의 이상 • 측두엽의 이상 • 기분장애, 성인 ADHD, 조현병 등에서 비정상적인 활동 • 뇌의 활동/기능, 생화학적 비정상을 표시
		조현병	• 전두엽의 뇌 대사활동 감소
		강박장애	• 전두엽의 뇌 대사활동 증가
		주요우울장애	• 전두엽 피질의 뇌활동 감소
		알츠하이머병	• 측두엽과 두정엽의 대사 저하
		성인 ADHD	• 뇌 대사 저하
단일양자방출 전산화단층 촬영술 (SPECT)	PET과 유사하나 감마방사선을 인체에 투여 후 분포를 진단	• 뇌척수액 순환 확인 • PET과 유사기능	• PET과 동일

③ 신경전달물질

1 신경전달물질의 이해

- 신경전달물질은 신경세포 안에서 만들어진 화학물질로, 신체 전체로 정보를 전달되는 데 도움을 줌
- 신경전달물질이 부족하거나 과다하면, 뇌의 질환과 행동장애를 일으킬 수 있음

뉴런의 정보전달 과정	합성	• 신경전달물질은 뉴런의 세포질에서 합성
	분비	• 시냅스 전 세포막에서 신경전달물질 분비 (자극에 의해 분비)
	결합	• 시냅스로 유리된 신경전달물질이 시냅스 후 수용체와 결합
신경전달물질 기능		• 인간의 행동, 신체기능, 의식, 지식, 창의성, 기억, 감정의 변화를 일으킴
흥분성, 억제성	흥분성	• 세포의 작용을 자극하거나 흥분시킴
	억제성	• 세포의 작용을 억제하거나 정지시킴
수용체 민감도		• 약물이나 질병에 따라 수용체의 민감도가 변할 수 있음 • 약물은 수용체 능력을 변화, 수용체의 수를 감소시킬 수 있음 → 정신약물을 장기복용 시, 효과가 감소할 수 있음 예 우울증은 수용체 수 감소로 세로토닌, 노르에피네프린 같은 신경전달물질에 대한 민감성 변화 예 질병의 재발 시 이전에 효과적이던 약물을 재복용하더라도 효과가 잘 나타나지 않음

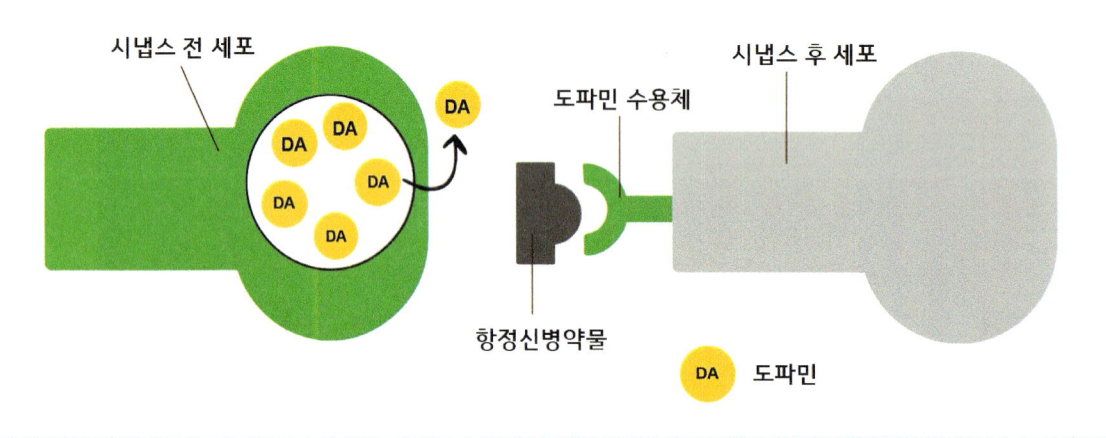

그림. 신경전달물질의 이해

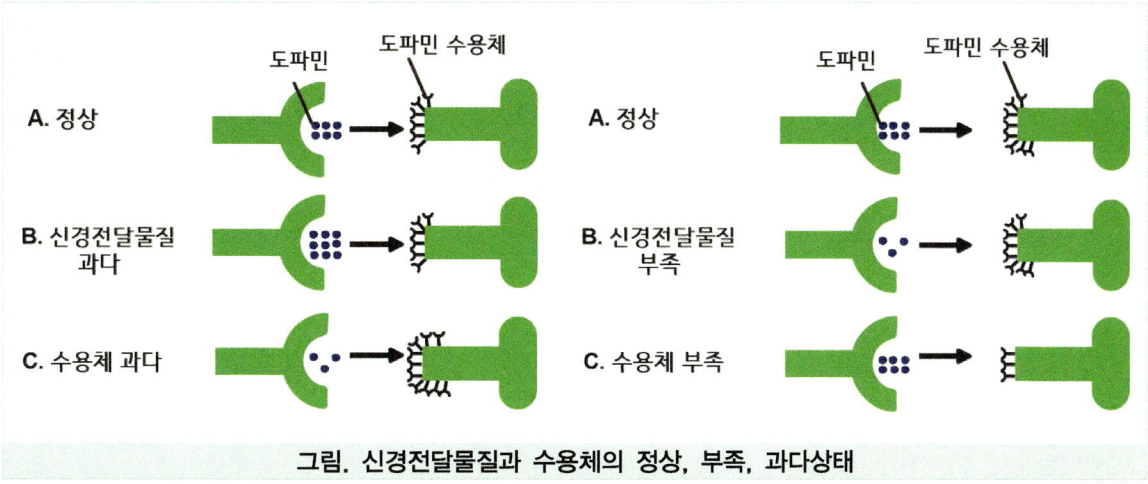

그림. 신경전달물질과 수용체의 정상, 부족, 과다상태

2 신경전달물질의 종류

- 인체 내에는 100여 가지가 넘는 신경전달물질이 존재함

(1) 모노아민 신경전달물질

① **도파민(dopamine)** 24 임용

존재	생성	작용기전	기능	증가	감소
뇌간의 흑질	티로신에서 생성 (식이성 아미노산)	흥분성	① 쾌락 기능 ② 감정과 사고의 통합, 조절 → 기분조절 ③ 인지기능, 의사결정 ④ 동기부여, 보상 ⑤ 복잡한 운동 조절 ⑥ 프로락틴 분비 억제	조현병, 조증, 틱, 뚜렛장애	파킨슨병, 우울증, ADHD, 추체외로 증상

〈 도파민 자극제 〉

- 자극제의 쾌락, 탐닉성과 관련됨

암페타민	• 도파민 분비를 촉진
코카인	• 도파민의 흡수를 차단 → 재흡수를 차단 → 도파민을 시냅스에서 오래 머물도록 함 (즉, 자극을 길게 유지)

〈 도파민 4가지 경로와 기능 〉

경로(보상회로) 종류	기 능
① 흑질-선조체 경로	• 운동기능 → 추체외로 포함 • 기분조절 • 환각, 마약의 쾌감 • 보상, 동기부여

② 중뇌-변연계 경로	• 기쁨 • 강력한 행복감 (약물 남용시) • 조현병의 환청, 망상
③ 중뇌-피질 경로	• 조현병의 음성증상 • 인지증상 조절
④ 결절 누두체 경로	• 프로락틴(뇌하수체 전엽) 분비 억제

② 노르에피네프린(NE)

- 노르아드레날린으로도 불림
- 전반적인 뇌기능과 관련되며, 자율신경계 반응을 나타냄

존재	생성	작용기전	기능	증가	감소
뇌간의 청반	티로신에서 생성 (식이성 아미노산) 도파민으로부터 합성	흥분성 또는 억제성	① 주의, 각성/수면 ② 학습, 기억, 집중력 ③ 정서(감정) 조절 → 특히, 불안, 각성 등 정신질환의 주요증상을 일으킴 ④ 스트레스 시 '투쟁-도피' 반응에 관여 → 혈압상승, 심계항진, 소변정체 등	조증, 불안장애, 조현병	우울증, ADHD, 기억손상

③ 세로토닌(serotonin)

존재	생성	작용기전	기능	증가	감소
뇌간의 봉선핵 신경세포외 혈소판, 비만세포 등 존재	트립토판 (식이성 아미노산)	억제성	① 감정 조절 → 기분, 공격성 등 만족감, 평정심 유지, 이성적 판단 ② 각성과 수면 조절 ③ 식욕, 성욕 조절 ④ 체온조절, 통증조절	조증, 불안장애, 공황장애, 조현병 음성증상 (망상, 환각, 위축된 행동), 편두통	우울증, 강박장애, 공격성, 충동성, 자살

〈 세로토닌 특징 〉
- 뇌에서는 1~2%만 존재
- 뇌혈관장벽(BBB) 통과 X → 뇌 신경세포에서 직접 합성해야 함
- 세로토닌 일부는 효소작용을 받아 멜라토닌이 됨
- 세로토닌은 다른 신경전달물질인 도파민, 노르에피네프린 등에 영향을 미침
  → 세로토닌이 노르에피네프린에 영향 → 조증, 우울증 발생 (최근 연구)

2 콜린성 신경전달물질

① 아세틸콜린

존재	합성	작용기전	기능	증가	감소
뇌, 척수, 골격근 말초신경계 (다수)	식이성 콜린 → 붉은색 고기, 야채	흥분성 또는 억제성	① 기억(기억의 등록)에 관여 ② 수면-각성주기(REM 수면) ③ 근육의 활동신호 ④ 기분조절 ⑤ 성적 및 공격적 행동, 조증 ⑥ 부교감신경계 자극	우울증, 파킨슨병	알츠하이머병, 헌팅톤병, 중증근무력증, 혼돈, 섬망 (노인)

〈 아세틸콜린 수용체 〉

수용체	작용	차단
무스카린 수용체	• 타액분비, 땀 분비, 축동, 호흡곤란, 복통, 설사, 현기증, 의식혼탁, 쇠약, 혼수 등	• 시야혼탁(흐릿한 시야) 구갈, 변비, 소변정체, 빈맥, 기립성 저혈압, 의식혼탁, 섬망 등 → 항콜린성 약물 부작용(정형 항정신병 약물), 벤즈트로핀(benztropine)
니코틴 수용체	• 금연, 신경인지장애 등	

(3) 아미노산 신경전달물질

① 감마-아미노부티르산 (GABA)

존재	작용기전	기능	증가	감소
중추신경계 대부분의 신경원에 수용체 존재	억제성	① 공격성, 흥분, 불안의 감소 → 진정, 항불안, 최면 작용 ② 항경련제와 근육이완 작용	불안감소	불안장애, 조현병, 조증, 경련, 헌팅톤병

〈 GABA에 작용하는 약물 〉
• 항불안제, 항경련제, 진정·수면제 → 벤조디아제핀계, 바비튜레이트계

② 글루타메이트

존재	작용기전	기능	증가	감소
신체의 모든세포에 존재	흥분성 (흥분성 신경독소)	① 기억형성과 학습 ② 신경독성 작용(신경세포기능 파괴) 글루타메이트 과다 자극 → 세포내 Ca^{++} 농도 증가 → 여러효소 활성화 과다 → 신경세포기능 파괴(신경독성) ③ 신경계 성숙	신경독성 유발, 알츠하이머병의 신경퇴행, 인지능력 향상, 뇌졸중, 헌틴병	근위축성 축삭경화증, 조현병

(4) 신경펩티드 신경전달물질

개념	• 신경펩티드란 신경계에서 발견되는 모든 펩티드의 총칭임 • 엔도르핀(endorphin)을 포함 300가지 이상임
기능	• 1차 신경전달물질의 작용을 강화시키거나 지속시키는 등 보조역할 함 (다른 신경전달물질과 공존)

표. 신경펩티드 종류와 기능

종류	작용기전	기능	증가	감소
엔도르핀, 엔케팔린	억제성	• 스트레스에 대한 저항 • 통증조절 • 기분조절 • 도파민 방출에 영향 미침		
물질 P (substance P)	흥분성	• 통증수용체 활성화하는 감수성(민감성) 증진 → 통증↑ 모르핀 → 물질 P 차단 → 통증 감소 • 감정(기분) 관여		통증조절, 기분과 불안 조절
소마토스타틴 (somatostatin)		• 인지장애와 관련 있는 수준 변화	헌팅톤병	알츠하이머병, 일부 우울증 대상자 감소
뉴로텐신 (neurotensin)		• 내인성 항정신병 효과		조현병

주요 정신질환과 신경전달물질

우울증	• 도파민↓, 노르에피네프린↓, 세로토닌↓(가장 특징), 아세틸콜린↑
조증	• 도파민↑, 노르에피네프린↑, 세로토닌↑, GABA↓
조현병	• 도파민↑, 세로토닌↑(음성증상), 글루타메이트↓ (3가지가 가장 특징적임) 뉴로텐신↓, GABA↓, 노르에피네프린↑
불안, 공황장애	• 노르에피네프린↑, GABA↓, 세로토닌↑
강박장애	• 세로토닌↓
ADHD	• 도파민↓, 노르에피네프린↓
틱, 뚜렛장애	• 도파민↑
파킨슨병	• 도파민↓, 아세틸콜린↑
알츠하이머병	• 아세틸콜린↓, 노르에피네프린↓, 세로토닌↓, 소마토스타틴↓

Part 03 인간의 발달적 이해

1 정신성적 발달이론 16, 96 임용

- 정신분석학자인 프로이트(Freud)는 인간의 성격이 발달하는 단계를 성적에너지인 리비도(libido)가 집중된 부위, 즉 입, 항문, 성기 등에 따라 나눔

1 구강기(0~18개월)

단계 특성		• 리비도가 입술, 혀, 그 밖의 입 주변기관에 집중되는 시기임 • 영아는 빨고, 깨물고, 뱉고, 우는 행동으로 긴장을 완화하고 성격이 형성됨
발달과업	신뢰감	• 경험 적절 시 의존적이지 않고, 자신감, 관대함, 사교성, 신뢰감, 독립성 발달
	자아발달	• 4개월경 신체적 자아 (자신의 몸이 엄마의 몸과 다르다는 것을 인식) • 6개월경 자아발달 시작
구강기적 성격	과잉보호	• 의존적 성격, 지나친 낙관주의, 자기애, 염세주의
	좌절감	• 욕심 많고, 남에게 주거나 양보할 줄 모르는 인색한 성격, 불평과 불만 성격
구강기 고착	고착	• 성격발달이 그 다음단계로 진행되지 못하고, 구강기에 머물러 있음
	문제행동	• 손톱 물어뜯기, 음주, 흡연, 과식, 껌씹기, 불평, 불만, 질투 증대 등의 구강에 집중하는 문제행동을 보임

2 항문기(18~36개월) 16, 96 임용

단계 특성	쾌락	• 리비도가 항문과 그 주위에 집중되는 시기임 • 대소변을 조절하는데서 쾌감을 느끼며, 배변훈련이 성격형성에 영향을 미침
	부모 양가감정	• 부모의 통제로 애증이 얽힌 감정, 양가감정 느낌(배변 훈련으로 인한 부모의 칭찬과 징벌로)
발달과업	자율성	• 경험 적절(배변통제 능력 획득)시 자율성, 자주성, 높은 긍지와 자존감 발달
	충동조절	• 배변훈련(만 4세까지)으로 충동조절(본능적 욕구 통제감 발달)
발달 저해 부모 태도		• 발달을 저해하는 부모의 태도로는 너무 일찍 대소변 훈련을 시키거나 청결만을 강조하는 경우, 너무 무섭게 징벌적이거나 관용적이어서 전혀 부끄러움을 느끼지 않는 경우
항문기적 성격	억제	항문보유적 성격	• 완벽주의, 완고, 인색, 강박장애(질서정연, 정리정돈) 등 16, 96 임용
	허용	항문배출적 성격	• 지저분, 더러움, 파괴적, 분노, 반항, 잔인함 등

3 남근기(3~6세) 96 임용

- 초자아 발달, 성격 형성에 매우 중요한 시기 (프로이트는 모든 발달단계 중 가장 중요한 시기로 봄)
- 남근기를 오이디푸스기, 가족 삼각관계 시기라고도 함

단계 특성	쾌락	• 음경에 관심이 집중 (남녀 모두)	
	성인식	• 남녀 성별의 신체적 차이를 인식, 호기심 갖음	
	가족 삼각관계	• 아버지, 어머니, 아이와 삼각관계 발생 • 부모와 형제·자매 간에 갈등이 많음 (경쟁의식 등) → 거세불안	
발달 과업	초자아 발달	• 동성부모와의 '동일시'를 통해 '초자아' 발달 시작 → 성격 형성	
	성 정체감 형성	• 성적 정체성 탐색, 성별에 따른 역할 인식	
	오이디푸스 컴플렉스	① 남자아이가 어머니를 사랑하여 소유할려고 하고 아버지를 경쟁의 대상으로 여기는 것임 ② 아버지가 자신의 성기를 해칠것이라는 거세공포(불안) → 아버지와 동일시 (태도, 사고, 가치관 등을 내면화) → 양심과 자아이상 발달 (초자아 형성) → 콤플렉스와 불안 극복	
	일렉트라 콤플렉스	① 여자아이가 아버지를 사랑하여 소유할려고 하고 어머니를 경쟁의 대상으로 여기는 것 ② 아버지가 좋아하는 대상인 어머니 같은 여자가 되려고 동일시하면서 갈등 해소 (초자아 형성)	
실패	초자아 형성 장애	• 반사회적 성격장애, 불안장애, 신경증	
	남아 (남근기적 성격)	• 거세 불안 → 아버지의 상징인 교사나 상사를 유난히 무서워함	
		남근기적 성격	• 뻔뻔, 남에게 인정과 칭찬을 받고 싶어하는 성격
	여아 (히스테리성 성격)	• 남근 선망 → 매사 남자를 경쟁자로 여김, 남자보다 더 높은 능력을 인정 받길 원함	
		히스테리성 성격	• 연극적, 과장적, 유혹적 • 정서 불안정 등 문제 행동
남근기 고착	• 성격발달이 그 다음단계로 진행되지 못하고, 남근기에 머물러 있음 • 노출증, 관음증 등 성생활 장애 등이 생김		

4 잠복기(6~12세) 96 임용

단계특성	쾌락	• 성적인 관심이 일시적으로 잠복되어 생리적으로 노출되지 않는 학령기임
	지적 흥미	• 성적 에너지가 지적 흥미로 전환됨
발달과업	사회화 (사회성 발달)	• 사회적인 면에서 활동이 활발한 시기 (사회화 시기) • 동성또래와 관계를 맺고 관심을 가질수 있는 능력 발달 (사회성 발달)
	동성간 동일화	• 동성간의 동일화로 정상적인 동성애 시기 • 이성친구에 대한 관심은 줄어듦
		• 적응능력, 학업, 대인관계의 원만함으로 자신감 높아짐
실패		• 학습장애, 열등감 빠짐 • 사회적응 장애
잠복기 고착		• 성격발달이 그 다음단계로 진행되지 못하고, 잠복기에 머물러 있어 성인기 동성애로 발전

5 생식기(12~18세)

단계특성	쾌락	• 성기에 관심이 집중, 성기를 남녀 성생활의 도구로 이해
	이차성징	• 신체적으로 생식이 가능한 시기, 이차 성징이 나타나는 시기
	성적충동	• 성적 충동 증가, 성적 환상 갖음 • 수음 행위 → 죄의식, 갈등, 열등감 갖음
발달과업	이성관계 수립	• 이성동료에 관심이 크며, 성숙한 이성관계를 맺음
	주체성 확립	• 주체성(정체성) 확립 → 자신이 누구이며, 장래에 어떤 사람이 되어 무슨 일을 하며, 누구를 사랑할 것인지를 결정 • 사랑을 주고 받는 능력 확립
		• 성인으로서 자신에게 부과된 역할을 맡아 수행함
실패	주체성 혼돈	• 주체성(정체감) 혼돈으로 역할혼돈, 미래 목표 설정의 어려움 등

2 정신사회적 발달이론

- 에릭슨(Erikson)은 자아발달에 초점을 두고, 전 생애에 걸친 자아의 발달단계(인격발달)를 8단계로 구분함

생애주기	발달 과업		특 징
영아기 (0~1세)	신뢰감 대 불신감	신뢰감	• 자신을 돌보는 사람과 상호작용에서 일관성, 신뢰성, 예측가능성을 발견함 • 어머니를 일관성 있는 믿을 수 있는 사람이라고 느낄 때, 부모에 대한 기본 신뢰감을 발달시킴 • 돌보는 사람의 행동에 대한 예측가능성에 의해 좌우됨
		불신감	• 신뢰감을 형성하지 못하면 다른사람을 불신하는 성격이 됨
초기아동기 (걸음마기) (1~3세)	자율성 대 수치심과 의심	자율성	• 혼자 서고 걷기, 말하기, 손 사용 등 스스로 외부세계 탐색 • 괄약근 통제
		수치심과 의심	• 너무 빠르거나 엄격한 배변훈련을 받은 경우 – 자신의 의지가 손상되었다고 여겨 자율성을 형성하지 못하고 수치심과 의심을 느낌
		양육태도	• 주 양육자는 아동이 하는 일을 무시하거나 비난하지 말고 자신을 통제할 수 있도록 도와주어야 함
학령전기 (3~6세)	주도성 대 죄책감	주도성	• 행동반경이 넓어지면서 주도적으로 행동하고 목표를 정해 추진(목표지향성)할 뿐 아니라 경쟁하며 호기심이 많고 창조적임
		죄책감	• 아동을 질책하거나 억제할 때 아동은 자신의 생각이나 활동이 나쁘다고 느끼면서 죄책감을 느낌
		초자아	• 부모와 동일시를 통해 초자아를 형성함
학령기 (6~12세)	근면성 대 열등감	근면성	• 학교에 입학하여 기술과 지식을 배우며 성공적인 경험이 능숙함과 숙달감, 근면감을 느끼게 해줌
		열등감	• 자신이 신체기술과 인지기술이 부족하다거나 과제나 부과된 일을 할 수 없을 때 열등감을 느낌
		교사	• 교사는 학교생활에 흥미를 느끼게 자유롭게 발표하고, 의사결정에 능동적으로 참여할 수 있도록 도와주어야함
청소년기 (12~18세)	정체성 대 역할혼돈		• 신체적 발달과 정신적 발달의 불균형 빠른 성적 성숙과 신체변화가 두드러지는 시기이며, 급격한 신체적 생리적 변화에 비해 정신적 발달이 미치지 못하므로 신체적 발달과 정신적 발달의 불균형 발생
		정체감	• 자신이 누구이며, 장래에 어떤 사람이 되어 무슨 일을 하며, 누구를 사랑할 것인지를 결정하는 정체감 형성의 시기임
		역할혼돈	• 정체감을 형성하지 못하면 자신의 역할에 대한 혼란을 가져오고, 극단적으로 치우치면 비행이나 물질남용으로 빠질 수 있음

생애주기	발달 과업		특 징
성인기 (18~45세)	친밀감 대 고립감	친밀감	• 가족이 아닌 이성이나 친구와의 관계를 얼마나 친밀한 사회적 관계로 만들 수 있는지가 중요한 시기임 • 타인을 이해하고, 공감할 수 있게 됨으로써 친밀감을 형성함 • 청소년기에 정체감을 원만하게 형성한 사람은 초기 성인기에 친밀감을 획득하여, 새로운 인간관계에서 지속적으로 친밀한 관계를 유지할 수 있음
		고립감	• 청소년기에 정체감을 형성하지 못하는 사람은 지속적인 친밀한 관계를 형성해 나가지 못하므로 인간관계가 와해되고 고립감을 느낌
중년기 (45~65세)	생산성 대 자기정체감	생산성	• 자녀양육이나 창조적인 활동, 직업적 성취를 통해 생산성을 획득함
		자기정체감	• 생산성 확립에 실패하면 자시의 삶의 목적과정 및 선택에 대해 회의감을 느끼고 자기침체에 빠짐
노년기 (65세 이후)	통합성 대 절망감	통합성	• 그동안 살아온 삶의 과정을 돌아보는 과정을 통해 인생의 한계를 받아들이고, 자신도 역사의 한 부분임을 받아들이며, 지혜를 갖고 지금까지의 삶을 모두 통합하는 것임
		절망감	• 자아통합을 하지 못하면, 자신의 인생에 대해 후회하고 절망감을 느낌

3 대인관계 발달이론

- 설리반(Sullivan)은 성격형성에 있어서의 대인관계 중요성을 강조함
  → 인간의 성격이 타인과의 사회적 상호작용을 통한 대인관계에서 발달한다고 봄
- 성격은 영아기(부모와의 관계)부터 청소년기에 걸쳐 발달, 일생동안 지속된다고 봄
- 대인관계 치료는 대인관계의 기능과 사회관계에서의 만족감을 향상시킴으로써 정신과 증상을 감소시키고 없앰

생애주기	발달 단계	
영아기 (0~18개월)	구강	• 구강이 환경과의 상호작용에 가장 중요한 시기
	수유	• 수유는 최초의 중요한 대인관계 경험
아동기 (18개월~6세)	놀이친구	• 놀이친구를 형성
	소꿉놀이	• 성개념을 발달시켜 남성적 역할 또는 여성적 역할에 동일시 하는 소꿉놀이를 많이 함
	• 개인적인 욕구충족이 방해를 받아 지연될 수 있다는 것을 배우는 시기임	
소년기 (6~9세)	또래친구	• 또래친구들과 만족스러운 관계를 형성함 • 경쟁, 협력, 협상을 통해 형성됨
전 청소년기 (9~12세)	동성친구	• 동성과 관계 맺음 • 아주 친한 친구가 없으면 절망적인 고독을 경험함
	타인과 대인관계	• 타인과 순수한 대인관계를 맺기 시작함 • 다른 사람과 협력하고, 사랑과 애정을 나누기 시작함
초기 청소년기 (12~14세)	이성친구	• 이성친구들과 만족스러운 관계형성 • 사춘기 생리적 변화로 성적 충동 및 욕망 경험
	• 정체성 확립과 부모로부터 독립, 분리에 관심 많음.	
후기 청소년기 (14~21세)	사회관계	• 사회에서 상호의존하는 관계를 형성함
	이성선택	• 이성을 선택하여 친밀한 관계를 맺고, 유지함

❹ 분리개별화 이론

- 말러(Mahler)는 영아가 최초로 사랑했던 대상인 어머니로부터 떨어져 나오는 심리과정을 체계적으로 기술함 (영아와 어머니의 상호작용)

생애주기		발달 단계	
정상자폐기 (0~1개월)		타인, 환경 인식 X	• 타인이나 환경의 존재를 인식하지 못함 • 생존을 위한 기본 욕구 충족과 안위에 초점이 있음
		소아자폐장애	• 이 시기에 고착이 일어나면, 소아자폐장애의 원인이 됨
공생기 (1~5개월)		어머니와 결합	• 어머니와 정신이 결합한 상태로 자신을 어머니의 연장으로 생각함 • 자신을 어머니의 연장으로 생각하고 어머니를 자신의 매일의 필요를 충족시키는 사람으로 인식함
		공생정신증	• 어머니의 존재가 없거나 거부당하면 '공생정신증' 일으킴
분리-개별화기 (5~23개월)		분리	• 영아가 어머니로부터 분리
		개별화	• 신체적·정신적인 면에서 개인적인 구별감 획득 • 개별화는 자아가 강해지고, 자아감을 수용하고, 자아 영역이 독립될 때 나타남
분화분기	5~10 개월	주위사물 관심	• 주위사물에 관심이 시작되어 조금씩 어머니 품에서 벗어나려는 행동을 시작하지만, 곧 돌아옴
실제분기	10~16 개월	분리 경험	• 어머니로부터 실제로 조금씩 분리되는 경험을 하여, 처음에는 멀리 떨어지지 않고 어머니가 보이는 곳까지 갔다가 돌아오지만, 점점 떨어지는 횟수와 거리가 늘어남
화해 접근분기	16~24 개월	분리	• 혼자서 자유롭게 걸어, 어머니의 몸과 분리되어 있음을 더 확실히 아는 단계임
		분리불안	• 분리불안이 심해지며 어머니는 아이가 멀리 떨어지면 찾아나서고, 찾으면 야단치고 관심을 보이다, 막상 함께 있게 되면 아이를 다시 냉랭하게 대하므로 아이는 혼란에 빠지게 됨
		혼란	
		경계성 성격장애	• 병적 모자관계가 후에 경계성 성격장애의 원인이 됨
통합기 (통합분기)	24~36 개월	자아분리감	• 궁극적인 개별성과 자아분리감이 형성되고, 어머니를 자신과 분리된 사람으로 지각하게 됨
		대상항상성	• 최종적으로 안정된 자기개념과 대상항상성으로 구성된 자아정체감을 알게됨
		자아정체감	**대상항상성** • 눈에 보이지 않아도, 어머니가 항상 거기에 있을거란 믿음 • 안정적인 애착관계 형성

5 매슬로우 욕구단계 이론 (욕구계층 이론) 07 임용

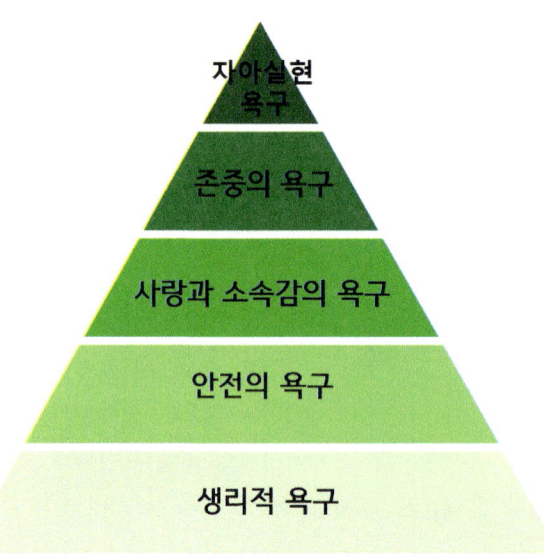

그림. Maslow의 욕구위계

단 계		특 징
1단계	생리적 욕구	• 인간이 생존하기 위해 가장 기본적으로 충족되어야 하는 욕구 • 음식, 물, 산소, 배설, 수면, 휴식, 체온유지, 주거, 성활동 등
2단계	안전의 욕구	• 신체적, 정서적으로 안전을 추구하는 욕구 • 안전, 보호, 안정, 질서 유지, 제한 등
3단계	사랑과 소속의 욕구	• 어떤 집단에 소속되고자 하는 욕구, 주위사람들에게 사랑 받고 있음을 느끼고자 하는 욕구 • 소속, 애정어린 관계, 사랑 예 엄마가 둘째 아기를 출산한 후 큰 아이에게 많은 관심을 보이지 못하자, 젖병을 달라고 요구하며 드러누워 발을 구르고 소리를 지름 07 임용
4단계	존중의 욕구	• 타인에게 자신의 가치에 대한 인정, 존중받고자 하는 욕구 → 타인으로부터의 자기존경, 존중의 욕구 • 역량, 성취, 타인의 존중과 관련된 자존감
5단계	자아실현의 욕구	• 가장 높은 단계의 욕구임 • 자신의 잠재력을 극대화(실현)함으로써 자기만족을 얻게 됨 • 자신이 이루고자 하는 꿈의 실현임

Part 04 정신건강간호의 이해 23, 21, 10, 09 임용

① 정신건강의 개념

- WHO는 건강을 허약하거나 질병이 없는 상태보다는 "신체적·정신적·사회적 안녕상태"로 정의
- WHO는 정신건강을 자신의 잠재력을 인식하는 능력과 일반적인 생활스트레스를 처리하는 능력, 일에 대한 생산성과 지역사회에 기여하는 능력이 있을때로 봄

② 정신건강의 특성

- 정신적으로 건강한 사람의 특성은 회복탄력성, 합리적 사고, 바람직한 의사소통, 긍정적인 자아개념, 자기통제, 자아인식, 효과적인 대처, 자기관리, 의미있는 관계형성, 발달에 맞는 과업수행 등의 특성이 있음

> **회복탄력성**
> - 역경, 시련, 실패시의 긍정적 적응이나 자신의 안녕감을 지지하기 위해 필요한 자원을 확보하여 정신건강을 유지하거나 회복할 수 있는 능력
> - 변화될 수 없는 부부은 수용하고, 극복할 수 있는 부분에 중점을 주면서 문제와 도전을 파악하는 능력임

③ 정신건강 평가기준 (마리야호다) 09 임용

① 자신에 대한 긍정적 태도 09 임용	• 자기 자신을 한 인간으로 수용하고 자기인식을 통해 스스로의 욕구와 행동에 대해 인지하며, 자신에 대해 어느정도 객관성을 유지하는 것임 • 정신적으로 건강한 사람은 자기이해, 자기수용, 자기개방을 할 수 있음 • 즉, 자신을 정확히 이해하고 자신을 있는 그대로 인정하고 받아들이며, 타인에게 있는 그대로의 자신의 모습을 솔직히 보여줄 수 있음
② 성장, 발전, 자아실현 능력	• 자신의 잠재력을 개발하여 실현하고 이를 통해 새로운 성장과 발달, 도전을 할 수 있을 때, 정신적으로 건강한 사람이라고 함 • 매슬로우는 '자아실현', 로저스는 '충분히 기능하는 사람'으로 보고 인간의 최대적응 능력에 초점을 두며 성장, 발전을 추구하고 항상 도전하는 자아로 봄

③ 통합	• 자신이 표현하는 것과 억압된 것, 내·외적인 갈등과 충동, 기분과 정서조절 사이의 균형을 이루는 것임 • 통합능력은 개인이 스트레스를 견디고 불안에 대처하는 능력으로 일부분 측정할 수 있으며, 개인은 강하고 융통성 있는 자아를 이용하여 변화에 대처하고 성장할 수 있음
④ 자율성	• 의사결정과 행동을 스스로 조절하는 능력으로 자기결정, 행동, 감정 등에 스스로 책임을 지는 것임 • 자율성을 지닌 개인은 타인의 자율성과 선택의 자유도 존중할 수 있음
⑤ 현실지각 09 임용	• 현실을 인지하는 능력으로 외부세계에 대해 미리 예상하고 과거의 경험을 바탕으로 현실을 인식하고 검증하는 능력임 • 정신이 건강한 사람은 새로운 정보에 비추어 자신의 지각을 변화시킬 수 있음 • 현실지각에는 공감, 사회적 민감성, 타인의 감정과 태도를 존중하는 것 등이 포함됨
⑥ 환경의 지배	• 정신적으로 건강한 사람은 사회적으로 안정된 역할을 성공적으로 수행할 수 있고 환경에 효율적으로 대처하고, 자신의 문제를 해결하고 삶에 만족을 얻음 • 특히 공격성, 고립감, 좌절 등에 적절히 대응하는 능력이 있으며, 타인을 사랑하고 다른사람들로부터 사랑을 받으며 호혜적 관계를 가짐

4 정신질환

1 정신질환 개념

- 정신질환은 디스트레스, 불구(disability), 혹은 고통이나 불구의 위험, 자유 상실의 위험에서 나타나는 임상적으로 의미 있는 행동적·심리적 증후군로, 진단을 내릴 수 있는 모든 정신장애

2 의학진단체계 (정신장애의 분류)

정신질환의 진단 및 통계 (DSM)	• 정신질환의 진단 및 통계 편람(Diagnostic and Statistical Manual of Mental Disorders, DSM)은 미국정신의학회에서 출판된 정신질환을 진단하는 공식적인 지침임 • DSM-5-TR 기준에 근거하여 정신질환의 진단이 이루어짐
국제질병분류(ICD)	• WHO의 국제질병분류(International Classification of Diseases, ICD)는 국제진단표준임 • ICD-11에 의해 우리나라 공식 질병이 분류됨

5 정신건강예방 (1,2,3차 예방)

1 1차 예방

목적	• 1차 예방의 목적은 정신질환을 예방하고 새로운 환자의 발생을 감소시킴
건강증진	• 구직기술, 의사소통기술, 문제해결기술, 스트레스 관리, 장기 돌봄제공자에 위한 휴식간호, 대처기술(실직, 출산, 사별, 이혼, 빈곤), 부모-자녀관계 훈련
질병예방	• 잠재적인 위험에 대한 보호에 중점을 두며, 위험한 건강위협의 결과로부터 가능한 한 사람들을 보호하는 것임
사정	• 부적응 반응을 촉진시키는 스트레스원과 취약하거나 고위험에 처한 표적 집단 확인
중재	• 확인된 스트레스원의 부적응 반응을 감소시키고 적응을 향상시키기 위해 선택된 간호중재 적용

2 2차 예방

목적	• 정신건강 문제를 조기에 확인하고 정신질환의 유병기간을 감소시키는데 중재에 초점을 둠 • 조기진단과 적절한 치료, 불능을 제한함
중재	• 학교나 지역사회에 있는 사람들을 대상으로 정신질환 여부를 확인하는 사전조사를 통해서 치료를 받을 수 있도록 대상자를 의뢰하고 위기중재를 제공함 • 응급전화, 단기정신치료, 입원치료 등이 포함됨

3 3차 예방

목적	• 재활과 정신건강 문제를 최소화하는데 중점을 둠
중재	• 사회기술훈련, 직업재활, 자조그룹 등

6 스트레스 10, 09 임용

1 스트레스 개념

개념	• 스트레스란 자극에 대한 생물학적 반응, 개인이 가진 자원의 한계를 초과하여 개인이 가지고 있는 역량이나 대처능력을 넘어서는 경험을 의미함
이상행동	• 만성적인 스트레스에 적응하는 과정에서 나타나는 부적응적 반응이며, 스트레스원이 개인의 적응수준을 넘어설 때 나타남

2 스트레스 종류

distress	• 나쁜 스트레스로 불안, 우울, 무기력, 절망, 피로, 혼란 등을 초래하는 부정적인 스트레스임
	예 가족의 죽음, 재정적 부담, 학교나 직장에서의 요구
eustress	• 좋은 스트레스로 긍정적이고 유익한 에너지로 동기유발을 하고 행복감과 희망의 감정을 갖게 하며 목적이 있는 활동을 하게 됨
	예 새로운 직업에 도전, 좋아하는 스포츠 참여 등

3 스트레스 모형

(1) 샐리의 일반적응증후군 (general adaptation syndrome, GAS) 23, 10 임용

스트레스	• 스트레스란 유해자극에 대한 반응
일반적응증후군	• 스트레스에 노출시 적응하는 과정으로, 자극에 대한 비특이적인 신체적 반응

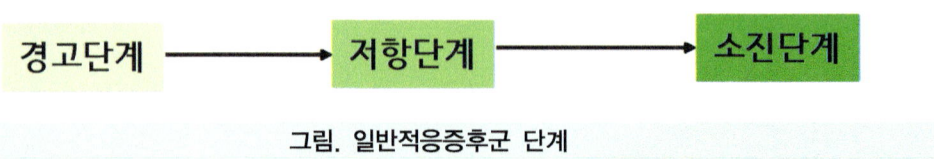

그림. 일반적응증후군 단계

① 경고단계

'투쟁 또는 도피' 반응		• 스트레스 초기반응으로, 화재경보음처럼 위험을 인지하여, 신체적인 반응을 보임
신체반응	교감신경계 활성화	• 심박동수 및 혈압 상승 → 근육, 뇌, 심장으로 혈액증가 • 호흡수 증가, 폐확장 • 동공 확대 및 청각을 포함한 모든 감각 예민 • 혈당 증가 등
	코티졸 증가	• 부신피질자극호르몬의 분비가 증가하여, 혈당 상승, 혈압 상승
	종료	• 종료 시 부교감신경계 활성화
	지속	• 스트레스가 지속되면, 저항단계로 넘어감

② 저항단계

신체저항		• 스트레스 요인에 대한 최적의 신체저항이 발생함
적응		• 스트레스원에 특별한 반응을 보이지 않고 잘 적응하는 것처럼 보임 → 경고반응동안 교란되었던 생리적 과정이 대부분 정상으로 돌아옴 • 스트레스가 지속되면 소진단계로 넘어감
신체반응	코티졸 증가	• 부신피질자극호르몬의 분비가 증가하여, 계속 신체저항을 높임

③ 소진단계 (탈진단계)

저항력 상실		• 강하고 지속적인 스트레스로 적응 가능성의 한계를 넘어, 다른 스트레스원에 대한 저항력까지 상실함
소진		• 적응 에너지 소진 • 뇌하수체, 부신피질호르몬 분비 중단 → 적절한 방어기전 소진
경고단계 증상		• 경고단계에서 나타났던 증상이 다시 나타남
질병	신체장애	• 각종 질병발생 및 적절히 중재하지 않으면, 사망까지 발생 • 소화성 궤양, 과민성 장증후군, 고혈압, 동맥경화증, 관상동맥질환, 편두통 • 당뇨, 관절염, 알레르기, 천식, 암 등 발생
	정신장애	• 우울장애, 불안장애, 수면장애 등

(2) 라자루스와 포크만 스트레스-대처 이론 09 임용

① 이론의 개념

스트레스	• 인간과 환경간의 상호작용으로, 개인이 가진 자원의 한계를 초과하며, 안녕을 위협하는 것임
개념	• 스트레스에서 인지적 평가를 통해 스트레스 사건의 의미, 강도 중요성을 인식하게 되고, 스트레스에 대한 대처전략을 통해 적응이 이루어짐

② 주요개념

㉠ 인지적 평가

1차 평가	최초 평가	• 스트레스 요인이 개인의 안녕에 미치는 영향을 평가함
	안녕을 구분	• 개인의 안녕에 '무관한 것', '긍정적인 것', '부정적(스트레스적)인 것'으로 구분하고, 부정적(스트레스적)인 것은 '위협', '도전', '손상(상해)나 상실'로 평가함 → 어떤 사건이 얼마나 스트레스가 되는지에 대한 지각을 의미
	스트레스에 대한 지각	1차 평가 : 특정 상황이나 사건이 나에게 어떤 의미가 있는가?
	예 또래로부터 관계적 괴롭힘을 많이 경험할 때, 또래관계를 부정적, 위협적으로 평가함 예 이번 승진 시험은 나에게 긍정적인 영향을 주는 사건임	
2차 평가	대처자원	• 스트레스 요인의 관리를 위한 대처자원에 대한 평가 → 어떠한 대처가 가능한지, 그리고 그러한 대처를 통해 스트레스가 감소할 수 있는지에 대한 평가
		2차 평가 : 내가 이상황이나 사건에서 무엇을 할 수 있는가?
	예 "내가 이용할 수 있는 대처자원은 어떤 것들이 있는가?" "이런 대처자원을 성공적으로 적용할 수 있는 가능성은 얼마나 있는가?" "대처 자원이 스트레스를 경감시켜 줄 확률은 어느정도인가?"	
재 평가	새로운 정보	• 새로운 정보에 기반하여 변경된 평가 • 사건의 의미를 재평가함
	예 번번히 취업에 실패하여 낙담한 대상자가 눈높이를 조금만 낮추면, 취업할 수 있다는 새로운 정보를 입수하면, 스트레스는 줄어듦	

㉡ 대처

개념		• 개인의 역량을 넘어서, 과도하게 부담되는 요구를 정복하기 위한 노력
종류	문제중심적 대처	• 부정적인 스트레스를 야기하는 문제를 처리하거나 바꾸려는 노력
	정서중심적 대처	• 문제에 대한 감정적 반응을 조절하려는 노력
	평가중심적 대처	• 자신의 목표나 가치를 변화시킴으로써 문제에 대한 평가를 조절하는 노력

7 심리검사 21 임용

1 종합심리평가

(1) 검사구성

- BGT (Bender Gestalt Test)
- K-WAIS-IV(Korean-Wechsler Adult Intelligence Scale-4th Ed.)
- HTP (House-Tree-Person Test)
- KFD (Kinetic Family Drawing)
- Rorschach Ink blot Test
- SCT (Sentence Completion Test)
- TAT (Thematic Apperception Test)
- MMPI-Ⅱ(Minnesota Multiphasic Personality Inventory-Ⅱ)
- 자서전적 기억면담 등

(2) 심리검사의 평가

- 검사의 이론적 지향(구성개념)
- 실용적인 고려사항(읽기 기술, 이해력, 반응성 등)
- 표준화(규준의 적합성)
- 검사의 심리측정적 속성(신뢰도, 타당도)

(3) 신뢰도

① **검사의 안정성, 일관성, 예측 가능성**

② **오차범위/측정오차**
- 검사의 점수 범위
- 심리적 구성개념은 직접 측정이 불가 (즉, 추정, 간접측정)
- 능력은 변산성 낮음 / 성격특질, 상태는 변산성 높음

③ **신뢰도를 얻는 주요 방법**

검사-재검사	일관된 결과 산출
동형 검사	상대적 정확성
반분신뢰도/알파계수	내적 일치도
채점자 간 신뢰도	검사자간 일치도

(4) 타당도

① 검사가 측정하려는 특징을 정말로 측정하는가 (필수 전제 조건: 신뢰도)

→ 실시할 때마다 동일한 것을 측정할 수 없다면, 측정해야할 것을 실제로 측정할 수 없음

② 타당도 확립 주요방법

내용 타당도 (전문가의 판단)	• 대표성과 적합성
준거타당도	• 검사점수와 외부측정치 비교 (상관계수)
구성타당도	• 구성개념을 제대로 측정하는지 평가(상관분석, 요인분석)

(5) 검사분류

실시방식 기준	• 속도검사 / 역량검사 • 개인검사 / 집단검사 • 지필검사 / 수행검사
사용목적 기준	• 규준참조검사(상대평가) / 준거참조검사(절대평가)
측정내용 기준	• 인지검사 / 정서검사
자료형태 기준	• 객관적 검사(자기보고식 검사) / 투사 검사

2 웩슬러형 지능검사

개인용 지능검사	• 지적능력 평가, 성격 관찰 상황 제공 • 임상실제에서 가장 빈번히 사용하는 검사	
총집(battery)형 검사	• 소검사들의 조합	
종류	• WPPSI(Wechsler Preschool and Primary Scale of Intelligence) : 유아용 • WISC(Wechsler Intelligence Scale for Children) : 아동용 • WAIS(Wechsler Adult Intelligence Scale) : 성인용	
WAIS 측정영역	일반지능	
	언어이해 지수	• 어휘, 상식, 이해
	지각추론 지수	• 토막짜기, 행렬추론, 퍼즐, 무게비교, 빠진곳 찾기
	처리속도 지수	• 동형찾기, 기호쓰기, 지우기
	작업기억 지수	• 숫자, 산수, 순서화
지능검사 장점	• 미래행동의 예측(예 학업성취, 직업수행) 　단, 현재기능 수준을 측정하므로 단기적 예측에 적합 • 신경심리학적 손상 여부 • 개인의 인지적 강점 및 약점 확인 • 개인의 수행과 동년배의 수행 비교	
지능검사 단점	• 집중적, 분석적, 과학적 사고 강조 • 확산적, 예술적, 창의적 사고가 강한 수검자 불리 • 비학업적 지적 능력 평가에 제한 • 사회감각, 상호작용, 일상생활능력, 사회적 유능감, 특정 과제 수행 등은 측정이 어려움	

3 미네소타 다면적 인성검사(MMPI) 21 임용

특징	• 정서적 적응 수준, 수검 태도 측정 • 가장 널리 사용되는 임상 성격검사 • '그렇다/아니다'로 응답하는 진술문으로 구성 • 자기보고식 검사 • 경험적 준거 방식 사용: 특정 모집단에서 유의미한 방식의 응답이 있었는가
종류	• MMPI-2 (만 19세 이상 성인) • MMPI-A (만 13~18세 학생)

(1) 타당도 척도 21 임용

성실성	• 문항과 무관한 응답 평가	
	무응답척도	• 응답하지 않은 문항수(무응답 개수)를 측정하는 척도임 • 30개 이상이면 결과 해석 불가
	VRIN (Variable Response Inconsistency, 응답 비일관성 척도)	• 무선반응 비일관성(무작위로 반응)
	TRIN (True Response Inconsistency, 고정반응 비일관성 척도)	• 고정반응 비일관성(한가지로만 반응)
비전형성	• 왜곡/과장 응답 탐지	
	신뢰도 척도(F 척도)	• 비전형적인 방법으로, 즉 드물게 나타나는 응답하는 경향을 찾기 위함
	F(B)	• 비전형-후반부 (Back Infrequency) • 검사의 뒷부분에서 비정상적으로 응답하는 패턴을 감지함
방어성	• 자기 모습을 긍정적으로 제시하는지	
	부인척도 (L 척도) 21 임용	• 부인(Lie) 대부분 별 망설임 없이 인정하는 문항 • 피검자가 자신을 과도하게 긍정적으로 보이려는 경향을 측정함 • 자신을 좋게 보이려는 고의적이고 부정직한 경향을 찾기위한 척도
	교정척도 (K 척도)	• 교정(Correction) 조금 더 세련되고 교묘한 방어성임 • 피검자가 자신을 얼마나 방어적으로 표현하는지를 측정함
	과장된 자기제시(S)	• 과장된 자기제시(Superlative Self-Presentation) • 인사장면에서 자신을 좋게 보이고 싶은 사람들을 가려내기 위해 개발

(2) 임상척도

① Hs (건강염려증)	• Hypochondriasis (건강염려증) • 건강염려증 진단 자체보다는 건강염려증과 관련된 다양한 성격 특성 • 여러가지 신체증상, 스트레스를 받으면 증상 악화
② D (우울증)	• Depression (우울증) • 주관적 우울감, 정신운동 지체, 신체적 기능 장애, 둔감성, 깊은 근심
③ Hy (히스테리)	• Hysteria (히스테리) • 특정 신체적 호소, 정서 및 대인관계 어려움에 대한 방어적 부인, 과장된 낙관주의 표현 • 사회적 불안의 부인, 애정 욕구, 권태-무기력, 신체증상 호소, 공격성의 억제
④ Pd (반사회성) 21 임용	• Psychopathic Deviate (반사회성) • 일반적 사회적응 수준 • 가족소외 정도, 사회적 침착성, 학교 및 권위적 인물과의 불화, 자기 및 사회로부터의 소외 • 가정불화, 권위불화, 사회적 침착성, 사회적 소외, 내적 소외
⑤ Mf (남성성-여성성)	• Masculinity-Feminity (남성성-여성성) • 전통적인 남성 혹은 여성의 역할이나 흥미에 대해 동의하는 정도
⑥ Pa (편집증)	• Paranoia (편집증) • 대인 예민성, 자기독선, 의심, 관계관념, 망상적 신념, 만연한 의심, 피해의식, 과장된 자기신념, 대인관계 경직성 • 피해의식, 예민성, 순진성
⑦ Pt (강박증)	• Psychasthenia (강박증) • 외현적 공포와 불안, 반추적 자기의심, 긴장, 우유부단, 집중곤란, 강박적 걱정
⑧ Sc (조현병)	• Schizophrenia (조현병) • 사회적 소외, 무감동, 가족관계의 문제, 이상한 사고 과정, 특이한 지각, 감소된 효율성, 집중 곤란, 일반적인 공포와 걱정, 대처 곤란, 충동 지연 곤란
⑨ Ma (경조증)	• Hypomania (경조증) • 활력 수준, 성급함, 자기중심주의, 과대성 • 비도덕성, 심신운동 항진, 냉정함, 자아팽창
⑩ Si (내향성)	• Social Introversion (내향성) • 수줍음, 사회적 기술, 사회적 상호작용, 대인관계 철수, 대인 상호작용 참여, 자기비하, 사회적 회피, 내적/외적 소외감

4 로르샤흐 검사 (로샤 검사, Rorschach Ink blot Test)

개념	• 투사적 검사로 10장의 잉크반점 카드를 보고, 무엇이 보이는지 응답하게 하는 검사임 • 무의시적 정서, 사고방식, 성격 특성, 방어 기제 등을 분석할 수 있음
특징	• 애매함 → 방어의 어려움 → 솔직함
실시방법	"이 잉크반점이 무엇으로 보이는지 말씀해주세요."

5 주제통각검사 (TAT, Thematic Apperception Test)

개념	• 자주 쓰이는 투사검사의 일종 • 애매한자극으로 이루어진 로샤와 달리, 자극이 비교적 구조화 되어 있고 복잡한 언어적 반응과 표현을 요함
특징	• 성격의 기본 구조를 잘 드러내며, '지금-여기'를 잘 포착함 • 자신의 욕구, 무의식적 갈등, 개인의 성격, 정서상태, 대인관계 패턴 등을 깊이 있게 이해하는데 사용됨 • 사진을 보고 피검자가 꾸며내는 이야기의 주제를 해석함으로써 무의식적인 주제와 공상 파악함
실시방법	"그림을 보면서, 될 수 있는 한 많은 이야기를 꾸며 보세요."
아동용	• 아동통각검사(CAT: ChildrenAppercention Test) : 3~10세, 동물 자극 사용

6 집-나무-사람 검사 (HTP, House-Tree-Person Test)

개념 및 특징	• 쉽고 간편하게 실시할 수 있는 대표적인 투사 검사 • 언어적, 문화적 제약이 적음 • 의식적 방어가 덜 관여 • 사람들이 그리는 그림에는 내면의 욕구, 감정, 생각, 자신의 환경과 경험이 투사되어 있음
실시방법	"집을 그리세요. 나무를 그리세요. 사람을 그리세요."

7 벤더-게슈탈트 검사 (BGT, Bender Gestalt Test)능

개념 및 특징	• 시지각-운동기능검사, 신경심리적 손상 여부를 평가하는 검사임 • 심리적 부담이 덜하고 긴장 해소에 효과적 • 비언어적 검사로서 언어 및 문화적 영향을 덜 받음 • 게슈탈트의 원리 : 접근성(proximity), 유사성(similarity), 폐쇄성(closure), 연속성(continuity) 즉, 지각된 도형은 보통 하나로 통합된 것
실시방법	"도형을 보고 그대로 그리세요."

8 문장완성검사 (SCT, Sentence Completion Test)

개념 및 특징	• 임상현장에서 자주 사용하는 투사 검사의 일종 • 로샤나 TAT와 달리, 의식적인 수준에서 피검자가 인식하고 자각하고 있는 심리적 특성과 상태가 드러남 • 지능, 교육수준, 문장력 등의 영향을 받음
실시방법	"각 문장을 읽으면서 맨 먼저 떠오르는 생각으로 뒷부분을 이어 문장이 완성되도록 하십시오."
예	1. 나에게 이상한 일이 생겼을 때 (　　　　　　　　) 2. 내 생각에 가끔 아버지는 (　　　　　　　　) 3. 나의 장래는 (　　　　　　　　) 4. 어리석게도 내가 두려워하는 것은 (　　　　　　　　)

9 동작성 가족화 검사 (KDF, Kinetic Family Drawing)

개념 및 특징	• 본인이 지각하는 가족 내 자기의 위치나 중요성, 가족 상호간의 관계 및 이들에 대한 정서 및 욕구 등이 드러남 • 전반적인 가족 분위기, 수검자가 지각한 가족의 모습, 자기와 갈등이 있는 가족, 친밀한 가족, 소원한 가족이 반영될 수 있음
실시방법	"수검자 포함 가족이 무엇인가 하고 있는 그림을 그리세요."

Part 05 치료적 관계와 치료적 의사소통 23, 21, 11 임용

① 치료자 관계

1 치료자-대상자 치료적 관계의 개념

- 대상자의 비밀을 지켜주고 일관성 있는 태도로 자신이 안전하고, 신뢰할 수 있는 사람이라는 믿음을 주어야 함

치료적 자기이용	• 관계를 형성하고 간호중재를 적용할 때 의식적으로 대상자를 완전히 이해하고 그 대상자의 성격을 이용할 수 있는 능력
치료적 관계	• 친밀하고 신뢰를 바탕으로 대상자가 자신의 감정을 표현하도록 하여, 중요한 문제에 초점을 맞추어 효율적인 대처방법을 알고, 행동변화를 이루게 하는 것임

2 치료적 관계에서 이루어져야 할 활동

- 대상자의 요구를 확인하고 탐색한다.
- 대상자와 간호사 간에 명확한 경계를 설정한다.
- 대상자가 대안적 문제해결 방식을 수용한다.
- 대상자의 새로운 대처기술이 개발된다.
- 대상자의 행동변화가 일어난다.

3 치료적 관계에서 치료자(간호사)의 자질

- 자기인식, 신뢰감, 존중, 진실성, 공감능력, 역할모델, 윤리감과 책임감(7가지)가 있음

① 자기인식	• 자기인식이란 자신에 대해 정확히 알고 이해하는 것임
② 신뢰감	• 서로의 도덕성과 정직함에 대한 확고한 믿음을 갖고, 도움이 필요한 상황이 되면 진실된 도움을 요청함
③ 존중	• 개인의 존엄과 가치를 인정해주는 것임 예 대상자 이름부르기, 대화시 충분한 시간 주기, 개별 면담시 사적인 공간제공 및 사생활 존중하기, 개방되고 정직한 태도 보장하기 등
④ 진실성	• 치료자의 개방성, 정직성 및 대상자와 진실로 상호작용하는 능력을 의미함
⑤ 공감능력	• 다른사람 입장에서 서서 보는것, 그 사람의 관점에서 바라보고 이해하는 능력으로 무비판적으로 이해하고 수용하는 것임 • 상대방의 내면세계를 마치 자신의 것처럼 경험할 수 있는 능력임
⑥ 역할 모델	• 대상자에게 역할모델이 되어야 함
⑦ 윤리감과 책임감	• 치료자는 자신의 행동에 책임을 가지고, 전문적인 기술과 지식, 능력이 있어야 함

(1) 자기인식을 돕기 위한 '조하리 창'

	자신이 아는 부분	자신이 모르는 부분
타인에게 알려진 부분	개방영역 (1) (open or public window)	타인만 알고 있는 영역 (2) (blind window)
타인에게 알려지지 않은 부분	자신만 알고 있는 영역 (3) (private area or hidden window)	미지의 영역 (4) (unkown window)

그림. 조하리 창

자료원. 김경희외. 제7판 정신간호학. 김경희외(2023). 현문사

1 영역	개방영역	• 자신도 알고, 타인도 알고 있는 영역 • 자신과 타인에 대한 상호작용 활발 • 1영역 확장이 중요함 → 인간의 다양성 수용하는 능력, 인간 존중하는 태도 향상됨
2 영역	타인만 알고 있는 영역	• 타인은 알고 있으나, 자신은 모르는 영역 • 2영역의 확장 : 자기이해 부족, 타인이 알려주지 않은 한 인식하지 못함
3 영역	자신만 알고 있는 영역	• 자신은 알고, 타인에게는 비밀로 하는 영역 • 3영역의 확장 : 자신 노출하지 않으며, 비밀 많음(예 성문제, 치부 등)
4 영역	미지의 영역	• 자신도 모르고, 타인도 모르는 영역

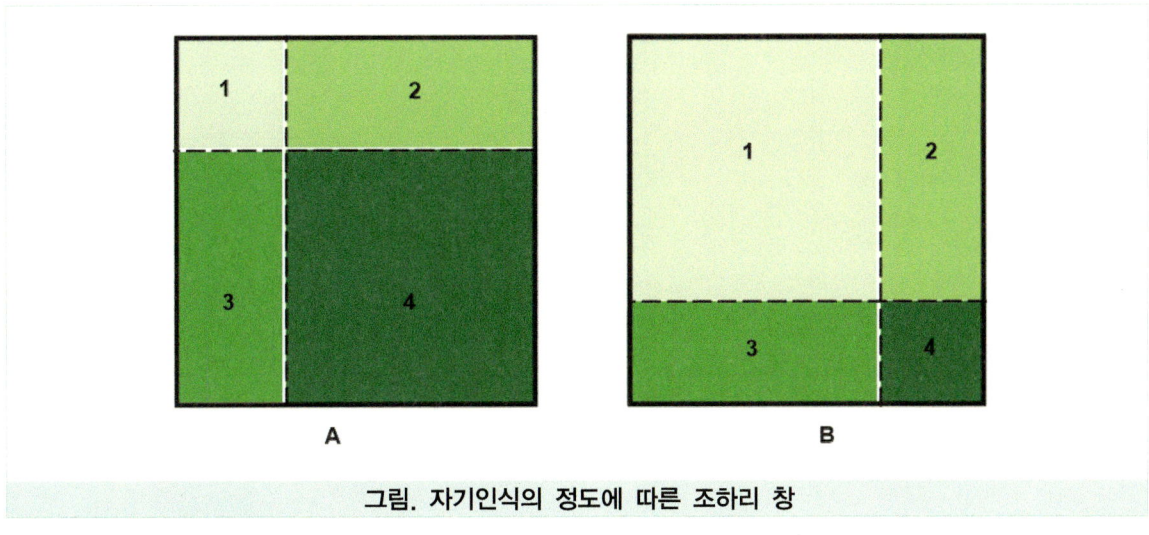

그림. 자기인식의 정도에 따른 조하리 창

4 치료적 관계의 장애요인

전이	• 대상자가 과거에 중요한 사람에게서 느꼈던 감정이나 환상을 무의적으로 치료자에게 나타내는 것
역전이	• 치료자가 자신의 과거의 감정과 태도를 대상자에게 이입하는 것
비판적 태도	• 비판적인 태도는 명백한 문제행동임
자기인식 부족	• 대상자와 치료적 관계를 위해 치료자의 자기인식이 필요함
과도한 질문	• 대상자의 고통스런 상황에 대한 상세한 설명은 심리적인 부담감을 초래 예 조증환자에게 "얼마나 과소비를 하셨나요?", "성적인 문란함이 있었나요?"
저항	• 저항은 대상자가 변화를 두려워하여 불안을 일으키는 사항을 인식하지 않은채 머물러 있으려고 하는 것임 • 대상자가 치료과정에서 다양한 방식으로 원활한 치료과정을 방해하는 행동임 〈 저항행위를 자극하는 상황 〉 • 대상자의 감정을 지나치게 빠르게 다루려고 할 때 • 대상자 문제에 치료자가 지나치게 깊숙이 개입하려 할 때 • 대상자에 대한 존중이 결여 되었을 때 • 간호사가 치료의 적절할 역할모델이 되지 못할 때

❷ 치료적 관계의 단계 (페플라우) 11 임용

단 계		과 업
상호작용 전 단계		• 대상자와 처음 만나기 전에 준비해야 할 사항을 점검하는 단계임
	정보수집	• 대상자 관련 정보 수집 (챠트, 가족, 다른 치료팀 등)
	자기분석, 자기이해 (자기탐색)	• 자기분석과 자기이해, 자신에 대한 탐구 → 자신의 감정, 두려움, 불안 상태를 확인하고, 점검함 • 본인이 가지고 있는 편견, 선입견 등을 확인
	첫 만남 계획	• 첫 만남에 대한 계획을 세움
초기단계 (오리엔테이션 단계)	라포형성	• 라포를 형성함
	계약	• 문제해결을 위한 계약을 맺음 (시간, 장소, 면담 기간, 종결기간 등)
	〈 초기단계의 목표달성 평가 〉 • 대상자와 신뢰감이 형성되었는가? • 대상자가 생각과 감정을 표현하는가? • 해결해야할 문제와 목표를 설정했는가? • 대상자의 강점, 약점, 간호수행의 우선순위가 명확하게 확인되었는가?	
활동 단계	스트레스원 탐색	• 관련 있는 스트레스원에 대해서 탐색 • 대상자가 통찰력을 발전시키고, 건설적인 대처기전을 이용하도록 도와줌
	목표달성 행동	• 목표를 달성하기 위해 적극적으로 행동함 • 효과적인 문제해결방법을 강화함
	저항	• 저항이 발생할 수 있음을 알고, 저항 행위를 극복함
종결 단계	〈 종결의 결정여부 〉 • 대상자의 현재문제가 해결됨 • 계획한 치료목표를 성취함 • 효율적이고, 생산적인 방어기전을 사용함 • 자아기능이 강화되고, 정체감을 느끼게 됨 • 사회적 기능이 증진되고 고립감이 감소함	

3 의사소통 기술

1 구조적 모형

- 구조적 모형은 전달자, 메시지, 수용자, 피드백, 상황의 요소로 이루어짐

전달자	• 메시지를 전달하는 존재
메시지	• 전달자에게서 수용자에게 전달되는 정보
수용자	• 메시지를 지각하는 존재
피드백	• 수용자의 언어적·행위적 반응
상황	• 의사소통이 일어나는 상황임

표. 의사소통 과정에서 구조적인 요소와 관련된 문제 사항

구조적 요소	의사소통 과정	정의
전달자	• 일치하지 않는 의사소통 • 융통성이 없는 의사소통	• 의사소통의 언어적 수준과 비언어적 수준 간의 일치 결여 • 전달자에 의한 과장된 통제와 허용
메시지	• 비효과적인 메시지 • 부적절한 메시지 • 불충분한 메시지 • 비효율적인 메시지	• 목적 지향적이 아니거나 의도하지 않은 메시지 • 관계의 진행에 관련되지 않는 메시지 • 충분한 정보의 양이 결핍된 메시지 • 명확성, 단순성, 지향성이 결핍된 메시지
수용자	• 지각의 착오 • 평가의 착오	• 다양한 형태의 경청의 문제들 • 개인적인 신념과 가치로 인한 잘못된 해석
피드백	• 잘못된 정보 • 확인의 결여	• 정확하지 않은 정보의 의사소통 • 메시지의 이해를 명확히 확인하는 데 실패
상황	• 물리적 환경의 속박 • 정신사회적 상황의 속박	• 소음, 기온 혹은 산만하게 만드는 다양한 요인 • 이전에 경험했던 의사소통의 손상된 관계 등

자료원. 김성재외. 제9판 정신간호총론. (2023). 수문사

2 상호교류분석 모형

- 번(Berne)의 상호교류분석 모형은 사람들이 교류하는 무의식적인 의사소통 모형임

기초	• 인간은 부모자아상태, 아동자아상태, 성인자아상태 3가지 자아상태 중 하나로 상호작용함
내용	• 어느 한 자아상태에서 다른 자아상태로 향하는 메시지가 무엇을 기대하고 그에 따른 반응이 어땠느냐에 따라 의사소통 패턴이 달라짐
목적	• 상호교류분석은 대상자의 현재 행동을 분석하고, 행동의 패턴을 규명하고, 행동의 원인에 대해서 생각하고, 대처할 다른 방안을 계획하는 틀을 제공함

(1) 자아상태

구 분		내 용
부모자아 상태	가르침을 받는 나	• 출생시부터 5세이전까지 부모나 주위사람들이 행하는 것을 보고, 들으며 무비판적으로 받아들여서 행동하고, 내면화 시킨 것임
	비판적 부모	• 주로 비평, 비난, 지배적인 태도, 동시에 생활하는데 필요한 여러 가지 규칙 등도 가르침
	양육적 부모	• 친절, 관심, 보호적, 동적, 관용적인 태도, 과보호가 되어 지나친 간섭이 되기도 쉬운 부분임
아동자아 상태	느끼는 나	• 어린 아이였을 때 한 것과 같이 행동하고 사고하고 느끼는 부분임
	자유로운 아동	• 가장 선천적인 것으로, 천진난만, 자기중심적, 쾌락추구, 자유롭게 감정 표출을 하는 것임
	순응하는 아동	• 자신의 참된 감정을 억제하고, 타인의 말이나 규칙에 순응함
성인자아 상태	생각하는 나	• 현실적응을 위해 필요한 지식을 축적하고, 그것을 합리적으로 이용하는 것임
	지성, 이성	• 가장 합리적, 현실 지향적, 객관적, 분석적임 • 지성, 이성과 관련됨

(2) 상호교류의 유형

① 상호보완적 교류

신뢰	• 신뢰가 있거나 사이가 좋은 관계에서의 대화 형태
평행적 교류 (무갈등 교류)	• 자극과 반응이 평행을 이룸 • 예측이 가능함 • 자극을 보내는 사람이 상대방에게 기대했던 자아상태에서 반응이 올 때임
대화 지속	• 대화가 중단되지 않고, 계속됨 (의사소통 지속)

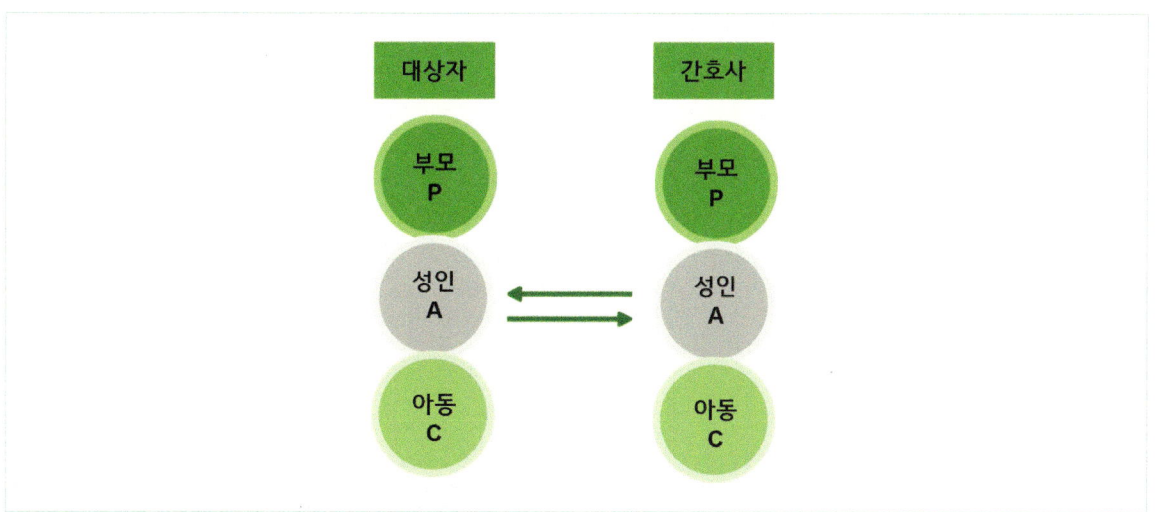

자료원. 김성재외. 제9판 정신간호총론. (2023). 수문사

② 교차 교류

교차	• 특정 자아로 메시지를 전달했을 때, 상대방이 다른 자아상태로 반응하여 대화가 교차되는 상황 • 자극과 반응이 평행을 이루지 못하고, 교차됨 • 발신자가 기대하지 않았던 다른 자아상태에서 반응이 옴
갈등	• 서로 다른 자아로 갈등이 일어남 (갈등교류)
대화 중단	• 대화가 지속되지 못하고, 의사소통이 중단됨

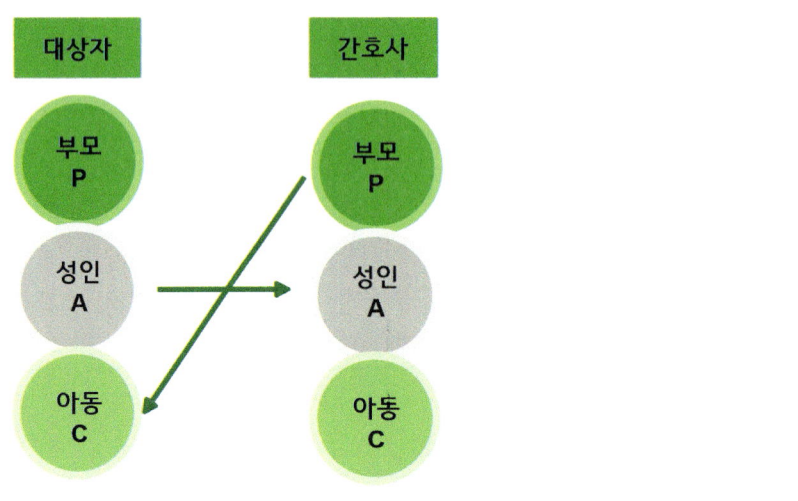

자료원. 김성재외. 제9판 정신간호총론. (2023). 수문사

| 표. 교차교류 대화 예 |

- 대상자 : "내가 회사 상관에게 화가 난 경우, 그 화풀이를 아내와 아이들에게 한다는 것을 알고 있습니다."
- 치료자 : "알고 계신다면, 가족들이 힘들지 않게 행동을 바꾸셔야죠."

③ 이면적 교류 (저의적 교류)

숨은 의도	• 표면적으로는 한가지 자아상태에서 대화가 이루어지지만, 실제로는 다른 자아상태에서 의도가 숨겨져 있는 경우임 • 겉으로는 합리적인 대화를 하는 것 같으나, 대화이면에는 다른 동기나 진의를 감추고 있는 대화형태임
교차	• 한 가지 자극에 두 가지 이상의 자아상태가 동시에 개입하는 것으로, 표면상 대화 의 이면에 숨겨진 메시기가 존재하는 상황임
교차 - 사회적 수준	• 표면상은 사회적 수준의 메시지
교차 - 심리적 수준	• 이면상은 사회적 메시지임
대화 단절	• 감정교류가 되지 않아, 의사소통이 단절됨

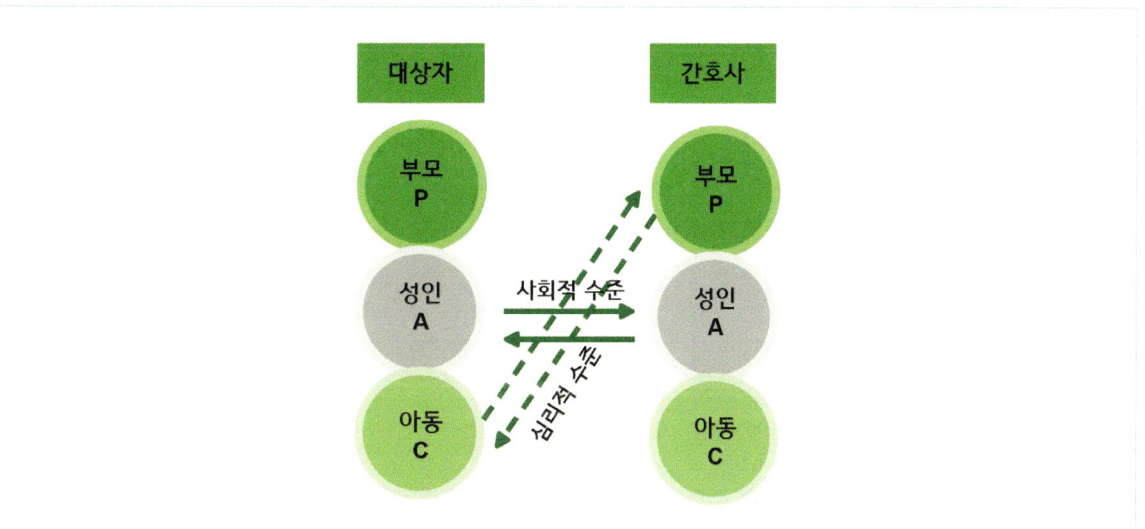

자료원. 김성재외. 제9판 정신간호총론. (2023). 수문사

표. 이면적 교류 대화 예

- 대상자 : "회사에서 상관 때문에 화가 난 경우, 난 그 화풀이를 아내와 아이들에게 한다는 것을 압니다. 하지만 별 도리가 없어요. 좋은 방법이 있을까요?"
- 치료자 : "가끔 운동이 화를 푸는데 도움이 됩니다. 그렇게 해 본적이 있으세요?"
  (아직도 자신이 화 푸는 방법을 모르세요?)
- 대상자 : "물론이죠. 많이 해 보았지만 도움이 되지 않았어요. 다른 방법을 알려주세요?"
- 치료자 : (참 문제가 많네요.) "가족들에게 회사에서의 상황을 설명하면 어떨까요? 가족들에게 말해본적이 없나요?"
- 대상자 : (그것도 해보았지요.) "내가 이야기들 하면, 아내는 짜증을 내요. 그래서 말하기가 싫어요."

4 치료적 의사소통

1 적극적 경청

개념	• 오로지 대상자에게 집중하면서, 주의를 기울이는 적극적인 과정임 • 대상자 이해를 위한 필수요소이며, 치료적 의사소통의 기본임
효과	• 대상자의 자존감을 증진시키고, 문제해결 역량을 강화함 • 사고를 명확히 하고, 무엇을 어떻게 하는 것이 가장 최선인지 결정할 수 있게 함
자세	• 눈 마주침 유지, 적당 공간적 거리 유지, 적절한 말의 속도와 목소리 톤 유지 등
행동	• 비언어적 행동을 관찰함 • 대상자가 인식하지 못하는 부분에 대해 객관적인 피드백을 제공함 • 대상자가 말하는 내용이 일치되지 않거나, 조금 더 설명이 필요한 부분이 있는지 확인함

2 침묵

개념	• 침묵은 상대방이 다시 말을 할때까지 기다리는 것이며, 의사소통의 부재가 아니라 메시지를 주고받는 구체적인 전달체계임
효과	• 상대방으로 하여금 생각을 정리하고 자신의 문제를 알게 해주는 기회가 됨 • 침묵으로 지지, 격려, 이해, 수용의 효과를 보임

3 일반적인 주제로 시작하기 (폭넓은 주제를 제공하기)

개념	• 광범위하고, 일반적인 주제로 시작하여, 대상자에게 대화의 주도권을 주어 주제를 이끌어 가도록 하는 것임 → 상호작용에서 대상자의 역할의 중요성이 강조됨
사례	예 "요즈음 무엇을 생각하세요?" 예 "오늘은 무엇에 대해 이야기를 할까요?" 예 "저에게 하고 싶은 이야기 있으세요?" 예 "오늘 기분은 어떠세요?"

4 다른말로 표현하기

개념	• 대상자의 메시지에 대한 기본 내용을 다른 단어나 문장으로 표현하는 것임 • 간단하고 명확하고, 정확하고 관련성 있는 비슷한 용어를 사용
사례	예 대상자 : "어제 잠을 못잤어요. 소변이 나오려하는데 화장실에 가면 안나와요. 약때문에 그러는지.. 자꾸 화나고 짜증나고…." 치료자 : "약물부작용으로 배뇨 문제가 생겨 잠을 설치셔서 기분이 좋지 않으시군요"

자료원. 김경희외. 제 7판 정신건강간호학(2023). 현문사

5 재진술하기 (다시 말하기)

개념	• 대상자가 표현한 주요내용을 다시 말하는 것으로, 대상자의 말을 치료자가 경청하고 있음을 알리는 것임
사례	예 대상자 : "저는 정말 미치겠어요. 정말 화가 나요." 　　치료자 : "당신은 정말 미치겠고, 화가 나는 군요" 예 대상자 : "밤새도록 한잠도 못잤어요." 　　치료자 : "밤에 한잠도 못 주무셨군요."

재진술하기 vs 다른말로 표현하기
- 재진술하기 : 대상자가 진술한 내용에서 핵심단어를 반복
- 다른말로 표현하기 : 대상자가 진술한 내용에서 비슷한 단어나 문장을 표현

6 관찰한 바를 표현하기

개념	• 질문의 형식이나 민감한 문제를 이야기할 때, 치료자가 관찰한 내용을 전달하는 것임 • 대상자의 생각과 감정을 더 잘 이해하도록 돕는 방법임 • 치료자는 대상자의 언어적, 비언어적 행동의 정서적 반응의 의미를 대상자에게 간단히 설명할 수 있음
사례	예 고개를 숙이고 식사도 하지 않는 대상자에게 '슬퍼 보입니다'라고 표현함 예 손톱을 물어뜯고 있는 대상자에게 '불안해보입니다'라고 표현함 예 치료자 : "어제 저녁 어머니와 면회 후 줄곧 식사도 안하시고, 무척 불안해하는 모습이시던데요. 그리고 제가 가까이 가려고 하니깐 저를 피하시는 것처럼 보였어요." 　　대상자 : "네, 어제 좀 그랬어요."

7 명료화하기 23, 11 임용

개념	• 대상자의 대화 내용이 이해가 안되거나, 설명을 필요할 때 사용함 • 명확하지 않은 모호한 생각을 확인하거나, 언어화 할 때 사용함
사례	예 "모든 사람들이 당신을 미워한다고 하셨는데, 예를 들면 언제부터인가요?" 예 "제가 확실히 이해를 못했는데, 다시 한번 말씀해 주시겠어요?" 예 "제가 잘못 알아들었는데, 좀 더 자세히 말씀해보실까요?" 예 학생 : "선생님. 요즘 반려견 때문에 학교 수업에 집중이 잘 안되고, 생활하기가 너무 힘들어요." 　　보건교사 : "반려견 때문에 힘들다는 것이 무슨 말인지 더 얘기해 주겠니?" 23 임용 예 대상자 : "선생님의 말투가 나를 무시하는 것 같아요." 　　치료자 : "제 말투의 어떤 부분이 그렇게 느끼게 했는지 좀 더 자세히 말씀해주시겠어요?" 예 대상자 : "아들은 주말에나 올텐데… 머…" 　　치료자 : "아드님이 요양원에 입소후에 한번도 안오셨단 말씀이시죠?"

8 수용하기

개념	• 대상자의 의견에 어떠한 판단도 하지 않고, 있는 그대로 받아들임
사례	"네", "그렇군요" 예) 대상자 : "엄마가 10시까지 들어오라고 해서 정말 짜증이 나요." 　　치료자 : "그랬군요. 정말 짜증이 많이 났군요." 예) 대상자 : "내게는 아무도 관심이 없어요. 다 나를 싫어하고 귀찮아해요." 　　치료자 : "소외되었다고 느끼는 심정을 충분히 이해할 수 있습니다."

9 요약하기 11 임용

개념	• 대화 내용이 제대로 전달되었으며, 같은 목표를 가지고 종료하는 지를 확인함 (면담을 마무리할 때 주로 사용)
사례	예) "오늘 대상자분과 나눈 대화주제는 금주였습니다." 예) "우리는 이제까지 금주에 대한 여러가지 방법에 대해 이야기했습니다." 예) "지난 한시간 동안 저와 논의한 것은 ~~ 입니다."

10 반영하기 21, 11 임용

개념	• 대상자의 감정, 생각, 사고 등을 치료자가 다른 용어로, 치료자의 견해를 섞지 않고, 다시 대상자에게 표현하여, 다시 대상자에게 향하게 하는 것임 (거울처럼 되돌려 알려주는 것임)
효과	• 대상자가 자신의 생각과 감정을 더 잘 이해하도록 돕는 기법임
종류	• 감정반영, 내용반영이 있음

① 감정반영 21, 11 임용

개념 (목적)	• 대상자가 표현한 감정(느낌)에 초점을 두어, 모호한 감정을 분명하게 함 • 대상자가 표현한 언어의 내용에 담겨있는 감정에 반응함 (숨겨진 의미 찾기)	
효과	• 대상자가 자기 감정을 수용하고, 인정하는데 도움이 됨	
단계	1단계	• 대상자가 표현한 감정이 무엇인지 파악함
	2단계	• 대상자의 감정을 명확하게 묘사함
	3단계	• 감정의 반영이 옳은지 대상자의 반응으로 판단함
사례	예) 학생 : "수업 중에 제가 발표를 해야 할 때는 실수할까 봐 걱정이 되면서 몸이 굳어져요. 어쩔 수 없이 떨면서 해요. 학교를 안 다닐 수도 없고요. 그래도 저는 다른 애들과 이야기도 하고 잘 지내려고 마음먹고 어떻게든 해 보려고 하는데 막상 닥치면 잘 안 돼요. 모든 것이 헛수고 같아요. 어떻게 해야 할지 모르겠어요." 　　보건교사 : "학생의 이야기를 들어 보니 열심히 노력했는데도 잘 안 되어서 답답하고 매우 속상한 것처럼 들리네요." 21 임용	

예	대상자 : "제 형은 돈을 다 쓰고도 낯 두껍게도 더 달라고 합니다." 치료자 : "형이 그럴때는 화가 나고 미운 감정이 들었겠군요."
예	대상자 : "제가 누구인지 더 이상 모르겠어요." 치료자 : "OO씨는 조절할 수 없는 자신에 대해 두려워하고 계시는군요."
예	대상자 : "뇌CT 촬영 이 검사가 안전한가요?" 치료자 : "검사에 대해 겁이 나고 걱정이 되시는 군요."

② 내용반영

개념	• 대상자의 주요 생각을 새롭고 간략한 언어로 반복하는 것임 • 간결하고, 분명하게 다시 말해주기 (다른말로 표현하기와 유사)
사례	예 학생 : "내가 시험을 보기 위해 교실을 들어갔을 때 숨이 턱 막혔어요. 그동안 해야 할 일이 많았었고, 저는 시험을 볼 준비가 되어있지 않았어요." 보건교사 : "자신이 시험을 볼 준비가 되었다고 생각하였는데, 막상 시험장소에 갔을 때는 너무 서둘러 시험을 보려고 했다는 것을 깨닫게 되었군요."

11 초점맞추기 11 임용

개념	• 광범위하고 장황한 대화 내용 중 한가지 주제에 관심을 집중하도록 함
적용	• 대상자가 주제를 갑자기 바꿀 때, 다른 주제로 빠르게 넘어갈 경우에 적합함 • 대상자가 이야기를 산만하게 하여, 주제가 애매모호해질 때 유용함
사례	예 "지금 여러가지 문제를 한꺼번에 이야기했는데, 그중에서 어떤 것이 가장 중요하다고 생각하십니까?" 예 "지금 여러 이야기를 하셨는데요. '자살'하고 싶다는 생각에 대해 더 자세히 이야기 해보도록 해요." 예 대상자 : "내가 요즘 허리가 아파서. 이게 다 젊었을때 고생을 해서야... 내가 그때 아들이 다섯 있었지. 내가 열아홉에 시집을 왔는데... 영감이 일찍 아팠고, 시어머니가 오죽 무서웠어야지." 치료자 : "허리 통증때문에 운동을 하는데에 불편함을 느끼시나요?"

12 탐색하기

개념	• 대상자의 대화 내용 중 주목할만한 내용을 세밀하게 탐색하는 것임 • 단, 대상자가 세밀한 탐색을 거부한다면, 즉시 수용하고 탐색을 멈추어야 함
사례	예 "이 문제에 대해 좀 더 얘기해 봅시다." 예 "더 자세히 설명해주시겠어요?" 예 "당신의 어머니가 암으로 죽은 것을 알았을때 어땠는지 말해주시겠어요?" 예 학생 : "요즘 학교에 오는 것이 너무 싫어요." 보건교사 : "학교에 오는 것이 왜 싫은지 이야기해줄 수 있을까?"

> **탐색하기 vs 명료화하기**
> - 탐색하기 : 주목할 내용 탐색
> - 명료화하기 : 이해가 안되거나, 모호한 생각을 확인

13 대상자의 변화에 대한 인식을 표현하기

개념	• 대상자의 노력이나 변화가 관찰될 경우, 이를 표현해주는 것으로 대상자를 알아차리고 있음을 알려주는 것임
사례	예 대상자 : "오늘은 기분이 좀 가라앉네요." 치료자 : "OOO님. 기분이 가라앉았는데도 어제보다 침상을 깔끔하게 정리하셨네요." 예 "오늘은 머리를 예쁘게 빗으셨군요." 예 "오늘은 점심을 다 드셨군요."

14 제안

개념	• 대안을 제시하거나 추천하는 것으로 자신의 문제에 대해 대안적 아이디어를 내놓는 것임 (충고는 아님)
사례	예 대상자 : "누군가를 돌보는 게 이렇게 힘든줄 몰랐어요. 아무 생각이 나질 않아요." 치료자 : "많이 지치셨군요." 대상자 : "그런것 같아요." 치료자 : "예전에 지쳤을때 어떻게 이겨냈는지, 어떤 방법이 효과적이였는지, 생각해보시면 어떨까요?"

15 정보제공하기

개념	• 대상자에게 필요한 지식 및 정보를 제공하는 것임
사례	예 "이 약은 항불안제입니다. 비교적 약 부작용이 적습니다." 예 "혈액검사을 하는 목적은 드시고 있는 약물의 혈중 농도를 알고자 하는 것입니다."

16 유머

개념	• 유머는 의사소통의 장벽을 깨트리고, 사람들을 기분좋고 가깝게 하여 부담스러운 인간관계를 완화시킴
사례	예 대상자 : "치료자님, 왜 이렇게 늦으신거에요?" 치료자 : "많이 기다리셨어요? 제가 몸이 하나라.., 분신술이라도 배울까봐요."

17 자기노출하기

개념	• 치료자 자신을 노출시킴으로써 대상자의 경험 등이 공유되고 있음을 알리는 것임
사례	예 대상자 : "직업소개소에서 일자리를 구하는 것이 두렵습니다." 치료자 : "당신이 무엇을 말하는지 알 것 같습니다. 저도 새로운 직장을 구할때 겁이 났어요."

18 공감

개념	• 다른사람 입장에서 서서 보는것, 그 사람의 관점에서 바라보고 이해하는 능력으로 무비판적으로 이해하고 수용하는 것임

5 비치료적 의사소통

1 충고 (미숙한 충고 제공, 섣부른 충고)

개념	• 대상자가 무엇을 해야할지 이야기 해주는 것임 • 대상자가 취해야 할 행동에 관하여 충고하고 해결책을 제시하는 것임 • 치료자가 대상자에 대해 많이 알고 있다고 생각하거나, 대상자 스스로 결정할 수 없다고 판단해버려 충고를 제공함
문제점 (근거)	• 대상자 스스로 문제를 해결 할 수 있는 것을 억제하고 의존심을 높임 • 대상자의 가치 평가 절하, 대상자 문제해결 능력 부정, 치료자가 대상자를 통제하는 위치에 있게 함

사 례	
예 시	치료적 의사소통
• "즉시 그 상황에서 빠져나오세요." • "부인과 이혼하시는 것이 좋겠어요." • "저는 당신이 ~~를 해야한다고 생각합니다." • "~~~ 하는게 어때요?"	〈 대상자 스스로 문제를 해결하도록 격려하기 〉 • "그 상황에서 할 수 있는 방법들은 무엇이 있었나요?" • "인생목표를 달성하기 위해 생각한 것은 무엇이 있을까요?"

2 거짓된 안심 (일시적 안심) 23, 11 임용

개념	• 대상자의 불편감이나 불안을 전혀 걱정할 필요가 없다고 말하는 것임 • 대상자에게 진심으로 응답하지 않고, 대화 순간을 모면하기 위해서 표면적 반응을 보이는 것임
문제점 (근거)	• 대상자의 감정을 과소평가하고, 문제를 무시하는 태도임 • 대상자를 거짓으로 안심 시키는 것, 이루어질 가능성 없는 것을 약속을 하거나, 사실이 아닌 것을 이야기 하는 것으로 오히려 불안수준을 가중 시킴

사 례	
예 시	치료적 의사소통
• "너무 걱정하지마. 금방 좋아질꺼야." 23 임용 • "당신은 지금 잘하고 있어요." • "모든게 괜찮을 겁니다." • "다 잘 해낼꺼에요. 보시면 알꺼에요."	〈 명료화하기 〉 • "구체적으로 무엇이 가장 걱정인가요?" • "무슨 일이 생길 것 같아 걱정되시나요?" • "무슨 일이 잘못 될 것 같다고 생각하시나요?"

3 과도한 질문

개념	• 과도한 질문은 대상자는 많은 질문으로 인해 무엇부터 대답할지 고민하게 됨
문제점 (근거)	• 대상자는 치료자가 자신의 반응을 존중하지 않고, 정보만을 요구하는 심문자라고 생각하게 됨 • 어떤 질문에 대답해야 할지 모르고, 질문이 무엇인지 혼동하게 됨

사 례	
예 시	치료적 의사소통
• 치료자: "식욕은 어떠세요? 체중이 줄었나요? 충분히 섭취하고 있나요?" • 대상자: "아니요."	〈 명료화하기 〉 • 치료자: "우울증으로 식사를 전혀 못하셨는데, 지금은 좀 어떠세요?" "우울증이 생긴 이후의 당신의 식습관에 대해 말씀해주세요."

4 표현된 감정의 경시

개념	• 대상자가 표현한 감정에 대해 가볍게 여기는 것임 • 대상자 입장에서 이해하지 않고 공감하지 않아서 발생함
문제점 (근거)	• 대상자는 자신을 초라하고, 무의미하게 느낄 수 있음 • 대상자는 치료자에게 이해받지 못하고, 공감받지 못하는 느낌을 받을 수 있음

사 례	
예 시	치료적 의사소통
• 대상자: "저는 살아갈 이유가 없어요. 제가 죽었으면 좋겠어요." • 치료자: "모든 사람은 죽죠." "모든 사람은 우울감을 느껴요." "저 또한 그렇게 느껴요."	〈 공감, 탐색하기 〉 • 치료자: "지금 매우 우울하고 불안하시군요. 혹시 자신을 해칠 생각을 하고 있나요?"

5 문자적 반응

개념	• 대상자가 말하는 내용의 뜻(의미)을 생각하지 않고, 문자 그대로 받아들여 대답해 주는 것임
문제점 (근거)	• 대상자는 치료자가 자신의 감정을 이해하지 못한다고 생각함 → 말보다는 느낌이나 감정에 집중해야 함
사례	예 대상자: "어떤 사람들이 텔레비전 카메라로 내 머리를 보고 있는 것 같아요." 치료자: "텔레비전은 시청하지 않는 것이 좋겠어요. 몇번 채널이세요?" 예 대상자: "입원한지 1주일이 넘었는데 내가 왜 아픈건지 모르겠어요. 사진이라도 더 찍어봐야 하지 않나요?" 치료자: "검사는 다했어요. 사진을 더 찍을 필요는 없어요."

6 상투적 반응 11 임용

개념	• 무의미한 말이나 의미없는 상투적인 문구, 틀에 박힌 대답(진부한 대답)으로, 성의없게 반응하는 것임
문제점 (근거)	• 대상자의 개별성을 무시하고, 모두 같은 처지인양 취급하는 결과를 가져옴
사례	예) 치료자 : "날씨가 좋군요. 안녕하세요?" 　　　대상자 : "속상해 죽겠어요. 죽어버렸음 좋겠어요" 　　　치료자 : "의사선생님 말씀 잘 들으세요. 좋은 생각만 하시구요." 예) 대상자 : "제 병이 나을지 걱정이 되요." 　　　치료자 : "용기를 잃지 마세요." 예) 대상자 : "오늘 OOO한 일이 있어 많이 속상했어요." 　　　치료자 : 오늘 있었던 일은 일진이 좋지 않았던 거겠죠."

일시적 안심 vs 상투적인 반응
- 일시적인 안심 : 거짓으로 안심 (불안할 일이 아니다)
- 상투적 반응 : 상투적인, 진부한 대답, 틀에 박힌 대답

문자적 반응 vs 상투적 반응
- 문자적 반응 : 대화의 의미 생각 X, 문자 그대로 반응
- 상투적 반응 : 상투적인, 진부한 대답, 틀에 박힌 대답

7 주제바꾸기 (관계없는 주제) 11 임용

개념	• 대상자와 대화를 할때 화제를 일방적으로 돌리는 것으로, 대상자의 대화주제에 집중하지 않고, 치료자 자신의 주제에 초점을 맞추는 것임 → 대상자의 고통스러운 감정을 듣고 싶지 않아 중요한 때에 대화의 초점을 돌리는 것임
문제점 (근거)	• 대상자의 감정과 요구가 무시당한다고 느낄 수 있음 • 대상자는 소외되고 고립되었다고 느끼며, 좌절감이 증가함

사 례	
예 시	치료적 의사소통
• 대상자: "죽고 싶어요. " • 치료자: "지난번에 이야기했던 알코올 중독 치료모임에 갔었나요?"	〈 확인하고, 탐색하기 〉 • 대상자: "죽고 싶어요." • 치료자: "매우 힘드신 것 같네요. 심각하게 들리는 군요. 자신을 해치는 생각을 해본적이 있습니까?"?"
• 치료자: "아까 주사가 많이 아프셨어요?" • 대상자: "아픈거야 얼마든지 참을수 있지. 병만 낫는다면…. 근데 내병이 나을 수 있을까?" • 치료자: "제가 좀 편안하게 해드릴께요. 참, 작년에 제주도에 가본적이 있다고 하셨죠?"	

8 비판하기

개념	• 대상자의 행동과 생각을 비난하는 것임 • 치료자 입장에서의 가치로 인한 판단임
문제점 (근거)	• 대상자로 하여금 불안, 죄책감, 분노를 느끼게 하여 관계가 끝나게 할 수 있음
사례	예 "아내가 폐암인데 계속 담배를 피우는건 좋지 않아요." 예 "그런 행동을 하는 것은 나빠요." 예 "OO님은 그렇게 안하는 것이 오히려 더 좋을 것 같아요.."

9 도전

개념	• 대상자에게 증명을 요구하는 것임 • 대상자의 생각과 행동이 치료자의 판단에서 어긋나는 경우, 증명을 요구하는 것임
문제점 (근거)	• 대상자는 위협을 느끼고 방어적 태도를 보이며 비현실적인 사고에 더 집착하게 됨 • 대상자의 생각과 행동에 증명을 요구하면, 대상자가 사실을 이야기 하기 위한 변명을 하게 됨
사례	예 "병이 없다면, 왜 퇴원을 안하세요?." 예 "만일 OO씨가 수술이 필요하지 않다면, 왜 여기에 있나요?" 예 "만약 당신이 죽었다면, 당신의 심장은 왜 뛰나요?"

10 탐지

개념	• 대상자에게 지속적으로 꼬치꼬치 질문하거나, 심문하듯이 계속 깨묻는 것임
문제점 (근거)	• 대상자는 침해 당한 느낌을 받게 됨 • 대상자에게 자기문제를 인식하도록 강요하는 것으로 대상자의 자존감을 저하시킴 → 치료자는 대상자가 말하고 싶지 않은 것에 대해 말하지 않을 권리가 있음을 인지해야함
사례	예 "후회했다는게, 무슨 후회를 하셨나는 거죠?" 예 "죄라니, 무슨 죄란 말이죠?"

11 거절 (거부)

개념	• 대상자의 생각이나 행동에 대해 숙고하지 않고, 받아 들이지 않는 태도로 거부하는 것임
문제점 (근거)	• 대상자는 거절당했다는 느낌을 받아 치료적 관계의 지속이 어려워짐 • 치료가 자신의 약점이 노출되는 것을 막거나 불안으로부터 방어하기 위해 사용됨
사례	예 "그런것은 이야기하기 싫어요." 예 "그런말 마세요." 예 "이제 그것에 관해서는 그만 논의합시다." 예 "지금시간이 바빠 이야기 할 수 없어요"

⑫ 방어

개념	• 언어적 공격으로부터 누군가(사람)를 또는 어떤 것(사물)을 보호하려는 시도임
문제점 (근거)	• 대상자의 느낌, 의견, 감정을 솔직히 표현할 권리리가 없음을 암시하는 것임 • 이는 치료자 자신을 바엉하는 동시에, 대상자의 견해를 거절하는 것임
사례	예 대상자 : "저의 주치의는 실력이 없는 것 같아요. 도대체 아직도 제 병명을 못 알아내고 있으니…..'' 　　　치료자 : "그런 말씀 마세요. OOO선생님은 매우 유능한 의사에요. 제가 여기 5년이나 근무했지만, 우리 병원 의료진만큼 수준 높은 곳은 없을꺼에요."

⑬ 외적 영향요인으로 돌리는 것

개념	• 사고, 감정, 행동의 원인을 다른사람 또는 외적 영향 탓으로 돌리는 것임
사례	예 "무엇이 OO씨로 하여금 그러한 말을 하도록 했나요?" 예 "무엇이 그렇게 하도록 만들었나요?" 예 "누가 당신을 OOO하게 만들었나요?"

⑭ 시험

개념	• 대상자의 지각이나 통찰력 정도를 알아보기 위해, 대상자를 떠보는 것임 (평가하는 것)
문제점 (근거)	• 대상자에게 자기문제를 인식하도록 강요하는 것으로 대상자의 자존감을 저하시킴
사례	예 "OO님. 오늘이 무슨 요일이죠?" 예 "정신이 드세요? 무슨 일이 일어났는지 기억나세요?" 예 "이게 무엇인지 아세요?" 예 "제가 누군지 아시겠어요?"

⑮ "왜"라는 질문사용하기

개념	• "왜"라는 질문하기
문제점	• "왜"라는 의문사는 비판을 암시하여 대상자를 방어적으로 만듦

사 례	
예 시	치료적 의사소통
• 치료자: "왜 약을 안먹었나요?"	〈 개방형 질문하기 〉 • "약 복용을 중단한 이유를 말씀해주시겠어요?"

16 이중구속

개념	• 서로 다르고 모순된 언어적, 비언어적 메시지 전달하는 것임
문제점 (근거)	• 대상자는 어떤 메시지가 진실한 것인지를 결정하기 어렵고 난감하게 됨
사례	예 대상자 : (치료자가 안절부절 못하는 것을 보고) "내가 당신을 놀라게 했나요?" 　　치료자 : (눈을 크게 뜨고 손톱을 물어뜯으며 안절부절 못하며) 　　　　　　"아니에요. 저는 당신이 말하는 것에 흥미를 갖고 있어요."

17 지나친 동의

개념	• 대상자와 일치됨을 지나치게 표시하는 것으로 일종의 비위맞추기임
문제점 (근거)	• 대상자의 감정표현이나 자기결정능력 등이 위축됨
사례	예 대상자 : "저거 보세요. 나를 죽인다는 소리가 들리잖아요." 　　치료자 : "정말 그런 소리가 나는 것 같아요." 예 "저도 그렇게 생각합니다." 예 "저는 OO님이 말씀하는게 옳다고 생각합니다." 예 "저는 당신의 결정에 전적으로 동의합니다."

18 지나친 이견 11 임용

개념	• 상대방의 말에 반박하고 논쟁하는 것임
문제점 (근거)	• 대상자의 의견에 동의하지 않음은 틀렸다는 것을 내포하기 때문에, 대상자는 불안하고 자기방어를 할 수 있음
사례	예 대상자 : "저거 보세요. 나를 죽인다는 소리가 들리잖아요." 　　치료자 : "그건 틀렸어요. 나는 당신의 의견에 동의하지 않습니다."

Part 06 이상행동의 이해 25, 23, 21, 20, 19, 17, 15, 14, 95, 96 임용

① 일반적인 상태 사정 (외모, 언어, 태도)

1 외모

- 대상자의 머리부터 발끝까지 전반적인 외모를 사정함

사정	• 대상자의 옷, 위생상태, 몸단장 등을 사정함 • 얼굴표정 등을 관찰함
사정영역	예 나이와 날씨에 맞게 옷을 입었는지? 예 단정하지 못하고 흐트러져 있는지?

2 언어양상

사정	• 말을 할때 속도, 크기, 양, 특성 등을 파악함
사정영역	예 '예', '아니오'로만 끝나는지, 질문에 적절한 대답을 하는지, 말더듬 등 확인

3 일반적 태도

사정	• 친근한지, 방어적인지, 적대적인지, 무관심하거나 무감동한지, 신중한지 의심이 많은지도 관찰함 • 질문에 잘 대답하는지 대답을 거부하는지 협조적인지 비협조적인지 등 파악

2 사고장애

- 사고형태, 사고과정, 사고내용의 장애로 구분됨

1 사고형태의 장애
- 현실과의 관계성, 질서나 논리성 및 조직성의 결여가 특징적임

(1) 자폐적 사고

개념	• 외부현실을 무시하고 외부와의 적절한 관련성 없이, 자신의 내적 세계에 집착하고, 자신만의 논리 속에 빠져서, 일반상식이나 논리와 동떨어진 비현실적 사고를 하는 것임 • 무의식적·자기중심적·본능적 욕구(욕망)에 따라 현실을 무시하는 비논리적 사고임 • 즉, 현실을 무시하고 자신에게만 뜻이 있고, 자신의 무의식이나 감정의 자극에 의한 비현실적 사고임
질환	• 조현병
사례	예 백일몽, 환상, 망상 등에 몰입

(2) 마술적 사고

개념	• 원인과 결과에 대한 현실적 이해부족에 의한 기괴한 사고와 믿음으로, 떠오르는 생각, 말, 행동 등이 어떤 사건이 일어나도록 하거나, 미리 막을 수 있는 초자연적인 힘을 가지고 있다고 믿는 것임 • 즉, 현실을 '원하는 대로 만들 수 있다'라고 생각하는 것임
질환	• 조현병, 강박장애
정상	• 어린아이의 경우는 흔함
사례	예 "나는 이 볼펜만 가지고 있으면, 수학시험에 100점을 맞을수 있을 거야." 예 "승구리 당당 주문을 외우면, 로또에 당첨되서 부자가 될 거야."

(3) 1차 사고과정

개념	• 무의적인 경향으로 사고의 질서나 논리성이 결여되고 비조직적, 비논리적, 비현실적, 비합리적, 비체계적, 마술적일때 사용됨 • 무의식적으로 즉각적인 욕구충족을 바람
질환	• 조현병 등 정신병적 사고의 대부분에 해당됨
정상	• 정상인의 꿈에서 보이는 사고

(4) 구체적 사고

개념	• 은유를 사용하지 못하고, 그 의미를 알아차리지 못하는(말의 뉘앙스 이해 X), 문자적이고 일차적원적인 사고임 • 추상적인 사고와 반대되는 개념으로, 속담 의미, 사물의 유사성·차이점 등을 파악하지 못함 　　추상적 사고 : 의미의 뉘앙스를 알고 은유와 가설을 이해하는 다차원적 사고임 21 임용
질환	• 조현병
사례	예) 간호사 : "환자분. 병원에 어떻게 오셨어요?" 　　환자 : "저 지하철 타고 왔는데요?" 예) '낫 놓고 기억자도 모른다' → 낫과 기억자 ??? (구체적 사고) 　　'낫 놓고 기억자도 모른다' → 무식한 사람 (추상적 사고)

(5) 신어조작증 95 임용(보기)

개념	• 자기만 뜻을 아는 새로운 말을 만들어 내는 현상임 • 두 가지 이상의 단어를 합쳐서 새로운 단어를 만듦
질환	• 조현병
사례	예) 조현병으로 입원한 A씨는 본인이 유방암과 대장암에 걸렸다는 생각에 "나는 유대에 걸렸다"라고 말하는 경우

2 사고과정의 장애

• 생각과 생각 사이의 연결된 흐름(사고과정)의 장애임

(1) 사고의 비약 19, 95 임용

개념	• 연상작용이 지나치게 빨라 대상자의 생각과 대화가 하나의 주제에서 다른 주제로 빠르게 진행되는 현상으로, 주변자극에 의해 사고의 흐름을 방해받아 결국, 결론에 도달하지 못하거나 엉뚱한 결론을 냄 • 즉, 한 생각에서 다른 생각으로 연상이 너무 빨리, 진행되어 원래의 주제에서 벗어나 탈선하므로 사고목표에 도달하지 못하는 사고임 (생각들이 전체적인 논리성은 떨어지지만 단편적으로는 서로 연결됨)
질환	• 조증(가장 흔함), 조현병의 과대망상
사례	예) "저는 과일 중에 사과를 제일 좋아해요. 제 친구가 사과를 진짜 좋아해요. 연예인 OOO아세요? 제 친구랑 닮았는데, 근데 친구가 결혼에 실패했어요. 대학때 인기가 참 많았는데… 대학때 우리학교 축제가 열였는데 그때 먹은 파전이 진짜 맛있었는데.. 갑자기 파전먹고 싶네요." 예) "성적얘기가 끝나기도 전에 제 생일이 언제인지를 물어봤어요. 그러더니 제가 질문에 대답하기도 전에 친구와 도서관에 다녀온 얘기를 하다가 갑자기 키우고 있는 고양이 얘기를 하는 거예요." 19 임용

(2) 사고의 우회증 (사고의 우원증)

개념	• 사고가 진행되는 동안 사고의 주류와 비주류(중요한 내용과 중요하지 않은 내용)를 구분하지 못하고, 연상되는 사고가 너무 많아, 사고의 흐름이 정상적으로 진행되지 못하고, 빙빙돌다 최종적으로 목적한 결론에 이르는 현상임 • 즉, 많은 불필요한 내용을 삽입하고 엉뚱한 방향으로 사고가 진행된 후에야 말하고자하는 목적에 도달하는 경우임
질환	• 조현병(흔함), 조증, 지적장애, 신경인지장애, 섬망, 물질관련 장애
사례	예 치료자 : "오늘 병원에 버스 타고 오셨나요?" 　　대상자 : "병원 올려고 집에서 나섰는데, 할머니 한분이 저한테 길을 물어보는거에요. 근데 그 할머니 옷차림이 누추해서 너무 안쓰러운거에요. 나도 돈이 많이 없는데… 　　　　　　지금부터라도 돈을 많이 모아야 할까봐요. 늙어서 돈 없으면 너무 불쌍해지잖아요. 　　　　　　아참, 병원에 올 때 버스 타고 왔어요."

(3) 사고의 이탈

개념	• 한생각에서 다른 생각으로 연상이 진행되는 '빗나간 사고'를 말하며, 다시 요점으로 되돌아가지 못해 결과적으로 처음 의도한 생각이나 목표에 도달하지 못함 • '빗나간 사고'라고도 하며, 대상자가 이야기 중 사소하거나 지엽적인 주제로 벗어나서 다시 요점으로 되돌아가지 못하고, 잊어버리는 현상임
질환	• 조현병(흔함), 조증, 지적장애, 신경인지장애, 섬망, 물질관련 장애
사례	예 조증 상태이 대상자가 말이 길어지면서 이야기의 줄거리를 잃어버리고, 마지막에는 일련의 미사어구만 늘어놓음 예 치료자 : "오늘 병원에 버스 타고 오셨나요?" 　　대상자 : "병원 올려고 집에서 나섰는데, 할머니 한분이 저한테 길을 물어보는거에요. 근데 그 할머니 옷차림이 누추해서 너무 안쓰러운거에요. 나도 돈이 많이 없는데… 　　　　　　지금부터라도 돈을 많이 모아야 할까봐요. 늙어서 돈 없으면 너무 불쌍해지잖아요. 　　　　　　내가 왜 지금 돈이 없냐면, 30대 초반에 사기를 당했거든…"

사고의 우원증 VS 사고의 이탈

공통점	• 사고의 연상이 많음	
차이점	사고의 우원증	• 사고(생각), 대화의 목표에 도달함
	사고의 이탈	• 사고(생각), 대화의 목표에 도달하지 못함

사고의 비약 VS 사고의 이탈

공통점	• 사고(사고), 대화의 목표에 도달하지 못함	
차이점	사고의 비약	• 사고의 연상이 지나치게 빠름 (조증)
	사고의 이탈	• 사고의 연상이 빗나감

(4) 사고의 지연

개념	• 사고과정에서 연상속도가 매우 느려져, 사고가 원활하지 못한 현상임 • 실제 대상자들은 생각이 잘 떠오르지 않아 말하기 어렵다고 함 • 실제 말하는 속도도 매우 느리며, 목소리 크기도 작음
질환	• 조현병, 우울증
사례	예) 간호사 : "오늘 기분이 어떠세요?" 　　대상자 : (한참 뜸을 드리더니) 음... 잘 ... 모르겠어요."

(5) 사고의 두절 (사고의 두절과 박탈)

개념	사고의 두절	• 말을 하다가 사고의 흐름이 갑자기 중단되어, 갑자기 말을 멈추는 현상임 • 사고의 막힘임 (blocking of thought)
	사고의 박탈	• 사고의 두절이 아주 심해 처음부터 생각이 떠오르지 않는 사고의 박탈을 경험하기도 함
질환		• 조현병의 특징적인 증상임
사례		예) 대상자 : "오늘 아침에 세수를 먹다가... (말을 하지 않는다)" • 왜 말을 하지 않느냐고 대상자에게 물어보면, "그 순간 생각이 멈추어 버렸다." "아무 생각이 떠오르지 않았다."라고 대답함

(6) 사고 연상의 이완 (연상이완, 사고의 이완)

개념	• 사고 진행이 와해되어 논리적 연결이 없이, 주제와 전혀 관련이 없거나 관련이 적은 상황으로 연상이 진행되는 엉성한 사고임 　사고의 와해 : 사고가 산산이 무너지고 흩어짐 • 하나의 주제에서 전혀 관련 없는 주제로 진행하여, 논리적으로 앞뒤가 맞지 않음 • 심한 경우 지리멸렬이 됨 • 듣는 사람이 말하는 내용을 이해하거나 파악하기 어려움
질환	• 조현병
사례	예) 볼펜, 딸기, 피아노, 커피 등에 대해 이야기함

사고의 이탈 VS 사고의 이완		
공통점	• 사고의 연상이 빗나감. 사고(사고), 대화의 목표에 도달하지 못함	
차이점	사고의 이탈	• 전체적인 논리는 떨어지지만, 단편적인 논리는 있음
	사고의 이완	• 논리 X, 논리적 연결 X

(7) 사고의 지리멸렬 23 임용

개념	• 사고 진행이 와해되어 논리적 연결이 없고, 일관성이나 말의 조리가 없어, 도무지 이야기의 줄거리나 내용을 파악할 수 없는 현상으로 구나 단어들이 흩어진 상태임 (일반적으로 말을 이해할 수 없는 상태임)
질병	• 조현병
사례	예 "해적선. 또 그전에 뭔가 큰 그림이 뒤에 그려졌어요. 너무 멋있고.... 지금 영어가 나와야 할 것 같아요. 여기어서 살고 싶은.. 아니 그게 아니라요. 그냥 제가 만든거에요. 처음에는 먼가 건물이 있었는데... 그냥 좋은 그림이네요. 이게 추상화는 아니지만 저는 미술선생님을 아주 좋아해요..."

사고의 연상이완 VS 사고의 지리멸렬		
공통점		• 사고의 와해로 논리적 연결이 없음
차이점	연상이완	• 말을 이해하지 못하고, 알아듣기 어려움 • 횡설수설 X
	지리멸렬	• 줄거리가 없고, 횡설수설함 • 말을 이해하지 못하고, 알아들을 수 없음 • 연상이완의 극단임

(8) 말비빔증

개념	• 전혀 무관한 것으로 보이는 일련의 단어만 나열하는 지리멸렬의 극심한 형태 • 즉, 연관성이 없는 단어만을 나열하는 것임 • 말비빔증을 따로 구분하지 않고, 지리멸렬로 보기도 함
질병	• 조현병
사례	• 대상자가 치료자와 대화 시에 "콜라, 원피스, 향수, 장미꽃"이라며 단어들을 나열하고 있음

(9) 음연상

개념	• 말의 의미보다는 단순히 소리의 음향에 따라 새로운 사고가 끊임없이 연결됨
질병	• 조현병, 치매, 섬망
사례	예 조현병으로 입원한 박씨는 "개나리, 미나리, 보따리, 유리, 항아리"를 반복하고 있음 예 "호주, 호주머니, 호랑이, 호기심, 호박"

(10) 음송증

개념	• 의미없는 단어나 짧은 문장을 반복하는 증상
질병	• 조현병
사례	예 치료자 : "오늘 기분이 어떠세요?" 예 대상자 : "비빔밥, 봄, 인형, 비비밥, 봄"

(11) 보속증

개념	• 새로운 자극이 주어지고 사고를 진행시키려고 해도 사고가 더 이상 진행되지 못하고, 이전 상태에 머물러 있는 현상임 • 즉, 한 생각이 지속적으로 반복되는 것으로, 어떤 질문에도 같은 대답을 하게 되는 경우임 (다른 질문에도 같은 대답을 함)
질병	• 신경인지장애, 섬망, 물질관련 장애 등 뇌의 기능적인 손상
사례	예 치료자 : "오늘 아침 머드셨어요?" 　　대상자 : "설렁탕" 　　치료자 : "오늘 기분은 어떠세요?" 　　대상자 : "설렁탕" 예 치료자 : "취미가 머에요?" 　　대상자 : "축구요." 　　치료자 : "언제부터 축구가 취미였나요?" 　　대상자 : "축구요."

(12) 사고의 부적절성 (부적절한 사고)

개념	• 질문 내용과 전혀 연관성이 없는 동문서답식의 엉뚱한 대답을 하는 경우임
질병	• 조현병, 뇌의 기질적인 문제
사례	예 치료자 : "오늘 점심 머드셨어요?" 　　대상자 : "나는 시골에 살고 있지." 예 치료자 : "오늘 기분은 어떠세요?" 　　대상자 : "어제 비빔밥이 맛있었지."

3 사고내용의 장애 23, 95 임용

망상 23 95 임용	개념	• 사실과 다른 잘못된 믿음으로, 그 사람의 교육 정도나 환경과 맞지 않고, 현실과 동떨어진 생각이며, 비합리적이어서 이성과 논리적인 방법으로 교정이 어려움
	의미	• 충족되지 못한 무의식적 욕구가 외부로 투사되어 망상을 형성함 • 현실에서 느끼는 자신의 부족감을 충족시키기 위한 방편으로 이 부족감에서 생기는 불안을 방어해 보려는 노력으로 망상이 형성되기도 함
사고전파		• 다른사람들이 자신의 생각을 듣거나 알 것이라는 망상적 믿음
사고주입		• 다른사람이 대상자에게 대상자의 것이 아닌 사고와 생각을 주입시켰다는 망상적 믿음
사고탈취		• 다른사람들이 대상자의 생각을 탈취한다는 망상적 믿음

(1) 피해망상 17, 15, 95 임용

개념	• 누군가가 자신이나 가족을 해치려고 하거나 감시하고 있다고 믿는 것임 • 자신에게 있는 적개심이나 결함 등을 타인에게 투사하여 오히려 남이 자신을 해칠것이라고 믿는 것임	
질환	• 조현병에서 가장 흔히 볼 수 있는 망상임	
종류	추적망상	• 자신이 미행당하고 쫓기고 있다고 믿는 것임
	독약망상	• 음식에 독약이 들어있다고 믿는 것임
	관찰망상	• 자신이 감시당하고 있다고 믿는 것임
사례	예 "국정원 직원이 나를 미행해요. 우리집과 사무실은 모두 도청당하고 있어요." (추적망상) 예 "친구들이 욕하지도 않았는데 자꾸 자기를 욕한다고 생각하면서 친구들에게 따지는 거예요. 그래서 제가 면담을 해 보니 정수는 사실이 아닌데도 누군가가 자기를 대학에 가지 못하도록 모든 수단을 동원해서 괴롭히고 있다는 생각을 하고 있더군요." 15 임용 예 "나를 더 이상 실험대상으로 이용하지 말란 말이에요. 그리고 엄마가 동네사람들한테 내 욕을 하고 다니는 걸 내가 모르는 줄 알아요!" 17 임용 예 "아내가 아무런 근거도 없이 자신의 아내가 자신을 죽이기 위해서 음식물에 독을 탔고, 어떤 날은 방안에 유독가스를 넣었다고 주장하였다. 그 근거로 그는 아내가 끓인 국맛이 이상하였고 방안에 있으면 자꾸 기침이 나고, 눈이 따가워진다고 말하였다. (독약망상)	

(2) 과대망상

개념	• 자신의 힘, 능력, 권력, 부 우월성, 중요성 등의 측면에서 현실과 동떨어져 실제보다 과장해서 믿고 있는 망상임 • 현실에서의 열등감, 실패감, 불안 등에 대한 보상기전으로 나타남
질환	• 경조증, 조증(가장 많음) • 조현병, 신경인지장애, 섬망 등 뇌장애
사례	예 "미국의 트럼프와 나는 매우 잘 아는 사이이다. 국내외 정세를 나에게 묻고, 자문을 내가 많이 해준다." 예 "나는 사실 삼성가의 숨겨진 막내딸이다. 나를 병원에 입원시킨 이유는 내 존재가 세상에 알려지는 것을 두려워하기 때문이다"

(3) 관계망상 15 임용

개념	• 주위에서 일어나는 일상적인 일이나 객관적 사실이 모두 자기자신과 관련되어 일어난다고 믿는 망상임 • 여러 망상과 관계가 있으며, 내용도 다양하고 광범위해 피해적 내용, 우울증적 내용, 과대적인 내용을 보일 수 있음	
	관계사고	• 자신과 실제로 관계없는 일이 자신과 관계되어 있다고 의심하지만, 관계망상 수준의 확신은 없는 경우임
사례	예 "주위 사람들이 모두 나에 대해 수군거려요." 예 "우리반 친구들이 저에 대해 흉을 봐요." 예 "병동사람들이 내 일을 화제로 삼고 나를 욕하고 있어요" 예 "티비에서 다 나를 빗대어 비난해요." 예 "내가 길을 걸어갈 때는 새들이 오직 나를 위해 노래를 불러줘요."	

(4) 자책망상 20 임용

개념	• 숨겨진 두려운 감정이 죄책감과 자기비난의 감정을 만듦으로 표현되는 증상임
사례	예 "제 주변에 좋지 않은 일이 일어나는 것은 모두 제 탓이에요. 우리학교 야구부가 전국대회에서 진 것도 제 탓이에요" 20 임용

(5) 신체망상

개념	• 비현실적으로 사실과 다르게, 신체 기능이나 구조에 큰 이상이 있다고 믿는 경우임 • 자신의 신체일부가 다른 사람과 달리 기형적으로 생겼다거나 신체 장기가 썩고 있다 등의 자신의 신체부위가 이전과 달라져서 몸에 큰 이상이 생겼다고 믿는 경우임 • 신체망상은 관계망상과 함께 나타나기도 함
사례	예 얼굴이 비뚤어졌다고 계속 성형수술을 요구해, 견디다 못한 부모가 성형수술을 허락했다. 그러나 수술 후에도 잘못되었다고 재수술을 요구하며, "코 모양이 이상해요. 얼굴모양이 이상해요."라고 호소하는 경우 예 자신의 코 안에 벌레가 들어와 숨을 쉴수가 없다. 위와 창자가 썩어 들어가 음식을 먹을 수 없다고 하여, 종합병원에서 정밀검사를 수차례 받았으나 아무 이상이 발견되지 않는 경우

(6) 색정망상

개념	• 모든 이성이 자신을 사랑하고 있다던지, 반대로 자신은 모든 이성을 사랑해야 할 권리나 의무가 있다고 믿는 경우임 • 어떤 특정한 사람이, 혹은 유명인이 자신을 사랑하고 있다고 믿는 경우임
사례	예 23세된 한 여자환자는 티비에 나오는 모 남자 탤런트가 계속 자신에게 사랑한다는 신호를 보내기 때문에, 자신은 그를 사랑해 주어야 한다는 의무가 있다고 주장하면서, 방송국을 통해 그에게 계속 전화를 하거나 편지를 띄우는 행동을 하는 경우 예 한 남자가수가 자신을 너무 사랑해서 TV프로그램에 출연했을 때 특정한 제스처나 손짓 등으로 자신에게 애정표현을 했다고 믿는 경우임 예 비서인 한 여성이 회사 사장이 나를 몇 년전부터 사랑하고 있다고 믿는 경우임

(7) 부정망상 (질투망상)

개념	• 정당한 이유없이 배우자나 애인을 의심하고 믿지 못하는 것으로 의처증, 의부증, 결혼편집증 등으로 불림 • 배우자나 애인이 외도를 하고 있다고 믿고, 외출하지 못하게 하고, 추적하고, 추궁·위협하고, 미행, 폭행 등을 함 • 제 3자가 들으면 사실이라고 생각할 정도로 논리정연하고 체계화되어 있음
사례	예 '남편이 다른여자를 사랑하고, 만나고 있는게 틀림없다.'

(8) 우울망상

종류	빈곤망상	• 실제로는 아닌데도 자신이나 가족이 곧 파산해서 알거지가 될 거라던지 너무 가난해서 살 수 없을 정도이고, 이런 상황에서 영원히 벗어나지 못할 것이라고 생각함
	죄책망상	• 상식적으로 그럴만한 일이 아닌데도 도저히 용서받을 수 없는 죄를 지었다면서 심한 양심의 가책이나 죄책감을 느끼는 것임
	허무망상	• 자신은 존재할 가치가 없으며 살아갈 아무 의미가 없다거나 자신, 타인, 세계가 더 이상 존재하지 않고, 종말이 고할 것이라고 생각하는 것임
사례		예 대학교 3학년인 A군은 자신이 사람들을 살해했기 때문에 자신도 죽어야 한다고 주장하며, 죄를 씻기 위해 매일 무릎꿇고 기도함 (죄책망상) 예 '나의 심장은 없다. 나의 뇌가 텅 비어있다. 세상은 더 이상 존재하지 않는다' (허무망상)

(9) 종교망상

개념	• 자신이 메시아나 전지전능한 신이라고 주장하거나 악마가 씌었다던지, 용서받을 수 없는 죄를 지었다고 하거나, 자신만이 세상을 구할 수 있다고 함 • 즉, 종교적인 내용의 망상임
사례	예 이 세상은 지금 어둠 속에 있으며, 이 어둠을 환하게 비춰주며, 이를 해결할 유일한 사람은 자신이라고 주장함

3 정동장애

표. 정서상태의 용어

기분	• 주관적으로 경험하는 긍정 혹은 부정의 방향성을 띠는 정서적 가치가 부여된 전반적이고 지속적인 감정상태 • 주관적(자신에 의해 표현), 객관적(타인에 의해 관찰 또는 보고) 요소를 모두 포함 예 우울, 의기양양, 화 등
정동	• 객관적으로 관찰가능하며, 일정기간동안 지속되는 정서(감정)상태임 (감정의 관찰적 측면 : 타인에 의해 관찰됨) • 대상자의 기분상태, 외모, 표정, 자세(태도), 몸짓(행동), 목소리 톤(언어), 얼굴표정, 외부의 자극에 대한 반응을 종합적으로 관찰함으로써 파악됨
감정	• 정동 및 기분과 관련된 정신적, 신체적, 행동적 구성요소로 이루어진 복합적인 느낌임 • 주관적(자신에 의해 표현), 객관적(타인에 의해 관찰 또는 보고)인 전체적인 감정경험임

1 부적절한 정동

개념	• 어떤 상황이나 사고과정과 맞지 않는 감정상태임 • 상황에 적절하지 않은 감정을 보이며, 부적절하게 감정을 표현함 • 즉, 감정과 생각, 사고의 불일치임
질환	• 조현병
사례	예 대상자가 심각해야 할 상황에서 웃음을 보임 예 최근 가족의 상실을 경험한 대상자가 크게 웃거나 미소지으면서 최근 상실한 가족에 대해 이야기 함

2 둔마된 정동

개념	• 외부자극에 대해 주관적인 느낌이 없는 것처럼 보이고, 표현된 감정의 정도가 많이 감소된 상태 (무딘 감정 상태)	
무감동	• 감정이 무뎌져, 객관적인 반응조차 없는 상태임	
무쾌감증	• 무감동이 아주 심해, 외부의 모든 자극에 대해 관심이나 감정이 모두 없어진 극심한 상태 • 통상적인 일이나 즐거움에 대한 흥미를 상실한 상태	
	질환	• 우울증, 조현병

3 제한된 정동

개념	• 표현된 감정정도가 감소된, 표현이 제한된 상태 • 자신의 느낌이 폭이 외부로 풍부하게 표현되지 못하는 상태

4 정서적 위축

개념	• 얼굴표정, 제스처, 목소리 등에서 나타나는 저하된 정서적 상태 • 무딘감정과 구별 • 대부분 대인관계에서의 기능손상임

5 유쾌한 기분

• 의기양양, 고양된 기분, 황홀감 단계로 구별됨

다행감		• 기분이 약간 들떠서 유쾌하고 기분이 좋은 상태 • 낙관적인 태도와 행복감을 느끼는 상태임
	질환	• 경조증, 약물중독 상태, 전두엽 종양, 매독균에 의한 진행마비, 전두엽 종양 등 기질적인 문제
	예	대상자가 자신이 제일 아끼는 그릇을 깨뜨리는 실수를 한 뒤, "괜찮아요. 아무도 안 다쳤으면 되었죠. 다시 예쁜 그릇을 사야겠네요~"라고 말하며 웃음을 짓는다.
의기양양		• 다행감에 자신감과 초조가 더해져, 즐거운 기분에 취해 있는 듯하고, 무모하리만큼 자신감 있고 과감한 행동을 함
	예	"난 운동신경이 좋아요. 계단 5층 높이에서도 한번에 뛰어내릴 수 있어요"
고양된 기분		• 의기양양에 자신감이 지나쳐 과대적인 생각인 행동까지 동반된 경우 • 자신의 생각대로 되지 않을 때 충동적, 화, 간섭 등이 나타나 주변과 갈등을 일으킴
	예	대상자가 자신은 모든 일이든 할 수 있다고 말하자, 옆의 친구가 이에 반박했고, 대상자가 갑자기 흥분하여 화를 내는 경우
황홀감		• 유쾌한 기분의 극치로, 이 세상에서 못할 것이 없을 것 같은 무한한 힘을 느끼는 상태 • 우주·신 등과의 일치감이나 융합감 등 일종의 종교적인 무아지경 상태
	질환	• 조증, 조현병, 뇌전증, 마약 중독, 해리 장애 등
	예	"나는 하느님과 같은 힘을 가지고 있어요. 하느님이 곧 나에요. 나는 어떤 것이든 할 수 있어요."라고 말함

6 불쾌한 기분

예민성	• 불쾌감이 쉽게 외부로 발산되는 상태로, 쉽게 자극받고 짜증을 내거나 화를 냄	
	질환	• 성격장애, 신체증상장애, 신경인지장애, 뇌전증 등
우울	일시적인 우울감	예 시험에 떨어지자 1주일동안 침대에 앉아 멍한 표정으로 아무것도 하고 있지 않는 경우
	상실에 대한 슬픔반응과 애도	• 슬픔/비통(grief) : 실제적인 상실에 따른 슬픔 • 애도 : 슬픔을 극복해 가는 심리적 반응 • 애도반응이 지연되면 우울증이 옴
		예 교통사고로 아내를 잃고, 아내의 유품을 만지며 울고 있는 남편의 경우
	우울	• 슬픔을 동반하여, 비관, 죄책감, 수치심이 따르고, 절망감, 자기비하, 의욕감퇴, 무력감, 흥미와 재미의 상실을 느낌 (대상자의 에너지, 희망 능력이 예전보다 감소했을 때 느끼는 감정임) • 비정상적인 죄책감(원인), 다양한 신체증상을 동반하는 경우가 많음
죄책감	• 과거행동에 대한 후회, 자책, 양심의 가책 등	

7 양가감정

개념	• 동일한 대상이나 상황에서 상반된 감정이나 태도, 욕구, 생각 등을 동시에 느끼는 것임 • 양가감정이 심하면, 일상생활에서 사소한 결정도 내리지 못하고 주저하게 됨
질환	• 조현병에서 흔하나, 정상인도 느낄 수 있음
사례	예 다이어트 중인 사람은 음식이 허기를 채워주고, 배고픔을 사라지게 해준다를 생각하는 동시에 음식이 살을 찌게 만든다라고 생각함

8 불안

불안	• 외부의 자극이 없는데도, 뚜렷한 원인없이 모호한 두려운 감정, 불쾌감을 느끼는 감정상태 (즉, 명백한 대상이 없는 막역한 두려운 감정임)	
	불안 vs 공포 (두려움의 대상의 차이) • 불안 : 두려움의 명백한 대상이 없음 • 공포 : 실제 두려움의 대상이 명확함	
	원인	• 의식세계에서 용납할 수 없어 억압되어 있던 무의식이 의식세계로 나올려고 할 때, 자아가 위협감을 느끼면서 경험하는 현상
초조	• 불안이 아주 심해 근육계까지 영향을 주어, 안절부절 못하는 상태 • 안절부절하지 못하는 것으로 긴장감과 각성수준이 높은 신체적 상태	
공황	• 가장 극심한 불안의 수준(초조 포함) → 불안발작의 상태 환경에 대처할 수 없고, 주위에 있는 일을 처리할 수 없음	

❹ 행동장애

사정영역	• 버릇이나 몸짓, 진전, 틱이나 정형화된 움직임, 과다활동, 산만하거나 불안증상이 보이는지, 공격적 행동이 있는지, 걸음걸이가 불안정한지, 몸이 뻣뻣한지, 반향동작, 정신운동 지연등의 이상행동이 있는지 관찰함

1 과다활동

개념	• 증가된 내적 욕구에 다라 활동을 지나치게 하는 것으로, 정신운동성 항진이나 흥분상태임 • 활동을 잠시도 쉬지않고 하는 경우부터 보통에서 약간 증가된 경우까지 매우 다양함
질환	• 경조증, 조증 • ADHD

2 과소활동

개념	• 행동의 빈도가 가도가 모두 저하된 정신운동성 감퇴나 지체를 의미함 • 동작이 느리고 어떤 일을 시작하기 힘든상태부터 거의 움직임이 없는 혼미까지 다양함
질환	• 우울증 (흔함) • 조현병 : 긴장증이 동반되는 경우에 나타남

3 초조

개념	• 불안이 아주 심해 근육계까지 영향을 주어 안절부절 못하는 상태
사례	예 시험발표를 앞두고, 불안하다고 호소하며, 다리를 쉴새없이 떨고 있음 예 면접을 앞두고 불안하다며, 가만히 앉아있지 못하고, 복도를 왔다갔다하며, 옷 또는 다른 물건을 잡아당기거나 문지르고 있음

4 틱, 근육긴장이상

틱	• 근육의 불수의적 운동이 갑자기 빠르게 나타나는 것
근육긴장이상	• 불수의적으로 나타나는 근육긴장의 증가

5 강직증, 납굴증

강직증	• 매우 불편한 자세인 경우에도 오랜시간 같은 자세를 취하고 있는 것 (부자연스럽게 강직된 자세를 계속 유지)
납굴증	• 심한 강직증의 상태로 전혀 움직이지 않고, 계속 같은 자세를 취하며, 다른 사람에 의해 피동적으로만 움직이는 현상임 • 마치 밀랍인형과 같이 팔다리를 이상한 형태로 구부려 놓아도 그대로 움직이지 않는 상태임 • 조현병에서 긴장증이 동반되는 경우에 특징적으로 나타남

6 반복행동

상동증	• 무의식적인 긴장이나 갈등을 해소하기 위해, 객관적으로 아무 의미도 없어보이는 똑같은 행동을 변함없이 하는 것임 (같은 행동을 반복함) 예) 옷 단추를 풀었다 열었다 반복함, 일정한 속도로 복도 끝을 왔다 갔다 반복함
기행증	• 특유의 제스처, 표정 등을 반복하는 것으로, 그 사람 특유의 습관적이고 불수의적인 반복행동임 • 상동증보다 지속성이 덜하고, 다채로움 예) 얼굴을 윙크하듯 찡긋찡긋 하는 것, 걸어가면서 이상한 제스처를 보이는 행동 등
음송증	• 의미없는 단어나 문장을 반복해서 말하는 것임 (언어의 상동증) 예) 대상자가 말하던 중에 반복해서 "시계"라고 말함
보속증	• 뇌기능의 손상으로 언어나 동작을 반복적으로 지속하는 것으로, 어느 한 자극의 부재나 중단에도 단어, 구절, 몸짓 등의 특정반응을 지속함 • 새로운 자극이 주어지고 사고를 진행시키려고 해도 사고가 더 이상 진행되지 못하고, 이전 상태에 머물러 있는 현상임

7 정좌불능증

개념	• 항정신병약물의 부작용으로 계속 움직이고 싶은 느낌을 받아, 가만히 앉은채로 있을 수 없는 상태

8 거부증

개념	• 타인의 요구와 정반대로 행동하거나 요구에 대한 저항의 표시로 전혀 반응하지 않는 것임 • 타인에 대한 내재된 적개심, 복수심, 타인에게 불안을 유발하기 위한 의도가 행동으로 나타남
질환	• 함구증(말할 능력은 있으나, 말을 하지 않음), 거식증 등 • 조현병

9 강박적 행동

개념	• 스스로 자신의 행동이 무의미하다든가 불필요하다는 것을 알면서도, 그 행동을 반복하지 않고는 견딜 수가 없는 병적 행동임 • 대부분 강박사고와 동반되어 나타남 • 불안을 방어하기 위한 행동임
사례	예 밤마다 조명을 몇 번이상 끄지 않으면 안된다던지, 문을 여닫을 때마다 여러 번 확인하던지, 반복해서 손을 씻는 행동 등임

10 자동증 (자동행동)

개념		• 자신이 의지로 조절할 수 없는 불수의적인 행동으로 의식되지 않는 행동임 • 자신의 행동에 전혀 기억하지 못하고, 겉으로 보이기엔 목표 지향적인 활동으로 보이기도 함
종류	지시(명령) 자동증	• 상대방의 말에 자동적으로 복종하고 따르는 행위 (자신의 의지나 생각이 전혀없는 로봇처럼 보임)
	반향언어	• 상대방의 말을 따라 반복하는 행위
	반향동작	• 상대방의 동작을 흉내 내는 행위

11 실행증 10 임용

개념	• 의식 수준에 변화가 없고 운동장애나 감각장애가 없음에도 불구하고, 이미 학습되어 할 수 있는 운동이나 몸짓을 못하는 장애
질환	• 치매, 뇌졸중 등 뇌손상

5 지각장애

지각	• 감각기관을 통해 들어온것을 인식하는 과정으로, 외부로부터 감각기관을 통해 들어온 자극을 자신의 과거 경험과 연결해 조직화하고, 해석하여 실제를 파악하고 이해하는 상태임
사례	• 불안한 사람 : 같은 크기의 소리자극에 대해 더 크게 느낌 • 우울한 사람 : 감각이 둔화되어 실제보다 더 약하게 지각됨 • 조현병 환자 : 음식에서 독약맛이 난다고 함

1 실인증 (인지불능증) 10 임용

• 시각, 청각, 촉각 등 다양한 감각에서 실인증이 나타날 수 있음

지각		• 자극의 중요성을 파악하거나 의미를 이해하는 능력이 상실되어, 사물을 인지하지 못하는 현상
종류	시각 실인증	• 사진이나 그림을 보여줬을 때, 사물이나 사진의 의미를 이해하지 못함 예 조현병환자가 가족을 보고도 전혀 상관없는 사람으로 인식하는 경우
	청각 실인증	• 소리는 들리지만, 소리의 의미를 인지하지 못함
	촉각 실인증	• 물건을 만져도 무엇인지를 인지하지 못함
사례		예 시력장애가 없음에도 불구하고 의자나 연필같은 물건을 지각하지 못하더니 결국은 가족까지도 알아보지 못함 10 임용

2 착각 19, 14, 95 임용

개념		• 외부에서 감각기관으로의 자극 전달과정은 정상이나, 뇌에서 이를 통합하고 해석하는 과정에서 문제가 발생하여, 실제의 외부 대상을 왜곡하게 인식하는 현상임 • 즉, 외부 대상에 대한 감각적 인상을 잘못 해석하는 현상임
원인	자극부족 의식수준 감소	• 자극이 부족하거나 의식수준이 감소한 상태에서 발생
	강한 정서상태	• 강한 욕구나 감정, 충동, 소망 등 심리적 특성이 투사되어 나타남 예 우울증 환자 : 바람소리를 자신을 채찍질 하는 소리로 듣는 경우 예 조현병 환자 : 병실 창문으로 간호사가 지나가는 모습을 보고, 자신을 쫓는 사람이 자신을 자기를 찾아다니는 모습으로 보는 경우 (추적망상)
		• 섬망, 독성 물질에 의한 뇌손상, 뇌 감염, 알코올성 정신질환 등
특수한 형태		• 착각의 특수한 형태로 기시증, 미시증, 공감각, 이인증, 비현실감 등이 있음
사례		예 "창밖에서 들리는 빗소리가 친구들이 자기를 욕하는 소리라고 하더라구요. 그래서 제가 빗소리만 들린다고 얘기해주긴 했는데…." 19 임용 예 정맥주사 줄을 보고 뱀이 있다고 함 14 임용 예 나뭇잎이 바스락거리는 소리를 자신을 비난하는 소리로 들음

(1) 거시증, 미시증, 공감각

거시증	• 사물이 실제보다 더 커 보이는 현상
미시증	• 사물이 실제보다 더 작아보이는 현상
공감각	• 하나의 감각이 다른 형태의 감각으로 인식되는 현상임 예 자동차 소음이 시각적인 효과로 바뀌어 선명한 색으로 보이는 경우 예 음악소리가 색채로 보이는 경우 예 눈을 깜빡일 때마다, 소리가 들리는 경우

(2) 이인증, 비현실감 25 임용

- 이인증과 비현실감은 일시적, 장기적, 부분적, 전체적으로 나타날 수 있음
- 주로 우울장애, 불안장애, 강박장애, 해리장애, 조현병 초기에 나타남
- 건강한 사람도 심한 피로나 충격상태에서 나타날 수 있음

① 이인증

개념	• 스스로의 정신 과정 또는 신체로부터 떨어져서 마치 외부 관찰자가 된 것 같은 지속적 또는 반복적 경험임 • 즉, 이인증은 나에게서 분리된 느낌임 • 자기가 자신이 아닌것 같고, 친숙하지 않고 낯설게 느껴지거나, 존재하지 않는 것 같은 느낌이 드는 경우임
사례	예 "내가 육체 밖에 있는 것처럼 느껴져요." "내가 너무 생소해 전혀 모르는 남처럼 느껴져요." 예 "키보드를 치는 제 손을 보면서 제가 아닌 것 같은, 제 영혼이 밖으로 나와서, 키보드를 두드리는 저를 보고 있는 것 같은 기분이 들어요" 25 임용 예 꿈속에 있는 느낌, 자신 또는 신체의 비현실감 또는 시간이 느리게 가는 감각을 느낌 예 "나는 내면의 자기가 없다.", "내 생각이 내 자신의 생각 같지가 않다." "내가 기계적인 로봇이 된 것 같다."

② 비현실감

개념	• 현실이 아닌 것 같은 느낌으로, 자기 주위에 있는 것들이 평소때와 달리 낯설다고 느껴지는 느낌 • 주위 환경의 비현실성으로, 개인을 둘러싼 세계를 비현실적, 꿈속에 있는 듯한, 멀리 떨어져 있는, 또는 왜곡된 것처럼 경험함 • 주변환경에 대한 현실감이 없어 생소한 환경이 친숙하게 느껴지거나, 반대로 익숙한 환경이 아주 생소하게 느껴지는 시공간적 왜곡현상임 • 시각적인 왜곡이 흔함
사례	예 "이 세상이 꿈속처럼 느껴져요. 안개속에 있는 것 같아요." 예 "현실이 영화속의 한 장면 같아요."

예	"물체의 크기가 너무 작게 보여요. 세상이 뒤틀려보여요."
예	"물체가 너무 크게 느껴져요. 물체의 거리가 너무 가까워요" (거시증, 미시증)
예	"세상이 평면 같아요. 세상이 3차원적으로 보여요."
예	"주변이 낯설어요. 다른사람들이 생소하고, 사람들이 기계처럼 보여요."

3 환각(Hallucination) 14, 95 임용

개념	• 환각은 외부에서 감각기관으로 투입된 자극이 없는데도, 실제 있는 것으로 지각하는 현상임 • 즉, 자극이 없는데도 마치 외부에서 자극이 들어온 것처럼 지각하는 현상임 • 병리적이기도 하고, 간혹 건강한 사람들도 경험함
원인	**환각물질** • 메스칼린이나 LSD 같은 환각 물질을 복용 **질환** • 조현병, 심한 정동장애, 해리장애, 알코올 중독, 뇌전증, 급성 뇌증후군 등
건강한 사람	**입면시 환각** • 잠이 들 때 환각이 나타남 **각성시 환각** • 잠에서 깰 때 환각이 나타남 **피로, 스트레스** • 심한 피로나 극도의스트레스 상황에서 환각이 나타날수 있음
증상순서	• 조현병에서는 환청 (가장 흔함) > 환시 > 환촉 순으로 나타남
환청 외	• 환청을 제외한 다른 형태의 환각(환시, 환촉, 환후, 환미)는 조현병보다는 뇌손상이나 약물중독 대상자에게서 더 많이 나타남

(1) 환청 25 임용

개념	• 외부의 실제 자극이 없는데도 어떤 소리를 듣게 되는 경우임 • 가장 흔한 환각임 • 환청은 무의식적 욕구, 심리적인 상태나 기분을 투사해 이를 반영하기도 하며, 망상이 있는 대상자는 환청 내용이 망상과 일치하는 경우가 많음
질병	**피해망상** • 자신을 욕하고 수군거리고 비난하는 환청 **조증** • 어떤 특별한 사람과 대화하고, 자신의 능력을 칭송하는 환청 **우울증** • 죄책감, 허무함, 무가치함 등과 연관되어 자신을 질책하고 무시하는 환청
중재	• 환청을 믿어주지 않으면 숨기기에 직접적인 표현외에도 비언어적인 행동에 주의를 기울여야 함 비언어적 행동 : 귀를 기울이고 듣는 자세 취함, 허공을 보고 실없이 웃음, 혼자 중얼거림 등 • 환청에 따른 사고에 주의를 기울임 (환청에 따라 행동으로 위험한 행동, 자살 등)
사례	예 "친구들이 비웃는 소리가 들려서, 주변을 둘러봤는데, 아무도 없었어요." 25 임용 예 우울증 환자가 자신을 꾸짖거나 얕보는 말소리들이 들리는 경우 예 조증 환자가 빌게이츠가 자신의 능력을 칭송하는 말이 들였다며, 자신도 그렇게 위대한 인물이라는 말하는 경우

(2) 환시, 환촉 14 임용

환시	• 외부의 실제 자극이 없는데도, 실제 존재하지 않는 대상을 보는 경우임 • 환청 다음으로 흔한 환각임
	예 아무것도 없는데 뱀이 있다고 함 14 임용
	예 무서운 형상의 괴물 등이 눈에 보인다며, 공포에 빠짐
환촉	• 외부의 실제 자극이 없는데도 몸에 닿거나 찌르거나 누르는 등의 감각(촉각)을 느끼는 현상임
	예 벌레가 피부밑에서 움직이는 것처럼 느낌, 벌레가 자기피부를 지나다닌다고 함
	예 내장이 당긴다는지 팽창된 느낌, 성적 자극이나 전기적 쇼크 감각을 느끼기도 함

(3) 환후, 환미

환후	• 외부의 실제 자극이 없는데도 특정 냄새를 지각하는 현상임 (불쾌한 냄새가 많음) • 환미와 같이 오는 경우가 많음
	예 자신의 몸에서 정액냄새, 암내, 썩는 고기냄새 등이 난다고 지각하는 경우
환미	• 외부의 실제 자극이 없는데도 특정 맛을 지각하는 현상임 • 임상에서는 흔하지 않음, 환후와 같이 오는 경우가 많음
	예 이상한 맛을 느낀다든지, 음식에서 독약 맛이 난다든지 하는 경우임

(4) 기타

운동환각	• 실제와 달리 특정부위가 자신의 의사와 상관없이 움직이는 것을 지각하는 것임
	예 신체가 공중에 붕 뜨거나 잡아끌리거나 떨어져가는 느낌 등
환각지	• 신체 일부가 절단되어 없는데도 그 부위의 통증이나 가려움을 호소하는 등 존재하지 않는 신체부위의 감각을 나타내는 현상임
신체환각	• 신체의 특정 부분이나 신체내부에서 무슨 일이 일어나고 있다고 느끼는 경우임 • 주로 내부장기와 관련되는 경우가 많음

6 기억장애

기억	• 인간의 정신활동에 필요한 기본적 요소로 정신활동에 필요한 정보를 받아들여서 기록하고, 이를 저장하고 보유하였다가 필요할때 꺼내어 회상(재생, recall)함으로써 적절하게 사용할 수 있는 능력임
뇌역할	• 기억기능은 두뇌의 내측 변연계(기억상실증과 알츠하이머병), 전두엽-피질하 회로(전두엽과 기저핵의 장애를 수반하는 질환)가 역할을 함

1 기억과잉 96 임용

개념	• 기억력이 정상보다 항진되어, 지나치게 불필요한 것까지 세세히 기억하는 경우임
질환	• 조증이나 편집증적 상태에서 나타남

2 기억상실

• 건망증이나 망각이라고도 하며, 특정 사물이나 시기에 대해 선택적으로 혹은 전반적으로 나타날 수 있음

(1) 해리성 기억상실

• 주로 기억의 회상에 장애가 있으며, 심리적 충격 후 갑자기 선택적인 기억상실을 보이고 회복도 갑자기 완전하게 하게 되는 경우가 많음

표. 해리장애 종류

전반적 기억상실	• 개인이 자신의 전체 생활사에 대한 기억을 전부 잃어버림 예 "나는 누구지? 내 가족은 누구야? 내 집은 어디일까? 나는 어떤 직업을 가졌었지?"
국소적 기억상실	• 국한된 기간동안 일어났던 사건을 회상하지 못함 • 기억 상실이 특정 기간(보통 충격적인 사건을 둘러싼 사건)으로 제한되는 경우임 • 해리성 기억상실 중 가장 흔함 예 "어릴 때 교통사고를 당했는데, 그날 일은 기억이 전혀 안 나!" 예 어린시절 부모로부터 학대당한 것만 기억이 나지 않는 경우
선택적 기억상실	• 국한된 기간동안 일어났던 사건들 전체의 회상은 불가능하지만, 일부분의 회상은 가능함 예 가족의 교통사고로 장례를 치루고, 사고가 났다는 것은 기억하지만, 사고순간과 가족이 사망한 장면은 기억하지 못함
체계적(체계화된) 기억상실	• 모든 기억 중 특정한 범주의 중요한 정보에 대한 기억을 상실함 (학교, 형제 등) 예 "내 부모님에 대해서만 전혀 기억나지 않아."
지속성 기억상실	• 사건이후부터 현재까지의 일을 기억하지 못하고, 각각의 새로운 사건에 대한 기억이 생기는 대로 잊어버림

(2) 기질적 기억상실

개념	• 기억의 등록과 저장의 장애가 많으며, 대부분 신경학적 소견과 의식이나 지남력의 장애를 동반하는 경우가 많음 • 서서히 발생하며 기억상실이 산재되어 있고, 회복은 서서히 불완전하게 되는 경우가 많음
원인	• 노인성 신경인지장애, 뇌독성, 기타 물질관련 장애

(3) 전진성 기억상실, 후진성 기억상실

전진성 기억상실	• 기억상실의 시점을 중심으로 전진성은 어떤 시점 이후, 특히 최근 기억을 상실하는 것 (노인성 퇴화현상)
후진성 기억상실	• 어떤 시점 이전의 기억을 상실 (중추신경 손상 등)

3 기억착오 10, 96, 95 임용

• 기억착오는 과거에 없던일을 마치 있던 일처럼 기억하거나 사실과 다르게 기억하는 것임

작화증 10, 96, 95 임용	• 자신이 기억하지 못하는 부분을 무의식적으로 조작해 결손된 부분을 메우는 현상임 • 즉, 기억손상이 있는 부분에 대해서 그럴듯한 얘기를 꾸며서 메꾸는 현상임	
	질환	• 치매, 코르사코프 증후군에서 특징적임
기시현상 (기시감)	• 처음 경험하는 일인데도 마치 과거에 경험한 것처럼 느끼는 현상임 (낯선 것을 전에 본 것 같이 느끼는 현상)	
	질환	• 뇌전증 발작 후
미시현상 (미시감)	• 과거에 많이 경험한 일을 처음 경험한 것처럼 느끼는 현상 (전에 알고 있는 것에 대해 생소하게 느끼는 것)	
	질환	• 대게 신경증, 조현병에서 주로 나타남
	정상	• 정상인도 심한피로나 강한 감정에서 나타남

7 의식장애

표. 주의력 장애

선택적 부주의	• 의식적으로 주의를 기울이지 않는 부분에 대해서 인지하지 못하는 것 • 주어진 상황에서 특정한 자극이나 정보에 주의를 기울이지 않는 상태 • 중증 불안상태에서 발생함
주의력 항진	• 경조증, 일부 조현병

1 의식의 혼돈(confusion of consciousness)

개념	• 의식장애 중 가장 가벼운 상태로, 자극에 대해 반응이 신속하지 못하고, 지남력 장애를 보이며, 주의력과 사물에 대한 이해력도 감퇴된 상태임
질환	• 뇌기능 장애에 흔히 나타남 (독성물질중독, 뇌손상, 뇌전증 등)

2 의식의 혼탁(clouding of consciousness)

개념	• 의식의 혼돈보다 정도가 심한 의식장애로, 지각력과 주의력이 상당히 감퇴하고, 주변 환경이나 언어에 대한 이해력도 거의 상실한 상태임 • 이러한 상황에서 벗어난 후에도 이를 기억하지 못하는 경우가 대부분임
질환	• 중추신경계 기능 장애 (뇌 산소부족, 뇌감염, 뇌외상 등)

3 섬망(delirium)

개념	• 광범위한 뇌조직의 기능저하로 단기간에 발생하는 의식장애와 인지변화가 특징임 • 이러한 상황에서 벗어난 후에도 이를 기억하지 못하는 경우가 대부분임
증상	• 지남력 상실, 공포를 유발하는 심한 환각이나 착각(환촉이나 환시)이 많음 • 주로 밤에 증상이 시작되고 증세가 심해지는 등 기복이 심한 급성상태이고, 단기간의 경과를 가짐 • 심한 발한이나 호흡곤란, 빈맥, 심계항진 등의 자율신경계 이상증상 보임 예) 벌레가 자기피부에 기어 다닌다.(환촉), 뱀 같은 동물이 자신을 공격한다.(환시)
원인	• 수술, 전신감염, 대사장애, 저산소증, 저혈당증, 전해질 불균형, 간 및 신장 질환, 약물 중독 및 금단 등
종류	• 추정원인에 따라 의학적 상태에 의한 섬망, 물질로 유발된 섬망(약물남용, 처방약물, 독소노출 등), 그 밖의 원인을 알수 없는 섬망으로 나뉨

4 혼미(stupor)와 혼수(coma)

혼미	• 강한 통증자극을 통해 일시적으로 깨울수 있는 정도의 의식상태
심인성 혼미	• 실제 의식의 단절이 없는데도 마치 단절되는 것처럼 보이는 경우로, 우울성 혼미, 긴장성 혼미, 심한 무력감에 의한 혼미 등 있음
혼수	• 혼미의 극심한 상태로 모든 정신활동이 정지하여, 외부의 어떤 자극에도 반응을 보이지 않음 • 심장과 호흡만이 활동하는 의식이 완전히 없는 상태임

8 언어장애

언어압박 21 임용	• 말의 흐름이 아주 빠르고 말의 양이 많아지는 상태로, 스스로 통제가 안되며 중단하기도 어려운 상태임 → 조증에서 흔함
다변증	• 말에 일관성과 논리성은 있으며, 말수가 많은 것임
언어빈곤	• 말의 양이 적고, 어떤 질문에도 단음절의 반응만 보이는 것임
발음장애	• 단어선택이나 문법은 맞지만 발음이 곤란한 경우임

9 지능장애

지능개념	• 지능은 학습능력과 판단, 언어, 논리성, 추상적 능력, 적응적 행동양상 등 고등 지적기능의 총제적 개념임 • 지능은 단순한 지식과 구별되어야 하고, 환경과 교육, 정서, 동기 등이 영향을 받아 변화할 수 있음

2 신경인지장애

• 후천적으로 기억, 언어, 판단력 등 여러영역의 인지기능이 떨어져, 일상생활을 제대로 수행하지 못하는 임상증후군임

⑩ 판단력 장애

판단력	• 판단력은 자신이 처한 환경과 상황을 올바르게 해석하고, 그에 맞게 행동하고 결정하는 능력을 의미함
	예 만약 땅바닥에서 우표가 붙어있고 수신주소가 적힌 편지봉투를 발견하였다면, 어떻게 할 것입니까?
현실검증력	• 현실검증력(판단력이 요구됨)은 외부세계를 객관적으로 지각, 평가, 판단하는 종합적인 능력을 말함
	• 현실검증력 장애는 주로 조현병에 많음

⑪ 지남력 장애 10 임용

지남력	• 지남력은 시간, 장소, 사람에 대해 정확하게 인식하는 상태임
장애	• 시간, 장소, 사람 순으로 장애가 옴
회복	• 호전될때는 반대로 사람, 장소, 시간 순으로 회복됨
사례	예 간호사를 보고 엄마라고 함 (사람) 병원에 입원해 있으면서 자기집 안방이라고 함 (장소) 2025년을 1979년이라고 대답함 (시간)

⑫ 병식결여

병식(insight)	• 병식은 자신에게 정신질환이 있다는 사실을 받아들이고, 질환의 역동적 본질과 원인을 파악할 줄 아는 능력을 말함 (현실검증 능력의 결여로 발생) • 즉, 병식은 통찰력이라고 하며, 자신이 정신장애를 가지고 있다는 것을 아는 상태임
질환	• 조현병이나 망상장애 대상자에게 흔함

Part 07 정신건강관련 이론과 치료

1 정신분석치료

- 억압되어 있는 무의식의 내용 및 갈등을 탐색하는 치료로, 성인의 이상행동의 원인을 아동기 발달단계에서 찾음
- 감정적으로 힘든 문제를 드러내는 것이 정신질환을 일으키는 상처를 치유하는 잠재력이 있음

1 자유연상 21 임용

개념	대상자로 하여금 마음속에 떠오르는 생각과 느낌을 무엇이든지 바로 이야기하도록 하는 기법임
목적	억압된 무의식 내용을 탐색하기 위함

2 꿈 분석

개념	꿈에 나타난 주제나 행동들을 면밀히 분석함으로써, 무의식의 갈등을 발견하는 방법임
목적	억압된 무의식 내용을 탐색하기 위함

3 전이 분석

개념	대상자가 치료과정에서 치료자에게 나타내는 정신현상을 분석하는 것임
전이	대상자가 과거에 중요한 사람에게서 느꼈던 감정이나 환상을 무의적으로 치료자에게 나타내는 것
역전이	치료자가 자신의 과거의 감정과 태도를 대상자에게 이입하는 것

4 저항 분석

개념	• 저항은 대상자가 변화를 두려워하여, 불안을 일으키는 사항을 인식하지 않은채 머물러 있으려고 하는 것임 • 대상자가 치료과정에서 다양한 방식으로 원활한 치료과정을 방해하는 행동으로, 저항분석은 치료과정에서 나타내는 비협조적이고, 저항적인 행동의 의미를 분석하는 작업임
목적	저항행위에 주목하여, 대상자의 무의식적인 갈등을 확인하고, 무의적인 의미를 깨닫게 함

2 행동치료

1 조작적 조건화

개념	• 보상과 처벌을 통해 인간의 행동이 빈번하게 발생되거나 행동의 빈도가 약해지는 것을 말함 • 어떤 행동이 긍정적인 결과를 가져오면 그 행동은 반복, 부정적적인 행동을 가져오면 그 행동은 약화됨

(1) 행동증가

① **정적강화 (적극적 강화, 보상)** 20 임용

개념	• 특정 행동의 빈도를 증가시키는 기법으로, 행동의 결과로 긍정적인 보상자극을 제공함으로써, 그 행동이 다시 일어날 가능성을 증가시키는 것 　• 행동 → 보상(강화) → 행동 ↑
사례	예 집안일을 도와주는 행동을 하여 부모의 칭찬을 얻음 → 집안일 돕는 행동의 증가 예 교실에서 의자에 가만히 앉아 있는 학생이 선생님께 칭찬을 받음 → 의자에 가만히 앉아 있는 행동의 증가 예 수업 중에 부산하고 산만한 초등학생에게 교사의 설명에 주의를 기울일때는 반드시 관심을 기울여줌 20 임용 예 하은이가 동생과 싸우지 않고 사이좋게 놀았으니, 하은이가 좋아하는 '안녕자두야' 동영상을 2개 보여줄께 → 동생과 사이좋게 노는 행동 증가 　• 동생과 사이좋게 놀음(행동) → 동영상 시청(보상) → 동생과 사이좋게 노는 행동 증가

② **부적강화 (소극적 강화)**

개념	• 특정행동의 빈도를 감소시키는 기법으로, 행동의 결과로 불쾌하거나 혐오스러운 자극을 제거함으로써, 그 행동이 다시 일어날 가능성을 증가시키는 것 　• 행동 → 처벌, 불쾌한 자극 제거 → 행동 ↑
사례	예 집안일을 도와주는 행동 → 부모의 좋지 않은 기분을 없앰 → 집안일을 도와주는 행동의 증가 예 "오늘 하은이가 신발정리를 도와줬으니 매일 하던 학습지 3장 중 2장만 해도 좋아." → 신발정리 행동 증가 　• 신발정리(행동) → 학습지숙제 감면(불쾌한 자극제거) → 신발정리 행동 증가

③ 프리맥의 원리

개념	• 개인이 더 좋아하는 활동(선호활동)을 강화로 사용하여, 덜 좋아하는 활동(비선호활동)을 촉진하는 방법임 　덜 좋아하는 활동 → 강화(보상, 더 좋아하는 활동) → 덜 좋아하는 활동 증가 • 자주 발생하는 행동을 강화로 사용하여, 자주 발생하지 않는 행동을 하도록 촉진함
사례	예 게임을 자주하고, 숙제를 잘 하지 않은 아이에게, 수학숙제를 하면, 게임을 15분 하도록 허락하면, 수학숙제를 하는 행동이 증가함

④ 토큰경제

개념	• 대상자가 바람직한 행동을 했을 때 토큰, 스티커, 점수 등 다양한 방식으로 보상물을 제공하여, 나중에 대상자가 원하는 물건과 권리(사탕, 과자, 장난감 등)로 바꾸어 행동을 증가시키도록 함 • 보상물이 쌓이면 사전에 정한 기준에 따라 강화물과 바꿀 수 있음 • 바람직하지 못한 행동을 한 경우 토큰을 수거하기도 함
사례	예 쿠폰 30장을 채우면 장난감을 줄게. 예 토큰 20장을 채우면 워터파크에 데리고 갈게. 예 스티커 10장 채우면 극장에 가서 영화보여줄게.

(2) 행동감소

① 처벌 (벌)

개념	• 행동의 결과로 혐오스런 자극을 줌으로써 그 행동이 다시 일어날 가능성을 감소시키는 것 　• 행동 → 처벌 → 행동 ↓
사례	예 동생을 때린 형에게 벌을 서게 하여 동생을 때리는 행동을 감소시킴 예 지각을 하는 학생에게 화장실 청소를 시키면 지각을 하는 행동을 감소시킴 예 방을 어질러 놓은 행동을 할때 부모가 고함을 지르면 발을 어지르는 행동이 감소됨

② 소거 (소멸) 20 임용

개념	• 행동의 결과로 강화물을 유보함으로써 그 행동이 다시 일어날 가능성을 감소시키는 것(행동을 무시하거나 보상하지 않음으로써 그 행동을 줄이는 것) 　• 행동 → 강화 → 행동 → 강화 유보(보상 X) → 행동 ↓
사례	예 아이가 떼를 쓰면 더 이상 관심이나 눈길을 주지 않음으로써, 아이의 떼쓰는 행동을 감소시키는 것 예 얼굴을 심하게 때리는 자해행동을 하는 아동이 주위의 관심과 동정을 받고 있을 때, 자해행동에 할때 주위 사람들이 무시함 → 자해행동이 감소됨 　• 자해행동(행동) → 무시(보상, 강화 X) → 자해행동 ↓ 예 자신이 원하는 것을 해주지 않았을때 아동이 물건을 던지는 공격적인 행동을 했을 때, 부모가 관심을 가지지 않고 못본척 한다면 아동의 문제행동이 사라짐 　→ 무관심한 부모에게 거세게 저항할 수 있음. 부모의 일관성 있는 태도가 중요함 • 초등학교에서 부산하고, 산만한 수업태도를 지닌 학생을 주의집중하는 바람직한 행동으로 변화시키기 위해서, 학생이 부산하거나 산만한 행동을 나타낼때는 교사가 관심을 주지 않고, 무시하여 분주하고, 산만한 행동이 점차 사라짐 20 임용

③ 반응대가 (반응손실) 24 임용

개념	• 바람직하지 못한 행동(부적응 행동)을 하였을 때 화폐, 특권 등의 강화물을 제거하여 그 행동을 감소시킴 　• 행동 → 강화물 제거 → 행동 ↓
사례	예 방을 깨끗이 치우지 못했을때 외출허락을 하지 않아, 더 이상 방을 더럽히는 행동을 감소시킴 예 아동에게 아무 조건없이 토큰을 무상으로 준 후 적절하지 않은 행동을 할 때 토큰을 회수함 예 도서관에서 대여된 책이 연체되었을 때, 더 이상 책을 대여하지 못하게 하고, 연체료를 내게 하여 더 이상 책을 연체하는 행동을 감소시킴

> **소거 vs 반응대가**
> • 소거 : 강화물 유보 (보통 무시)
> • 반응대가 : 강화물 제거

④ 고립 (타임아웃, 중지)

개념	• 바람직 하지 못한 행동(부적응 행동)을 보일 때 일정기간 강화를 얻지 못하게 하여, 부적응 행동을 감소시킴 • 대상자가 강화를 받을 기회를 박탈하는 것임
사례	예 물건을 마구 던지는 아이에게 일정시간 동안 의자에 앉혀서 앉아 있는 동안 강화를 얻지 못하게 함 → 물건 던지는 행동을 감소시킴

❸ 인지행동치료

1 불안감소

(1) 이완요법, 점진적 근육이완법

이완요법	• 긴장된 근육을 이완하면 불안이 감소됨
점진적 근육이완법	• 긴장된 근육을 이완하면 불안이 감소되는 원리로, 신체 일부의 이완을 전신으로 점진적으로 진행시키는 것으로 순차적으로 수의근을 긴장시키고 이완하는 것을 반복함
	• 손과 팔 -> 얼굴-> 목-> 어깨-> 흉부-> 배-> 등 -> 다리 -> 전신

(2) 바이오피드백

개념	• 인체의 생리적 변화를 알려주는 전기적 장치를 활용하여 불안을 감소시키고, 행동 반응을 수정하는 기법임
방법	• 작은전극을 이마에 부착하고, 그외 부대장치를 신체에 연결하여 뇌파, 근육긴장도, 체온, 심박동수, 혈압 등의 변화를 빛, 소리, 촉각자극 등으로 인지하게 함
적용	• 긴장성 두통, 불안, 공포증, 편두통, 근육경련, 고혈압 등에 사용함

(3) 홍수법

개념	• 가장 높은 수준의 불안을 일으키는 자극에 대상자를 즉각적으로 노출시키는 방법임
	• 대상자를 강력하고도, 지속적으로 불안을 일으키는 문제상황에 노출시키는 방법임
	• 대상자의 저항이 있더라도, 불안이나 공포에 직면시킴
원리	• 불안을 일으키는 상황에서 도망치는 것이 불안을 오히려 강화시킨다는 전제로, 회피하는 행동이 조건화되는 것을 막음
적용	• 특정 공포증 대상자
금지	• 심장질환자, 심한불안으로 인해 위험한 결과가 초래할 가능성 높을때는 적용하지 않음
내폭법	• 상상을 통해 불안이나 두려움을 야기하는 자극상황에 노출
사례	예 폐쇄공포증 대상자 엘리베이터 타도록 함 예 벌에 공포 있는 대상자 벌에 노출시킴 예 고소공포증이 있는 대상자 고층에 노출시킴

(4) 체계적 탈감작 (체계적 둔감법) 25, 15 임용

개념			• 불안이나 공포를 유발하는 자극이 약한 것부터 강한 것으로 단계적으로 부여하여 자극에 의해 발생하는 불안 및 공포 등의 반응을 서서히 경감시키는 절차임
방법 (단계)	1	근육이완훈련	• 근육을 이완시키는 방법을 훈련함
	2	불안위계표 (위계구조, 위계목록) 작성	• 대상자의 불안을 유발하는 상황의 위계목록(불안을 느끼는 작은 순서부터 큰 순서대로)을 작성함 • 1~10, 불안없는 단계 ~ 심하고 격렬한 불안으로 위계 작성
	3	위계별 상황에 직면 및 둔감화 (불안 둔감화)	• 불안위계표 항목에 따라 근육이완상태에서 가장 낮은 불안부터 높은 불안의 순서대로(점진적 노출), 불안이나 공포에 직면함 　• 불안은 실제 불안상황이나 불안 장면(상상) 　• 단계별 불안 상황 직면시 근육을 이완함 　3단계 　• 근육이완 훈련 → 불안위계표 → 둔감화 　4단계 　• 근육이완 훈련 → 불안위계표 → 불안 자극 노출 → 둔감화

표. 체계적 둔감화 (체계적 탈감작) 사례

엘리베이터 타는 것에 대한 공포 25 임용
① 엘리베이터 타는 것에 대해 치료사와 토론한다.
② 엘리베이터 그림을 본다.
③ 건물의 로비에 걸어가서 엘리베이터를 바라본다.
④ 엘리베이터의 버튼을 눌러 본다.

여러 사람과 음식을 같이 먹는것에 대한 공포 (사회불안)
① 간호사와 단둘이 저녁을 먹는다.
② 한명 또는 두명의 친한 사람을 추가하여 저녁을 먹는다.
③ 차단된 곳이나 조용한 곳에서 여러 사람과 저녁을 먹는다.
④ 개방된 곳에서 여러 사람과 저녁을 먹는다.

(5) 감각기관에의 노출

개념	• 신체적 단서(빈맥, 흐린시야, 짧은 호흡, 근육긴장 등)에 대해 극단적으로 해석하는 사람을 위한 노출치료의 한 기법으로, 불안위계표를 작성하여, 불안을 느끼게 하는 '신체적 단서'와 유사한 증상을 야기하는 활동을 하도록 하는 것으로(신체단서 노출), 충분한 강도의 신체감각에 맞서 견디게 하는 훈련법임	
방법	불안유발 신체단서에 단계적 노출	• 불안을 느끼게 하는 '유사한 신체단서'를 낮은 수준에서 높은 수준으로 노출시킴
	강렬한 신체감각 체험	• 가능한 한 과호흡이나 강한 근육긴장 등을 통한 강렬한 신체감각을 체험하도록 함 • 점진적으로 신체감각정도를 높여감
	신체감각, 불안정도 평가	• 각 신체감각의 강도, 불안지수, 그리고 공황증상과의 유사성 정도를 평가
	신체감각에 도전	• 신체감각을 유발한 다음 그동안 배운 호흡조절, 이완 및 인지수정 전략을 사용해 유발된 신체감각에 도전함 (신체감각에 맞서 견디게 함)
	불안 감소	• 신체감각에 견디게 되어 불안이 감소함, 극단적인 해석 사라짐
적용	• 불안장애, 공황장애, PTSD	
사례	예 뛰거나 계단을 빨리 올라가도록 함 → 심박동수 증가(빈맥), 과호흡 등 유발 → 이완, 인지요법 등으로 신체감각에 견디게 함 → 죽을 것 같은 공포 및 불안 감소 (비현실감, 이인증 등 감소)	

(6) 노출 및 반응방지 (반응방지) 25 임용

개념	• 불안감소를 위한 특별한 기법(이완요법이나 탈감작화 등)을 활용하지 않고, 불안을 야기하는 자극에 노출되었을때 보였던 불안 반응을 방지하며, 그 반응을 하지 않아도 두려운 결과가 나타나지 않는다는 것을 인식하면서, 문제행동을 감소시킴		
	① 불안노출	• 불안을 유발하는 상황에 노출하기	
	② 반응방지	• 불안을 줄이기 위해 의례적으로 해왔던 행동을 감소하거나, 행동을 하지 않기	
	③ 인식변화	• 불안감소를 위한 행동을 하지 않아도, 두려운 결과가 나타나지 않음을 인식	
	④ 문제행동 감소	• 불안감소를 위해 했던 문제행동이 감소됨	
	• 불안노출 → 반응방지 → 인식변화 → 문제행동 감소		
원리	행동학적 관점	습관화	• 습관화를 통해 문제행동 감소 • 습관화를 위해, 노출-반응방지를 반복적으로 시행
	인지적 관점	인지 재구조화	• 문제행동(강박행동) 없이도 두려움, 공포의 감소를 경험하고 부정적 결과가 나타나지 않는다는 것을 반복적으로 인지하게 됨 • 비합리적 신념 → 합리적 신념으로 교정
	자기효능감		• 문제행동(안전추구 행동)을 하지 않고도, 스스로 불안을 다스릴 수 있다는 자기 효능감의 증가를 경험하게 됨
적용	• 강박장애, 특정공포증, 공황장애 등		

표. 노출 및 반응방지 (반응방지) 사례

손씻기 강박장애 대상자
- 하루 20번 손 씻기 → 하루 5번만 손씻기 → 질병이나 세균감염이 생기지 않음을 인식 → 손씻기 감소

에스컬레이터 난간을 화장지나 수건 대고 잡는 대상자
- 에스컬레이터 타기 (불안노출) → 화장지나 수건대지 않고, 타기 (반응방지) → 세균감염 X (인식변화) → 에스컬레이터 난간을 화장지나 수건 대는 행동 감소 (문제 행동 감소)

- 엘리베이터에 타도록 하여 불안을 야기하는 자극에 노출시킨 후 불안과 공황발작 증상을 방지하고, 증상을 방지하는 행동을 하지 않아도 극심한 불안과 공황발작이 나타나지 않음을 인식시켜, 불안과 공황발작 감소를 위해 해왔던 문제행동을 감소시킴 25 임용

(7) 지속적 노출치료

개념			• 외상사건(PTSD)에 반복해서 노출되도록 하여, 외상과 관련한 상황, 기억에 직면시켜, 외상경험에 대한 감정을 표현하도록 하여, 불안을 감소시키는 치료법임 • 외상과 관련된 회피행동에 맞서기 위해 문제가 되는 생각과 감정에 직면하도록 노출시킴 → 결국 불안이나 회피행동 보이지 않음
방법	노출	실제 노출	• 외상관련 스트레스나 불안때문에 회피하는 상황, 사물, 장소에 대한 반복적, 실제적 노출로 직면하기 • 불안위계표(위계구조)에 따라 노출시키며, 노출시 근육이완 + 호흡법 사용함 예 성폭행 피해자 : 폭성행 당한 장소 가보기 등
		심상노출 (상상노출)	• 외상기억을 의도적으로 끄집어내어(외상기억회상) 지속적, 반복적 노출시킴 → 치료자에게 외상경험(트라우마)에 대해 이야기하는 것임
		간접 노출	• VR(가상현실) 기술을 활용하여 외상 상황을 가상으로 체험함
	• 외상사건에 노출시 저항이 있을 수 있음		
	감정표현 생각, 감정 해석		• 외상기억에 대해 대상자가 감정을 표현하고, 외상기억에 대해 다시 토의하고 설명함 • 이후 왜곡된 생각(인지 왜곡), 비현실적인 두려움 등을 재평가하고, 수정함
	불안감소		• 최종적으로 불안반응이 감소함
효과			• 외상후 스트레스 장애(PTSD)의 효과적인 치료법임, 단기간에 효과 나타남 • 외상에 대한 공포 둔감화로 회피행동 감소, 외상관련된 인지 왜곡 수정, 부정적인 면의 강화 감소, 외상과 관련된 기억에 대한 왜곡 감소 등
사례			〈 검은 뿔테 안경과 스포츠 머리를 한 사람에게 성폭행을 당한 피해자 〉 • 성폭행, 그 사건 이후 '검은 뿔테안경'과 '스포츠 머리'를 보기만 해도 소스라치게 놀라거나, 두려워하는 반응들을 보이고, 이로 인해 외출을 꺼리게 된다고 한다면, 이러한 '검은 뿔테안경'과 '스포츠머리'가 안전하다는 것을 학습시켜 주는 것임

(8) 안구운동 민감소실 및 재처리법 (안구운동 탈감작(탈민감, 민감소실) 및 재처리, EMDR)

개념	• 부정적이고 고통스러운 기억(트라우마)를 떠올리고, 동시에 인위적으로 양측 안구운동을 시켜, 외상과 관련된 부정적인 기억을 줄이는 치료법으로, 외상기억에 대해 긍정적인 재처리와 통합을 시켜, 불안(증상)을 완화함
	• 외상사건 떠올리면서 치료자의 손을 보면서 안구를 앞뒤로 움직이면서, 정신이미지에 초점을 두어, 정보를 처리하고 인지를 재구성함

방법	① 목표기억 확인	• 외상과 관련된 목표기억, 이미지, 신념을 확인함 → 외상기억을 긍정적기억으로 재처리할 목표기억 확인
	② 안구운동 및 정신이미지 초점 (민감소실, 탈민감화)	• 안구운동을 하는 동안 외상기억, 정신이미지에 초점을 둠
	③ 긍정적 사고 주입 (재처리)	• 긍정적인 사고와 이미지 설정 (인지재구성) → 더 이상 부정적인 이미지는 고통스럽지 않게 됨
	④ 신체 스캔 (신체 검색)	• 신체스캔으로 긴장이나 신체의 감각에 초점을 맞춤 → 신체스캔으로 목표기억과 관련된 신체감각을 처리

적용	• 외상후 스트레스 장애(PTSD)의 효과적인 치료법임 (단시간에 효과적, 4~12회(평균 8회)) • 불안장애, 공포증에도 사용함
금기	• 망막 분리 및 녹내장 환자, 신경학적 장애(예 발작장애), 중증 해리장애, 물질남용, 자살경험있는 정신증 환자 등

▎안구운동 민감소실 및 재처리법 예 ▎

	예 물에 빠져 익사할 뻔한 대상자

민감소실
(탈감작)
	• 치료자 : 외상기억을 떠올리게 하고, 동시에 안구운동(손가락을 좌우로 움직이며), "지금 어떤 기분이시죠?", "지금 무엇이 느껴지나요?"
	• 대상자 : "내 마음은 얼어있고 두려워요."
	       (2분 뒤) "엄마! 엄마! (한 손을 들어올리며, 엄마를 부르고 있음)
	• 대상자 : (2분 뒤) "내 폐에 물이 찼어요."
	       (2분 뒤) "나는 울고 있고, 두려워요."
	       (2분 뒤) "아빠가 나를 잡아 당겼어요."
	       (2분 뒤) "나는 이렇게 살아있어요."
	       (2분 뒤) "지금은 평화로운 느낌이에요."

재처리	• 대상자 : "나는 물속에서 설 수 없었어요."
	       (2분 뒤) "아마 설수도 있을꺼에요."
	       (2분 뒤) "나와 부모님은 최선을 다했어요."
	       (2분 뒤) "이제 괜찮아요. 만약 동일한 상황이 생긴다면, 물속에서 똑바로 서서 나올 수 있겠어요."
	       (2분 뒤) "물속에서 나와서 엄마랑 아빠랑 맛있는 수박을 먹었어요."

자료원. 닥터 부메랑. EMDR 요법으로 불안감 완화하기

2 새로운 행동 학습 기법

(1) 혐오치료 (혐오요법)

개념	• 부적응 행동에 대해 혐오자극을 제공함으로써 부적응 행동을 제거시키는 것임
사례	예 알코올 중독자를 대상으로 디설피람을 구역질 나거나 신체적 고통을 경험하게 하여 음주 행위를 감소시킴 　　디설피람 : 알코올 성분이 들어 있는 모든 제품에 구역질, 신체적 고통을 유발함 예 자해에 대한 생각, 분노 등의 비합리적인 사고가 떠오를때 마다, 손목에 고무밴드를 튕겨 아픔을 주어 비합리적인 사고를 줄임 예 손톱을 물어뜯는 사람의 손톱이나 엄지에 쓴 물질을 발라 손톱 물어뜯는 행위를 감소시킴 예 변태적 행동의 충동을 느낀 경우 충동을 느낄때마다 전기자극을 주어, 변태적 행위를 감소시킴

(2) 형성법 20 임용

개념	• 목표 행동을 명확히 세워놓고, 초반에는 목표 행동과 근접한 행동부터 하도록 하여, 각 행동마다 체계적인 강화를 주어, 차츰 수준을 높여 점진적으로 최종 목표행동을 학습하는 기법임 • 목표를 세부로 쪼갬 → 목표행동을 향하여, 행동을 점진적으로 접근함 → 근접한 행동을 할 경우 각각 강화를 줌 → 최종 목표행동 학습
사례	예 목표행동 : 상철이가 공부를 하지 않아, 공부를 하도록 한다. 　1단계 • 책상에 앉는다. (토큰 1개) 　2단계 • 10분간 책상에 앉는다.(토큰 1개) 　3단계 • 책을 펼치고 1장을 읽는다. (토큰 1개) 　4단계 • 책을 펼치고 10장을 읽는다. (토큰 2개) 예 목표행동 : 강아지가 켄넬에 들어가기가 최종 목표 　1단계 • 켄넬로 10발자국 가기 (간식 1개) 　2단계 • 켄넬 바로 앞까지 가기 (간식 1개) 　3단계 • 켄넬에 앞발 올려놓기 (간식 1개) 　4단계 • 켄넬에 몸 들어가기 성공 (간식 2개)

(3) 모델링 22 임용

개념	• 역할모델의 행동을 관찰하여, 그 행동을 모방함으로써, 새로운 행동을 학습하도록 하는 기법임 • 모델링 후에 즉시 행동으로 연습하는 것이 중요하며, 습득한 행동을 지속하기 위해 보상을 실시함
사례	예 병원치료나 동물에 대한 공포가 있는 아동에게 공포를 이겨내는 또래 아동이 등장하는 영화를 보여준 후 그와 비슷한 상황 속에서 행동을 시연하게 함 예 교수에게 기말과제 기한을 연기해달라고 하고 싶은데 어떻게 요청할지 모르는 학생에게 치료자가 효과적으로 요청하는 시범을 보여주고 난 후, 비슷한 상황에서 요청하도록 함

(4) 자기표현훈련 (자기주장훈련) 22 임용

개념	• 다른사람과의 관계에서 생기는 불안을 경험하는 대상자에게 다른사람의 권리를 침해하지 않으면서 자기 권리를 주장하는 것임 (즉, 지나친 자기억제를 줄이는 것임)
사례	예 동급생들이 매점에 가서 빵을 사오라 하는 경우, 죄책감 없이 "아니"라고 말하는 경우 예 아내가 남편에게 "내가 말할 때, 당신이 무시하면 화가 난다."라고 표현함 예 "나는 무언가 중요한 것에 대해, 5분간 당신과 이야기하고 싶다." 예 "나는 저녁에 아무런 방해없이 30분간 휴식을 취하고 싶다."

(5) 행동계약

개념	• 대상자와 치료자간 목표행동과 보상방법 등에 대한 계약을 미리 맺고 그대로 시행하는 것		
	공동책임	• 치료자와 대상자 모두 계약에 동의하고, 공동의 책임임을 인식시킴	
	목표행동	• 목표행동 명시, 행동절차(방법) 등에 대해 서명 등을 통한 계약을 맺음	
	보상내용 (강화물, 벌)	목표행동 달성	• 성공적인 목표행동(달성) 시 보상내용(강화물) 명시
		계약 위반 (목표행동 미달성)	• 계약을 위반하거나 이행하지 않을 경우 처벌규정 명시

(6) 사회기술훈련법 23 임용

개념	• 사회적 기술이 부족한 대상자가 생산적, 긍정적 대인관계를 할 수 있도록 하는 교육, 훈련하는 방법임 • 일상생활 활동 기술, 대화기술훈련(의사소통, 자기주장 훈련, 권리주장, 거절 등), 문제상황, 대처기술 훈련 등 다양한 사회적 기술을 훈련함	
방법	① 기술 설명	• 학습할 새로운 행동에 대해 치료자가 기술을 설명함
	② 지도, 시범을 통해 학습	• 치료자가 지도와 시범을 보임. 이를 통해 대상자는 새로운 행동에 대해 학습하도록 함 (즉, 모델링임)
	③ 연습(시연)	• 대상자가 새로운 행동을 연습하도록 하고, 치료자 앞에서 시연함
	④ 피드백	• 연습(시연)에 대해 치료자는 피드백을 제공함
	⑤ 실생활 적용	• 궁궁적으로 대상자가 학습한 새로운 행동을 실생활에 적용함
원리	• 사회기술훈련의 원리는 지도, 시범, 연습, 피드백임	
사례	예 "대화를 할 때 어떤 반응이 있어야 하는지 먼저 설명해주고(기술 설명), 조카가 이야기하는 동안 선생님이 이야기를 들으면서 고개를 끄덕이는 반응을 보여주세요(시범), 그런 후 선생님이 이야기하는 동안 조카에게 머리를 끄덕여 보도록 하고(연습), 어떻게 반응하는 것이 좋았는지 혹은 어떻게 반응해야 하는지 이야기해주는 방법이에요. (피드백)" 23 임용	

4 실존주의 정신치료

1 의미치료 (로고테라피) – 빅터플랭클

개념		• 삶의 의미(logos)를 찾는 것으로, 인생에는 '의미'가 있음을 믿고, 의미를 발견하는 의지가 있고, 의미를 추구하려고 하는 자유가 있다고 봄 • 즉, 개인이 고통이나 일, 사람을 통해 의미와 목적을 찾도록 도움 　신경증 : 실존적 공허나 의미에의 의지 좌절
역설지향 (역설적 의도, 역설적 기법)	개념	• 증상·문제행동을 오히려 과장되게 표현하고 지향하게 하는 것으로, 불안, 공포, 강박과 같은 신경증적 증상에 대상자가 정면으로 맞서도록 하는 것임 → 자신의 증상을 비웃고, 조롱함
	효과	• 문제행동의 부정적 영향을 인식하고, 문제 행동이 감소됨 • 예기불안으로 인한 두려움을 감소시킴 　• 예기불안 : 미래의 어떤 상황이나 사건을 떠올렸을 때, 불안감이 증가하는 것 • 자기의 불안을 객관화하여, 자기이탈(자기 자신으로부터 자기를 분리시킬 수 있는 능력)을 할 수 있게 함
	질환	• 강박증, 불안증, 공포증 등에 사용함
	사례	예 중학교 2학년 학생이 발표 공포증이 있어, 발표시 말을 더듬어 창피를 당한 경험이 있는 경우, 예기불안으로 발표를 피하게 됨 　치료자 : "말더듬을 하지 말자가 아니라, 실수를 해라." 　대상자 : "내가 얼마나 덜덜 떠는지, 얼마나 말을 더듬든지, 얼굴이 홍당무처럼 빨개지는지 보여주겠어." 예 악필로 고생하는 사람이 "휘갈려보자. 내가 얼마나 악필인지 사람들에게 보여주자." 예 손씻기 강박증이 있는 경우, 손씻기를 제한(저지)하지 말고, 더 손을 자주 씻도록 하는 것임
반성제고 (탈숙고)	개념	• 과도한 주의(자신의 증상을 지나치게 신경씀)를 대상자 자신의 밖으로 돌려, 문제(증상)를 무시함으로써, 긍정적이고 생산적인 사고로 전환할 수 있게 도움 → 지나친 자기반성으로부터 자유로워짐 • 자기관찰로 지나치게 기울어지는 것을 없애려는 것으로, 불안의 의학과 행동을 무시함으로써, 대상자로 하여금 긍정적인 측면에 대한 생각(각성)을 할 수 있게함 → 자신의 증상에 지나치게 신경쓰면 신경증적 증상은 더욱 강화되므로

2 현실치료 (글래서 glasser)

목표	• 대상자의 기본적인 욕구가 충족되고 있는지를 스스로 인식하게 하고, 기본적 욕구를 잘 충족시킬 수 있는 지혜로운 선택을 하게 함으로써, 더 행복하고 만족스러운 삶을 살도록 하는 것임 지혜로운 선택 : 자신의 기본욕구 충족 + 타인의 권리를 존중하는 방식
치료자 역할	• 대상자 자신의 욕구와 소망을 명료화 하고, 이를 충족시킬 수 있는 장·단기 목표와 구체적인 계획을 세워 실천하도록 도움

1 인간의 기본적인 욕구 5가지

• 5가지 욕구가 대인관계 고정에서 충족되면 성공적인 정체감을 경험함

1	• 생리·생존 욕구	• 생존
2	• 소속·사랑 욕구	• 사랑
3	• 힘에 대한 욕구 (성취, 능력)	• 성취
4	• 자유에 대한 욕구	• 자유
5	• 즐거움(재미)에 대한 욕구	• 재미

2 현실치료 과정

(1) 상담 분위기 조성 (치료적 환경 조성)

• 과거사는 현재 상황을 설명하는 데 도움이 되지 않는한 이야기하지 않기
• 친근감 가지고 경청하기
• 느낌이나 생리현상을 대상자의 전체행동과 통합하여 다루기
• 무책임한 행동에 대한 변명을 허용하지 않기

(2) WDEP 모델 (행동변화를 위한 치료모델(상담과정))

1	W	Want	욕구탐색	• 소망과 욕구 탐색하기 (5가지 기본욕구)
2	D	Doing, Directing	행동, 지향탐색	• 현재의 행동에 초점을 맞추어, 현재 무슨 행동을 하며, 무엇을 추구하며 살아가고 있는지를 탐색하고 인식함 → 전체 행동(활동, 사고, 감정, 생리반응)을 구체적으로 기술하도록 격려하며, 무엇을 지향하고 있는지를 살펴봄
3	E	Evaluation	행동 평가	• 지금 현재 자신의 행동이 자신의 소망과 욕구를 충족시키는데 효과적인지를 평가하도록 돕는 것임 행동과 계획에 대한 자기평가 → 행동평가로 변화의 인식과 동기를 갖게되고, 좀더 행복한 삶의 희망을 발견함
4	P	Planning	계획	• 대상자로 하여금 자신의 소망과 욕구를 충족시킬 수 있는 새로운 행동을 계획하고 실천하도록 돕는 것임

3 게슈탈트 치료

- 지나간 과거나 미래가 아닌 '지금-여기'에서 대상자의 욕구와 감정, 신체를 자각하여 대상자의 욕구와 감정을 명확하게 알게 하여, 자기조절능력의 향상하고, '미해결과제'를 해결하는 치료법임

(1) '지금-여기'의 체험에 초점 맞추기

욕구와 감정 자각	• '지금-여기'에서 대상자의 욕구와 감정을 알아차리는 것임 (가장 중요) • 대상자는 자신의 욕구와 감정을 자각함으로써 자기자신 또는 환경과 잘 접촉하고, 교류할 수 있으며, 변화와 성장을 이룰 수 있음 예 "지금 어떤 느낌이 드시나요?" "생각을 멈추고, 당신이 지금 느끼는 감정에 집중해보세요."
신체감각 자각	• 자신의 신체감각을 좀 더 민감하게 알아차리게 하여, 대상자의 자신의 감정, 욕구, 무의식적 생각을 알아차릴 수 있음 • 억압된 감정이 에너지가 집중되어 있는 신체부분에 집중되어 있음으로, 신체 부분을 자각함으로써, 대상자이 감정상태를 명확히 함 (근육긴장, 통증 등 신체 자각) 예 "주의를 집중해 당신의 신체감각을 느껴보세요." "어떤 신체부위에 어떤 느낌이 느껴지나요?"
언어와 행위 자각	• 대상자의 언어와 행동을 알아차리고, 부적응적인 것을 수정하도록 도움 (언어와 행동은 욕구와 감정을 표현하는 방식임) 예 "지금 당신은 자신의 감정을 어떻게 표현하고 있나요?" "그런 말을 하면, 상대방이 어떻게 느낄까요?"
환경 자각	• 환경을 잘 알아차리는 것으로, 현실과의 접촉을 증진하여, 미해결 과제를 더 잘 해결할 수 있음 예 "주변의 사물들을 한번 둘러보세요." "눈을 감고, 주변에서 들리는 소리에 귀를 기울여보세요."

(2) 직면시키기

개념	• 감당하기 어려운 감정을 회피하지 않고 직면하여, 미해결된 과제를 해결하도록 도움
사례	예 "지금 고통스러운 이야기를 하시면서 웃고 계시네요. 웃지 않고 이야기해보시겠어요? 지금 감정이 어떠신가요?"

(3) 빈의자 기법

개념	• 대상자에게 중요한 사람이 빈 의자에 앉아있다고 상상하고서, 그 사람에게 실제로 하고 싶은 말과 행동을 하게 하는 방법임
효과	• 내면적 갈등을 좀더 분명하게 자각(내면세계 깊이 탐색)하여, 사람에 대한 자신의 감정을 명료화 시킬수 있고, 새로운 행동을 시도해볼 수 있음 → 내면적 갈등 해결
사례	예 엄마와 학업에 대한 갈등이 있는 아들의 경우, 그 의자에 엄마가 앉아 있다고 상상하고, 엄마에게 하고 싶은 이야기를 해보도록 하는 것임. 이후, 빈의자와 자신의 의자 사이를 오가며 상대방의 입장을 경험해 볼 수 있음

(4) 역할 연기하기 (실연)

개념	• 대상자에게 중요한 과거의 장면이나 미래에 있을 장면(어떤 상황)을 가정하여, 그 역할이나 행동을 실제로 해보도록 하는 기법
효과	• 직접 행동으로 연기해봄으로써 미처 인식하지 못한 자신의 감정과 행동을 발견(감정 알아차리기)하고, 미해결된 감정을 해소할 수 있고, 새로운 행동방식을 실험해볼 수 있음
사례	예 직장에서 윗 상사에게 괴롭힘을 당하고 있는 대상자는 과거 괴롭힘을 당했던 장면을 상상하면서, 상사에게 느꼈을 감정을 충분히 표현하고, 상사에게 어떻게 할 것인지를 해보도록 하는 것임

(5) 기타

과장하기	• 대상자가 감정을 명확히 자각하지 못 할때, 치료자는 대상자의 행동이나 언어를 과장하여 표현함으로써, 감정을 자각하도록 도움 → 대상자 내면의 욕구나 감정을 깨닫게 함
반대로 하기	• 평상시 행동과 반대되는 행동을 해보도록 하여, 대상자가 억압하고 통제되어있던 다른 측면을 알고 통합하게 함 → 회피하는 행동과 감정을 접촉하게 함
머무르기	• 감당하기 어려운 감정을 피하지 말고 계속 직면하여, 그 상태에 머물러 있도록 요구함으로써, 미해결된 과제를 완결시키도록 도움

⑤ 인간중심치료 (로저스)

- 비지시적 치료 → 내담자 중심 치료 → 인간중심치료

1 개념과 목표

개념	적극적인 경청	• 치료자는 내담자에게 "적극적인 경청"을 통한 "무조건적인 긍정적 수용"과 적극적 관심을 가지고 감정이입하는 "공감"을 통해, 내담자의 자의식의 숨겨인 면들을 수용할 수 있는 자신감을 충분히 갖도록 하여, 충만하고 자유롭게 살도록 도움
	무조건적인 긍정적 수용	
	공감	
효과		• '내담자가 스스로에게 충분히 '가치로운 존재'임을 인식하게 함
목표		• 궁극적인 목표는 대상자가 직면한 문제의 해결뿐만 아니라, 대상자의 심리적 성장을 목표로, '온전히 기능하는 사람'으로 성장하도록 돕는 것임 **온전히 기능하는 사람** ① 무조건적인 긍정적 존중 　• 타인으로부터의 무조건적인 긍정적 존중이 필요하며, 이를 통해 자아 존중감이 증진 ② 온전히 기능하는 사람 　• 무조건적인 긍정적 존중을 받게 되면, 자신의 경험을 충분히 수용하여, 자기구조로 통합시킬뿐 아니라, 내면적 자원을 발휘하는 '온전히 기능하는 사람'으로 성장하게 됨

2 치료의 핵심조건 (치료자가 제공해야할 3가지 핵심조건)

①	진실성 또는 일치성	• 치료자는 꾸밈없이 자신의 모습을 있는 그대로 나타내야 함 • 치료자는 개방적인 태도로 자신을 자유롭게 표현해야 함
②	무조건적인 긍정적 존중	• 대상자의 생각, 감정, 행동에 대해 어떤 판단이나 평가를 내리지 않고, 모든 것을 있는 그대로 조건없이 수용하고 존중하는 것임
③	공감적 이해	• 적극적인 관심을 가지고, 내담자의 감정을 자신의 감정인 것처럼 느끼는 감정이입임 • 진실성과 무조건적인 긍정적 존중이 먼저 이루져야 공감적 이해가 가능함

3 치료의 개념과 목표

개념	• 치료자는 진실성을 가지고, '적극적인 경청'을 통한 '무조건적인 긍정적 존중'과 적극적 관심을 가지고 감정이입하는 "공감"을 통해 대상자의 문제해결 뿐 아니라, '온전히 기능하도록 사람'으로 성장하도록 돕는 치료법임
목표	• 궁극적인 목표는 대상자가 직면한 문제의 해결뿐만 아니라, 대상자의 심리적 성장인 '온전히 기능하는 사람'으로 성장하도록 돕는 것임

온전히 기능하는 사람
• 자기신뢰를 가지고, 자신의 경험을 있는 그대로 받아들이며, 개인적인 자유로움 속에서 자신의 삶을 생산적이고, 보람있는 방향으로 이끌며, 자신의 행동과 결과에 책임을 지는 사람임

경험개방성	• 경험의 두려우나 방어적 태도없이 모든 감정과 태도를 자유로이 경험할 수 있으며, 자신의 경험을 있는 그대로 받아들임 (가장 중요)
신뢰	• 자신을 신뢰하고, 옳다고 느끼는 것을 행동한다는 의미임
자유	• 자유의지대로 선택을 할 수 있고, 선택한 결과에 대해 책임을 질 줄 안다는 의미임 (선택과 행동에서의 자유)
창의성 (창조성)	• 모든영역에서 창의적인 삶을 살면서, 자신의 욕구와 균형을 이루면서 조화롭게 살아가는 것임

6 지지정신치료

• 지지정신치료란 대상자의 약해진 자아를 지지해줌으로써, 외적 자극과 내적갈등을 이겨내고, 이를 해결할 수 있도록 도와주는 치료방법임

표. 지지정신치료 기법

안심	개념	• 가장 흔히 사용하는 방법으로 우울하거나 불안해하는 대상자의 말을 잘 경청하고 나서, 치료자의 권위를 이용하여 위로해주고, 증상을 설명하거나 보호해줌
	효과	• 증상은 두려움의 대상이 아니라는 실제적인 확신을 심어줌 → 증상의 악순환을 막는 효과가 있음 • 효과는 대게 일시적이지만 증상이 가벼운 경우는 좋은 효과가 있기도 함
	예	"크게 심각한 것은 아니니 염려하지 않으셔도 되요."
지지	개념	• 대상자가 하는 이야기를 진지하게 듣고 고개를 끄덕여 주고 수긍을 해주며, 동정적인 말투로 '과연 그렇겠다'라고 이해하는 자세를 취하는 것임
	효과	• 허용적인 태도, 용기를 복돋아줌 • 일시적인 증상의 호전을 가져옴
	예	"그처럼 어려운 처지에서도 용케 잘 견디어 오셨네요."

환기	개념	• 다른 사람과 이야기할 수 없는 문제, 불안, 걱정, 죄책감 등을 치료자에게 솔직하게 표현하여 불안이 완화되거나 긴장이 풀리는 방법임
	효과	• 대상자에게 꽉 막혀있던게 '후련한 느낌'을 느끼도록 하는 기법임 • 불안, 걱정, 죄책감 완화
	태도	• 치료자는 대상자의 이야기를 방해하지 말고 경청하며 이해, 공감한다는 자세를 보여주어야 함
암시	개념	• 치료자가 간접적으로 대상자에게 고통스러운 증상이 없어지고, 좋아질 것이라는 생각이나 신념이 들도록 하는 치료기법임
	근거	• 치료자에 대한 믿음이 치료의 성패를 좌우함 • 치료자에게 느끼는 존경심과 기대 때문에 치료자의 말을 그대로 받아들이고, 믿는 것임
	적용	• 아동이나 미성숙하고 히스테리성 성격, 지적수준이 낮은 대상자에게 흔히 사용함
설득	개념	• 치료자를 신뢰하게 하고 치료자의 권위를 이용하여 권유나 설명을 통하여, 자기 문제를 스스로 돌아보도록 하고, 자아를 강화하여 증상을 완화시키는 방법임
	효과	• 문제가 된 증상을 억압, 견디기 쉬운 대상으로 전환, 강한 방어기전으로 대치, 새로운 방어기전으로 대치 → 충동, 욕구부만, 잘못된 생각, 습관을 시정하는 방법임
제반응 (감정정화)	개념	• 무의식속에 억압된 기억이나 감정을 분출시켜, 누적된 스트레스나 긴장을 완화시키는 방법임 • 심리적 고통을 야기한 스트레스 상황을 대상자가 재경험하도록 함으로써, 긴장이나 불안을 완화시키는 방법임
	효과	• 억압된 내용을 의식화하는 과정 속에서 쌓였던 감정이 분출됨 (슬픔, 분노, 혐오감, 적개심 등)
마취합성	개념	• 마취제(아미탈 또는 펜토탈 소듐)을 투여하여, 의식적인 억제가 해방되어, 억압된 내용이 의식계로 나타나 통제가 사라지고, 긴장이나 증상이 사라짐
	적용	• 초기 외상후 스트레스 장애(최근 심한 심리적 충격시 유용) • 급성 불안장애, 해리 장애 등

7 마음챙김에 근거한 심리치료 (최신 인지행동치료)

1 마음챙김 치료 (mindfulness)

개념			• 현재에 초점을 두고, 현재 순간에 주의집중을 하고, 상황을 명확히 바라보며, 자신의 현재 몸과 마음의 상태를 인식하는 것임 • 현재 순간에 집중하여, 자신의 마음에 떠오르는 현상들을 있는 그대로 바라보는 행위임 (명상)
요소	현재 순간 주의집중		• 현재에 초점을 두고, 현재 순간의 몸과 마음에서 일어나는 의식경험에 주의집중
	비판단적 수용		• 있는 그대로, 비판단적, 비평가적인 수용적인 태도
	분명한 (명확한) 알아차림		• 자신의 현재 몸과 마음의 상태를 명확하게 알아차리는 의도적인 노력
효과	스트레스 감소		• 스트레스 감소, 산만한 마음을 멈추게 하여, 마음을 맑고 고요하게 함
	심리치유		• 불안과 같은 사고가 '단지 생각일뿐'임을 깨닫게 되어, 회피하거나 제거하기 위한 불필요한 행동을 하지 않음 • 정서적 평정, 심리적 자유로움 • 마음챙김을 수행하면, 점차 내적인 대화와 통해 내려놓는 법을 배울 수 있음
방법 (S.T.O.P)	S	stop	멈춤	• 현재 하고 있는 것을 멈추기
	T	Take a breath	호흡	• 의식적으로 숨을 깊고, 천천히 들이쉬고 내쉼 (이완)
	O	Observe	관찰	• 현재 자신의 마음(생각, 감정)과 신체 등을 판단없이 관찰하고, 알아차리기 (지금 내감정과 내생각을 살펴보기)
	P	Proced	나아감	• 하던 일을 계속하기

2 변증법적 행동치료 (DBT) 24 임용

(1) 개념과 목표

변증법 24 임용	• 수용과 변화의 갈등을 해결하고, 수용과 변화의 '균형'을 이루게 하는 전략임 → 즉, 수용과 변화의 통합임
	• 변증법이란 현실에서 겪는 어려움은 두가지 양극단 사이의 긴장에서 생기는 경우가 많으며, 양 극단(수용, 변화)의 중도를 찾는 것이 중요함 24 임용
	수용 • 대상자의 감정, 생각 등을 억제하거나 피할려 하지 않고, 판단없이 인정하고, 받아들이는 것임
	변화 • 대상자의 증상을 효과적으로 관리하는 새로운 대처전략과 목표를 성취하기 위해 변화되어야 할 행동을 배우고 실행하는 것임
개념	• 고통을 관리하는 대상자 능력을 향상시키고, 충동조절과 대인관계 기술을 향상시키는 치료법으로 '수용'과 '변화'를 통합하는 전략임
목표	• 행동목표에 초점을 맞추고, 충동성 및 자살행위를 확인하고 중재, 파괴적 행동을 중단시키고, 더 균형있고 만족스러운 삶을 살도록 함
적용	• 경계성 성격장애를 위해 개발(정서의 불안정성, 충동성), 자살 및 자해 환자 등 • 진단에 상관없이 강렬한 정서적 고통, 충동을 경험하는 대상자에게 효과적

■ 표. 수용과 변화의 통합 예. ■

〈 자해와 자살시도를 한 중학교 3학년 여학생 〉	
수용	• 대상자가 자살과 관련된 자신의 생각, 감정 등을 표현할 수 있는 공간과 시간을 허용해야 함 → 자신의 생각, 감정 등의 수용
변화	• 고통스러운 감정과 자살과 관련된 충동조절을 할 수 있도록, 대처전략과 새로운 행동기술을 실행할 수 있도록 도와주어, 희망적인 태도를 고수하여, 만족스러운 삶을 살도록 함 → 자신의 생각, 감정 등의 변화

(2) 주요방법 및 기술

마음챙김	• 현재에 초점을 두고 현재 순간에 집중을 하고, 상황을 명확히 바라보며, 자신의 현재 몸과 마음의 상태를 인식하는 것임 → 즉, 정서적 고통을 알아차리고, 이를 있는 그대로 수용하는 것임
고통에 대한 감내	• 고통을 수용하고, 감내하는 다양한 방법을 배우는 것임(즉, 괴로운 상황을 온전히 받아들이고 인내하는 것) → 회피행동의 감소, 이차적인 정서반응을 감소시킴
정서조절 기술 24 임용	• 스스로의 감정의 원인을 파악하고 이해하면서, 감정조절의 어려움을 극복하고, 본인이 감정을 조절할 수 있게 하는 방법에 대해 배우는 것임 • 정서에 휩쓸리지 않고, 강한 정서적 경험 속에서 신중하게 행동하는 능력을 갖추는 것임 24 임용 → 정서적 고통의 감소가 목표임 목표 : 불쾌한 정서의 제거가 목표가 아니라, 정서적 고통을 줄이면서, 강렬한 정서상태의 강도, 지속시간, 빈도를 감소하는 것임
대인관계 기술	• 대인관계 문제를 해결하는 방법(사회적 기술, 자기주장 기술 등)을 익히면서, 궁극적으로 대인관계에서 자신이 원하는 것을 이루도록 하는 것이 목표임 → 타인의 감정을 이해하고 존중하기, 관계를 유지하는 방법을 배우기
의미창출 기술	• 자신의 행동과 경험에 대해서 스스로 의미를 부여하고, 창조함으로써 생활 속에서 만족감과 충만감을 느끼도록 하는 다양한 방법을 의미함

표. 변증법적 행동치료 주요방법 예.

〈 사례 〉

- 22살 대학생인 A양은 어렸을 때, 친부모의 버림으로 위탁가정에서 자랐으나, 위탁가정도 여러번 바뀌어 혼자 남겨진 것에 대한 민감한 모습을 보임
- 20살때부터 사귄 남자친구와 안정된 관계를 지속하고 있었음에도 불구하고, 그녀는 남자친구가 자신을 떠나려 한다는 생각을 멈출 수가 없어, 괴로움을 참기 위해 자해를 함
- 남자친구에게 손목을 그었다고 연락했더니 남자친구가 관심을 가지고 A양을 찾아옴

고통에 대한 감내	• 자해 행동을 사용하지 않기 위해, 자해에 대한 강렬한 감정을 감내하고 인내하는 방법을 찾는 기술을 습득함
정서조절 기술	• 감정이 빨리 격렬하고 고통스러워지지 않도록, 자해의 충동성에 대한 단서의 민감성과 반응성을 관리하는 기술을 습득함 • 버림받을까 불안한 감정을 조절할 수 있는 방법을 습득함
대인관계 기술	• 남자친구와 상호작용하는 기술, 남자친구와 안정된 관계를 유지하는 기술, 남자친구의 감정을 이해하고 존중하는 기술 등을 습득함

3 수용전념치료 (ACT) 25 임용

- 3세대 인지행동치료로서 과학적인 토대를 지닌 새로운 심리치료 모델임 (마음챙김치료에 기반)

(1) 수용전념치료 개념

전제	• 심리적 고통은 보편적이고 정상적인 현상이므로, 심리적 고통을 회피하거나 통제하려고 할 때, 더 큰 괴로움을 겪음 • 심리적 고통을 싸워서 이겨야 하는 대상이 아니라, 수용의 대상으로 바라봄
수용	• 심리적 고통과 경험을 없애거나 통제하거나 회피하지 않고, 고통스러운 자신의 생각, 감정, 신체적 감각 등의 경험을 있는 그대로 적극적(능동적)으로 경험하는 것임 • 마음챙김 치료 등
전념	• 소중한 삶의 가치와 목표를 실현하여, 가치 있는 삶을 살도록, 전념행동에 전념하는 것임
개념	• 고통스러운 부정적 감정에 저항, 통제, 회피하지 말고, 심리적 고통을 수용하면서, 심리적 유연성을 높여, 자신이 원하는 가치와 목표를 실현하는데 전념하도록 하는 치료법임 심리적 고통을 수용하여, 삶의 가치와 목표를 실현하도록 전념행동에 전념하는 치료법임

(2) 정신병리의 원인

심리적 경직성		• 정신병리는 '경험회피'와 '인지적 융합'으로 인한 '심리적 경직성' 때문으로 봄 → 경직된 삶의 방식으로 다양한 정신장애를 경험하게 됨
	경험회피	• 고통스러운 경험을 직면하기 보다는 제거하거나 변화시키려고 통제하는 노력임
	인지적 융합	• 언어로 인해 생각을 현실로 인식하면서 심리적 고통을 겪는 것임 • 경험을 있는 그대로 바라보는 것이 아니라, 언어를 통해 재구성하여 마치 현실이나 자기인 것처럼 인식하는 것임
		예 "짜증나 죽겠네."라고 말했을 때 → 갑자기 만사가 귀찮고, 화가 나고, 온통 싫은 느낌이 드는 것임 → 단지, 그런말을 했을뿐인데, 그 말이 내가 되고, 그말이 현실처럼 느껴짐 예 "나는 우울증이다." "나는 실패자다."라고 말했을 때 실제 현실로 받아들임

(3) 수용전념치료의 목표

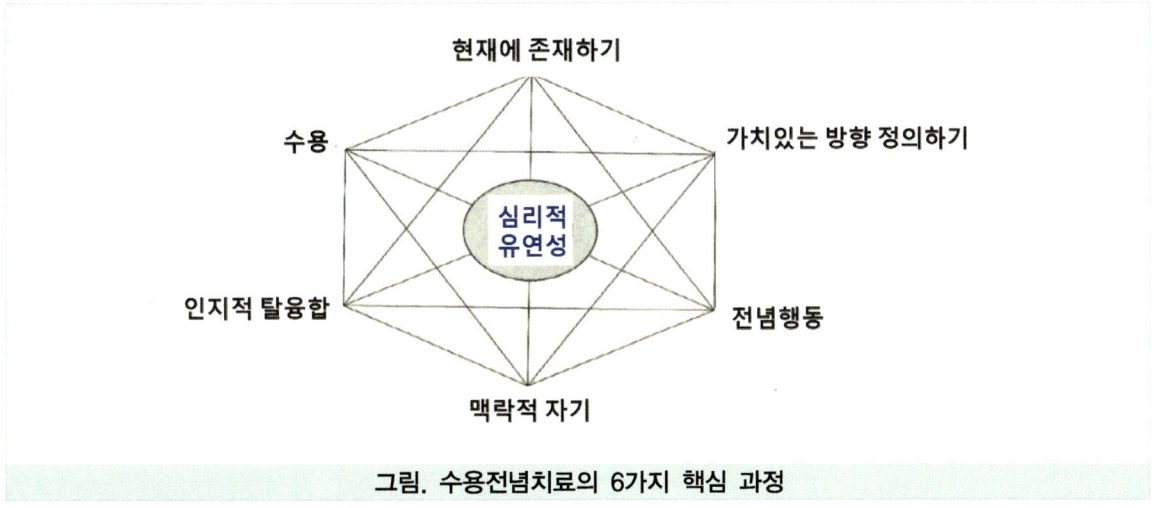

그림. 수용전념치료의 6가지 핵심 과정

심리적 유연성	① 수용	• 심리적 고통과 경험을 없애거나 통제하거나 회피하지 않고, 고통스러운 자신의 생각, 감정, 신체적 감각 등의 경험을 있는 그대로 적극적으로 경험하는 것임
	② 인지적 탈융합	• 언어를 추상화하지 말고 있는 그대로 받아들여, 언어의 굴레에서 벗어나, 자신의 감정, 생각, 신체감각 등과 분리해서 바라보는 것임
		• 생각을 생각으로, 감정을 감정으로, 신체적 감각을 신체적 감각으로 보도록 가르쳐 언어의 굴레에서 벗어나도록 함
		예 "나는 짜증난다고 말했구나.", "내가 우울증이라고 생각하고 있구나." → 자신과 자신의 감정을 분리함
	③ 맥락으로서의 자기	• 언어로 인한 개념화된 자기(예 "나는 쓸모없다.")로부터 벗어나, '지금-여기'의 경험을 '조망하는 자기' 혹은 '관찰하는 자기'로 경험하는 것임
	④ 현재에 존재하기	• '지금-여기'의 내적 경험을 관찰하고, 주의를 기울여, 내적경험을 알아차리고, 현재에 존재하도록 하는 것임 (마음챙김)
	⑤ 가치	• 개인이 실현하기를 원하는 삶의 중요한 가치나 목표임
	⑥ 전념적 행동	• 소중한 삶의 가치와 목표를 실현하여, 가치 있는 삶을 살도록, 전념행동에 전념하는 것임

표. 수용전념치료의 가치와 전념행동 예.

- 가치 : 가족과 사랑을 나누며 사는 것
- 목표 : 아이와 놀이시간 많이 갖기
- 전념행동 : 일주일에 2번은 퇴근 후 3시간 동안 아이와 놀이시간 갖기

Part 08 인지치료 24, 23, 20, 19, 18, 16 임용

① Beck의 인지치료 24, 23, 20, 19, 18, 16 임용

1 인지치료(Beck)의 ABC (인지행동의 사정)

- 인지치료의 ABC는 선행 사건(상황)이 비합리적 신념을 거쳐 부적응적, 부정적 사고, 정서 및 행동의 결과를 나타는 것임
- '사건'에 대해 생각하고, 해석하는 방식은 어떻게 느끼고(감정), 어떻게 대처하는가(행동)에 영향을 미침

A	Antecedent event	사건, 상황	
B	Belief	신념	• 신념체계, 사고방식, 가치관 등 사건(상황)에 대한 개인의 믿음이나 해석 과거 경험, 핵심 믿음, 중간 믿음, 자동적 사고 → 비합리적인 신념, 부정적 자동적 사고
C	Consequences	결과	• 정서(감정) 및 행동 반응

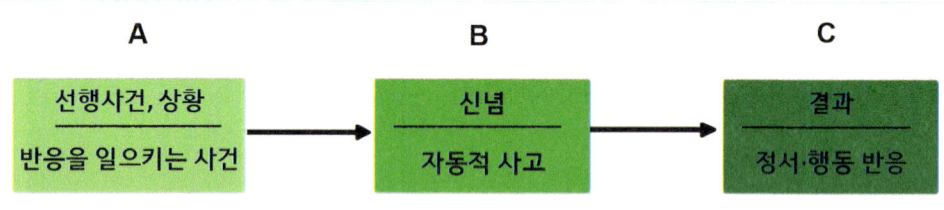

그림. 인지치료의 ABC 도식

ABC의 예시		
A	사건, 상황	• 전공과목 강의를 복습 하기 위해 책을 보려고 했을 때, 강의 중 들은 내용이 기억나지 않음
B	신념	• '기억나는 것이 없으니, 이번 시험도 망칠 것이 틀림없어.'
C	결과	• '불안하다. 짜증이 난다.'

2 인지모델 및 주요개념

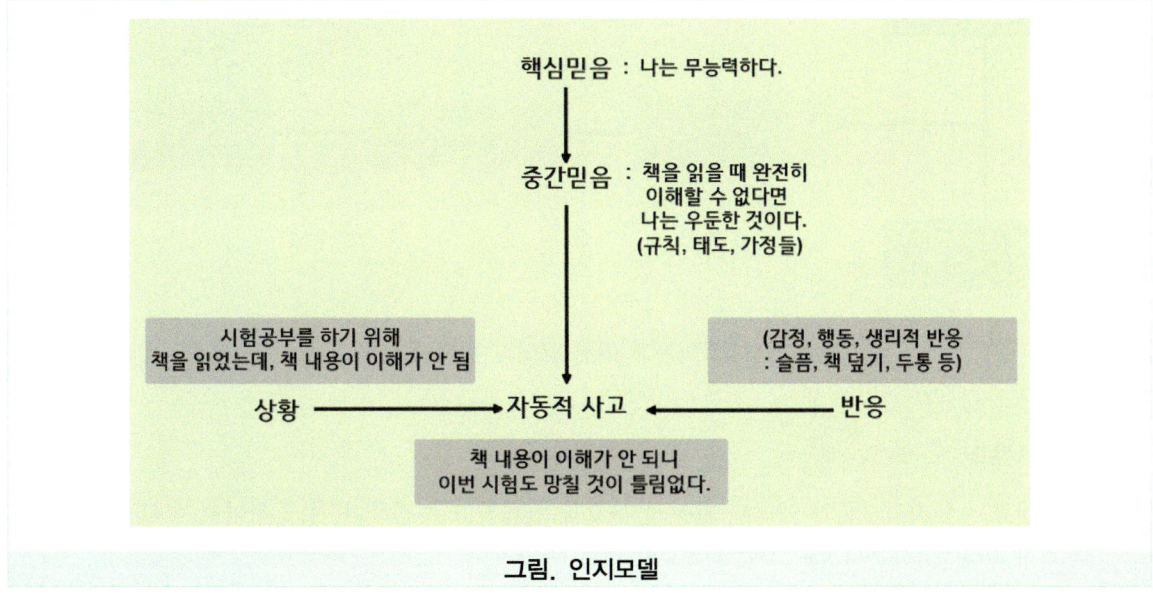

그림. 인지모델

자료원. 김성재외. 제9판 정신간호총론. (2023). 수문사

(1) 인지모델의 주요개념

인지	• 주의를 기울이지 않으면 잘 인식되지 않을 사고, 심상 • 현재, 과거, 미래로부터 '사건'에 대한 평가 • 자동적 사고(습관적인 사고유형)
인지도식	• 자신, 타인, 세계를 이해하는 인지구조의 틀 (스키마)
역기능적 인지 도식	• 심리적 문제를 초래하는 비합리적, 부정적 인지구조의 틀 • 비합리적인 신념으로 핵심믿음과 중간믿음 〈 역기능적 인지도식의 예 〉 • '나는 실패자야', '나는 버림받게 되어 있어' • '나는 타인의 사랑 없이는 행복해질 수 없어' • '세상은 위험한 곳이니, 모든 가능한 위험을 피해야해.' • '돈만 있으면 모든 것이 해결된다'
인지왜곡	• 현실을 제대로 지각하지 못하거나, 사실이나 그 의미를 왜곡하여 받아들이는 것임
자동적사고	• 스키마에 기초한 빠르고 생각없이 자동적으로 튀어나오는 사고 • 자동적 사고는 자신도 모르게 자주 튀어나오는 생각 = 습관적인 생각임 • 구체적인 상황에서 순간순간 떠오르는 생각이나 이미지 (깊은 생각의 결과 X) 예 '내가 잘 할 수 있을까?', '저 사람이 나를 싫어하나?', '이러다가 죽으면 어쩌지?', '나한테 화가 난 건가?'
핵심믿음 (핵심신념)	• 자동적사고의 가장 근원적인 수준의 믿음으로, 본인도 잘 인식하지 못함 (자동적 사고의 근원 핵심믿음) • 개인이 태어나 가진 모든 경험에 대한 자신, 타인, 세상에 대한 믿음
중간믿음 (중간신념)	• 개인의 삶에 대한 규칙, 태도, 가정들, 평소에는 잘 인식하지 못함

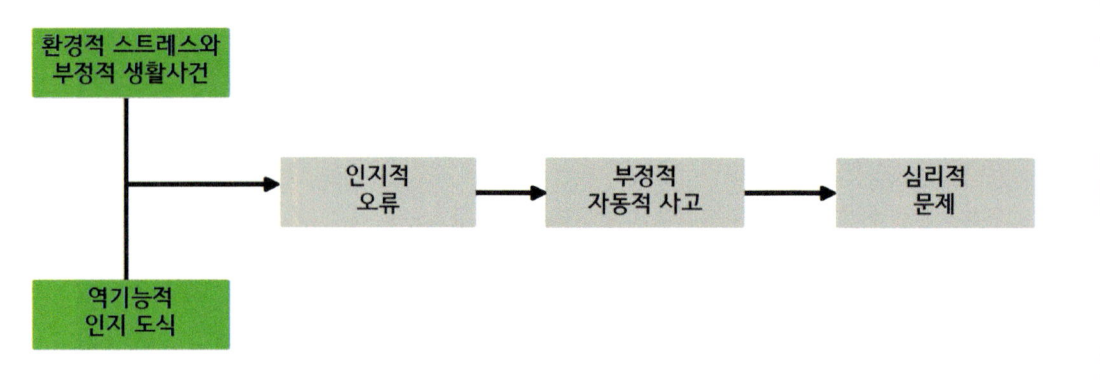

그림. 인지치료이론에 따른 심리적 문제의 발생과정

(2) 인지치료의 목적 24 임용

- 인지치료는 인지적오류와 왜곡된 자동적 사고를 인식하고 수정하여, 합리적이고 현실적인 행동과 정서의 변화로 이끌어내는 치료법임

3 인지왜곡의 이해

- 인지왜곡(인지오류)은 현실을 제대로 지각하지 못하거나, 사실이나 그 의미를 왜곡하여 받아들이는 것임

(1) 과잉일반화 (과일반화) 16 임용

개념	• 하나의 사건에서부터 얻어진 경험을 일반적 결론을 내버리고, 무관한 상황에서도 같은 결론을 적용시킴 • 한 두 가지의 증거나 우연한 경험을 가지고, 확대해서 무리한 결론을 내리는 오류임 • 한두번의 경우를 가지고, '항상', '누구에게나', "역시 그랬어."라고 생각함
사례	예 한두번의 실연으로 앞으로는 항상 실연을 당할 것이다라고 생각함 예 영어시험에 실패한 학생이 앞으로 남은 과목들도 모두 망칠것이라고 생각함 16 임용 예 사업에 한두번 실패한 사람이 "나는 앞으로 어떤 사업을 하더라도, 나의 노력과 상관없이 또 실패하게 될것이야."라고 말함

(2) 선택적 추론 (선택적 주의, 정신적 여과) 18 임용

개념	• 상황이나 사건의 주된 내용은 무시하고, 특정한 일부 정보에만 주의를 기울여, 전체의 의미를 해석함 • 전반적인 상황을 보지 못하고, 어떤 특정한 부정적 부분에만 집중하여, 추상하고 결론짓는 것임
사례	예 친구와 전체적인 대화내용이 긍정적이였음에도 불구하고, 친구가 했던 몇마디 부정적인 내용에 근거하여, 그녀석은 나를 비판했다라고 말함 예 많은 사람앞에서 강의한 후, 대다수의 긍정반응보다는 소수의 부정적인 반응에 선택적으로 주의를 기울여, 강의를 실패했다고 판단함 예 남편된 관계된 일중에서 남편이 늦게까지 일하고 늦게 들어오는 것에 대해서만 초점을 두어, 자신을 사랑하지 않는다고 생각을 하며, 남편의 애정표현이나 남편의 선물, 남편의 전화 등은 무시함

(3) 임의적 추론 (독단적 추리)

개념	• 어떤 결론을 내리기에 충분한 근거가 없는데도, 최종적인 결론을 부정적으로 성급히 내림
사례	예 바쁜 남자친구가 연락이 뜸하자, 나를 이제 멀리하려는구나 생각하고, 이별준비를 함 예 미팅에 나가나마다 마음에 드는 이성과 짝이 되지 않거나, 그 이성에게 거부당할 거야. 예 A가 발표를 하는데 한 청중이 졸고 있다. A는 '내 발표가 지루함이 틀림없다.'라고 생각함

(4) 감정적 추리 (정서적 추론)

개념	• 감정(정서)상태에 근거하여 결론을 내리는 것임 (감정상태에 비추어 보는 것임) • 감정(정서)만 고려, 객관적인 사실이나 진실은 고려하지 않음 (감정 = 객관적 사실, 진실)
사례	예 "저 사람과 대화하고 난 뒤 기분이 좋지 않네. 이유는 모르겠는데 저사람이랑 가까이 지내면 안되겠네.." 예 "내가 죄책감을 드는걸 보니, 뭔가 잘못된 것이 틀림없어."

과잉일반화 vs 선택적 추론 vs 임의적 추론 vs 감정적 추리		
공통점	• 결론을 성급히 내림	
차이점	과잉일반화	• 한두가지 사건으로 일반적 결론내림 (일반화)
	선택적 추론	• 특정한 부분에만 집중하여, 결론을 내림
	임의적 추론 (독단적 추리)	• 근거없이 부정적인 결론을 내림
	감정적 추리 (정서적 추론)	• 감정(정서)에 근거하여 결론 내림

(5) 개인화 19, 16 임용

개념	• 자신과 관계없는 일을 자신의 상황으로 반응하여 해석하는 것임
사례	예 "제가 소풍갈 때마다 비가 오는거에요. 비가 오는건 전부 제 탓이라고 생각해요." 16 임용 예 "엄마가 돌아가신 건 다 저 때문이에요. 제가 그렇게 속 섞이지 않았다면, 이런 일이 생기지 않았을텐데... 다 저 때문이에요." 19 임용 예 "사장이 우리 회사의 매출이 올해 감소했다고 말했는데, 그거 나 들으라고 한 소리인지 알았어." 예 A군이 도서관 앞을 지나가는데, 마침 도서관앞 벤치에 앉아서 이야기하던 중이던 학생들이 크게 웃자, A군은 그들이 자신을 보고 웃었다고 생각함

(6) 흑백논리적 사고 (이분법적 사고)

개념	• 사건의 의미를 이분법적 범주의 둘 중 하나로 해석하여, 중간은 없는 좋은것 아니면 나쁜것으로 극단적으로 해석함 (모 아님 도, 흑과 백)
	예 좋은 사람 vs 나쁜 사람, 친구 vs 적, 성공 vs 실패 등
사례	예 "너는 나를 사랑하지 않다니, 그렇다면 나를 싫어하는구나." 예 "우리편이 아니라면, 넌 적군이구나." 예 "1등을 하지 못했다면, 실패한거나 마찬가지야."

(7) 파국화 (비극화, 재앙화) 18 임용

개념	• 최악의 상황이 벌어질 것으로 생각하고, 부정적으로 생각함 (최악의 상황만을 고려함)
사례	예 "회사 야유회에서 내가 상사에게 좋은 인상을 주지 않으면, 그는 나를 결국 해고할 거야" 예 "OO대학교에 입학하지 못했다니, 내 인생은 가치없어. 내인생은 망했어." 예 "피피티 발표하다가 개념 하나를 헷갈려서 잘못 설명했지 뭐야. 이 프로젝트는 완전 망했어."

(8) 극소화/극대화 (의미확대/의미 축소)

개념	• 사건의 중요성이나 의미를 지나치게 과장하거나 축소	
	극대화	• 어떤 일에 너무 큰 의미를 부여
	극소화	• 어떤 일에 너무 작은 의미를 부여
사례	예 과수석을 하고도 "어쩌다가 운이 좋아서 된 거지" 예 변호사 시험에 합격한 후 "이건 누구나 노력하면 딸 수 있지. 대단한 건 아닌지." 예 "저녁밥을 태운 것은 나의 무능력함을 바로 나타내는 것이야."	

(9) 독심 (다른사람 마음 읽기)

개념	• 근거없이 다른 사람의 마음을 추측하고 단정함
사례	예 "사람들은 나를 뚱뚱하고 게으르다고 생각할 거야." 예 "저 사람이 나를 싫어하니까, 계속 바닥만 쳐다보는거야."

(10) 긍정격하

개념	• 긍정적인 관점을 지지하는 정보를 거부함으로써 부정적인 관점을 유지하는 것임
사례	예 방금 항상 원해왔던 직장에 합격한 대상자가, "분명 다른 지원자들이 없었음에 틀림없다."라고 말하는 경우 예 창의적인 타고난 능력을 노력으로 따라 갈수 없다는 대상자가, 문학상에 입상하자, "초보이고, 신인이라 처음에는 쉽게 상도 주고, 뽑아주는 거죠."라고 말하는 경우

4 인지행동치료의 목표

- 인지행동치료의 목표는 대체행동 획득과 자기조절임

(1) 대체행동의 획득

표. 대체행동의 획득 방법의 과정

1	자기감시	• 사건의 상황에서 어떤 감정을 느끼고 어떤 행동을 하는지 기록함으로써, 어떤 자극에 노출되어 있고 어떤 변화가 생기고 있는지를 객관적으로 이해
2	구체적인 대처방법	• 지금 현재 자신에게 가능한 것이 무엇인지, 그 구체적 대처방법을 생각
3	대처방법의 결과를 예측	• 어떤 방법을 취하면, 어떤 결과에 도달할 것인가에 대해 예측함
4	수행가능성 평가	• 대처방법이 수행가능한지를 예측함
5	대처방법 확신	• '이 방법이라면 반드시 문제를 해결할 수 있다'라는 대처방법에 대해 확신을 가짐
6	시도하기	• 첫 단계를 우선 시도함

2 자기조절 (자기통제)

표. 자기조절의 3가지 측면

정서적, 신체적 반응의 자기조절	• 불안, 긴장과 같은 정서적 반응 및 안면홍조, 신체가 굳어지는 것 같은 신체반응의 원리
습관적 행동의 자기조절	• 습관적 태도와 행동의 자기 관리 및 자기조절
사고과정의 자기조절	• 사고의 정리, 객관적 판단 등 사고과정의 자기관리

5 인지행동치료기법

(1) 자기감시법 20, 19 임용

목적 (개념)	• '역기능적 사고기록지'를 활용하여, 자신의 감정, 태도, 행동 등을 "관찰"하거나 "기록"함으로써 자동적 사고를 명확하게 하고, 사고와 감정이 어떻게 연관되어 있는지를 깨닫게 하여, 객관적이고 구체적으로 자신의 감정, 태도, 행동 등을 알고 평가하기 위함
활용	• 구체적이고 제한적이 바람직한 목표행동을 연속적으로 모니터링하고, 자기감시를 하면 자신의 감정과 행동을 개선시킬 수 있다는 기대를 갖게 하는 것이 중요함
사례	예 보건교사 : "그럼, 과제를 하나 내줄께에요. 어떤 상황에 대해 떠오르는 생각을 써보는 거에요." 학생 : "어떻게 쓰면 되나요?" 보건교사 : "노트에 두 칸을 만들어 한 칸에는 어떤 일에 대한 상황을 쓰고, 나머지 한 칸에는 그 상황에 대해 바로 떠오르는 생각을 쓰세요. 그 다음은……"

표. 역기능적 사고 일지

사건, 상황	감정(정서)	자동적 사고	합리적 사고	결과
① 불쾌한 감정을 느낀 상황을 무엇이었나?	① 그때 느낀 감정은 무엇이였나? (불안/우울/분노 등)	① 그 순간 떠오른 생각 또는 이미지는 무엇이었나?	① 자동적 사고에 대해 대안이 되는 합리적 사고를 한다면? → 합리적 사고의 구체적인 내용	① 대안적 합리적 사고를 시도해 본후, 자동적 사고를 얼마나 믿는지 ? → 자동적 사고를 믿는 정도 (0~100%)
② (혹시 있었다면) 신체적 감각을 느낀 것은 있는지?	② 그 감정의 정도는 얼마나 심했는지? → 감정의 강도 (0~100%)	② 그러한 생각들을 얼마나 믿는지? → 자동적 사고를 믿는 정도 (0~100%)	② 대안적 합리적 사고를 믿는지 ? → 합리적 사고를 믿는 정도 (0~100%)	② 지금 어떤 감정을 느끼며, 그 감정의 정도는 얼마나 심한지? → 합리적 사고를 가진 후의 감정(정서) 반응의 강도 (0~100%)

표. 역기능적 사고 일지 예.

날짜/시간	3월 15일 오후 5시	3월 18일 오후 2시
〈 상황, 사건 〉 • 불쾌한 감정을 느끼게 한 상황과 사건	• 친구가 내 첫아이 돌잔치에 온다고 약속해놓고, 오질 않음	• 전공과목 강의를 복습 하기 위해 책을 보려고 했을 때, 강의 중 들은 내용이 기억나지 않음
〈 감정(정서) 〉 • 감정과 감정의 강도	• 서운하다 90%, 속상하다 60%, 슬프다 60%	• 불안하다 90%, 짜증난다 70%
〈 자동적 사고 〉 • 자동적 사고와 자동적 사고를 믿는 정도	• '결혼 8년만에 낳은 아이인데, 돌잔치에 안왔으니, 친구는 나를 싫어한다는 뜻일 거야' 85%	• 기억나는 것이 없으니, 이번 시험도 망칠 것이 틀림없어 80%
〈 합리적 사고 〉 • 합리적 사고의 구체적인 내용과 합리적 사고를 믿는 정도	• '그 친구가 그날 피치 못할 사정이 있었을 거야.' 80% • '며칠전만 하더라도 나한테 전톡이 오고, 친절했잖아.' 85% • '친구가 약속 한번 안지킨게, 이게 큰 문제인가?' 90% • '앞으로 그 친구와 여전히 좋은 관계를 유지해야지.' 75%	• '내가 강의중에 집중을 안했나보지. 앞으로 집중하면, 기억나겠지.' 80% • '아직 시험이 8개월 이상 남았잖아. 지금부터라도 열심히 공부하면 시험에 합격하겠지' 85%
〈 결과 〉 • 자동적 사고를 믿는 정도와 합리적 사고를 가진 후의 감정반응의 정도	• 자동적 사고에 대한 믿음 45% • 서운하다 30%, 속상하다 20%	• 자동적 사고에 대한 믿음 30% • 불안하다 40%, 짜증난다 25%

(2) 인지의 재구조화 기법 23, 15 임용

- 대상자의 '자동적 사고'에 초점을 두어 역기능적 사고의 기저에 있는 비합리적인 믿음과 신념에 초점을 두어 '역기능적 사고'를 수정하여, 긍정적이고 자기향상적인 사고를 갖도록 가르치는 전략임

사고와 감정 감시	• 대상자의 자기인식을 증진하고, 자신의 생각과 감정을 감시하는 것임 • 역기능적 사고기록지의 ① 사건, 상황 ② 감정(정서) ③ 자동적 사고에 대해서만 기록하게 하여, 자동적 사고와 감정을 식별하는 것을 배우며, 자동적 사고와 부적응적 감정과 행동과의 관계에 대해 깨닫기 시작함
증거탐문	• 자동적 사고를 뒷받침하기 위해 사용된 증거를 검토해 보는 것임 "그 생각을 뒷받침할만한 증거는 무엇입니까?"
대안검토	• 자동적 사고의 증거가 되는 정보에 대해 다른 설명이 존재하는지 생각해보도록 함 • 자신의 강점이나 대처자원에 기초하여, 그 상황에 대해 부차적인 선택을 가능하게 할 수도 있음
탈비극화	• 대상자로 하여금 일상에서 부딪히는 상황이 이분법적인 흑백논리를 적용하여 판단하는 것이 아니며, 생각하는 것만큼 극단적이지 않음을 깨닫게 하는 것임 예 "그것이 정말 일어난다면 그렇게 끔찍할 것인가?" 예 "일어날 수 있는 가장 나쁜 일은 무엇인가?" 예 "다른 사람이 그 상황에 처한다면 어떻게 대처할 것인가?"
인지적 재구성 (재구성) 23 임용	• 문제상황에 대한 인식을 변화시키는 기법으로 다른 측면에 초점을 두어, 문제를 파악하거나 새로운 관점에서 바라보도록 하는 것임 (이분법적 사고 하지 않도록) 예 실직을 당한 사람이 실직을 스트레스로 받아들일수 있지만, 새로운 직업을 찾을 수 있는 기회로 인식할 수 있음 예 사춘기 자녀가 부모에게 반항하는 행동을 자율성의 표현이라고 새로운 관점에서 바라보도록 함
사고중지 15 임용	• 역기능적 사고의 중지를 위해 "중지! 그만!"이라고 외치거나, 어떤 글귀나 이미지를 상상하면서 역기능적 사고를 중지하는 것임 • 역기능적 사고가 처음 생겼을때 사용 (부정적 사고나 강박사고) 이유: 역기능적 사고는 눈덩이처럼 커지는 효과로 초래하고, 사소하고 중요하지 않은 문제로 시작된 일이 시간이 지남에 따라, 점점 그 중요성과 역동성이 더해져, 어렵게 될 수 있음

2 Ellis의 합리적 정서·행동치료 (합리적 정서치료) 16 임용

- 어떤 사건이나 상황에서 부적응적, 부정적 정서 및 감정을 일으키는 '비합리적인 신념'을 '논쟁'과정을 통해 왜곡된 사고를 수정하여 합리적이고 현실적인 정서 및 행동의 변화로 이끄는 것임

1 ABCDE 이론

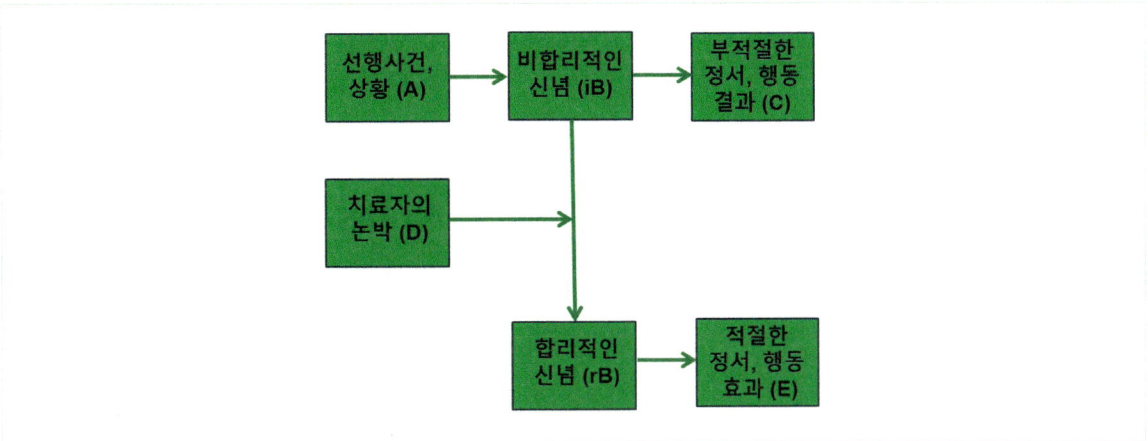

| 표. ABCDE 개념 |

A	Antecedent event	사건, 상황	• 사건이나 상황
B	Belief	신념	• 비합리적인 신념
C	Consequences	결과	• 부적절한 정서적, 행동적 결과
D	Deputes	논박	• 비합리적 신념에 대한 치료자의 적극적 논박
E	Effects	효과	• 비합리적 신념을 논박 또는 직면한 결과 → 적절한 정서적, 행동적 결과

(1) 비합리적인 신념 (B)

개념	• 상황이나 사건에 대해 부정적으로 예측하거나, 사실과 다른 비합리적이고, 부정적인 생각을 하는 것으로 부적절한 정서와 부적응적 행동에 영향을 줌 • 특정한 사건 혹은 경험에 대한 대상자의 잘못된 생각이나 태도, 흔히 융통성이 없거나 현실성이 없는 신념일 경우가 대부분임		
	융통성 X	• '모든', '항상', '반드시', '꼭', '결코', '당연히', '…이어야만' 등의 단어가 들어가는 생각들은 융통성이 없으므로 비합리적임 (경직성)
	현실성 X	• 현실적으로 실현 가능하지 않는 생각임
사례	〈 비합리적 신념의 예 〉 • '우리는 주위의 모든 사람들에게 항상 사랑과 인정을 받아야만 한다.' • '우리는 모든 면에서 반드시 유능하고 성공해야만 한다.' • '나쁜 사람들은 반드시 준엄한 벌을 받아야만 한다.' • '가치 있는 사람이 되려면, 매사 유능하고 완벽해야 한다' '		

(2) 논박 (D)

개념		• 자신이 가지고 있는 비합리적 신념에 대해 다시 도전해보고, 과연 그 생각이 맞는지 다시 검토해보도록 치료자가 논박하는 것임
목적		• 자신이 가지고 있는 비합리적 신념이나 사고를 논리성, 현실성, 실용성에 비추어 반박하는 것으로, 비합리적 신념체계를 수정하기 위한 것임
논박 방법	소크라테스식 문답법	• 다양한 질문을 던짐으로써 대상자가 스스로 자기신념의 비합리성을 깨닫도록 유도하는 방법임
	설명식의 문답법	• 강의식 설명을 통해 대상자의 비합리적 신념을 변화시키는 적극적인 방법임
	풍자적 방법	• 대상자의 신념을 과장하거나 우스꽝스러운 것으로 회화화함으로써, 비합리적 신념을 깨닫게 하는 방법임 예 대상자 : "시험에 떨어진 건 참을 수 없는 끔찍한 일이에요." 　　치료자 : "맞아요. 그건 끔찍한 일이고, 내가 들은 최악의 뉴스네요. 너무 끔찍해서 차마 입에 담기가 힘드네요. 다른 이야기로 넘어가요."
	대리적 모델링	• 대상자와 유사한 사건을 경험했지만, 심각한 정서적 문제없이 살아가거나, 오히려 성장의 기회로 승화시킨 사람들을 모델로 제시하여, 부적응적 경험을 하지 않은 이유가 비합리적 신념이 없기 때문임을 깨닫게 함

자료원. 권석만. 현대 심리치료와 상담이론(2020). 학지사

표. ABCDE 예.

A	사건, 상황	• 계속되는 취업 실패
B	비합리적 신념	• 자신을 무기력한 존재로 인식
C	결과	• 인생의 실패자, 패배자라고 생각함 (정서) • 우울증 및 자살 시도 (행동)
D	논박	• 비합리적인 신념에 대한 치료자의 적극적인 논박 (논리적으로 생각을 수정) 예 "잠깐만, 잘못 생각하고 있어. 취업에 실패했다고 실패자는 아니잖아. 취업에 실패했다고 인생이 끝난 것은 아니잖아.~~이렇게 생각하는게 맞아"
E	효과	• 논박을 통해 긍정적인 생각으로 전환하여, 더 좋은 직장에 취업될려고 그동안 떨어졌다고 생각하게 됨

Part 09 집단정신치료 및 가족치료

1 집단 정신치료 10 임용

- 한 사람 이상의 치료자가 두 사람 이상의 집단을 대상으로 실시하는 치료방법임

1 집단의 치료적 요소 (Yalom)

1	정보전달 (정보 나눔)	• 정보와 조언을 받는 것
2	희망의 주입(고취)	• 집단 구성원에서 희망을 주고, 집단치료에서 성공적인 경험을 할 것이라는 낙관적인 생각을 갖는 것
3	보편성	• 타인도 자신과 같은 생각, 감정, 문제를 경험한다는 것을 깨닫고, 자신의 문제가 혼자만의 문제가 아님을 인식하게 됨
4	이타성	• 집단과의 교류를 통해 자신도 타인을 도울 수 있는 존재가 될 수 있음을 경험함
5	주요 가족집단의 교정적 재경험 (재구성)	• 과거에 가족에서 경험(갈등 경험)한 것을 집단치료를 통해 변화시킬 수 있는 능력을 경험함
6	사회적 상호작용기술의 개발	• 자신의 사회적 상호작용에 대한 인식 증가, 발달시키는 기회 제공, 사회적 기술(갈등 해결, 타인 조언 등)을 습득함
7	모방행동	• 다른 구성원의 치료과정을 관찰하여, 다른 사람의 행동을 모방함으로써 기술을 습득함
8	대인관계 학습	• 인간관계의 책임과 복잡성을 이해하고, 인간관계의 장애를 감소시킴
9	실존적 인자(요소)	• 그들 자신의 존재의미를 다루는데 도움을 주는 요소임
10	감정정화	• 이전에 표현되지 않은 감정을 표현하는 기회
11	집단응집력(집단결합)	• 집단의 일원이라는 애착을 느끼고, 우리라는 동료의식을 형성함

2 집단발달단계 10 임용

	단계	정의	과업
1	형성기 (오리엔테이션)	• 처음 집단에 들어와 서로 시험하고 의존하는 단계	• 오리엔테이션
2	격동기	• 집단에서 내부적인 갈등을 겪는 단계	• 감정표현
3	규범기 (응집기)	• 집단응집력이 중시되는 단계	• 구성원 간의 적절한 의사소통
4	성과기 (활동기)	• 기능적 역할단계가 이루어지는 단계	• 통찰 및 문제해결
5	해체기	• 종료되는 단계	• 집단 작업평가 및 마무리 행사

3 집단정신치료의 적응증 및 장·단점

(1) 장점

경제적	• 짧은 시간내에 많은 사람 치료
감정과 문제 표현	• 구성원들을 동등한 입장으로 생각하여 안전하고 편안하다고 느껴, 자신의 갈등과 문제를 표현함
다양한 학습 기회	• 타 구성원의 모방학습을 통해 다양한 학습 기회가 증가됨
간접 경험	• 다른 구성원의 문제를 청취하는 간접경험을 통해, 스스로 더 깊이 생각하고, 느끼게 됨
현실검증 기회	• 집단 내는 안전하다고 인식되어, 새로운 행동에 대해 현실검증 할 기회가 제공됨
다양한 문제해결 방식	• 다른 구성원으로부터 다양한 문제해결 방식을 배움
지도자 역할 경험	• 구성원 상호간에 치료자의 역할을 감당하게 되어, 리더쉽과 지도자 역할을 경험하게 됨
참여 자유	• 개인의 참여와 관망이 자유로워, 대화 중 고통이나 위협이 느껴지면, 침묵을 지키며, 타인의 이야기에 경청함

(2) 단점

사적 침해	• 집단내 나눈 대화가 외부로 노출되어, 비밀 유지를 방해 → 정직한 참여 방해, 자신의 노출을 꺼릴 수 있음
현실 도피의 기회	• 자신의 문제를 직면하지 않고, 집단 구성원의 지지와 격려만을 구하는 현실도피의 기회가 될 수 있음
심리적 안정감의 상실	• 집단치료를 통해 생활양식 및 가치관의 변화로 균열, 혼란 초래 → 심리적 안정감의 상실 초래

(3) 적응증

적응증	• 아동에게 효과적 (형제간의 경쟁, 사회부적응, 성적혼란 있는 청소년 등) • 치료자에게 지나치게 의존하거나 권위자에게 지나친 공포를 가지고 있는 경우 • 대인관계가 어려운 경우 • 특정문제가 있는 집단 (동성애, 알코올 중독 등) • 질병에 대한 인식부족 등으로 부양 스트레스가 있는 가족 (치매, 조현병 등) • 부끄러움이 많거나 외로운 대상자 등
부적절 대상자	• 피해의식, 망상, 환각 대상자, 급성 정신증 • 공격성, 충동성, 적대감 심한 대상자 • 반사회적 성격 • 조증, 심한 퇴행 • 자살행동 • 정서적 장애를 심하게 경험하는 사람

4 집단정신치료의 유형

(1) 정신분석적 집단정신치료

개념	• 집단으로 꿈의 해석, 자유연상 등으로 생의 초기(발달초기)를 탐색하여 무의식적 수준의 감정을 통찰하고, 문제행동을 해결하는 것에 초점을 둠
방법	• 집단구성원은 자유롭게 자신의 꿈, 환상, 문제 등에 대해 자유롭게 이야기하여, 구성원의 지지를 받으며, 치료자의 통찰과 해석을 통해 문제를 해결함

(2) 심리극

개념		• 심리극은 즉흥극을 통해 정서적 갈등의 상황을 재연출하여, 자신의 감정을 표현하여 감정정화, 정서적 충격의 해방이나 감소의 치료효과가 나타남
방법	① 심리극 실연	• 즉흥극을 통해 정서적 갈등 상황 재연출
	② 관중의 토론	• 심리극(연기의 실연)이 끝나면, 관중은 대리자로서 목격하고 경험한 상황에 대해 서로 토론하고 참가할 기회가 주어짐 (토의, 탐색 등)
장점 (효과)		• 감정표현으로 감정정화 • 정서적 충격의 해방이나 감소효과 • 행동화(acting-out)하려는 강한 충동을 행동의 내향화(acting-in)로 이끔

표. 심리극의 구성요소 (기본요소)

주인공	• 대상자로서 자신의 인생 상황을 극으로 표현함
보조자아	• 주인공의 상대역으로 주인공을 이끌어나가는 역할을 수행함 • 주인공과 밀접한 관계가 있는 생활필수품이나 무생물도 보조자아가 될 수 있음
연출자 (감독)	• 치료자로서, 주인공 뿐 아니라 관중의 반응과 변화까지도 관찰함 • 심리극의 상황, 치료목적, 역할, 시간의 제한 등을 설명하며, 주인공이 자발적으로 연기할 수 있도록 도움
기타	• 무대, 조명, 음악 및 음향효과, 분장 등

2 가족치료 18, 14, 10 임용

- 개인을 가족의 하위체계로 보고, 가족속에서 개인을 이해하며, 대상자의 문제에 초점을 두기보다는 대상자의 문제행동에 영향을 미치는 가족의 상호작용에 초점을 둠
  → 대상자가 가족체계안에서 어떻게 기능하고 있는지를 확인함
- 개인을 가족체계 내에서 작용하는 복합적인 존재로 보고, 대상자의 문제를 개인의 내적문제만으로 보지 않고, 가족체계의 기능장애로 봄

1 정신분석학적 가족이론 (애커먼)

개념	• 현재 대상자의 문제가 생의 초기(발달초기) 가족과의 '무의식적인 갈등'으로부터 기인한다고 인식하고, 개인을 가족으로부터 해방, 개별화 함
목표	• 가족의 무의식적인 구속(제약)으로부터의 개인의 자유, 해방 • 건강하고 온전한 개인과 가족의 성장을 목표로 함
적응증	• 성장과정에서 부모와의 문제로 상처를 받은 경우 • 성장과정에서 가족의 구속(제약)에서 벗어나지 못하는 가족 (과도한 충성심으로 인해)

2 가족체계이론 (다세대 가족치료, 보웬 가족치료) 14 임용

전제	• 보웬은 한 개인이 원가족과 정서적으로 어떻게 연결되었으며, 삶의 방식에 어떤 영향을 주는지를 이해하려고 함 • 가족내에는 연합하려고 하는 힘(의존)과 분리하고자 하는 힘(독립성)이 있고, 이 두가지 힘이 서로 성공적으로 조화를 이루는 것은 자아분화가 얼마가 잘 이루어졌가에 의해 결정된다고 봄 → 융합(융해)나 미분화는 두 힘의 불균형 상태임
개념	• 대부분의 가족문제는 가족구성원이 원가족으로부터 심리적으로 분리되지 못하여 발생한다고 봄 • '자아분화'가 잘 되는 가족이 건강한 가족이며, 정신문제가 있는 가족은 자아분화가 이루어지지 않은, 즉 '정서적으로 융합'된 가족이므로, '자아분화' 수준의 향상이 치료의 목표임

건강한 가족	• 자아분화가 잘 되는 가족
역기능적 가족	• 자아분화가 이루어지지 않는 가족 (미분화된 가족자아) • 즉, 정서적으로 융합된 가족

(1) 자아분화(자기분화)와 정서적 융합(융해, fusion) 14 임용

- 자아분화는 핵심개념이자 치료의 목표임
- 모든 가족은 정서적 융합과 분화라는 연속선상의 한 지점에 놓여있음

	자아분화		정서적 융합 (융해, 미분화)
사고와 감정 분리 O	• 지적인 기능(사고)와 정서적인 기능(감정)사이에 충분한 분화가 이루어짐 → 사고와 감정을 분리, 사고와 감정사이에 균형을 이룸	사고와 감정 분리 X	• 사고와 감정이 분리되지 않아, 감정에 따라 의사결정함 • 감정적으로 휘말림
심리적 독립 O	• 원가족으로부터 심리적 독립을 이루면서, 그들과 친밀한 관계를 유지하는 능력임	의존 O, 분리 X	• 원가족으로부터 심리적 독립이 이루어지지 않아, 심리적으로 다른사람에게 의존, 다른사람과 분리가 힘듦
정서적 압력에 반응 X	• 내적 또는 외적인 정서적 압력에 자동적으로 반응하지 않고 생각할 수 있는 능력임 → 다른사람의 정서반응에 끌려들지 않고, 자신의 감정을 잘 조절할 수 있음	정서적 압력에 반응 O	• 다른사람의 정서적 반응에 따라 행동함 → 타인의 감정에 휘말림 • 내적 또는 외적인 정서적 압력에 자동적으로 반응
'자아분화'란? • 사고와 감정을 분리하여, 원가족으로부터 심리적 독립을 이루면서, 그들과 친밀한 관계를 유지하는 능력임		'미분화된 가족자아'란? • 가족들이 뭉쳐서 정서적 일체감을 형성하는 것으로, 개인의 자아가 미분화되어 있을수록, 가족 자아에 정서적으로 융합되어, 쉽게 역기능에 빠짐 예 어머님과 자녀의 상호의존적 공생관계	

> **자아분화, 융합 예** 14 임용
> 예 "친구들이 놀러 가자고 해도 엄마가 걱정되고 내가 없으면 위험해질것 같아. 엄마 곁을 떠날 수가 없어요."
> 14 임용
> 예 "저도 서울로 대학을 가고 싶어요. 그런데 제가 서울로 가버리면, 엄마가 많이 힘들어하실 것 같아요. 엄마를 떠나는데 너무 불안해요. 옆에 있어줘야 할 것 같아요."

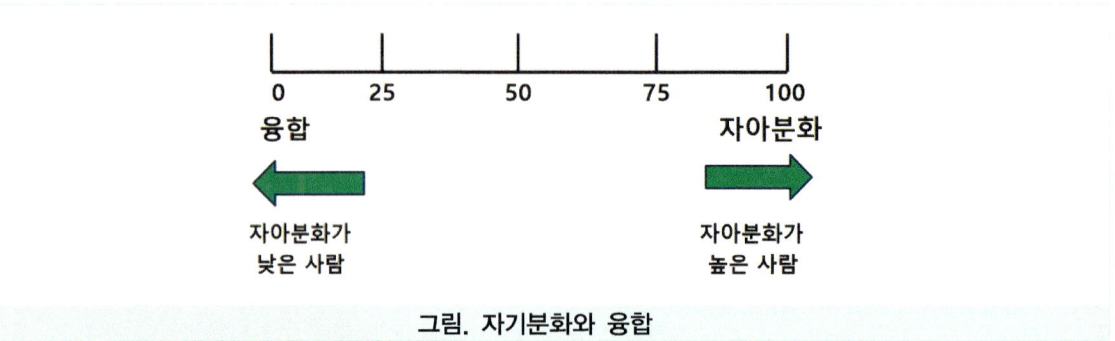

그림. 자기분화와 융합

표. 자아분화에 따른 특징 (자아분화가 낮은 사람 vs 자아분화가 높은 사람)

자아분화가 낮은 사람 (융합, 미분화)	자아분화가 높은 사람
• 자주성의 결여로, 심리적으로 다른사람에게 의존, 다른사람과 분리가 힘듦 → 다른사람에게 쉽게 융합(융해)됨 • 사고와 감정의 분리가 힘들어, 감정에 따라 의사결정하며, 다른 사람의 정서적 반응에 따라 행동함 → 조그만 스트레스에도 역기능적임 • 주변사람에게 순종 또는 반항하는 정서반응, 충동적인 반응을 보임	• 감정적으로 얽히지 않고, 이성적·객관적이며, 사고(생각)과 감정이 분리된 사람임 • 사고와 감정사이에 균형을 이루고, 통제력이 있으며 객관적이여서, 유연하고 현명하게 행동하여, 생활스트레스에 잘 대처함 • 충분히 사고하고, 자신이 믿는바에 따라 결정하기에, 어떤 문제에서든 분명하게 자신의 입장을 취할 수 있음

(2) 정서적 융합정도와 만성불안

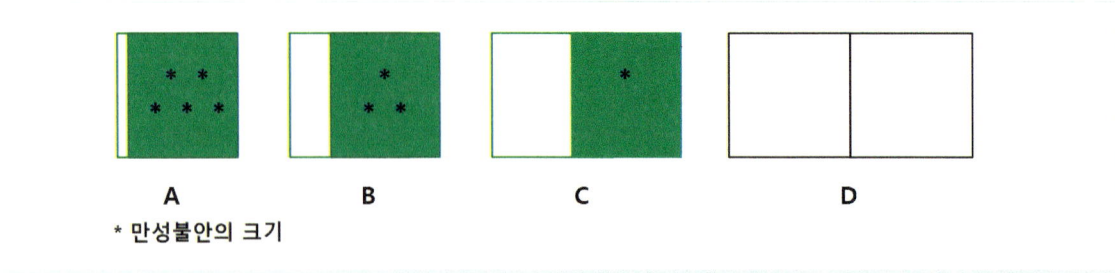

* 만성불안의 크기

그림. 두사람 간의 관계의 융합정도와 만성불안

A	미분화 상태	• 강한 연합성을 보이는 미분화 상태로, 두사람 간의 정서적 상호의존이 매우 높은 수준의 만성불안의 발생 가능성이 높음
B, C	점진적인 분화상태	• 점진적인 분화상태로 만성불안 존재
B	완전한 분화	• 완전한 분화로, 만성불안이 발생하지 않음

(3) 치료 목표

불안감소	• 불안을 감소하고, 자기분화의 수준을 향상시켜, 불안의 결과로 생긴 행동상의 문제를 해결하는 것임
자기분화 (핵심목표)	핵심목표 : 자기분화 수준의 향상 → 원가족과의 정서적 융합에서 벗어나, 자주성과 독립성을 유지시켜, 가족구성원의 정서적 문제에 덜 휩쓸리면서, 친밀한 관계에서 덜 감정으로 반응하도록 돕는 것임
탈삼각관계	• 탈삼각관계 과정을 통해 다세대에 걸친 삼각관계 속에서 개인을 해방시키는 것임

(4) 주요 개념

① **자아분화 (자기분화)**
- 사고와 감정을 분리하여, 원가족으로부터 심리적 독립을 이루면서, 그들과 친밀한 관계를 유지하는 능력임

② **삼각관계** 14 임용

개념	• 두사람이 해결하기 힘든 정서적 문제에 봉착하면, 불안이나 긴장을 해결하기 위해, 제 3자를 끌어들여 문제를 해결하려는 것임 • 삼각관계는 자아분화 수준이 낮고, 불안정도가 심할 때 발생함 • 삼각관계는 두 사람이 강한 애착을 형성하고, 연합하여 다른 가족구성원을 따돌리거나 외톨이로 만들어, 가족의 갈등이 심화됨
사례	예 "엄마가 아빠는 나쁜 사람이라고 자꾸 그러니깐 이젠 아빠가 나쁜 사람 같고, 엄마를 괴롭히는 아빠가 싫어졌어요." 14 임용 예 문제가 있는 부부가 자신들의 문제를 스스로 해결하지 않고, 자녀를 그들 관계에 개입시킴으로써 불안 정도를 낮추려고 함

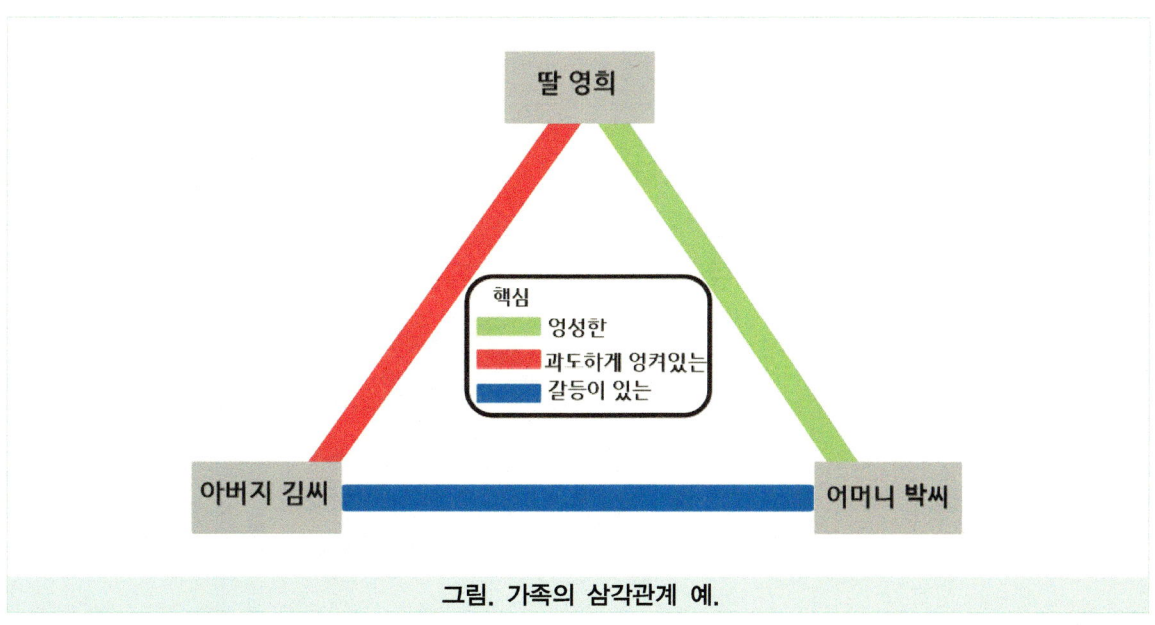

그림. 가족의 삼각관계 예.

③ 정서적 단절 (정서적 차단)

개념	• 원가족과 관련된 정서적 불편감을 회피하기 위해 가족을 멀리 떠나거나 대화를 회피하는 것임 • 특히 부모와 자녀의 융합(미분화)이 심할수록, 자녀는 부모의 정서적 접촉을 회피함으로써 불안과 갈등을 해결하고자 함 • 투사과정에 많이 개입된 자녀는 부모와의 접촉을 끊는 행위를 하기도 함
사례	예 부모로부터 멀리 떠남, 침묵으로 대화를 기피, 자신을 고립시킴으로써 부모와 거리를 둠

④ 가족 투사과정

개념		• 미분화된 부모가 자신의 심리적 문제를 안정화시키기 위해, 자녀 중 가장 취약한 자녀를 투사 대상으로 선택하여, 미분화에서 오는 자신의 문제를 자녀에게 전달하는 과정을 의미함
특징	부모-자녀 밀착관계 (공생관계)	• 부모는 특정자녀와 밀착관계, 공생적 관계를 형성하며, 투사과정이 되는 자녀에게 각별한 관심을 가짐
	다세대 전달	• 가족 투사과정은 세대를 걸쳐 전달됨
	자아분화 낮음	• 투사정도는 자아분화 수준이 낮을수록 심함 • 부모와 밀착된 자녀의 자아분화 저해, 미분화 발생 자아수준이 낮은 부모 → 자녀와 정서적 융합 → 자녀의 자아분화 저해
투사과정 (3단계)		① 자녀에게 집중적인 각별한 관심 → 자녀 중 한명에게 무언가 잘못된 일이 벌어지지 않을까 걱정함 ② 부모는 그 자녀의 행동을 그들이 걱정하는 것이 나타나고 있는 것으로 해석함 ③ 부모는 자녀가 정말 무언가 잘못된 점을 지니고 있는 것처럼 취급함
사례		예 의기소심하는 행동을 하는 자녀를 애정부족으로 여기며 과잉보호함 예 자녀에게 사랑이 부족하지 않을까 걱정하며, 과도한 애착을 보이며 과잉보호함
문제	자아분화 저해	• 부모의 과도한 애착으로 자녀의 자아분화 저해, 미분화 발생
	부모에게 의존	• 부모에게 의존 • 기타 심리적 문제 발생

⑤ 다세대 전수(전달)과정 (세대 간의 전달과정)

• 부모의 낮은 자아분화 수준 및 심리적 문제가 여러 세대를 걸쳐 후손에게 전수되거나 강화됨
• 투사과정이 여러 세대를 걸쳐 계속되면 정신적 질환을 가지는 가족 구성원이 발생함

• 자아수준이 낮은 부모 → 자녀와 정서적 융합 → 자녀의 자아분화 저해 → (자녀 결혼 후 출산) → 자아수준이 낮은 부모 → 자녀와 정서적 융합 → 자녀의 자아분화 저해

⑥ 핵가족 정서체계
- 부모와 자녀로 구성된 핵가족에서 가족문제가 발생하면, 흔히 네가지의 관계패턴으로 정서적 문제를 해결하는데, 이를 핵가족 정서체계라고 함

표. 네가지 관계패턴

1	부부간의 갈등 발생	• 가족문제가 증가하여 불안해지면, 상대방을 비난, 통제하려함 이에 배우자가 저항, 반발하면, 갈등이 유발됨
2	부부 중 한사람의 역기능 발생	• 상대방에게 압력을 가할 시, 배우자는 순종하고 굴복하게 되며, 순정적인 배우자는 어느수준이 되면 스트레스가 증가(가족의 불안이 한쪽 배우자에 지나치게 치중되어 흡수)되어, 우울증이나 두통 등의 만성적인 신체적 또는 정서적 역기능이 초래됨
3	자녀 중 한명 또는 그 이상 문제가 발생	• 부부의 불안을 자녀에게 투사하여, 투사된 자녀는 자기분화가 이루어지지 못하고 가족갈등의 영향을 받아, 신체적, 심리사회적 문제가 발생함
4	부부가 정서적으로 거리를 두는 경우	• 가족갈등이 발생하면, 불안을 회피하기 위해 부부가 서로 멀리하며, 소원한 관계를 이루는 것임

⑦ 출생순위 (형제순위, 형제자매의 위치)

개념	성격형성	• 자녀의 출생순위 및 형제자매의 위치에 따라 성격형성이 독특하게 다르고, 가족역할에 영향을 미친다고 봄 → 가족 안에서 출생순서에 따라, 가족들과 감정적 교류가 다른 방식으로 작용하기 때문임 • 형제자매 위치가 반드시 출생순위와 일치하는 개념은 아닌 기능적 위치임
	투사대상	• 특정자녀가 어떻게 가족투사 과정의 대상으로 선택되는 지를 보여줌 (투사과정의 대상 : 부모의 각별한 관심의 대상)

⑧ 사회적 정서적 과정 (사회적 퇴화)

개념	• 개인과 가족에 대한 정서과정 개념을 사회적 정서과정으로 확장한 것으로, 사회 내의 정서적 과정은 가족 내의 정서적 과정에 영향을 미침 • 사회에서의 불안과 스트레스가 높을수록, 융합의 압력이 강해지고, 자아분화 수준는 감소함 → 사회구성원의 이기심, 공격성, 회피성 높아짐 • 사회의 장기적 불안으로 사회적 퇴행이 나타나거나 기능저하 문제가 증가됨 사회적 퇴행 : 불안에 의해 사회적 문제해결능력을 위태롭게 하는 정서적 과정
사례	• 어린 세대에서는 학교폭력이나 왕따 등의 현상, 중년 세대에서는 자녀에 대한 비정상적인 교육열, 심각한 음주문화확산 등 사회적 역기능 발생 • 전쟁, IMF경제위기 → 사회구성원의 불안 증가 → 강한 융합, 자아분화 수준 감소

(5) 가족체계이론(보웬) 치료기법

① **가계도**
- 세대를 걸쳐 반복되는 가족의 문제를 알기 위해, 3세대에 걸친 가족의 정서적 관계(갈등, 단절)와 융합정도(삼각관계)를 파악함

② **치료적 삼각관계 만들기 (탈삼각관계)**

개념	• 가족 내 역기능적 삼각관계를 파악하여, 가족의 주요인물 두사람과 함께 치료자와 새로운 삼각관계를 만들어 기존의 삼각관계를 해체시킴
사례	• 아내는 남편에 대한 불만을 딸에게 털어놓고, 딸은 어머니에게 무조건적인 위로와 아버지에 대해 비난함 → 치료자의 코칭으로 딸은 어머니에게 무조건적인 동조와 위로 X → 아내의 문제가 남편에게 향하며, 부부는 자신들의 문제를 직접 다룸

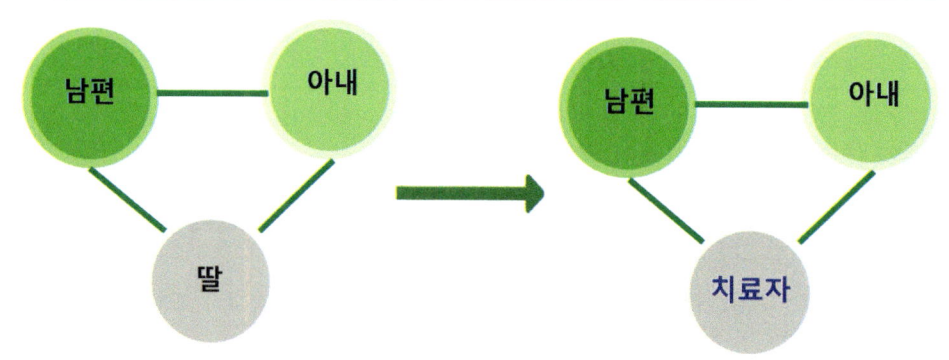

그림. 치료적 삼각관계(탈삼각관계)

③ **코칭**

개념	조언	• 치료자가 대상자에게 직접 접근하여 문제에 대처할 수 있도록 조언하여, 대상자가 직접 본인의 가족 문제를 해결해 나가도록 지원하는 치료적 기법임
	스스로 문제해결	• 어떻게 하라고 요구하는 것이 아니라, 자기 가족의 정서적 과정과 그 속에서의 역할을 이해하도록 과정에 대한 질문을 하는 것임
효과		• 가족 스스로 가족의 정서과정을 이해하고 개인의 역할을 이해할 수 있도록 도움 → 정서과정 이해, 자기이해
목적		• 코칭의 목적은 자기 이해와 가족원에게 건강한 애착을 가질 수 있도록 하는 것임

④ 과정질문 (process question)

개념 (효과)	불안 감소	• 대상자의 감정과 불안을 가라앉히고, 사고를 촉진(이성을 활성화)하여, 스스로 해결방법을 찾도록 격려하는 질문기법임
	사고 촉진	
	역할 인식, 역할 변화	• 과정질문을 통해서 가족관계 속에서 자신의 역할을 인식하며 변화를 유도할 수 있음 → 사고를 촉진하여, 객관적인 생각을 할 수 있도록 함
		효과 : 불안감소, 삼각관계 중립화, 사고 촉진, 역할 인식 및 역할 변화
사례		예 치료자 : "남편이 부부싸움 후 외박을 하면 (아내는) 어떤 생각을 하세요?" 아 내 : "화가 나죠." 치료자 : "남편이 외박을 하는데 (아내가) 한 역할은 무엇인지 아시나요?" 아 내 : "모르겠는데요." 치료자 : "남편이 당신에게 속마음을 털어놓을 수 있었나요?"

⑤ 관계실험

개념		• 주요 삼각관계를 구조적으로 변화시킬 목적으로, 새로운 관계를 시도해보기 위해 부여된 가족구성원의 행동적 과제임
효과	삼각관계 이해, 삼각관계 해체	• 삼각관계와 반대되는 행동을 하여, 정서적 과정을 경험하게 되고, 가족들이 삼각관계의 역기능성을 이해하고, 자발적으로 삼각관계를 해체할 수 있음
	정서적 명료화	• 자신과 상대방의 관계에서 어떤 일이 벌어지는지 보게 하여, 정서적 과정을 명료화하는데 도움을 줌
사례		예 상대방에게 의존하려는 대상자에게 상대방에 대한 의존을 자제하고, 요구하기를 중지하고, 정서적으로 연루되려는 압력을 감소시키고, 자신과 상대방의 관계에서 어떤 일이 벌어지는지 보게 함 예 상대방과 거리를 둘려는 대상자에게 상대방에게 다가가, 자기 생각과 감정을 전달하도록 함

⑥ 나의 입장 표현하기 (나 입장 기법, 자기 입장 'I position')

개념	• 정서적으로 격앙된 상황에서 상대방의 행동을 지적하거나 비난하기보다는, 자신이 느끼는 감정과 생각(자신의 견해)을 자신의 입장에서 조용하고 분명하게 표현하는 것임 • 상대방을 비난, 지적하려는 정서적 충동에 반응하려는 것에서 벗어나, 자신의 견해를 분명하게 표현하는 것임
효과	• 말하는 상대방을 이해하게 되며, 반응적이며, 악순환적인 대화에서 벗어나게 함 정서적 반응적 대화 → 악순환적 대화
사례	예 "당신은 게으르기 짝이 없어." 대신에 "당신이 좀 더 도와줬으면 좋겠어"라고 말하는 것임 예 "당신이 아이들을 망치고 있어." 대신에 "당신이 아이들을 좀 더 엄격하게 대하면 좋겠어."라고 말하는 것임

3 구조적 가족치료 (미누친) 18, 10 임용

(1) 개념과 목표 10 임용

개념	• 가족구성원의 문제행동은 가족의 구조적 결함이나 구조적 문제로 발생하는 것으로 보고, 가족의 구조를 변화함으로써, 가족의 기능을 되찾고, 개인의 문제를 해결할 수 있다는 이론임	
목표	가족구조의 변화 (재구조화)	• 가족구조를 변화(재구조화)를 통해 역기능적 기능을 기능적 가족으로 변화시켜, 개인(가족구성원)의 증상을 감소, 문제를 해결함 　• 모호한 경계선 : 명료하게 경계선을 설정(강화)하고, 개별화함 　• 경직된 경계선 : 경계를 유연하게 하며, 접촉을 증가시킴
	문제해결	• 가족 구조의 변화 → 가족의 기능을 되찾음 → 개인의 문제해결 　• 일차목표 : 가족구조의 변화 　• 이차목표 : 문제해결

(2) 주요 개념

① **가족구조**
- 가족 구성원들이 다른 구성원과 관계하는 방식을 조직화 하는 것으로 보이지 않는 기능적 요구임
- 가족 구성원들이 서로 관계를 맺고, 상호작용하는 방식을 결정하는 암묵적 규칙과 요구임

② **하위체계**
- 각 체계 간에는 일정한 위계질서가 존재함

개념		• 가족 안에는 세대, 성별, 기능 등에 따라 다양한 하위체계가 존재함 • 각 하위체계 안에는 규칙이 있고, 각자 맡은 역할과 기능을 수행하고, 각기 다른 권력을 가짐 　→ 즉, 각각의 하위체계 간의 일정한 위계질서가 존재함
종류	부부 하위체계	• 남녀가 가족을 이루었을 경우 형성됨 • 주요기술은 보완과 상호조정 • 자녀 출생후에도 다른체계의 요구에 의해 방해되지 않도록 경계를 이루어야 함
	부모 하위체계	• 아이가 출생하면서 형성됨 • 부부체계보다 하위에 위치함 • 부부 하위체계보다 아래에 위치하며, 부부하위체계와 서로 분화되어야 함
	부모-자녀 하위체계	• 부모와 자녀로 구성된 체계로, 위계질서와 부모의 권위 확립이 중요함 • 부모와 자녀 사이에 관련된 규칙과 행동을 총괄하는 체계임
	형제자매 하위체계	• 형제들이 서로 협력, 경쟁하며 차이를 해결하고 서로 지원하고 존중해주는 것이 좋음 • 부모가 부적절하게 개입하면 더 큰 문제를 유발할 수 있음 • 형제들 간의 위계질서는 부모에 의해 지지되고, 강화됨

③ 경계선 (boundary) 18, 10 임용

- 가족구조 내의 경계선은 경직된 경계선, 명확한 경계선, 모호한 경계선으로 구분됨
- 가족의 건강은 가족 경계선의 명료성과 적절성에 달려있음

표. 경계선의 종류와 가족의 형태

개념	• 경계선이란 가족내의 구성원 간 또는 개인과 하위체계 간의 '접촉과 개입'을 허용하는 정도를 의미함 • 가족원 개인과 하위체계의 안팎을 구분하는 선으로, 가족원 사이에 허용하는 접촉의 양과 종류임
의미	• 명확하고 적절한 경계선에 의해 하위체계가 보호받지 못한다면, 하위체계 내의 개인들이 상호작용하는 기술을 제대로 발달시킬 수 없음
	예 부모가 항상 자녀들 간의 싸움에 끼어들어 중재자 역할을 하게 되면, 자녀들은 갈등 해결 기술을 배울 수 없게 됨

㉠ 모호한 경계선 (애매한 경계선) 18 임용

가족형태	• 밀착(융합) 가족	
특징	과도한 개입, 간섭	• 밀착된(융합)된 가족으로, 강한 소속감과 높은 수준의 지지는 보이나, 경계선이 모호(애매)하여 가족구성원들이 서로에 대해 과도하게 개입하고, 간섭하여 사소한 일에도 갈등이 발생하며, 개인의 독립성과 자율성이 부족한 경계선임 → "너의 일은 모두 나의 나의 일", "너의 욕구는 나의 욕구"
	의존성	
	독립성, 자율성 부족	
결과 및 문제점	독립성, 정체성	• 독립성, 정체성 형성이 어려움
	심리적 부담	• 개입과 간섭이 심해 심리적 부담이 큼
	역할 혼돈	• 역할이 혼란스러워 건강한 관계형성이 어려움
사례	예 "고 3 우리반에 경철이란 아이가 있는데, 자신의 진로를 스스로 결정하지 못하고, 부모님의 결정에 뭐든지 좌지우지 되는거에요. 대학문제, 학원문제, 친구문제 등 모든 일처리를 혼자서는 결정을 하지 못하고, 부모님이 모든 것을 결정하세요. 경철이가 외아들이라 그런지 부모님이 모든 일을 일일이 간섭하는 거에요." 18 임용	
	예 부부관계가 좋지 않은 어머니는 딸에게 모든 관심을 쏟으며, "너 때문에 산다"하면서 친구처럼 지내며, 사소한 것도 어머니 스스로 결정을 내리지 못하고, 모든 결정을 딸에게 물은 후 결정하며, 딸에게 모든 것을 의존함	

ⓒ 경직된 경계선

가족형태		• 유리된 가족
특징	고립	• 유리된 가족으로, 경계선이 지나치게 경직되어 가족구성원 간 또는 하위체계간의 의사소통이 잘 이루어지 않고, 구성원 개인은 독립적이지만 고립되어 있고, 가족간 애정과 지지, 정서적 교류, 관심이 부족함 → "나는 나, 너는 너"
	의사소통 부족	
	애정, 지지, 관심 부족	
결과 및 문제점	심리적 불안정	• 자녀가 부모로부터 정서적 지지를 받지 못하므로 심리적 불안정을 느낌
	소외감	• 가족 간의 정서적 거리로 인해 갈등을 해결하지 못하고, 소외감이 커질 수 있음
	외부에 의존	• 가족 간의 애정, 지지 부족으로 외부(친구, 직장동료 등) 과도하게 의존할 수 있음
사례		예 고1 아라의 부모는 자녀의 독립성을 강조하며 자녀일에 관여하지 않아, 아라는 학교나 학원에서의 어려움도 부모에게 도움을 요청하지 못하게, 혼자 스스로 문제를 해결함 예 A씨 부부는 맞벌이 부부로, 저녁도 각자 해결하고 퇴근후에도 서로 스마트폰만 보고, 시간을 보내며, 갈등이 있어도 서로 대화로 해결하기보다는 무시하거나 회피한다.

ⓒ 명확한 경계선

가족형태		• 건강한 가족 (정상적·이상적인 가족)
특징	분명하고, 유연한 경계	• 정상적·이상적인 가족으로 분명하고, 유연한 경계를 가지고 있어, 하위체계 간의 구분이 명료하고, 적절한 상호작용이 이루어지며, 개별성과 독립성이 인정되면서도 동시에 가족의 유대감도 형성하고, 가족 전체에 대한 배려도 함 • 서로의 역할, 규칙에 융통성이 있으며, 스트레스에 대해서도 유연하게 대처함 → "우리면서도 나 자신"
	적절한 상호작용	
	스트레스 대처	
결과 및 장점	독립성과 유대감의 균형	• 독립성 보장과 정서적 유대감이 균형있게 유지됨 • 문제발생 시 의견을 나누고 협력하여 해결함
	자율성 존중	• 가족의 자율성을 존중하고, 스스로 문제를 해결할 기회를 가짐
	소통 원활	• 가족간의 소통이 원활함
	역할과 책임 분명함	• 가족간 역할과 책임이 분명함
사례		예 중 3 민수는 부모에게 도움을 요청할 일이 있을때만 요청하고, 스스로 해결책을 찾음 친구와 갈등이 있을 때 부모에게 솔직히 털어놓으면, 부모는 자녀의 감정을 공감하고 도움을 주지만, 모든 일을 대신해주지 않고, 스스로 문제를 해결할 수 있도록 자율성을 존중함 예 B씨 부부는 서로의 취미와 일을 존중하면서도 가족행사 등에는 함께 하며, 주말에는 가족과 함께하며 서로의 고민도 공유하며, 조언을 해줌

⑤ 위계구조 (권력위계, 위계질서)

개념	• 가족내 권력을 기반으로 각각의 역할에 따라 가족구조가 만들어지는 것으로, 가족이 적절히 기능하기 위해서는 효율적인 위계구조를 확립해야 함 → 즉, 가족 전체체계는 위계구조를 통해, 자신이 가진 기능을 효율적으로 발휘하게 됨 **권력이란?** • 각각의 가족 구성원이 상호작용을 통해 다른 구성원에게 미치는 영향력 • 가족내에는 권력의 위계가 존재하여, 권력의 정점에는 부모하위체계가 존재, 자녀 하위체계는 가장 낮은 수준에 위치해야 함 → 부모 하위체계가 자녀 하위체계보다 위쪽에 위치해야함
건강한 가족	• 부부는 자녀앞에서 서로의 권위를 세워주고, 부부관계와 부모로서의 결정을 할 때도 서로 동등한 권력을 가짐 • 부모가 적절한 권위를 갖고, 자녀들과 협상하며, 자녀 양육을 주도함
경계선이 모호한 가족	• 권력의 위계가 불분명하여, 가족 구성원 간의 갈등(충돌)이 자주 일어남

주요개념을 집으로 표현하면?
• 방 : 하위체계
• 벽, 문 : 경계선
• 층 : 위계구조

⑥ 제휴 (alignment)
- 제휴는 가족체계 안에서 개인이 다른 구성원과 협력적인 관계를 맺는 것임
- 위계구조가 달라지면 가족구성원 간에 제휴(alignment)라는 역기능 현상이 발생함
- 제휴에는 동맹과 엽합이 있음

| 표. 제휴의 종류 |

동맹	공동 목적	• 두사람이 다른 공동의 목적을 위해 제 3자와 제휴하는 것임 (반드시 제 3자와 적대적이지는 않음)
	예 동맹으로 두패로 나누어진 가족  • 아버지는 딸과 동맹을 맺고, 어머니는 아들과 동맹관계를 이루게 되면, 가족의 패가 갈라져서 부모의 권위나 기능에 문제가 발생하는 것은 물론 형제관계도 소원해지기 쉬움	
연합	제 3자 대항	• 두사람이 제 3자에 대항하기 위해 힘을 합치는 것임
	안정연합	우회연합
	• 가족 내 한 가족원을 밀어내기 위해 두사람이 연합(밀착)함 → 다른 한사람을 지속적으로 배제하는 현상임 예 딸과 어머니의 연합 • 부부사이에 갈등이 있는 경우, 어머니는 딸과 연합하여, 아버지를 격리시키고, 대항하는 것임 → 이 결과 딸도 아버지를 적대시하게 됨 예 고부갈등 • 남편과 시어머니의 연합으로 아내(며느리)가 배제되며 적대시됨	• 가족원 간에 갈등이 생긴 경우 이를 피하기 위한 수단으로, 자녀 중 한명과 밀착된 관계를 형성함 예 아내가 남편과의 갈등으로 딸과의 정서적 밀착을 통해 남편의 흉도 보고 슬픔을 토로하는 현상 → 정서적 밀착이 갈등을 해결하는 우회로 역할을 함 (딸이 아버지를 배척하지는 않음) 예 어머니가 외동아들을 자기편으로 끌어들여와 자신의 우위를 주장하려고 함

(2) 구조적 가족 치료기법

- 치료자는 가족 속에 합류하여, 가족구조를 파악하고 적극적인 개입을 통해, 가족의 구조적 변화를 촉진시킴

합류하기	• 치료자는 가족의 새로운 상호작용을 촉발하고, 가족구조를 재구성하기 위해, 가족의 일원으로 가족의 상호작용 속으로 들어가 합류하여 개입함	
	합류 : 가족의 상호작용 속으로 들어가기	
경계선 설정하기	유리된 가족	• 경직된 경계선이므로, 경계선을 유연하게 변화시킴 → 가족과 가까이 접근하고, 접촉을 증가하도록 도와줌
	밀착된 (융합) 가족	• 모호된 경계선이므로, 경계선을 명료하게 설정(강화)하고, 개별화함 → 개인의 독립성, 자율성을 증가시킴
	예 20살 대학생 딸이 심리상담을 받는 도중, 치료자의 질문에 어머니가 계속 대답하는 것이 반복되자 "엄마가 대변인이시네요. 따님이 직접 증상을 이야기해보겠어요?"라고 하면서 딸이 직접 말할 수 있도록 함	
가족지도 그리기	• 가족구조를 반영하는 경계선과 관련 특성(친밀, 갈등, 연합, 우회)을 표시하는 기호를 활용하여, 가족구조를 그림으로 나타내는 것으로, 현재의 가족구조를 쉽게 이해할 수 있고, 구조의 변화과정을 평가하는데 사용됨	
실연 (재현)	• 면담 중에 가족에게 역기능적인 가족 구성원 간의 교류를 실제로 재현시키는 것으로, 치료자 앞에서 가족이 문제에 관한 실연을 하는 것임 → 가족의 실생활 상호작용이 그대로 드러나므로, 가족구조를 이해하는데 효과적임	
	예 아내가 남편이 너무 간섭이 많다고 불평할 경우, 치료자는 남편에게 "어떻게 대답하시겠어요?"라고 질문하여 평상시 남편이 아내에게 어떻게 행동하는지를 볼 수 있음	
균형 깨뜨리기	• 가족의 고착된 관계구조를 변화시키기 위해, 의도적으로 역기능적 균형을 깨뜨리는 기법으로 새로운 구조가 생성되도록 함	
	• 치료자는 균형을 무너뜨리기 위해 가족에 합류해서 특정한 개인이나 하위체계를 지지함	
	예 권위적이고 가부장적인 남편과 순종적인 부인 사이에서 치료자는 의도적으로 부인의 편을 들어서 부부간에 형성된 역기능적 균형을 깨뜨려 건강하고 기능적인 균형을 갖게 함	

4 경험적 가족치료 (휘태커, 샤티어) 18 임용

(1) 개념과 목표

개념	• 가족 문제의 원인은 정서적 억압에 있음을 전제로, 모든 행동이 의사소통이라고 보고, 가족의 갈등이나 장애를 잘못된 의사소통으로 인한 역기능적 관계 때문으로 봄
	부모가 자녀의 행동과 감정의 통제 → 정서적 억압 → 감정 표현 X → 자신을 충분히 경험해보지 못하고, 무기력함
목표	억압된 감정의 표현 / 분명한 의사소통 / 자아존중감 향상 • 억압된 가정을 표현하고, 가족 구성원의 변화에 잘 대처하도록 분명하게 의사소통하고, 자아존중감을 증진시키고, 자신의 인생에 대한 선택권을 갖고 그 결과에 책임지도록 돕는 개인의 성장에 목표를 둠

(2) 주요개념

• 주요개념은 자아존중, 가족규칙, 의사소통임

① 자아존중

개념	• 자아존중감은 개인이 자신의 가치와 능력을 인정하고, 자신을 존중하는 것임 • 자아존중감이 높은 사람은 자신을 소중하게 여기고, 타인을 존중하며 책임감이 큰 사람으로 어려운 상황도 잘 견디고 극복할 수 있음
3요소	• 자아존중의 3요소 : 자신, 타인, 상황 • 자아존중감의 3요소는 모두 일치해야하며, 3요소 중 어떤 것이라도 온전하지 못하면 역기능적임
목표	• 치료의 궁극적 목표는 가족 구성원의 자아존중감을 높이는 데 있음

② 가족규칙

개념	• 가족규칙은 해야 할 것과 해서는 안되는 것을 규정한 것(행동규범)으로, 가족 구성원 간의 상호작용에 영향을 미치며, 특히 의사소통에 영향을 미침 • 가족규칙이 비합리적인 규칙이면, 자아존중감이 낮아짐
건강한 가족	• 가족규칙이 적고, 일관성 있게 적용되며, 실천가능하고, 융통성이 있음
역기능적 가족	• 가족규칙이 많고, 일관성이 없으며, 실천하기 어렵고, 경직되어 있음
목표	• 가족규칙은 합리적, 현실적이어야 하며, 일관성 있게 적용하고, 융통성 있게 적용해야 함 • 가족규칙 중에서 개인과 가족의 역기능의 원인이 되며 성장에 방해가 되는 것을 수정되어야 하며, 가족규칙을 바꿈으로써 일치된 의사소통을 하여 자아존중감을 높일수 있음
사례	예 '밤 9시전에는 무조건 집에 도착해야한다.' / '아빠말에 무조건 복종해야 한다.' → '~할 수 있다.', '가끔 ~ 할 수 있다.', '~일 때 ~ 할 수 있다'

③ 의사소통 유형 18 임용

역기능적 의사소통	• 회유형, 비난형, 초이성형, 산만형(부적절형)
건강한 의사소통	• 일치형

㉠ 회유형 의사소통 18 임용

개념		• 자신의 내적 감정이나 생각을 무시하고, 상대방과 상황만 고려하고, 상대방을 위한 쪽으로 모든 것을 맞추려하고, 다른 사람에게 해가 될까 두려워하는 유형임 • 즉, 자신의 감정이나 생각은 무시하고, 상대방이 원하는 대로 하는 의사소통 유형임 예 "모두가 나의 잘못이에요" "'죄송합니다. 용서해 주세요." "나는 너를 행복하게 하기 위해 존재한다." "네가 없으면 난 아무것도 아니다." 예 "영수라는 아이가 머리가 아프다고 보건실에 자주 오는데 죄송할 일도 아닌데 죄송하다고 하면서 제 기분을 맞추려 하더라구요. 모든 게 자신의 잘못이라며, 본인 책임이라는 말도 자주 해요. 그리고 항상 하고 싶은 말을 제대로 하지 못하는 것 때문에 뒤돌아서면 속상하다고 하고요." 18 임용	타인 / 상황 자신 무시, 타인과 상황만 고려
특징	성격	• 매우 순종적이고, 자아개념이 약하며, 의존적이고, 상처받기 쉽고, 자기억압적임	
	내적경험	• '나는 힘이 없다.' '나는 아무것도 아닌 것과 같다.' "나는 아무가치가 없다'는 생각이 내재해 있음	
	정서문제	• 우울, 걱정, 신경과민, 자살적인 성향, 자멸적인 성향 등	
	신체문제	• 소화불량 및 위장계 장애, 편두통, 변비, 당뇨 등	
치료		• 자기존중감 강화 • 분노감정 표현 • 자기주장 훈련 등	

ⓛ 비난형 의사소통

개념	• 상대방을 무시하고, 자신과 상황에만 초점을 두며, 오직 자신의 의견이 최선이라고 생각하며, 상대방이 받아들이지 않으면 화를 내는 유형임 • 자기를 보호하기 위해, 상대방을 괴롭히거나 비난함 예 "당신이 늘 문제야." "네가 제대로 하는 것이 있어?" "다 너 때문이야."	자신 / 상황 타인 무시, 자신과 상황만 고려
특징	성격	• 완고한 성격으로 독선적·명령적이고, 융통성이 없으며, 다혈질적이고, 다른사람에게 책임을 전가함
	내적경험	• 소외됨 • 자신은 피해자, 희생자라고 생각하며, 열등의식이 많음 → "나는 외롭고, 실패자야."
	정서문제	• 공격적, 분노, 짜증, 반항, 적대감, 폭력 등
	신체문제	• 고혈압, 근육긴장, 혈액순환 장애 등
치료	• 감정을 조절하고, 긍정적인 사고를 하는 훈련 • 타인을 존중하고 배려하는 노력 등	

ⓒ 초이성형 의사소통

개념	• 상황에만 초점을 두고, 감정표현을 억제하며, 매우 냉정하고, 원칙과 규칙, 자료와 논리, 옳은 것만을 절대시하는 유형임 → 객관성, 논리성에만 초점을 둠 예 "사람은 늘 논리적이고, 조용하고, 침착해야 해." "이성적으로 먼저 생각을 해봐. 이 자료를 좀 봐봐. 너의 말이 앞뒤가 안맞잖아." "첫째, 이건 이래서 이랬다는 거죠? 맞나요? 둘째, 저건 저래서 저랬다는 거죠? 셋째, 제말이 맞나요? ......"	상황 자신과 타인 무시, 상황만 고려
특징	성격	• 정서적으로 냉정하고, 완고하고, 경직되어 있음 • 자신의 일에 지나치게 섬세하고 철두철미함 • 공감능력이 부족하고, 타인을 신뢰하지 못함
	내적경험	• 내적으로는 쉽게 상처받으며, 소외감을 느낌 → "나는 상처받았고, 고립된 느낌이다.", "어떤 감정도 표현할 수 없다."
	정서문제	• 강박증, 공감능력 부족, 사회적 위축, 반사회적 성격 등
	신체문제	• 근육통, 심장마비, 성기능 저하 등
치료	• 상대방의 감정을 인식, 공감, 배려하는 감수성 훈련 • 신체이완훈련 • 비언어적인 의사소통 훈련 등	

ⓔ 산만형 (부적절형) 의사소통

개념	• 다른 사람의 말이나 행동을 고려하지 않고, 관계없는 말을 하고, 대화의 초점도 없으며, 주의가 산만하고 부산하게 움직이며, 주위상황에 부적절하게 반응하는 의사소통임 예 "날 내버려 둬.", "그대로 둬." "무슨 상관이야." "왜 그렇게 심각해." "대충대충 합시다."	자신, 타인 상황 모두 무시
특징	내적경험	• 타인의 인정을 원하고, 소외에 대한 두려움을 가지고 있음 → '아무도 나에게 관심이 없어.' '내가 설 곳이 없어.' '내게 적절한 곳이 아니야.'
	정서문제	• 혼돈, 주의집중 X, 정신질환 등
	행동문제	• 부산함, 과활동성, 분주하면서 바쁜척 함 • 심각한 상황에서도 가볍게 생각하는 경향이 있어, 농담이나 딴전을 피워 그 상황을 모면하려 함
	신체문제	• 신경계통 장애, 위장계 장애, 편두통, 비만 등
치료	• 주의집중을 통해 상대방의 말을 끝까지 경청하는 훈련 • 자신의 생각을 조리있게 표현하는 훈련 • 자아존중감의 향상 • 신체적 접촉, 감수성 훈련을 통해 따뜻하게 수용받는 경험 필요	

ⓜ 일치형

개념	• 자신, 타인, 상황을 다 고려한 조화로운 의사소통 단계로, 높은 자아존중감을 가짐 • 다른사람들과의 관계가 편안하고, 개인의 특성을 존중하면서 자신과 타인을 존중하고, 변화에 대해 융통성이 있음	자신, 타인 상황 모두 고려

표. 의사소통 유형에 따른 반응유형 예.

〈 사례. 대학생 딸이 새벽에 귀가하여, 아버지한테 야단맞을 때 딸이 보인 반응 〉

- 회유형 : (고개를 푹 숙이고, 아빠랑 눈도 못마치며) "아빠. 죄송해요. 정말정말 죄송해요. 이번 한번만 용서해주세요. 제가 시간을 잘 봤어야 했는데… 다 제잘못이에요."
- 비난형 : "제가 늦게 들어오는건 다 아빠 때문이에요. 아빠가 집에만 오면 잔소리 하고, 야단만 치시니 집에 들어오기가 싫잖아요!"
- 초이성형 : "이건 화를 내서 될 일이 아니구요. 제가 왜 늦었는지에 대해 이성적으로 생각해보세요. 왜 늦었냐하면, 첫째. ~~~~ 이런일이 있었구요. 둘째. ~~~ 했구요."
- 산만형 : (딴전을 피우고, 몸을 부산스레 움직이며) "아빠가 화가 났셨구나. 누가 아빠를 화나게 한거에요? 심각하지 않아도 될 것 같은데 …."
- 일치형 : "친구 고민상담이 늦어져서 정신이 없어 깜빡했어요. 저 때문에 걱정하시느라 늦게까지 잠도 못 주무시고, 죄송해요. 다음부터는 늦을 때는 걱정하시지 않게, 미리 연락드릴께요."

(3) 주요 치료기법

① 가족 조각

개념	• 가족들이 동작(자세, 태도)이나 공간 등을 활용하여 자신이 경험한 사건에서 느낀 감정을 표현하게 하는 비언어적인 기법임 • 공간, 자세, 태도를 통해 가족생활에 대한 개인의 지각을 묘사하여, 가족 구성원의 인식과 감정을 시각화하는기법임
목표	• 가족 구성원이 각각 자신의 내면적 감정에 접함으로써, 진정한 자아에 대해 알고 느끼며, 새로운 대처방법을 생각해 보게 하는 것임
장점 (효과)	• 감정을 말보다 행동(동작)으로 표현할 때, 무의식적이고, 자연스러운 감정표현을 할 수 있음 • 감정을 말보다 행동(동작)으로 표현할 때, 더욱 실제에 가까우면서 분명하게 드러낼 수 있고, 그동안 다른 구성원에게 표현하지 못한 감정을 쉽게 드러내도록 해줌 • 자신의 감정을 폭발시키거나 말로 애써 표현하지 않고도 가족의 문제에 대한 자신의 견해를 자유롭게 표현할 수 있음

② 가족재구조화 (가족재구성)

개념	• 사이코드라마와 같은 시연을 통해 대상자 가족의 중요사건을 탐색하도록 하여, 원가족으로부터 유래된 역기능적 패턴을 인식하고, 벗어나도록 함

③ 빙산탐색

개념	• 개인의 내적과정을 빙산에 비유하여 수면위에 보이는 것이 사람의 행동이고, 수면밑에 있는 것이 사람의 감정, 지각, 기대, 열망 등이며, 인간의 행동은 수면아래에 존재하는 감정, 지각, 기대, 열망 등에 의해 결정되므로, 수면밑의 감정등을 탐색하도록 함

〈 사례. 어렸을 때, 사촌오빠한테 성폭행을 당한 20대 A양은 그 이후, 남자에 대한 트라우마로 원만한 이성관계를 맺지 못함 〉

행동	부적절한 행동	• 폭음, 남성과 친해지면 쉽게 성관계를 맺고, 곧 헤어짐 등
감정	부정적 감정	• 수치심, 무력감, 화, 불안 등
지각	왜곡된 부정적 지각	• '세상은 안전하지 않다. 남자는 믿어서는 안된다.' 등
기대	충족시키지 못한 기대	• '우리부모가 나를 지켜줬어야 했다. 우리부모는 그 오빠를 나와 함께 있도록 하지 말았어야 했다.' 등
열망	결핍된 열망	• '아무도 나를 사랑하지 않는다. 아무도 나를 수용하지 않을 것이다.' 등
자아	낮은 자존감	• '나는 사랑 받을 수 없는 존재이다. 나는 가치가 없는 존재이다.' 등

5 전략적 가족치료 (헤일리)

(1) 개념과 목표

이론 근거	• 가족체계이론과 의사소통 이론에 근거함 • 가족문제는 역기능적인 위계구조와 위계구조를 둘러싼 가족규칙에 영향을 받고, 고착된 의사소통 패턴이 있다고 봄	
개념	• 의사소통이론에 행동주의적 방법을 가미하여, 가족문제를 해결하기 위해 필요한 전략을 제시하는 치료로, 의사소통과 문제해결을 강조하는 치료법임 • 문제해결 치료, 제2의 의사소통치료라고도 불리움 (실용적이며, 단기치료 기법임)	
목표	위계구조 변화	• 가족의 위계구조를 변화시켜 위계질서를 바로 잡고, 규칙을 수정하며, 가족구성원들이 효과적으로 의사소통하여, 행동의 변화를 통해 문제를 해결하는 것임 • 현존하는 가족문제를 해결하기 위해 가족간의 문제를 지속시키는 행동을 발견하여, 적절한 전략을 제시하여, 행동을 변화시킴
	규칙의 수정	
	의사소통 변화	
	행동의 변화	

(2) 전략적 가족치료기법

① 지시하기

개념	• 가족의 특성에 따라 치료자가 고안한 행동방식을 제안하는 것임 (할일들을 제시함)
목표	**해야하는 행동** / **하지 말아야 할 행동** • 치료자가 가족구성원에게 해야하는 행동, 하지 말아야 할 행동을 지시하여, 가족의 문제를 해결하는 것임
종류	• 직접적 지시, 간접적 지시, 비유적 지시, 역설적 지시

② 과제부여하기

개념	• 필수적인 치료기법으로 치료자가 고안한 행동변화방법을 매 회기마다 가정에서 수행하도록 과제로 제시하는 것임	
방법	과제지시	• 명료한 과제를 구체적으로 지시
	수행확인	• 과제 제시 후에는 다음 회기에 반드시 과제수행을 확인
	결과검토	• 결과를 검토함

③ 역설적 개입법

개념	• 증상·문제행동을 오히려 과장되게 표현하고 지향하게 하는 것임 → 문제행동의 부정적 영향을 인식하고, 문제 행동이 감소됨
사례	예 우울증으로 고통받는 사람에게 "더 슬프고, 더 우울해라(하루 1시간 이상씩 통곡해라)"라고 이야기하고, 가족들에게도 그의 우울함을 격려하라고 지시함 예 사소한 가족간 갈등에도 큰소리를 지르는 남편에게 갈등이 생겼을 때, 더욱 큰 소리를 지르라고 하는 경우임

④ 증상 처방하기 (시련 처방하기)

개념	• 증상·문제행동을 유지하게 어렵게 만드는 시련을 처방함으로써, 증상을 유지하는 것이 증상을 포기하는 것보다 더 힘들게 하여, 증상·결국 문제행동을 포기하도록 하는 기법임 (역설적 개입법의 일종임)
사례	예 우울증인 아내가 우울증 증상이 보일 때마다 격렬한 운동을 하게 하거나, 집안 대청소를 하도록 처방함 예 대상자가 증상을 보일 때마다, 대상자와 관계자 좋지 않은 가족 구성원에서 선물을 하도록 함 예 불면증이 있는 대상자에게 자지 말고, 밤새워 책을 읽도록 함

5 해결중심 가족치료 (드 쉐이저(S. de shazer)와 김인수)

(1) 개념과 목표

이론 근거	① 문제의 이해없이도, 문제해결이 가능함 ② 문제점보다 강점과 해결방법에 초점을 맞추는 것이 더 효과적임 ③ 과거보다는 현재와 미래에 초점을 맞추는 것이 더 효과적임 ④ 인간은 누구나 문제해결을 위한 능력을 가지고 있음	
개념	미래초점 문제해결 성공경험 자원,강점 작은목표	• 대상자가 원하는 미래를 그리며, 문제의 원인이나 문제자체보다는 문제해결에 초점을 두어, 대상자의 강점과 자원, 문제가 발생하지 않는 예외적인 경우의 성공적 경험을 통해, 목표를 설정하여 아주 작은 것, 단순한 것부터 시작하도록 하여, 문제행동을 해결하는 치료임 (단기치료)
목표	• 미래에 초점을 맞추어, 대상자로 하여금 자신이 원하는 미래의 구체적인 그림을 그려보게 하고, 문제해결에 초점을 두어, 문제를 해결하고, 원하는 미래로 나아가도록 하는 것임	

전략적 가족치료 vs 해결중심 가족 치료	
공통점	• 문제원인을 파악하는 거보다, 문제해결에 초점을 둠 • 단기간안에 효과를 보는 단기치료임
차이점	• 전략적 가족치료 : 문제해결을 위한 전략에 초점 • 해결중심 가족치료 : 문제해결을 위한 가족의 강점 및 자원활용, 문제가 발생하지 않는 예외적 상황에 초점

(2) 치료기법 – '변화를 위한 질문'

① 상담 전 변화에 관한 질문

개념	• 상담 약속을 한 후 상담을 받으러 오기 전에, 문제상황에 중대한 변화가 일어난다고 보고, 변화에 관해 질문하는 것임
효과	• 대상자는 문제에 대해 생각하게 하고, 스스로 인식하지 못하는 문제해결 방안을 찾을 수 있음
사례	예 "가족 상담을 예약한 후, 현재 이곳에 오기까지 달라는 것은 무엇이나요?" "우리의 경험에 따르면 처음 상담을 약속했을 때와 상담을 받으러 오는 사이에 호전되어 있는 사람이 많습니다. 00씨는 그런 변화를 알아챈 적이 있나요?"

② 기적질문

개념		• 대상자에게 원하는 미래의 구체적인 모습을 그려보게 하는 질문으로, 변화가능성에 대해 희망을 갖게 되고, 해결책을 구체적으로 명료화시킬 수 있는 질문임
효과	희망	• 문제중심에서 벗어나 변화가능성에 대한 희망을 갖게 되는 경험을 하게 됨
	목표설정	• 상담 목표를 설정하는 데 도움이 됨
사례		예 "잠자는 동안 기적이 일어나 당신의 문제가 극적으로 해결됩니다. 아침에 일어났을 때, 무엇을 보고 기적이 일어난 것을 알 수 있을까요? 기적이 일어난 것을 어떻게 알 수 있을까요?"

③ 예외질문 (예외발견 질문)

개념		• 대상자의 문제가 발생하지 않거나, 덜 심각했던 상황과 시간을 찾아내도록 하는 질문임 → 대상자의 성공과 장점을 바탕으로 문제해결에 대한 자신감이 생김
효과	자신감	• 문제가 발생하지 않는 상황을 찾아내고, 구체적인 방법이 밝혀지면, 문제해결에 대한 자신감이 생김
	성공경험 확대	• 과거에 잘 기능했던 해결책을 반복하게 하여, 성공경험이 확대되어, 바람직한 행동이 형성됨
사례		예 "최근에 문제가 일어나지 않은 때는 언제였나요?" "어떻게 하면 문제가 발생하지 않나요?" "당신이 원하는 일을 해봤던 때는 언제인가요?" 예 최악의 상황에서는 "문제가 덜 심각하고, 기간이 짧았던 때는 언제였나요?

④ 대처질문

개념	• 대상자가 스스로 인식하지 못하는 자원과 강점을 발견하도록 돕는 질문으로, 어려운 상황에서의 적절한 대처경험을 깨닫도록 하는 것임
효과	• 대상자의 자원과 강점을 발견하여, 문제해결에 활용함
사례	예 "어머니는 그 어려운 상황 속에서, 어떻게 지금까지 견딜 수 있었나요?" "어떻게 해서, 상황이 더 나빠지지 않을 수 있었나요?"

⑤ 관계성질문

개념	• 대상자의 중요한 사람들이 갖고있는 생각, 의견, 지각 등을 묻는 것으로, 그들의 관점에서 내담자 자신의 문제에 대해 어떻게 생각할지 추측해 보도록 하는 것임
효과	• 가족 간의 상호영향과 변화가능성을 파악할 수 있음 • 자신의 행동이나 관점 뿐 아니라, 자신에 대한 다른 사람의 관점이나 행동에 주의를 기울이게 되어, 문제해결을 위한 잠재적 자원을 더 많이 활용할 수 있음
사례	예 "친정어머니가 여기 계신다면, 따님이 어떻게 하는 것이 문제해결에 도움이 된다고 말씀해주실까요?" 예 "아버지가 지금, 여기 계신다면, 당신의 아버지는 당신의 문제가 해결될 경우, 무엇이 달라질꺼라고 말씀하실까요?"

⑥ 척도질문

개념	• 문제의 심각성, 문제의 우선순위, 치료목표, 변화의지, 변화를 위한 노력, 자신감, 자존감, 문제가 해결된 정도 등을 수치로 평가하게 하는 질문임
효과	• 해결책의 논의가 구체화됨
사례	예 "문제해결의 상태를 1~10점까지의 척도를 나타냈을 때, 당신은 현재 7점에 있다고 했어요. 7점에서 9점으로 올리기 위해, 무엇을 해야할까요?" 예 "1점에서 10점까지의 척도에서 1은 가장 문제가 심각한 때이고, 10은 모두 해결된 점수라면 지금 몇 점입니까?" 예 "같은 10점 척도에서 이 문제를 해결하기 위해 어느 정도 노력할 수 있겠는가?" 예 "당신은 삶의 만족도가 몇점 정도 되면, 치료를 그만둘 생각인가요"

6 이야기가족치료

(1) 개념과 목표

이론 근거	• 자신에 대해 말하는 이야기와 설명이 자신들의 경험을 구성하고 행동을 결정한다는 전제임 • 이야기를 통해 인간경험의 요소를 묶어주고, 의미를 부여하고, 경험을 해석함	
개념	경험의 의미 해석 이야기 해체 이야기 재구성 경험의 재해석 삶의 의미	• 대상자에게 이야기를 하도록 하여, 부정적인 이야기를 해체하여, 새롭고 생산적인 이야기로 재구성함으로써, 경험의 의미를 부정적인것에서 긍정적으로 재해석하여, 새로운 삶의 의미를 생성함 • 이야기 : 개인의 인생전체를 하나의 줄거리로 엮은 자서전적 설명 • 해체 : 대상자의 부정적인 이야기에 의문을 제기하고 도전하는 것
목표	• 억압당하고 있는 내면화된 이야기(문제로 가득한 이야기)로부터 대상자를 해방시켜주며, 새로운 삶의 의미를 찾도록 함	
사례	예 자신은 무능하고 따분하며 매력없는 사람이라는 이야기를 가진 사람에게는 자신을 신중하고 진중하고 진지한 사람이라는 이야기로 구성하게 되면, 경험의 의미가 새롭게 재해석됨	

(2) 치료기법 – 이야기치료의 질문기법

① 외재화하기 (문제의 외재화)

개념	• 문제의 원인을 외부의 탓으로 돌리는 것으로, 사람과 문제를 분리하여, 문제를 그들 자신과 분리된 실체로 바라보도록 함 → 사람이 문제가 아니라는 점을 강조함
효과	• 억압당하고 있는 내면화된 이야기(문제로 가득한 이야기)로부터 대상자를 해방시켜주며, 새로운 삶의 의미를 찾도록 함
사례	예 "강박증이 어떤식으로 당신을 아내로부터 멀어지게 했나요?" "언제 거식증이 ○○님의 몸을 쳐다보게 하나요?" "우울증이 당신을 어디에도 가고 싶지 않게 하나봐요. 맞나요?"

② 문제 이야기의 행간 읽기 (독특한 결과 찾아내기)

개념	• 문제에 영향을 받지 않았던 사건이나 독특한 결과에 대해, 그것이 어떻게 이루어졌는지 상술하도록 요청함
효과	• 행간에 숨겨진 긍정적인 사건을 재발굴하여, 대상자로 하여금 자신의 능력을 재평가하게함
사례	예 "분노가 당신을 지배하려 할 때, 당신이 그렇게 하도록 허용하지 않았던 때가 있었나요? 어떻게 그렇게 할 수 있었나요?"

③ 전체 이야기 다시쓰기

개념	• 대상자가 지닌 능력과 성취경험에 대한 증거들로 전반적으로 그가 어떤 사람인가에 대해 새로운 이야기를 구성하고 재해석하는 과정으로, 대상자에게 고난극복과 성취에 대해 이야기해보록 요청함
사례	예 "분노로 마음이 차득찰 때, 분노를 어떻게 굴복시키고, 극복하셨나요?" 예 "당신이 화를 어떻게 잘 통제할 수 있었는지 이야기 해줄 수 있나요?"

④ 새로운 이야기 강화하기

개념	• 대상자의 긍정적인 새로운 이야기가 현실에서 잘 적용할 수 있도록, 대상자를 지지하는 청중이나 집단을 찾기도 하고, 새로운 이야기를 강화하기 위한 편지를 쓰기도 함
사례	예 섭식장애 자조집단은 다이어트와 날씬한 몸매를 강조하는 사회문화적 신념을 비판하는 이야기를 방속국에 편지를 써서 보냄

Part 10 정신과 약물의 이해

1 효능
- 약이 달성할 수 있는 최대효과임

2 혈액-뇌 장벽 (blood-brain barrier, BBB) 21 임용

기능	• 뇌와 혈액 사이 장벽으로 모세혈관벽 내피세포들의 치밀한 결합으로 독성물질, 약물 등으로부터 뇌를 보호함
투과약물	• 뇌의 모세혈관벽 내피세포를 투과하는 것은 지용성인 약물 또는 운반체계가 있는 약물임
전달체 역할	• BBB에는 치밀한 결합외에 P-당단백질이 있어, 다양한 약물을 세포 바깥으로 운반하는 전달체 역할을 함 → 약물을 혈액으로 되돌려 보내기 때문에, 뇌에 다다르는 약물이 줄어듦

3 역가 96 임용

	• 최대 효과를 달성하는 데 필요한 약물의 양을 뜻함
고역가	• 같은 효과를 나타내기 위해 투여량이 적은 약물 (즉, 효력이 강한 약물임) • 100만큼의 효과를 위해서 적은 약의 약물이 필요한 경우임
	• haloperidol 등 추체외로 증상 부작용 많음
저역가	• 같은 효과를 나타내기 위해 투여량이 많은 약물 (즉, 효력이 약한 약물) • 100만큼의 효과를 위해서 많은 약의 약물이 필요한 경우임
	• chlorpromazine 등 항콜린성 부작용 많음

4 작용제, 길항제

작용제 (agonist)	• 수용체를 활성화하여 어떠한 작용을 하도록 하는 물질임
길항제 (대항제, antagonist)	• 수용체 활성화를 차단, 작용제와 기능적으로 반대효과를 나타내기도 함

5 반감기

개념	• 약물 투여 후 약물의 혈중 농도가 절반으로 감소하는데 걸리는 시간임
의미	• 간, 신장 손상 환자는 약물의 혈중 반감기가 증가하여 독성농도에 쉽게 도달하므로 횟수나 용량을 줄여서 사용해야 함

6 효력(Potency)과 효능(Efficacy)

효력	• 일정 용량의 약을 투여했을때 약물이 나타내는 효과 • 얼마나 수용체에 잘 붙는가? (얼마나 작은 농도면 충분한가?) → 특정용량에서 나타나는 효과로 임상에서 중요하지는 않음
효능 (최대효능)	• 약물사용으로 기대할 수 있는 최대의 반응임 • 얼마가 효과가 좋은가? → 임상에서 중요

7 반동효과 24 임용

개념	• 동일한 약물을 중단하거나 용량을 줄이면, 증상이 다시 나타나거나 이전보다 증상이 악화되는 현상임 → 즉, 증상의 일시적인 복귀임
점진적 감량	• 항정신성 약물은 대체로 급하게 감량하기 보다는 점진적으로 감량해야 하는 이유는 반동효과 때문임 → 이는 증상의 일시적인 복귀, 재발 또는 금단의 잠재적인 문제이기 때문임

8 치료지수 (Therapeutic intex, TI) 20 임용

• '약물 안전성'에 대한 측청치임

개념	• 집단의 50%에서 효과를 나타내는 용량(ED50)에 대한 집단의 50%에서 독성을 나타내는 용량(TD50)의 비 • 치료지수 (TI) = $\dfrac{TD50(독성용량)}{ED50(유효용량)}$ (ED : Effective dose, TD : Toxic dose) • '좋은 효과가 있는 용량에서 몇배를 넣는 순간 독성이 나타나는가?' • '약물 안전성'에 대한 측청치임 → 치료지수가 클수록 안전한 약물임	
의미	TI가 크다	• 치료치수가 클수록, 안전성이 높은 약물 (유효용량와 독성용량 사이의 폭이 넓다는 것을 의미) → 즉, 많은 양을 투여하더라도 유해 작용이 크지 않아 비교적 안전하게 사용할 수 있음
	TI가 작다	• 치료치수가 작을수록, 안정성이 낮아 사용에 신중해야 약물임 • 치료지수가 좁은 것은 대표적으로 리튬, 와파린 등
	TI가 1보다 작다	• TI가 1보다 작으면, 약의 치료 효과가 나타나기도 전에 독성 효과가 나타나게 됨
TDM 필요	• 치료지수가 좁은 약물은 약물이 누적되거나 위험수준으로 상승하지 않도록, 혈중 모니터링(TDM, Therapeutic drug monitoring)을 해야 함	

정신과 약물의 이해 | PART 10

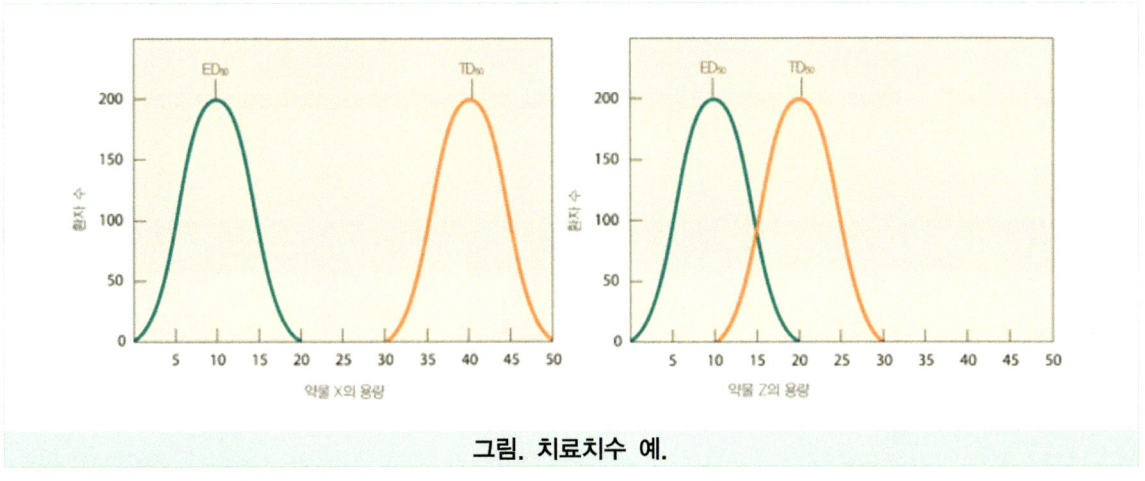

그림. 치료치수 예.

자료원. 박억숭 외. 약리학(2021). 수문사

- 그림 약물 X의 치료지수는?
  → $\dfrac{TD50(치사용량)}{ED50(유효용량)} = \dfrac{40}{10} = 4$, 안전한 약물 (약물 평균용량의 4배를 투여할 때 치명적임)

- 그림 약물 Z의 치료지수는?
  → $\dfrac{TD50(치사용량)}{ED50(유효용량)} = \dfrac{20}{10} = 2$, 치료지수가 작아, 신중해야할 약물
  (약물 평균용량의 2배를 투여할 때 치명적임)

9 치료범위(Therapeutic range, TR)

개념	• 약의 효과를 나타내면서, 독성을 나타내지 않는 약의 농도를 범위로 나타낸 것
의미	• 일반적으로 치료지수가 작다면 치료범위가 좁고, 치료지수가 높다면 치료범위가 넓음 • 개개인마다 약물마다 치료범위가 다름

10 초회통과 효과 (fist-pass effect)

개념	• 특정한 경구투여 약물의 빠른 간 비활성화를 말함 → 간의 유기질산염 환원효소에 의해 빠르게 비활성화됨
의미	• 초회통과효과를 회피하기 위해 간에서 빠르게 대사되는 약물을 비장관으로 투여하여, 일시적으로 간을 우회해서 전신순환에서 치료 농도를 다달을 수 있음

Part 11 아동기와 신경발달 장애

① 의사소통장애

1 언어장애

(1) 언어장애의 이해

- 어휘, 문법, 문장구조, 담화에 대한 이해와 생성의 결함으로 인해 언어의 습득과 사용에 어려움을 겪는 것임
- 언어학습과 수용은 수용성 능력과 표현성 능력에 의하므로, 이 모두를 평가함

표현성 언어능력	• 어휘, 몸짓(비언어적) 또는 언어적 신호의 '생성'하는 능력 **표현성 언어장애** • 다른 사람의 말을 이해하는 수용성 언어능력은 비교적 정상이지만 언어표현에는 장애를 보임 • 간단한 단어나 문장 표현도 어려워하며 몸짓이나 손짓으로 대체하려 함
수용성 언어능력	• 언어적 의미를 수용하고 '이해'하는 능력 **수용성 언어장애** • 다른 사람의 말을 이해하는 능력과 자신의 생각을 언어로 표현하는 능력의 장애를 보임

(2) 언어장애 진단기준

언어장애 진단기준 (DSM-5-TR)

A. 언어에 대한 이해와 생성의 결함으로 인해 언어 양식(즉 말, 글, 수화 또는 기타)의 습득과 사용에 지속적인 어려움이 있으며, 다음 항목들을 포함한다.
  1. 어휘(단어에 대한 지식과 사용) 감소
  2. 문장 구조(문법이나 형태론적 법칙을 기초로 단어와 어미를 배치하여 문장을 만드는 능력)의 제한
  3. 담화(주제나 일련의 사건을 설명하거나 기술하고 대화를 나누기 위해 어휘를 사용하고 문장을 연결하는 능력)의 손상
B. 언어능력이 연령에 기대되는 수준보다 상당히 그리고 정량적으로 낮으며, 이로 인해 개별적으로나 어떤 조합에서나 효율적인 의사소통, 사회적 참여, 학업적 성취 또는 직업적 수행의 기능적 제한을 야기한다.
C. 증상의 발병은 초기 발달시기에 시작된다.
D. 이러한 어려움은 청력이나 다른 감각 손상, 운동 기능이상 또는 다른 의학적 신경학적 조건에 기인한 것이 아니며, 지적장애(지적발달장애)나 전반적 발달지연으로 더 잘 설명되지 않는다.

2 말소리 장애

- 말하기를 위해서는 말소리에 대한 지식, 조음 기관(턱, 혀, 입술)의 움직임, 호흡과 발성을 조절하는 능력이 모두 필요함
- 치료효과가 좋고, 성장할수록 말하기 문제가 개선되어 장애가 평생 지속되지 않을 수 있음

말소리 장애 진단기준 (DSM-5-TR)

A. 말소리 생성에 지속적인 어려움이 있고, 이는 언어 명료도를 방해하거나 전달적인 언어적 의사소통을 막는다.
B. 장애가 효과적인 의사소통을 제한하여 사회적 참여, 학업적 성취 또는 직업적 수행을 각각 혹은 조합에서 방해한다.
C. 증상의 발병은 초기 발달 시기에 시작된다.
D. 이러한 어려움은 뇌성마비, 구개열, 난청 또는 청력상실, 외상성 뇌손상이나 다른 의학적 또는 신경학적 상태와 같은 선천적 혹은 후천적 조건으로 인한 것은 아니다.

3 아동기 발병 유창성 장애 (말더듬)

- 연령에 부적절한 말의 유창성과 말의 속도 장애임

아동기 발병 유창성장애(말더듬) 진단기준 (DSM-5-TR)

A. 말의 정상적인 유창성과 말 속도 양상의 장애로서 이는 연령이나 언어 기술에 비해 부적절하며, 오랜기간 지속된다. 다음 중 한 가지 이상이 자주, 뚜렷하게 나타나는 것이 특징이다.
  1. 음과 음절의 반복
  2. 자음과 모음을 길게 소리 내기
  3. 단어의 깨어짐(예 한 단어 내에서 머뭇거림)
  4. 소리를 동반하거나 동반하지 않는 말 막힘(말의 중단 사이가 채워지거나 채워지지 않음)
  5. 돌려 말하기(문제 있는 단어를 피하기 위한 단어 대치)
  6. 과도하게 힘주어 단어 말하기
  7. 단음절 단어의 반복(예 "나-나-나-나는 그를 본다")
B. 개별적으로나 복합적으로 장애는 말하기에 대한 불안 혹은 효과적인 의사소통, 사회적 참여, 또는 학업적 직업적 수행의 제한을 야기한다.
C. 발병은 초기 발달시기에 시작된다
D. 장애는 언어-운동 결함 또는 감각 결함, 신경학적 손상(예 뇌졸중, 종양, 외상)에 의한 비유창성, 또는 다른 의학적 상태로 인한 것이 아니며, 다른 정신질환으로 더 잘 설명되지 않는다

4 사회적(실용적) 의사소통 장애

실용성		• 언어 및 의사소통의 사회적 사용(실용성)에 있어서 주된 어려움을 보임
결함	사회적 규칙	• 언어적·비언어적 의사소통의 사회적인 규칙을 이해하고 따르는데 어려움 → 사회적 목적의 의사소통의 결함
	상황적 요구	• 듣는 사람이나 상황적 요구에 따라 언어를 바꾸거나, 대화를 나누고 이야기를 하기 위한 규칙을 따르는데 있어서의 결함

사회적(실용적) 의사소통 장애 진단기준 (DSM-5-TR)

A. 언어적 비언어적 의사소통의 사회적인 사용에 있어서 지속적인 어려움이 있고, 다음과 같은 양상이 모두 나타난다.
  1. 사회적 맥락에 적절한 방식으로 인사 나누기나 정보 공유 같은 사회적 목적의 의사소통을 하는 데 있어서의 결함
  2. 교실과 운동장에서 각기 다른 방식으로 말하기, 아동과 성인에게 각기 다른 방식으로 말하기, 그리고 매우 형식적인 언어의 사용을 피하는 것과 같이 맥락이나 듣는 사람의 요구에 맞추어 의사소통 방법을 바꾸는 능력에 있어서의 손상
  3. 자기 순서에 대화하기, 알아듣지 못했을 때 좀 더 쉬운 말로 바꾸어 말하기, 상호작용을 조절하기 위해 언어적 비언어적 신호를 사용하기와 같이 대화를 주고 받는 규칙을 따르는 데 있어서의 어려움
  4. 무엇이 명시적 기술이 아닌지(예 추측하기), 언어의 비문자적 또는 애매모호한 의미(예 관용구, 유머, 은유, 해석 시 문맥에 따른 다중적 의미)가 무엇인지를 이해하는 데 있어서의 어려움
B. 개별적으로나 복합적으로 결함이 효과적인 의사소통, 사회적 참여, 사회적 관계, 학업적 성취 또는 직업적 수행의 기능적 제한을 야기한다.
C. 증상의 발병은 초기 발달시기에 나타난다.(그러나 결함은 사회적 의사소통 요구가 제한된 능력을 넘어설 때까지는 완전히 나타나지 않을 수 있다.)
D. 증상은 다른 의학적 또는 신경학적 상태나 부족한 단어 구조 영역과 문법 능력에 기인한 것이 아니며, 자폐스펙트럼장애, 지적장애(지적발달장애). 전반적 발달지연, 또는 다른 정신질환으로 더 잘 설명되지 않는다.

2 운동장애

1 발달성 협응장애

- 운동기술 중 운동협응능력에 장애가 있어, 학업성취나 일상생활에 현저한 지장을 주는 것임
- 운동협응능력의 장애가 가정, 사회, 학교 등 공동체의 일상적 활동의 수행이나 참여에 상당한 방해를 줄 때만 진단함 (진단기준 B)
- 남아가 여아보다 더 흔함

> **일상적 활동의 예**
> - 옷 입기, 연령에 적합한 식기 이용하고, 어지럽히지 않으며 식사하기
> - 다른 사람과 함께 신체적 게임에 참여하기, 수업시간에 자와 가위와 같은 특정 도구 사용하기
> - 학교에서 팀을 이루는 운동에 참여하기 등

발달성 협응장애 진단기준 (DSM-5-TR)

A. 협응된 운동의 습득과 수행이 개인의 생활연령과 기술 습득 및 사용의 기회에 기대되는 수준보다 현저하게 낮다. 장애는 운동 기술 수행(예 물건 잡기, 가위나 식기 사용, 글씨 쓰기, 자전거 타기 또는 스포츠 참여)의 지연과 부정확성뿐만 아니라 서투른 동작(예 물건 떨어뜨리기 또는 물건에 부딪히기)으로도 나타난다.
B. 진단기준 A의 운동 기술 결함이 생활연령에 걸맞은 일상생활의 활동(예 자기관리 및 유지)에 현저하고 지속적인 방해가 되며, 학업/학교 생활의 생산성, 직업 활동, 여가, 놀이에 영향을 미친다.
C. 증상은 초기 발달시기에 시작된다.
D. 운동 기술의 결함이 지적장애(지적발달장애)나 시각 손상으로 더 잘 설명되지 않으며, 운동에 영향을 미치는 신경학적 상태(예 뇌성마비, 근육퇴행위축, 퇴행성 질환)에 기인한 것이 아니어야 한다.

---

2 상동증적 운동장애

- 뚜렷한 목적없이 억제할 수 없는 상동운동을 반복하는 것임

비자해적 행동	몸 흔들기, 손가락 튕기기, 고개 끄덕이기, 팔 흔들기 등
자해적 행동	머리 박기, 얼굴 때리기, 눈 찌르기, 신체부위 물어 뜯기 등

상동증적 운동장애 진단기준 (DSM-5-TR)

A. 반복적이고, 억제할 수 없는 것처럼 보이고, 목적이 없는 것 같은 운동 행동(예 손 흔들기, 손장난하기, 몸흔들기, 머리 흔들기, 물어뜯기, 자기 몸 때리기)
B. 반복적인 운동 행동이 사회적, 학업적 또는 기타 활동을 방해하고, 자해의 원인이 될 수 있다.
C. 초기 발달 시기에 발병한다.
D. 반복적 운동 행동은 물질의 생리적 효과나 신경학적 상태로 인한 것이 아니며, 다른 신경발달장애나 정신질환(예 발모광, 강박장애)으로 더 잘 설명되지 않는다.

다음의 경우 명시할 것
- 자해 행동을 동반하는 경우(또는 예방 조치가 없다면 부상을 초래할 수 있는 행동)
- 자해 행동을 동반하지 않는 경우

3 틱장애 21, 10, 92 임용

(1) 틱의 정의 및 원인 21 임용

정의	• 틱은 상대적인 근육의 '불수의적인 운동'으로 갑작스럽고 빠르며 반복적이고 비율동적인 동작이나 음성증상임
유병률	• 남아가 여아보다 2배정도 많음 92 임용
원인	**기저핵 기능저하** • 기저핵의 기능저하 → 불수의적 운동 억제 X → 틱, 뚜렛장애
	도파민 ↑ • 기저핵의 도파민 증가 → 불수의적 운동 조절 X
	유전 • 틱은 유전되는 경향이 있음
종류	• 틱장애는 ① 투렛장애, ② 지속성(만성) 운동 또는 음성 틱장애, ③ 잠정적 틱장애로 구분됨

(2) 틱의 증상 특징

모든 근육, 음성		• 틱 증상은 거의 모든 근육군과 음성에서 나타남
안면부 시작		• 안면부에서 처음으로 나타나며, 시간이 지날수록 목, 어깨, 팔, 몸통 등 점차 아래쪽으로 진행하는 모습임 • 눈 깜빡임과 헛기침이 흔함
불수의적 운동		• 틱은 대개 불수의적 운동이지만, 다양한 시간동안 자발적으로 억제될 수 있음 → 무기한으로 억제는 불가능함
억제 가능		• 틱을 의식적으로 참을 수 있는 기간은 상황에 따라서 다르고, 틱이 심할수록 억제는 더욱 더 어려워짐
전조충동 증상 (전조감각 충동)	전조 감각증상	• 틱 전에 국소적인 불편한 감각증상, 감각이상이 나타나는 것임 → 답답함, 저린 느낌, 뻐근함, 간지러움, 긴장감 등
	전조 충동	• 전조증상(감각증상)의 불편감을 없애기 위해, 어떤 움직임이나 몸짓을 해야 할 것만 같은 충동임 → 전조감각증상을 해소하기 위한 특정행동의 충동
	사례	예 눈이 뻑뻑한 느낌(전조증상) → 눈을 깜박이고 싶은 충동(전조충동) → 눈깜빡임 (단순 운동틱) 예 목이 깔깔하고 답답한 느낌(전조증상) → 목의 답답함을 해소하고 싶은 충동(전조충동) → 헛기침하기 (단순 음성틱) 예 어깨가 뻐근한 느낌(전조증상) → 어깨의 불편감을 해소하고 싶은 충동(전조충동) → 어깨 들썩이기 (단순 운동틱)
	〈 틱 억제 〉 • 틱을 억제하거나 참으려거나 참게하는 노력이 효과가 없음 → 전조증상은 불편하고, 답답하고, 괴로움 → 참을려고 할수록 힘들고 괴로움	
악화 및 감소	악화	• 피로, 스트레스 시 악화 → 충분한 휴식 필요 • 기분좋고, 흥분된 사건도 틱을 악화시킴 틱 악화 : 감정을 자극하는 사건 → 스트레스, 기분좋음, 흥분 등
	감소	• 수면 시, 몰두하는 활동 시 감소함

(6) 틱의 진단기준 21. 10 임용

틱 진단기준 (DSM-5-TR)

틱은 갑작스럽고 빠르며 반복적이고 비율동적인 동작이나 음성 증상을 말한다.

투렛장애 21. 10 임용
A. 여러 가지 운동성 틱과 한 가지 또는 그 이상의 음성 틱이 질병 경과 중 일부 기간 동안 나타난다. 2가지 틱이 반드시 동시에 나타날 필요는 없다.
B. 틱 증상은 자주 악화와 완화를 반복하지만 처음 틱이 나타난 시점으로부터 1년 이상 지속된다.
C. 18세 이전에 발병한다.
D. 장애는 물질(예 코카인)의 생리적 효과나 다른 의학적 상태(예 헌팅턴병, 바이러스성 뇌염)로 인한 것이 아니다.

지속성(만성) 운동 또는 음성 틱장애
A. 한 가지 또는 여러 가지의 운동 틱 또는 음성 틱이 장애의 경과 중 일부 기간 동안 존재하지만, 운동 틱과 음성 틱이 모두 나타나지는 않는다.
B. 틱 증상은 자주 악화와 완화f를 반복하지만 처음 틱이 나타난 시점으로부터 1년 이상 지속된다.
C. 18세 이전에 발병한다.
D. 장애는 물질(예 코카인)의 생리적 효과나 다른 의학적 상태(예 헌팅턴병, 바이러스성 뇌염)로 인한 것이 아니다.

잠정적 틱장애
A. 한 가지 또는 다수의 운동 틱 및/또는 음성 틱이 존재한다.
B. 틱은 처음 틱이 나타난 시점으로부터 1년 미만으로 나타난다.
C. 18세 이전에 발병한다.
D. 장애는 물질(예 코카인)의 생리적 효과나 다른 의학적 상태(예 헌팅턴병, 바이러스성 뇌염)로 인한 것이 아니다.
E. 투렛장애나 지속성(만성) 운동 또는 음성 틱장애의 진단기준에 맞지 않아야 한다.

표. 틱장애 종류의 구분

	투렛장애 21. 10 임용	지속성(만성) 운동 또는 음성 틱장애	잠정적 틱장애
운동 틱	여러 가지	한 가지 또는 여러 가지	한가지 또는 다수
음성 틱	한가지 또는 그이상	음성 틱	음성틱
비교	운동 틱 & 음성 틱 (둘다)	운동 틱 or 음성틱 (둘 중 하나만)	운동 틱 and/or 음성틱 (둘다, 둘 중 하나)
특징	운동틱 먼저 나타나고, 그다음 음성틱 나타남	음성틱은 운동틱에 비해 드묾 투렛장애보다 증상은 덜 심함	
기간	1년 이상 (악화, 완화 반복)	1년 이상(악화, 완화 반복)	1년 미만

(3) 틱의 분류

- 틱은 단순 또는 복합으로 분류됨

① 단순 운동틱

특징	• 특정 근육군의 제한된 개입이 특징임 → 한 개 또는 소수의 근육이 관여함 • 짧은시간 지속됨
예	• 눈 깜빡거리기(흔함), 얼굴 찡그리기, 코 훌쩍거리기, 코 씰룩하기, 코 벌렁거리기, 입 내밀기, 머리흔들기, 머리 끄덕거리기, 어깨 움츠리기, 어깨 들썩이기, 팔다리 뻗기 등

② 복합 운동틱

특징	• 여러 개의 근육이 관여하여 연결된 행동으로 나타나며, 목적이 있는 행동처럼 보임(의도한 행동) • 긴시간 지속됨
예	• 어깨를 으쓱이며, 목을 돌리는 동작들이 함께 나타남, 제자리에서 뛰어오르기, 몸을 굽히고 꼬기, 물건을 만지거나 냄새맡기, 특이한 걸음걸이를 반복하기, 특정 행동 패턴을 반복하기, 타인의 행동을 모방하는 행동(반향운동증),, 성적이나 외설적인 몸짓(외설 행동) 등

③ 단순 음성틱

특징	• 빠르고 의미 없는 소리를 내는 것임 • 인두나 후두, 비강, 호흡기 등의 근육들이 갑작스럽게 움직여서 소리를 내는 증상 → 횡경막이나 구강 인두 근육의 수축에 의해 발생함
예	• 헛기침(흔함), 콩콩거리는 소리, 꿀꿀거리는 소리, 쨱쨱거리는 소리, 가래뱉는 소리, 침 뱉는 소리, 쉬소리 등

④ 복합 음성틱

특징	• 어절, 단어, 문장의 형태로 나타남 • 언어적 의미(단어 또는 부분단어)를 가지고 있음 • 특정한 단어나 외설적인 단어를 반복할 수 있음
예	• 상황과 관계없는 단어·음절 반복하기, 남의 말 따라하기(반향언어증), 지속하거나 외설적인 말·욕설 반복하기(욕설증) 등

(4) 틱의 치료

① 약물치료 (도파민 감소)

정형 항정신병 약물	기전	• 도파민-2(D2) 수용체를 차단하여 도파민 감소 • 추체외로 부작용 심함 (도파민 ↓ → 아세틸콜린 ↑)
	약물	• 할로페리돌(haloperidol), 피모지드(pimozide) 등
비정형 항정신병 약물 (주로 사용)	기전	• 도파민 2(D2), 세로토닌(도파민 방출억제, 과잉분비 조절)억제
	약물	• 아리피프라졸(aripiprazole), 리스페리돈(risperidone), 지프라시돈(ziprasidone) 등

② 습관역전훈련
- 행동치료의 일종임

개념	틱 증상 외 근육	• 전조충동시, 의도적으로 틱과 연관되지 않는 근육을 움직여서, 일종의 경쟁반응을 유도해, 틱을 억제할 수 있는 행동 훈련임 → ① 틱 증상을 억제, ② 틱 증상이 들기 전에 느껴지는 '전조 충동'과 같은 불편한 감각을 견디는 능력을 키울 수 있게 도와줌 (효과)
	틱 증상 억제	
	전조 증상 견딤	
	전조 충동 억제	
방법	전조(감각)충동 인식	• 전조감각을 해소하기 위한 특정행동을 하고 싶은 충동을 인식함
	경쟁반응훈련	• 틱과 연관되지 않는 근육을 움직여 경쟁반응을 유도함
	근육이완훈련	• 점진적 근육이완 훈련 등
사례	예 고개를 뒤로 젖히는 운동 틱은 아래턱에 힘을 살짝 주고 내리는 행동을 의도적으로 하게 함 예 기침 소리를 내는 음성 틱이 나타나려고 할 때 입을 다물고 코로 천천히 호흡하게 함	

③ 뇌 심부 자극술

개념	• 뇌의 특정 부위에 미세한 전극을 삽입하여 전기 자극을 주는 방법임
적용	• 약물치료나 행동치료 등으로 충분한 효과를 보지 못하는 난치성 틱

3 특정학습장애 11 임용

- 아동의 연령, 지능에 비해 학업기술의 학습 특히 읽기, 쓰기, 수학에서 6개월 이상 지속적인 어려움으로 학업적 또는 일상생활의 활동을 현저하게 방해하는 것임

학업기술 학습의 어려움	• 핵심적 '학업기술의 학습'하는데 6개월 이상의 지속적인 어려움의 경험 → 학교교육(정규 교육과정)이 시작한 후에만 진단 (진단기준 A) **핵심적인 학업기술의 학습** ① 단어를 정확하고 유창하게 읽기 ② 독해력 ③ 쓰기 ④ 철자법 ⑤ 산술적 계산 ⑥ 수학적 추론(수학적 문제풀기)	
	① **읽기 장애** 11 임용	• 단어읽기 정확도, 읽기 속도 또는 유창성, 독해력
	② **쓰기 장애**	• 철자 정확도, 문법과 구두점 정확도, 작문의 명료도와 구조화
	③ **수학장애**	• 수 손상, 단순 연산값의 암기, 계산의 정확도 또는 유창성, 수학적 추론의 정확도
연령보다 낮음	• 학업기술 수행이 연령의 기대수준보다 낮음 (진단기준 B)	
저학년	• 대부분 학습문제가 저학년일 때 분명해짐 (진단기준 C) → 쓰기장애는 초 1, 수학장애는 초5 때까지 발견되지 않을 수 있음	
유병률	• 남아가 여아보다 흔히 나타남	
원인	• 유전, 조산, 저출생아, 태내 니코틴 노출 등	

특정학습장애 진단기준 (DSM-5-TR)

A. 학습 기술을 배우고 사용하는 데 있어서의 어려움. 이러한 어려움에 대한 적절한 개입을 제공함에도 불구하고 아래에 열거된 증상 중 적어도 한 가지 이상이 최소 6개월 이상 지속된다.
  1. 부정확하거나 느리고 힘겨운 단어 읽기(예 단어를 부정확하거나 느리며 더듬더듬 소리 내어 읽기, 자주 추측하며 읽기, 단어를 소리 내어 읽는 데 어려움이 있음)
  2. 읽은 것의 의미를 이해하기 어려움(예 본문을 정확하게 읽을 수 있으나 읽은 내용의 순서, 관계, 추론 또는 깊은 의미를 이해하지 못함)
  3. 철자법의 어려움(예 자음이나 모음을 추가하거나 생략 또는 대치하기도 함)
  4. 쓰기의 어려움(예 한 문장 안에서 다양한 문법적 – 구두점 오류, 문단 구성이 엉성함, 생각을 글로 표현하는 데 있어 명료성이 부족함)
  5. 수 감각, 단순 연산값 암기 또는 연산 절차의 어려움(예 숫자의 의미, 수의 크기나 관계에 대한 빈약한 이해, 한 자리 수 덧셈을 할 때 또래들처럼 단순 연산값에 대한 기억력을 이용하지 않고 손가락을 사용함, 연산을 하다가 진행이 안 되거나 연산 과정을 바꿔 버리기도 함)
  6. 수학적 추론의 어려움(예 양적 문제를 풀기 위해 수학적 개념, 암기된 연산값 또는 수식을 적용하는 데 심각한 어려움이 있음)

B. 보유한 학습 기술이 개별적으로 실시한 표준화된 성취도 검사와 종합적인 임상 평가를 통해 생활연령에 기대되는 수준보다 현저하게 양적으로 낮으며, 학업적 또는 직업적 수행이나 일상생활의 활동을 현저하게 방해한다는 것이 확인되어야 한다. 17세 이상인 경우 학습의 어려움에 대한 과거 병력이 표준화된 평가를 대신할 수 있다.

C. 학습의 어려움은 학령기에 시작되나 해당 학습 기술을 요구하는 정도가 개인의 능력을 넘어서는 시기가 되어야 분명히 드러날 수도 있다(예 주어진 시간 안에 시험 보기, 길고 복잡한 리포트를 촉박한 마감 기한 내에 읽고 쓰기, 과중한 학업 부담)
D. 학습의 어려움은 지적장애, 교정되지 않은 시력이나 청력 문제, 다른 정신적 또는 신경학적 장애, 정신사회적 불행, 학습 지도사가 해당 언어에 능숙하지 못한 경우, 불충분한 교육적 지도로 더 잘 설명되지 않는다.

주의점: 4가지의 진단 항목은 개인의 과거력(발달력, 의학적 병력, 가족력, 교육력), 학교의 보고와 심리교육적 평가결과를 임상적으로 통합하여 판단한다.

다음의 경우 명시할것

1. 읽기 손상 동반 11 임용
- 단어읽기 정확도, 읽기 속도 또는 유창성, 독해력

2. 쓰기 손상 동반
- 철자 정확도, 문법과 구두점 정확도, 작문의 명료도와 구조화

3. 수학 손상 동반
- 수 손상, 단순 연산값의 암기, 계산의 정확도 또는 유창성, 수학적 추론의 정확도

4 지적발달장애 (지적장애)

정의		• 연령, 성별, 사회문화적 배경이 일치하는 또래에 비해 개념적, 사회적, 실행적 영역에서의 지적기능과 적응기능의 결함을 보이며, 발달시기 동안에 시작되는 장애임
위험인자	출생전 요인	• 유전적 증후군, 선천성 대사 이상, 뇌기형, 산모의 질병, 환경적 영향(알코올, 독성 물질, 약물, 기형 발생 물질 등)
	주산기 요인	• 분만 과정이나 출산과 관련된 다양한 사건
	출생후 요인	• 저산소성·허혈성 뇌손상, 외상성 두부손상, 감염, 독성 대사증후군, 중독 등

1 지적 기능

개념적 영역	• 기억, 언어, 읽기, 쓰기, 수학적 추론, 실질적 지식의 획득, 문제해결, 새로운 상황에서의 판단이 포함됨
사회적 영역	• 타인의 생각이나 감정, 경험 등을 인지하는 능력, 공감, 의사소통 기술, 친화력, 사회적 판단 등이 포함됨
실행적 영역	• 학습과 개인적 관리, 직업적 책임의식, 금전관리, 오락, 행동, 학교나 직장에서의 업무 같은 일상생활에서의 자기관리를 포함함

(1) 지적기능 평가
- 임상적 평가, 개별적으로 실시된 표준화된 지능 검사(웩슬러형 지능검사)

(2) 지적장애의 평가
- 지능지수(IQ)로 지적장애는 판단함

$$IQ = (정신연령/실제연령) \times 100$$

표. ICD-10 지적장애의 분류   10 임용

- 지능의 정상은 70이상

분류	기준	내용
경도 지적장애	IQ 50~69	• 성인의 경우 정신연령 8~12세로 학교에서 학습에 어려움을 겪기 쉬우며 초등학교 수준의 학업이 가능하고 도와주면 직업훈련을 받을 수 있음 • 다수가 성인기에 일을 할 수 있고 좋은 사회적 관계를 유지하고 사회에 기여할 수 있음
중등도 지적장애 10 임용	IQ 35~49	• 성인의 경우 정신연령 6~9세로 아동기에 현저한 발달지체를 보이나 어느 정도 스스로 자기관리가 가능하며 적절한 의사소통과 학업기술 습득이 가능함 • 초등학교 2학년 수준까지 학업을 수행할 수 있고, 사회생활에서 다양한 도움이 필요함
중증(고도) 지적장애	IQ 20~34	• 성인의 경우 정신연령 3~6세로 지속적인 도움이 필요함 • 적절한 의사소통이 불가능하고 운동기능의 제한이 있어, 위생관리나 말하는 것도 배워야 하고 세심한 관찰 하에 간단한 작업이 가능함
최중증(최고도) 지적장애	IQ 20 미만	• 자립자행, 자세, 의사소통 및 기동에 있어 매우 제한됨 (완전 보호) • 성인일 경우 정신연령 3세 미만으로 의사소통, 운동기능, 배변조절, 자기관리 등에 심각한 제한이 있음

표. 지적장애의 장애등급 기준(국가법령정보센터)

장애등급	장애정도
1급	• 지능지수가 35 미만인 사람으로 일상생활과 사회생활의 적응이 현저하게 곤란하여 일생 동안 타인의 보호가 필요한사람
2급	• 지능지수가 35점 이상 50 미만인 사람으로 일상생활의 단순한 행동을 훈련시킬 수 있고, 어느 정도의 감독과 도움을 받으면 복잡하지 아니하고 특수기술을 요하지 아니하는 직업을 가질 수 있는 사람
3급	• 지능지수가 50 이상 70 이하인 사람으로 교육을 통한 사회적·직업적 재활이 가능한 사람

2 적응기능

- 비슷한 연령과 사회문화적 배경을 지닌 다른사람과 비교하여 독립성과 사회적 책임에 대한 공동체 기준에 얼마나 잘 부합하느냐임
  → 즉, 공동생활의 요구(의사소통, 자기돌봄, 사회적 기술, 일, 여가, 학업기술, 건강 등)에 얼마나 효율적으로 대처할 수 있는지를 뜻함

지적장애 진단기준 (DSM-5-TR)

지적장애(지적발달장애)는 발달 시기에 시작되며, 개념, 사회, 실행 영역에서 지적 기능과 적응 기능 모두에 결함이 있는 상태를 말한다. 다음의 3가지 진단기준을 충족해야 한다.

A. 임상적 평가와 개별적으로 실시된 표준화된 지능 검사로 확인된 지적 기능(추론, 문제 해결, 계획, 추상적 사고, 판단, 학업, 경험 학습)의 결함이 있다.

B. 적응 기능의 결함으로 인해 독립성과 사회적 책임 의식에 필요한 발달학적·사회문화적 표준을 충족하지 못한다. 지속적인 지원 없이는 적응 결함으로 인해 다양한 환경(가정, 학교, 일터, 공동체)에서 한 가지 이상의 일상 활동(의사소통, 사회적 참여, 독립적 생활) 기능에 제한을 받는다.

C. 지적 결함과 적응 기능의 결함은 발달 시기 동안에 시작된다.

현재의 심각도를 명시할 것: 경도, 중등도, 고도, 최고도
→ 심각도는 적응기능에 결정됨 (지원의 정도가 적응기능에 따라 다르므로)

> 비교! 〈 학습부진 〉
> - 정상적인 지적 능력과 학교 수업을 올바로 할 수 있는 잠재력을 지니고 있으면서도 주의력결핍, 학교생활 부적응, 가정 환경, 건강 문제 등의 내적 또는 외적 요인으로 인하여 교육 목표에서 설정한 최저 수준의 학업 성취에 미치지 못하는 경우임

5 전반적 발달지연

전반적 발달지연 진단기준 (DSM-5-TR)

- 5세 미만의 아동에서 임상적 심각도 수준을 확실하게 평가할 수 없을 때 사용하기 위한 것이다.
- 개인이 지적기능의 여러 평가에서 기대되는 발달이정표에 도달하지 못할 때 진단하게 되며, 연령이 너무 어려서 지적기능을 체계적으로 평가하기 위한 표준화된 검사를 시행할 수 없는 개인에게 적용할 수 있다.
- 이 범주를 적용한 뒤에는 일정기간이 지난 후 재평가가 요구됨

6 자폐스펙트럼장애 (ASD) 92 임용

1 진단기준

(1) 사회적 상호작용과 사회적 의사소통의 지속적인 결함 (진단기준 A)

사회적 상호작용 결함		• 사회적-감정적 상호작용 결함을 보임 　**사회적-감정적 상호작용이란?** 　• 타인과 관계를 맺고 생각과 감정을 공유하는 능력임 • 사회적 상호작용을 거의 또는 전혀 시작하지 않고, 흥미나 감정을 공유하지 않음 • 타인의 행동에 대한 모방 또한 저하되거나 결핍되어 있음 예 상상 놀이를 공유하거나 친구 사귀기가 어려움, 18개월이 되어도 소꿉놀이를 하지 않음, 친구와 부모와 관계를 맺는 능력의 부족, 게임에 참여할 수 없음, 다른사람과 교류없이 혼자 조용히 지냄 등
사회적 의사소통 결함	비언어적 의사소통	• 눈 마주침 없거나 적거나 이상함 (가장 흔한 증상) • 몸짓, 얼굴표정, 억양의 특이함 • 초기양상은 합동주시의 손상 　→ 물건을 가리키거나 보여주고 가져오는 행동 또는 다른 사람이 손가락으로 가리키거나 바라보고 있는 것을 함께 바라보는 행동이 나타나지 않음 • 사회적 의사소통을 위해 눈 마주침, 몸짓, 자세, 운율, 얼굴표정 등을 통합하는 능력의 저하

(2) 제한적이고 반복적인 행동이나 흥미, 활동 (진단기준 B)

상동증적 행동		• 상동증적이거나 반복적인 운동성 동작, 물건 사용 또는 말하기
	반복행동	예 손을 흔들거나 손가락 끝으로 튕기기, 자동차 일렬로 세우기를 반복함, 자동차 바퀴를 반복적으로 굴리기, 몸을 앞뒤로 흔들기 등
	자해행동	예 머리 부딪히기, 자신의 다리를 마구 때리고 손을 물어 뜯는 행동, 자신의 세게 때리는 행동
	반복언어	예 단일 구절 반복, 반향어, 특이한 문구 사용 등
동일성 고집		• 동일성에 대한 고집, 일상적인 것에 대한 융통성 없는 집착, 또는 의례적인 언어나 비언어적 행동 양상 • 규칙 고수, 경직된 사고, 변화에 대한 심한 저항, 사소한 변화에 심한 고통을 호소 예 반복적인 질문이나 주변 서성거리기 등 반복적인 의례적인 행동, 같은 길로만 다니기, 매일 같은 음식 먹기, 일상생활에서 일정한 규칙에 과도하게 고집(집착), 장난감을 같은 방식으로만 가지고 놀기 등
제한된 관심		• 강도나 초점에 있어서 비정상적으로 극도로 제한되고 고정된 흥미 예 장난감의 일부에만 관심 → 자동차 바퀴에만 집착 등
감각자극에 부적절한 반응	과잉반응	• 빛이나 회전하는 물체에 몰두, 특정소리나 질감에 대한 과도한 반응, 과도하게 물건의 냄새 맡거나 만지기, 미각, 후각, 촉각 또는 음식의 외형(시각)에 대한 과도한 반응(편식으로 이어짐)
	과소반응	• 통증/온도에 대한 명백한 무관심 등

자폐스펙트럼 장애 진단기준 (DSM-5-TR)

A. 다양한 분야에 걸쳐 나타나는 사회적 의사소통 및 사회적 상호작용의 지속적인 결함으로 현재 또는 과거력상 다음과 같은 3가지 특징 모두 나타난다.
   1. 사회적-감정적 상호성의 결함(예 비정상적인 사회적 접근과 정상적인 대화의 실패, 흥미나 감정 공유의 감소, 사회적 상호작용의 시작 및 반응의 실패)
   2. 사회적 상호작용을 위한 비언어적인 의사소통 행동의 결함(예 언어적, 비언어적 의사소통의 불완전한 통합, 비정상적인 눈 맞춤과 몸짓 언어, 몸짓의 이해와 사용의 결함, 얼굴 표정과 비언어적 의사소통의 전반적 결핍)
   3. 관계 발전, 유지 및 관계에 대한 이해의 결함(예 다양한 사회적 상황에 적합한 적응적 행동의 어려움, 상상 놀이를 공유하거나 친구 사귀기가 어려움, 동료들에 대한 관심 결여)

B. 제한적이고 반복적인 행동이나 흥미, 활동이 현재 또는 과거력상 다음 항목들 가운데 적어도 2가지 이상 나타난다.
   1. 상동증적이거나 반복적인 운동성 동작, 물건 사용 또는 말하기 (예 단순 운동 상동증, 장난감 정렬하기, 또는 물체 튕기기, 반향어, 특이한 문구 사용)
   2. 동일성에 대한 고집, 일상적인 것에 대한 융통성 없는 집착, 또는 의례적인 언어나 비언어적 행동 양상 (예 작은 변화에 대한 극심한 고통, 변화의 어려움, 완고한 사고방식, 의례적인 인사, 같은 길로만 다니기, 매일 같은 음식 먹기)
   3. 강도나 초점에 있어서 비정상적으로 극도로 제한되고 고정된 흥미
      (예 특이한 물체에 대한 강한 애착 또는 집착, 과도하게 국한되거나 고집스러운 흥미)
   4. 감각 정보에 대한 과잉 또는 과소 반응, 또는 환경의 감각 영역에 대한 특이한 관심(예 통증/온도에 대한 명백한 무관심, 특정 소리나 감촉에 대한 부정적 반응, 과도한 냄새 맡기 또는 물체 만지기, 빛이나 움직임에 대한 시각적 매료)

C. 증상은 반드시 초기 발달 시기부터 나타나야 한다(그러나 사회적 요구가 개인의 제한된 능력을 넘어서기 전까지는 증상이 완전히 나타나지 않을 수 있고, 나중에는 학습된 전략에 의해 증상이 감춰질 수 있다.)

D. 이러한 증상은 사회적, 직업적 또는 다른 중요한 현재의 기능 영역에서 임상적으로 뚜렷한 손상을 초래한다.

E. 이러한 장애는 지적장애(지적발달장애) 또는 전반적 발달지연으로 더 잘 설명되지 않는다. 지적장애와 자폐스펙트럼장애는 자주 동반된다. 자폐스펙트럼장애와 지적장애를 함께 진단하기 위해서는 사회적 의사소통이 전반적인 발달 수준에 기대되는 것보다 저하되어야 한다.

현재의 심각도를 사회적 의사소통 손상과 제한적이고 반복적인 행동양상에 기초하여 명시할 것
- 상당히 많은 지원을 필요로 하는 수준
- 많은 지원을 필요로 하는 수준
- 지원이 필요한 수준

▌ **자폐스펙트럼 사례** ▌

9살인 최OO은 아이때부터 젖을 먹여도 잘 물지 않고 안아주어도 자주 심하게 울어 엄마는 기질적으로 예민한 아이인가 생각을 하였다. 그러나 옹알이를 할 때가 되었는데도 옹아리를 하지 않고 부모의 반응이 없었고, 자신의 이름을 불러도 듣지 못한 것처럼 타인과의 눈 마주침이 적었다.

발달이 늦은 아이인가 싶어 좀 더 크면 나아지겠지 생각했지만, 말을 시작할 때가 되었는데도, "엄마", "맘마" 등의 말을 전혀 하지 못하였다. 6~7살이 되었는데도 또래 아이들과 어울리지 못하고, 혼자서 장난감을 가지고 놀거나 때로는 머리를 반복적으로 벽에 부딪히는 이상한 행동을 보이기도 하였다.

특히나 최OO는 비행기를 좋아하여, 비행기 바퀴를 반복적으로 굴리는 행동을 하였고, 지금도 비행기 장난감에만 과도한 애착을 가지고 논다.

정해진 것에 조금이라도 벗어나면 혼란스러워하고, 같은 길로만 다니고 매일 같은 음식을 먹기를 고집한다.

2 치료목표

- 주위 사람을 인식하고, 사회적 의사소통과 사회적 상호교류를 증진시키며, 비효율적이고 반복적인 행동을 줄이는 것임

3 특징

초기발달	• 증상은 반드시 초기 발달 시기부터 나타나야 함 • 전반적 발달장애가 확실해진 시점인 최소 만 2세 이상에서 진단할 수 있음 • 대부분 3세 이전에 진단됨
남아	• 남아 아동이 여자 아동에 비해 3배 정도 더 흔함
지속성	• 결함은 지속적으로 나타남
지적기능↓	• 지적장애가 같이 나타나는 경우가 많음 (지적기능, 적응기능)
불안장애	• 새로운 환경변화, 원하지 않는 감각의 경험(물감 만지기, 풍선활동 등)에 불안과 공포
수면문제	• 일반아동에 비해 수면문제가 흔함 → 수면위생 필요
언어결함	• 말을 전혀하지 못하는 수준부터 언어지연, 반향언어 사용, 부자연스럽고 문자적인 언어사용 등 언어결함이 흔함 (증상 다양함) 예 옹알이 하지 않음, 이름을 불러도 반응이 없음, 앵무새처럼 말 따라하기 등

4 원인

생리학적 원인	• 유전, 염색체 이상, 부모의 고령, 출생 전후의 뇌손상, 저체중 등
심리적 원인 (분리-개별화)	• 분리개별화 이론(말러)의 정상자폐기(0~1개월)시기에 타인이나 환경의 존재를 인식하지 못하는 정상적인 자폐기가 고착되면 자폐증이 생김 → 즉, 정상적인 자폐증 상태에서 아이가 어머니와 상호작용을 하면서 자신을 어머니로부터 분리하여 독립된 개체(개별성)로 인식하면서 성장함 → 어머니와 상호작용에 심각한 문제가 생기면 자폐증이 나타날 수 있음

5 치료

(1) 약물치료

- 다양한 행동문제를 교정하기 위해 보조적으로 사용함

비정형 항정신병약물	• 리스페리돈(Risperidal), 아리피프라졸(aripiprazole)은 자폐치료로 FDA 승인받은 약물임 → 공격적 행동, 자해행동, 과도한 짜증, 강박적 행동으로 표현되는 과민성, 초조 등에 사용함
항우울제(SSRI)	• 불안, 강박적 행동을 줄이기 위해 사용됨
ADHD 치료제	• 메틸페니데이트 (Methylphenidate) → 집중력이 부족하고 주의산만이 심할 때 사용되며, 특정 자폐 아동에게 주의력 향상 효과를 기대할 수 있음

(2) 비약물치료

- 사회기술훈련, 의사소통기술훈련, 일상생활 훈련, 특수교육, 언어치료 등

> **집중적 행동개입 (intensive behavioral intervention, IBI)**
> - 조기개입과 집중 훈련을 강조, 5세 이전의 아동에게 다양한 적응 기술을 개인화된 방식으로 훈련시킴 (조기발견으로 빠른 시작이 중요함)
> - 치료자가 아동에게 1:1로 집중적으로, 구체적인 행동을 집중적으로 습득시키면서, 점진적 행동변화를 유도함
> - 매주 20~40시간씩, 1~4년 동안 지속적으로 진행됨
>   → 자폐증상이 뚜렷하게 감소, 전반적 지능수준, 의사소통, 사회기술 및 적응기술 등이 향상됨

6 간호중재

- 일관성 있는 규칙, 자극감소, 접촉 제한, 친숙한 환경

> **참고! 〈 서번트 증후군 (Savant Syndrome) 〉**
> - 자폐증이나 지적장애를 지닌 이들이 특정 분야에서 천재적 재능을 보이는 현상을 뜻함
>   → 낮은 IQ를 가지고 있으나 음악, 미술, 시·공간적, 지적능력(복잡한 수학문제 완료, 암기, 기억회상) 등에 특정분야에서 뛰어남

7 주의력결핍 과잉행동장애(ADHD) 24, 13, 10, 09, 08, 03 임용

1 주요개념

- 부주의 또는 과잉행동-충동성이 필수증상으로, 가정, 학교, 사회 등 여러기능 영역에 장애를 주는 질환임

부주의	• 과제를 수행하지 않고 돌아다니기, 인내심 부족, 수업 중 지속적인 집중의 어려움, 무질서함, 정리정돈이 어려움, 세부사항을 놓치고 실수를 함	
과잉행동-충동성	과잉행동	• 여기저기 뛰어다니기, 과도하게 꼼지락 거리기, 두드리는 행동, 수다스러운 말, 가만히 앉아있지 못하고 계속 움직임, 손발을 끊임없이 움직이거나 안절부절하기 등
	충동성	• 주위를 둘러보지 않고 차도로 뛰어들기, 앞뒤 보지 않은채 돌진하기 등 위험한 행동을 함, 상대방의 말을 끊거나 대화를 방해함 등

2 종류

- 주의력 결핍 우세형, 과잉행동/충동성 우세형, 혼합형이 있음

(1) 주의력 결핍 우세형

정의	• 지난 6개월동안 ADHD 진단기준에 "부주의"는 충족하지만 과잉행동-충동성은 충족하지 않음 • 초등학교 3~4학년 이후에 나타남
사례	예 초등학교 4학년 건우는 수업 시간에 집중력을 유지하지 못하고 지시를 수행하기 어려워한다. 또한 물건을 자주 잃어버리고 할 일을 종종 잊는다. 내향적으로 보이며 수행의 속도가 느리다. 자기표현에 어려움을 보인다. 학업이나 과업을 따라가기 어려워 보인다.

(2) 과잉행동/충동성 우세형

정의	• 지난 6개월동안 ADHD 진단기준에 "과잉행동-충동성"는 충족하지만 부주의는 충족하지 않음 • 초등학교 저학년에서 흔함
사례	예 초등학교 1학년 태경이는 수업시간에 가만있지 못하고 떠들며 지나치게 산만해서 다른아이들에게 방해가 된다. 만족지연의 어려움을 느껴, 즉각적인 보상이나 자극적인 것을 추구한다. 자신의 말과 행동이 가지고 올 결과에 대해 생각하지 못하고 말이나 행동을 한다. 자신의 순서를 기다리는 일, 다른 사람의 말을 끝까지 듣는 일에 어려움을 보인다. 주목받는 행동을 자주 하지만 또래집단에게 호감을 주지는 못할 수 있다.

(3) 혼합형

정의	• "복합형"은 지난 6개월동안 ADHD 진단기준에 "과잉행동-충동성"과 "부주의" 모두 충족함

3 ADHD 진단기준 24, 08 임용

주의력결핍 과잉행동장애 진단기준 (DSM-5-TR)

A. 기능 또는 발달을 저해하는 지속적인 부주의 및 또는 과잉행동-충동성이 (1) 그리고/또는 (2)의 특징을 갖는다.

1. 부주의: 다음 9개 증상 가운데 6개 이상이 적어도 6개월 동안 발달 수준에 적합하지 않고 사회적 학업적/직업적 활동에 직접적으로 부정적인 영향을 미칠 정도로 지속됨

    주의점: 이러한 증상은 단지 반항적 행동, 적대감 또는 과제나 지시 이해의 실패로 인한 양상이 아니어야 한다. 후기 청소년이나 성인(17세 이상)의 경우에는 적어도 5가지의 증상을 만족해야 한다.

    a. 종종 세부적인 면에 대해 면밀한 주의를 기울이지 못하거나, 학업, 작업 또는 다른 활동에서 부주의한 실수를 저지름(예 세부적인 것을 못 보고 넘어가거나 놓침, 작업이 부정확함)
    b. 종종 과제를 하거나 놀이를 할 때 지속적으로 주의집중을 할 수 없음
       (예 강의, 대화 또는 긴 글을 읽을 때 계속해서 집중하기가 어려움)
    c. 종종 다른 사람이 직접 말을 할 때 경청하지 않는 것처럼 보임
       (예 명백하게 주의집중을 방해하는 것이 없는데도 마음이 다른 곳에 있는 것처럼 보임)
    d. 종종 지시를 완수하지 못하고, 학업, 잡일 또는 작업장에서의 임무를 수행하지 못함
       (예 과제를 시작하지만 빨리 주의를 잃고 쉽게 곁길로 샘)
    e. 종종 과제와 활동을 체계화하는 데 어려움이 있음
       (예 순차적인 과제를 처리하는 데 어려움, 물건이나 소지품을 정리하는 데 어려움, 지저분하고 체계적이지 못한 작업, 시간 관리를 잘 하지 못함, 마감 시간을 맞추지 못함)
    f. 종종 지속적인 정신적 노력을 요구하는 과제에 참여하기를 기피하고, 싫어하거나 저항함
       (예 학업 또는 숙제, 후기 청소년이나 성인의 경우에는 보고서 준비하기, 서류 작성하기, 긴 서류 검토하기)
    g. 과제나 활동에 꼭 필요한 물건들(예 학습 과제, 연필, 책, 도구, 지갑, 열쇠, 서류 작업, 안경, 휴대폰)을 자주 잃어버림
    h. 종종 외부 자극(후기 청소년과 성인의 경우에는 관련이 없는 생각들이 포함될 수 있음)에 의해 쉽게 산만해짐
    i. 종종 일상적인 활동을 잊어버림(예 잡일하기, 심부름하기, 후기 청소년과 성인의 경우에는 전화 회답하기, 청구서 지불하기, 약속 지키기)

2. 과잉행동-충동성: 다음 9개 증상 가운데 6개 이상이 적어도 6개월 동안 발달 수준에 적합하지 않고 사회적, 학업적/직업적 활동에 직접적으로 부정적인 영향을 미칠 정도로 지속됨

    주의점: 이러한 증상은 단지 반항적 행동, 적대감 또는 과제나 지시 이해의 실패로 인한 양상이 아니어야 한다. 후기 청소년이나 성인(17세 이상)의 경우, 적어도 5가지의 증상을 만족해야 한다.

    a. 종종 손발을 만지작거리며 가만두지 못하거나 의자에 앉아서도 몸을 꿈틀거림
    b. 종종 앉아 있도록 요구되는 교실이나 다른 상황에서 자리를 떠남(예 교실이나 사무실 또는 다른 업무현장, 또는 자리를 지키는 게 요구되는 상황에서 자리를 이탈)
    c. 종종 부적절하게 지나치게 뛰어다니거나 기어오름
       (주의점: 청소년 또는 성인에서는 주관적으로 좌불안석을 경험하는 것에 국한될 수 있다)
    d. 종종 조용히 여가 활동에 참여하거나 놀지 못함
    e. 종종 "끊임없이 활동하거나" 마치 "태엽풀린 자동차처럼" 행동함
       (예 음식점이나 회의실에 장시간 동안 가만히 있을 수 없거나 불편해함, 다른 사람에게 가만히

있지 못하는 것처럼 보이거나 가만히 있기가 어려워 보일 수 있음)
  f. 종종 지나치게 수다스럽게 말함
  g. 종종 질문이 끝나기 전에 성급하게 대답함
     (예 다른 사람의 말을 가로챔, 대화 시 자신의 차례를 기다리지 못함)
  h. 종종 자신의 차례를 기다리지 못함(예 줄 서 있는 동안)
  i. 종종 다른 사람의 활동을 방해하거나 침해함
     (예 대화나 게임, 활동에 참견함, 다른 사람에게 묻거나 허락을 받지 않고 다른 사람의 물건을 사용하기도 함, 청소년이나 성인의 경우 다른 사람이 하는 일을 침해하거나 꿰찰수 있음)
B. 몇 가지의 부주의 또는 과잉행동-충동성 증상이 12세 이전에 나타난다.
C. 몇 가지의 부주의 또는 과잉행동-충동성 증상이 2가지 또는 그 이상의 환경에서 존재한다.
   (예 가정, 학교나 직장, 친구들 또는 친척들과의 관계, 다른 활동에서)
D. 증상이 사회적·학업적 또는 직업적 기능의 질을 방해하거나 감소시킨다는 명확한 증거가 있다.
E. 증상이 조현병 또는 기타 정신병적 장애의 경과 중에만 발생되지는 않으며, 다른 정신질환
   (예 기분장애, 불안장애, 해리장애, 성격장애, 물질 중독 또는 금단)으로 더 잘 설명되지 않는다.

다음 중 하나를 명시할 것
1. 복합형: 지난 6개월 동안 부주의와 과잉행동-충동성 진단기준을 모두 충족한다.
2. 주의력결핍 우세형: 지난 6개월 동안 부주의 진단기준은 충족하지만 과잉행동 충동성 진단기준은 충족하지 않는다.
3. 과잉행동/충동 우세형: 지난 6개월 동안 과잉행동-충동성 진단기준은 충족하지만 부주의 진단기준은 충족하지 않는다.

4 영향

- ADHD를 조기에 발견되지 않으면, 학습저하, 또래관계 어려움, 정서적 어려움, 자존감 저하의 문제로 이어질 수 있음

학업 어려움	• 학업수행 및 학업 성취 저하를 보임
또래 관계 어려움	• 규칙을 잘 따르지 못하고, 충동적인 행동 등으로 또래관계에서의 배척, 무시, 놀림 등 또래관계의 어려움이 생길 수 있음
감정조절 부족	• 좌절을 견디기 힘들고, 화를 잘 내며, 작은일에도 짜증을 쉽게 내고, 기분변화가 있음
낮은 자존감	• ADHD가 없는 또래에 비해 낮은 자존감을 가짐

5 기타 특징

성인까지 지속	• 성인까지 약 60%가 지속됨 • 대부분의 경우에 과잉행동 증상은 청소년기와 성인기 동안 약해지지만, 좌불안석, 부주의, 계획성 부족과 충동성은 지속됨
품행장애 등	• 적대적 반항장애, 품행장애(청소년기), 반사회적 성격장애(성인)이 나타날 가능성 큼 • 물질사용장애의 위험이 큼
12세 이전	• 초등학교 기간동안에 가장 흔히 식별되며, 12세 이전에 진단됨
남아	• 남아가 여아보다 더 흔함

6 원인

유전	• 가족력 있으며, 유전적 요인과의 연관성이 높은 것으로 보임	
도파민↓, NE↓	• 노르에피네프린이나 도파민의 결핍	
전두엽 이상	• 양전자방출단층촬영검사(PET) 결과에서 전두엽의 뇌혈류와 당대사 감소 • 뇌 MRI에서 전두엽 이상 발견	
사회심리적	가족관계	• 가족간의 불화, 가족 스트레스, 가족의 부정적 상호작용 등
환경적 요인	임신	• 임신 중 흡연, 음주, 저체중 출산, 중금속 노출 등이 발생가능성을 높임

7 치료

(1) 약물치료

① **메틸페니데이트 (methylphenidate, Ritalin)** 10 임용

- ADHD 대표적인 약물

각성제		• 중추신경 흥분제로 각성제
기전	NE, 도파민	• 시냅스 전 신경말단에서 노르에피네프린과 도파민이 재흡수되는 것을 차단(NDRI)해서 도파민과 노르에피네프린의 수치를 증가시킴으로써 중추신경을 자극함
증상	주의집중력	• 주요 기능으로 "주의집중력"을 높임
	충동성, 과활동성	• 충동성과 활동성을 감소하고, 기분 변동을 감소시키고, 주의집중력을 높임
	학습능력, 대인관계 등	• 학습능력이 향상되고, 공격적인 성향이 줄어들어 대인관계나 사회적 활동에서 큰 향상을 보여줌
효과		• ADHD 아동에게 70~85% 효과를 보임
부작용	불면증	• 흔한 부작용으로 불면증 발생하므로 오후 4시 이전에 투여
	식욕억제	• 식욕억제로 식욕부진 → 흔한 부작용
	신경과민, 흥분, 불안	• 정신신경계 : 불안, 우울, 흥분, 초조, 신경과민, 긴장, 공격성 등 → 중증의 불안, 긴장, 흥분환자 투여 금지
	기타	• 기타 두통, 복통, 무기력 등

② 아토모세틴 (Atomoxetine, Strattera)

비각성제		• 유일한 비각성제, 비자극제 치료약임
기전	NE	• 선택적 노르에피네프린 재흡수 억제제(SNRIs)로서 시냅스 전 신경말단에서 노르에피네프린의 재흡수를 억제하여 노르에피네프린의 수치를 증가시킴
특징	빠른 흡수율	• 비교적 빠른 흡수율을 보임
	지속시간	• 약효지속시간이 24시간으로 길어 1일 1회 복용 (메틸페닐데이트 : 1회 복용 시 최대 4~12시간까지 지속)
	신경과민, 흥분 X	• 메틸페니데이트의 문제인 신경 과민 및 흥분 등 감정 기복 증세 및 습관성의 위험성이 적고, 도파민 농도에 영향을 주지 않음
	성인, 아동	• 성인 ADHD, 아동 ADHD 적용 가능
부작용		• 간 손상 유발로 주기적으로 간기능 체크 필요 • 식욕감퇴, 오심, 구토, 위장장애 등

(2) 비약물치료
- 사회기술훈련, 모델링, 타임아웃, 인지행동치료 등

7 간호중재

규칙	• 규칙을 설정하고, 일관되게 적용함
시간관리	• 시간관리 기술 익히기 → 플래너, 일정표, 알람을 활용해 숙제 등 업무 관리를 도와줌

목표세우기	• 달성가능한, 쉬운 것부터 목표세우기
	  ① 작고 현실적으로 성취 가능한 것을 목표로 하기
	  ② 구체적이고 명확하여 행동적인 것을 목표로 하기
	  ③ 아동에게 중요한 것을 목표로 하기
	  ④ '하지 않기'가 아니라 '하기'로 정하기
	• 작은 목표를 설정하고 성취할 때마다 보상을 주어 동기부여 시킴

보상제공	• 칭찬, 긍정적 강화, 토큰경제 등을 활용하여, 즉각적이고 일관된 보상제공 → ADHD 아동이 적응적인 행동을 하는데 동기 부여가 필요하므로, 자주 칭찬하고 보상하는 것이 중요함
환경관리	• 자극 최소화, 일관성 있는 환경 제공

Part 12 조현병 스펙트럼 및 기타 정신병적 장애 17, 15, 12 임용

1 조현병의 개요

1 조현병의 원인

(1) 생물학적 요인

유전		• 가족력, 유전 성향 높음
신경 전달물질	도파민 ↑	• 도파민의 과잉분비
	세로토닌 ↑	• 조현병의 음성증상에 효과 • 세로토닌의 독자적인 역할이 아닌 도파민의 방출 억제의 효과 → 도파민의 과잉분비 조절
	글루타메이트 ↓	• 신경계 성숙과 관련되어, 글루타메이트 저하는 조현병에서 나타나는 정보처리과정의 결핍과 관련됨
	기타	• 뉴로텐신(내인성 항정신병 효과) ↓, GABA ↓, 노르에피네프린 ↑
뇌 신경학적 요인		• 전두엽 위축, 전두엽 대사와 기저신경절의 활동 저하

(2) 면역학적 요인 (생리학적 요인)

바이러스, 감염	• 바이러스 감염 • 감염인자에 의한 면역작용 (사이토카인)
임부의 감염	• 바이러스 감염이 높은 계절 특히, 겨울에 태어난 사람에게 발병이 높음
임산부 특징	• 임신기나 출산기 합병증, 엽산결핍 등의 임신기 영양결핍, 저산소증 등

(3) 심리사회적 요인

스트레스 (취약성 모델)		• 빈곤, 주요 생활사건, 물질남용, 대인관계 문제 등으로 스트레스에 대한 개인의 취약성을 가진 사람이 발병이 높음
대인관계 요인	모자관계 이상	• 설리반은 초기 대인관계, 특히 모자관계의 이상 때문에 발생한다고 봄
	의사소통	• 베이트슨은 이중구속 의사소통으로 발생한다고 봄
	미분화	• 타인과의 분화도가 낮을수록, 자율적이고 분리된 정체감을 가지지 못할 때, 조현병 발생 가능성이 높아진다고 봄

2 조현병의 발병과정

① 발병전기	• 사회적 부적응 또는 위축, 과민, 모순된 사고와 행동, 조용하고 수동적이며 내성적인 모습이 흔함
② 전구증상기	• 주로 기능변화와 함께 수면장애, 불안, 초조, 우울, 주의집중의 어려움, 피로 등의 다양한 증상이 나타남 (2~5년)
③ 정신증활성기	• 정신증적 증상이 나타나며, 환각, 망상, 혼란된 언어와 같은 증상이 나타남
④ 잔류기	• 급성기의 증상은 없거나 현저하지 않으며, 증상이 감소되는 시기와 악화되는 경과가 반복적으로 나타남

3 조현병의 주요증상 17, 15, 12 임용

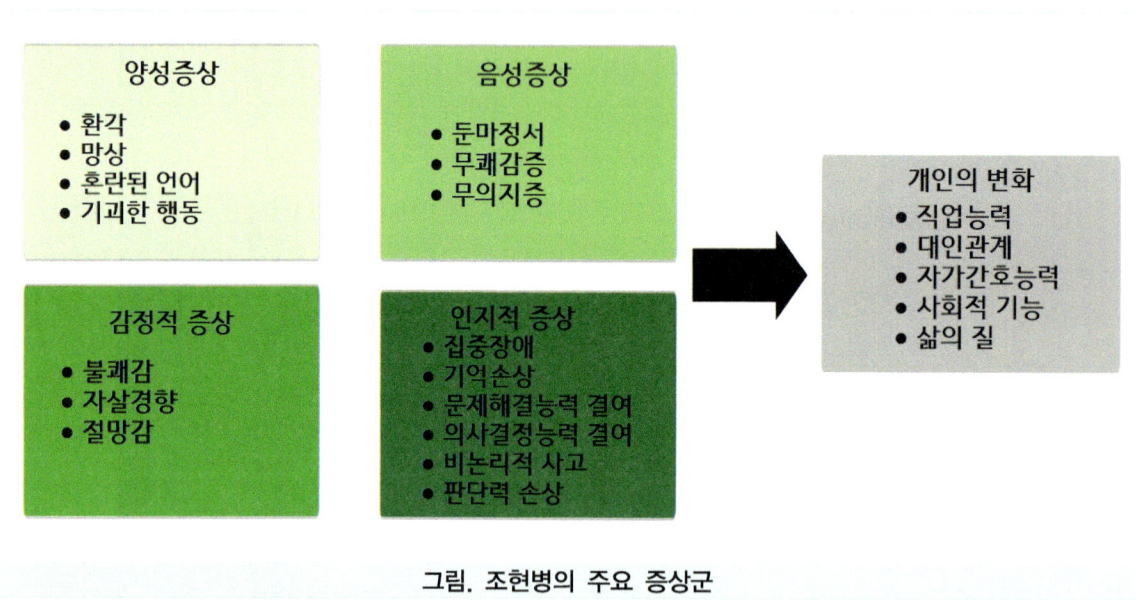

그림. 조현병의 주요 증상군

(1) 조현병 주요증상

양성증상	• 와해된 사고·언어 • 와해된 행동 • 부적절한 정동
음성증상	• 정동의 둔마, 무의욕증, 무쾌감증, 무사회증
정신증적 증상	• 망상 • 환각

표. 양성증상과 음성증상 17, 15, 12 임용

양성 증상	음성 증상
〈 사고장애 〉 • 탈선 • 사고이탈 • 지리멸렬 • 비논리적 사고 • 우원증 • 언어압박	〈 실어증 〉 • 언어 발화의 빈곤 • 언어 내용의 빈곤 • 단절 • 반응지연
〈 이상행동 〉 • 기이한 치장 • 부적절한 사회적·성적행동 • 공격적, 초조한 행동 • 반복적·상동적 행동	〈 감정의 둔마 〉 • 표정 변화 없음 • 자발적 운동 감소 • 몸짓 결핍 • 눈맞춤 부족 • 감정의 무반응 • 억양의 변화 없음
〈 망상 〉 • 피해망상 • 질투망상 • 죄책망상 • 과대망상 • 종교망상 • 신체망상 • 관계망상 • 조종망상 • 사고 전파 • 사고 주입 • 사고 탈취	〈 운동실조 〉 • 몸치장과 위생 결핍 • 일이나 학교생활 유지 곤란 • 신체적 무력증 • 무쾌감증 • 여가활동이나 관심 부족 • 성적활동이나 관심 부족 • 친밀감 부족 • 친구나 동료 간의 관계 부족 • 집중 결여 • 사회적 부주의
〈 환각 〉 • 환청, 환촉, 환후, 환시	

(2) 조현병의 인지기능장애

사고내용	• 망상 (과대망상, 편집망상, 종교망상, 신체망상, 허무망상) • 환각
사고형태	• 연상이완 • 말비빔 • 신어조작증 • 비논리적 사고 • 언어 빈곤
주의집중	• 집중하기 어려움 • 산만함 • 선택적 집중의 어려움
기억	• 기억저장 또는 기억회상 능력 부족 • 단기나 장기 기억 결여
판단력과 결단력	• 우유부단함 • 업무 시작의 어려움 • 판단력 부족 • 비논리적 사고 • 병식 결여 • 계획수립과 문제해결 기술의 부족 • 추상적 사고 손상

② 조현병 스펙트럼 진단

1 망상장애

- 최소한 1개월동안 지속되는 하나 이상의 망상 (1개월 이상)

망상장애 진단기준 (DSM-5-TR)

A. 1개월 이상의 지속 기간을 가진 한 가지(혹은 그 이상) 망상이 존재한다.
B. 조현병의 진단기준 A에 맞지 않는다.
   주의점: 환각이 있다면 뚜렷하지 않고, 망상 주제와 연관된다.
   (예 벌레가 우글거린다는 망상과 연관된 벌레가 꼬이는 감각)
C. 망상의 영향이나 파생 결과를 제외하면 기능이 현저하게 손상되지 않고 행동이 명백하게 기이하거나 이상하지 않다.
D. 조증이나 주요우울 삽화가 일어나는 경우, 이들은 망상기의 지속 기간에 비해 상대적으로 짧다.
E. 장애가 물질의 생리적 효과나 다른 의학적 상태로 인한 것이 아니고, 신체이형장애나 강박장애와 같은 다른 정신질환으로 더 잘 설명되지 않는다.

2 단기정신병적 장애

- 최소 1일 이상 1개월 이내에 1가지 이상의 증상을 보이며, 완전히 회복함

단기정신병적 장애 진단기준 (DSM-5-TR)

A. 다음 증상 중 하나(혹은 그 이상)가 존재하고 이들 중 최소한 하나는 (1) 내지 (2) 혹은 (3)이어야 한다.
   1. 망상
   2. 환각
   3. 와해된 언어(예 빈번한 탈선 혹은 지리멸렬)
   4. 극도로 와해된 또는 긴장성 행동
B. 장애 삽화의 지속 기간이 최소 1일 이상 1개월 이내이며, 결국 병전 수준의 기능으로 완전히 복귀한다.
C. 장애가 정신병적 양상을 동반한 주요우울장애나 양극성장애, 혹은 조현병이나 긴장증 같은 다른 정신병적 장애로 더 잘 설명되지 않으며, 물질(예 남용약물, 치료약물)의 생리적 효과나 다른 의학적 상태로 인한 것이 아니다.

3 조현양상장애

- 조현병과 증상은 같지만, 기간이 다름
- 단기 정신병적 장애와 조현병의 중간에 속함

조현병 vs 조현양상 장애		
공통점	최소 2가지 이상의 증상	
차이점	조현병	6개월 이상 지속
	조현양상장애	1개월 이상 ~ 6개월 이내

조현양상장애 진단기준 (DSM-5-TR)

A. 다음 증상 중 2가지(혹은 그 이상)이 1개월의 기간(성공적으로 치료가 되면 그 이하) 동안의 상당 부분의 시간에 존재하고, 이들 중 최소한 하나는 (1) 내지 (2) 혹은 (3) 이어야 한다.
   1. 망상
   2. 환각
   3. 와해된 언어(예 빈번한 탈선 혹은 지리멸렬)
   4. 극도로 와해된 또는 긴장성 행동
   5. 음성 증상(예 감퇴된 감정 표현 혹은 무의욕증)
B. 장애의 삽화가 1개월 이상, 6개월 이내로 지속된다. 진단이 회복까지 기다릴 수 없이 내려져야 할 경우에는 "잠정적"을 붙여 조건부 진단이 되어야 한다.
C. 조현정동장애와 정신병적 양상을 동반한 우울 또는 양극성 장애는 배제된다. 왜냐하면 ① 주요우울 또는 조증 삽화가 활성기 증상과 동시에 일어나지 않기 때문이거나,
   ② 기분 삽화가 활성기 증상 동안 일어난다고 해도 병의 활성기 및 잔류기 전체 지속 기간의 일부에만 존재하기 때문이다.
D. 장애가 물질(예 남용약물, 치료약물)의 생리적 효과나 다른 의학적 상태로 인한 것이 아니다.

4 조현병

- 최소 2가지 이상의 증상이 최소 6개월 이상 지속

조현병 진단기준 (DSM-5-TR)

A. 다음 증상 중 2가지(혹은 그 이상)이 1개월의 기간(성공적으로 치료가 되면 그이하) 동안의 상당 부분의 시간에 존재하고, 이들 중 최소한 하나는 (1) 내지 (2) 혹은 (3)이어야 한다.
   1. 망상
   2. 환각
   3. 와해된 언어(예 빈번한 탈선 혹은 지리멸렬)
   4. 극도로 와해된 또는 긴장성 행동
   5. 음성 증상(예 감퇴된 감정 표현 혹은 무의욕증)
B. 장애의 발병 이래 상당 부분의 시간 동안 일, 대인관계 혹은 자기관리 같은 주요 영역의 한 가지 이상에서 기능 수준이 발병 전 성취된 수준 이하로 현저하게 저하된다.
   (혹은 아동기 또는 청소년기에 발병하는 경우, 기대 수준의 대인관계적 학문적 직업적 기능을 성취하지 못함)
C. 장애의 지속적 징후가 최소 6개월 동안 계속된다. 이러한 6개월의 기간은 진단기준 A에 해당하는 증상(예 활성기 증상)이 있는 최소 1개월(성공적으로 치료되면 그 이하)를 포함해야 하고, 전구 증상이나 잔류 증상의 기간을 포함할 수 있다. 이러한 전구기나 잔류기 동안 장애의 징후는 단지 음성 증상으로 나타나거나, 진단 기준 A에 열거된 증상의 2가지 이상이 약화된 형태(예 이상한 믿음, 흔치 않은 지각 경험)로 나타날 수 있다.
D. 조현정동장애와 정신병적 양상을 동반한 우울 또는 양극성 장애는 배제된다. 왜냐하면 ① 주요우울 또는 조증 삽화가 활성기 증상과 동시에 일어나지 않기 때문이거나,
   ② 기분 삽화가 활성기 증상 동안 일어난다고 해도 병의 활성기 및 잔류기 전체 지속 기간의 일부에만 존재하기 때문이다.
E. 장애가 물질(예 남용약물, 치료약물)의 생리적 효과나 다른 의학적 상태로 인한 것이 아니다.
F. 자폐스펙트럼장애나 아동기 발병 의사소통장애의 병력이 있는 경우, 조현병의 추가 진단은 조현병의

다른 필요 증상에 더하여 뚜렷한 망상이나 환각이 최소 1개월(성공적으로 치료되면 그이하) 동안 있을 때에만 내려진다.

5 조현정동장애

조현정동장애 진단기준 (DSM-5-TR)

A. 조현병의 연속 기간 동안 조현병의 진단 기준 A와 동시에 주요 기분(주요우울 또는 조증) 삽화가 있음.
   주의점 : 주요우울 삽화는 진단 기준 A1: 우울 기분을 포함해야한다.
B. 평생의 유병 기간 동안 주요 기분(주요우울 또는 조증) 삽화 없이 존재하는 2주 이상의 망상이나 환각이 있다.
C. 주요 기분 삽화의 기준에 맞는 증상이 병의 활성기 및 잔류기 부분의 전체 지속 기간의 대부분 동안 존재한다.
D. 장애가 물질(예 남용약물, 치료약물)의 효과나 다른 의학적 상태로 인한 것이 아니다.

다음중 하나를 명시할 것.
1. 양극형 : 이 아형은 조증 삽화가 발현 부분일 경우 적용됨. 주요우울 삽화도 일어날 수 있다.
2. 우울형 : 이 아형은 단지 주요우울 삽화만이 발현 부분일 경우 적용된다.

표. 조현병 스펙트럼 장애의 진단적 특징

장애의 종류	진단적 특징
조현병	• 증상이 최소 6개월 동안 지속되고 최소 1개월의 활성기 증상이 포함됨
조현양상장애	• 증상이 1개월 이상 6개월 이내 지속됨
단기 정신병적 장애	• 증상이 1일 이상 지속되고 1개월 이내에 사라짐
망상장애	• 최소 1개월 이상의 망상이 있으나 다른 정신병적 증상은 없음
조현정동장애	• 기분 삽화와 조현병의 활성기 증상이 동시에 일어남 • 최소 2주 이상 뚜렷한 기분증상이 없는 망상 혹은 환각의 기간이 선행하거나 뒤따름

3 항정신병 약물

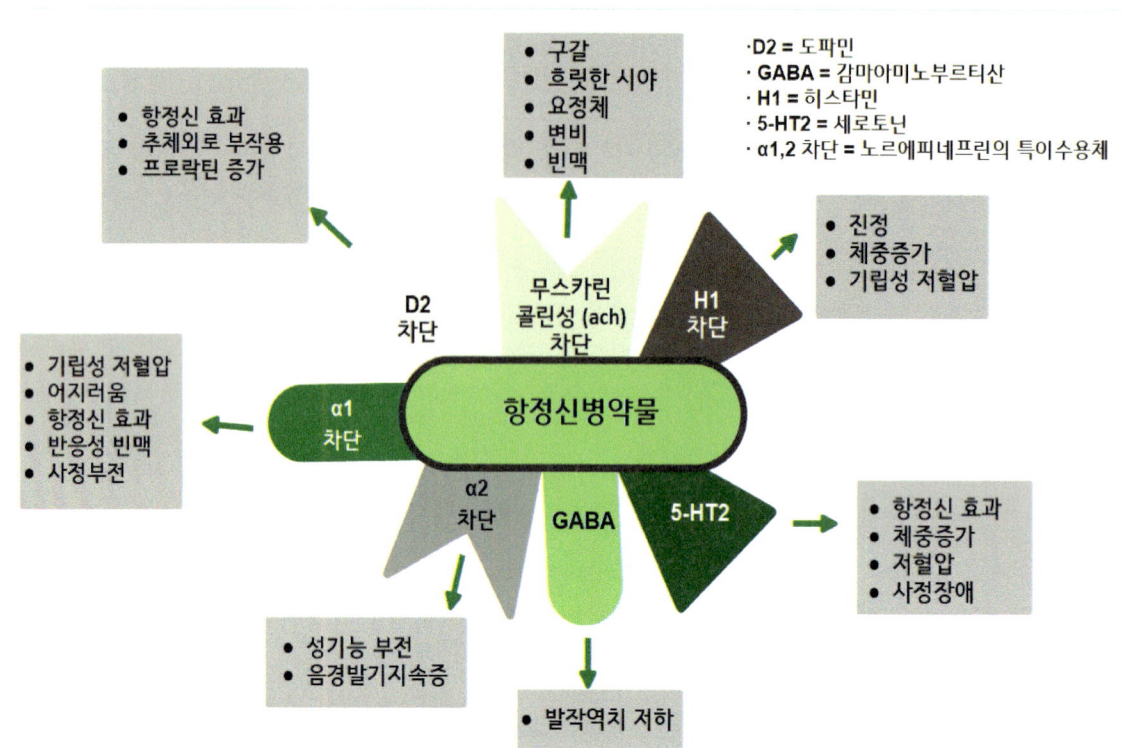

그림. 항정신병 약물의 부작용

자료원. 권영란외. 제 9판 정신건강간호학(2023), 현문사

1 정형 항정신병 약물 (1세대) 11 임용

기전	도파민 길항제	• 도파민(D_2) 길항제임
	조현병 양성증상	→ 도파민(D_2) 수용체를 차단하여 조현병 양성증상 차단에 효과적임
약물		• 클로르프로마진(chlorpromazine), 할로페리돌(haloperidol), 퍼페나진(perphenazine) 플루페나진(fluphenazine) 등
효과		• 조현병 양성증상에 효과 (세로토닌 수용체 작용 X → 음성증상 효과 X)
부작용		• 도파민 차단으로 인한 부작용 • H_1(히스타민 수용체), $α_1$, $α_2$ (a-아드레날린 수용체), M_1(아세틸콜린, 무스카린 수용체)을 차단하여 여러 부작용을 일으킴 • 추체외로 부작용(증상), 고프로락틴혈증, 항콜린성 작용(효과), 기립성저혈압, 신경이완제악성증후군

(1) 추체외로 부작용 (EPS) 11 임용

기전	• 도파민(D₂) 수용체 차단으로 도파민과 아세틸콜린의 불균형으로 추체외로 부작용이 발생함 도파민 ↓ → 아세틸콜린 ↑		
증상	① 가성 파킨슨 증후군 (파킨슨 위증) 11 임용(보기)	• 파킨슨질환과 유사한 증상을 일시적으로 보임 • 휴식시 진전, 서행증, 자세불안정, 근육경직, 운동완만증, 질질 끄는 걸음걸이 등	
	② 정좌불능증 11 임용(보기)	• 한 장소에 가만히 있지 못하고 안절부절 못하는 정신운동 불안증 (좌불안석) • EPS 중 가장 흔함 • 불안이나 초조로 오해받을 수 있고, 심각한 괴로움을 줌	
	③ 급성 근긴장 이상증 11 임용(보기)	• 머리, 목, 혀, 입술 등의 신체 일부의 근육의 지속적인 수축으로 근육의 긴장도가 증가하는 현상임 • 목과 어깨 등이 갑자기 뒤틀림, 목이 뒤로 젖혀져 돌아감, 갑자기 눈이 위로 치켜 올라가는 안구운동 발작, 발음이 어둔하게 되고 연하곤란 등의 증상이 나타남 • 드물게 나타나며, 기도 근육은 나타나지 않아 생명의 위협은 없음	
	④ 지연성 운동장애	불수의적 움직임	• 불수의적 무도성 움직임이 보통 입이나 얼굴근육에서 주로 나타남 → 주로 혀나 입맛다시기, 목돌아감, 얼굴 찡그림, 혀의 움직임(혀내밀기)과 씹는 것과 같은 움직임이 나타남 • 입이나 얼굴에서 시작하여 손가락, 발가락, 목, 몸통, 골반으로 진행됨
		장기간 복용	• 장기간 복용한 후 나타남
		비가역적	• 약물이 중단한 후에도 지속되는 경우가 많으므로 가장 심각한 부작용임
치료	도파민 작용제	• 아만타딘(amantadine) 등	
	항콜린제	• 벤조트로핀(benzotropine), 트리헥신(trihexyphenidyl) 등	
	항파킨슨 약물	• 레보도파(levodopa) 등	

(2) 프로락틴 분비 증가 (고프로락틴 혈증)

기전	• 도파민(D₂) 차단 → 프로락틴 분비 증가 도파민 : 프로락틴 분비 억제	
증상	남성	• 여성형 유방, 유즙 분비
	여성	• 무월경, 월경불순

(3) 항콜린성 작용

기전	• 아세틸콜린의 무스카린 수용체를 차단하여, 항콜린성 부작용을 나타냄 → 항콜린성 약물 부작용(정형 항정신병 약물),
발생	• 정형 항정신병 약물 부작용 • 추체외로 부작용 감소를 위해 항콜린제 투여시 (벤즈트포린(benztropine) 등)
증상	• 시야흐림, 구강건조(구갈), 빈맥, 소변정체, 변비, 연동운동 감소, 빈맥 등 항콜린성 효과 → 이중 소변정체와 심각한 변비는 즉각적인 의학적 치료 필요 **항콜린성 독성** • 연동운동 감소 또는 폐색(장폐색), 요폐, 산동증, 빈맥을 동반한 섬망, 초조, 경련발작, 발한 없는 고열(뜨겁고 건조한 피부) 등

(4) 기립성 저혈압

기전	• 무스카린수용체, $\alpha-1$ 수용체 차단, H_1 수용체 차단으로 발생함
증상	• 치료 초기에 흔히 나타나는 부작용임 → 일반적인 치료적 용량보다 낮은 용량으로 시작하는 것이 바람직함

(5) 신경이완제악성증후군(NMS)

증상	• 생명을 위협하는 부작용	
	고열	• 39℃ 이상의 고열
	근육강직	• 심한 근육강직
	자율신경계 기능장애	• 자율신경계 기능장애로 고혈압, 빈맥, 발한, 요실금 등 발생
	의식저하	• 섬망, 혼미, 혼수 등 의식저하 • 심한 경우 사망
치료	약물 중단	• 즉시 약물을 중단하고, 중환자실로 옮김
	치료약	• 브로모크립틴(Bromocriptine) - 도파민 수용체 작용제 • 단트롤렌(Dantrolene) - 근이완제
	탈수	• 탈수 치료로 수액요법 등

2 비정형 항정신병 약물(2세대)

기전	도파민-세로토닌 길항제	• 도파민(D_2)-세로토닌 길항제임 → 도파민 2(D_2), 세로토닌 억제로 조현병 양성증과 음성증상에 효과 있음
	조현병 양성증상, 음성증상	**세로토닌 차단** • 도파민 방출억제, 과잉분비 조절 • 조현병 음성증상에 효과
	추체외로 부작용 적음	• 세로토닌에 대한 길항작용은 강하나, 도파민 수용체 길항작용은 1세대 약물(정형 항정신병 약물)에 비해 약함 → 추체외로 부작용이 적음
약물		• 올란자핀(olanzapine, Zyprexa), 리스페리돈(risperidone), 클로자핀(clozapine), 쿠에티아핀(quetiapine, seroqel), 지프라시돈(ziprasidone), 아리피프라졸(aripiprazole) 등
		〈 **클로자핀(clozapine)** 〉 • 효과 : 정형 항정신병 약물에 효과가 보이지 않은 대상자에게 유용하고, 무반응성의 조현병에 효과적임, 음성증상에 효과적임 • 부작용 : 무과립구증 (생명 위협) → WBC 수치 매주 검사하여 모니터링
		• 처음에 사용하는 약은 리스페리돈, 올라자핀임 (부작용 적은편)
부작용		• 아드레날린성, 콜린성, 히스타민성 수용체 차단 • 추체외로 부작용은 작음
		• 기립성 저혈압, 체중증가, 졸림, 현기증 등의 증상 나타남

④ 조현병 환자 간호중재

1 망상의 중재 17 임용

논박, 설득, 비평 X	• 논리적 설득이나 비평이 전혀 효과가 없음 → 무의식적으로 억압된 감정이 불안, 두려움, 의심을 일으켜 망상으로 형성됨 • 현실검증력이 향상될때까지 망상을 논박하거나 없애려고 시도하지 않기 → 이는 오히려 망상을 더 강화시키고, 대상자는 간호사를 믿지 못할 사람으로 인식함
대상자 이해	• 우선 경청하고 수용적인 태도로 대상자를 이해함 • 대상자의 경험을 인정하고, 두려움을 공감하고, 망상의 내용에 대해 질문을 피함
감정에 반응	• 망상자체에 초점을 두지 말고, 망상 저변에 깔려 있는 감정에 반응함 • 단, 망상적 믿음을 강화시키는 것은 피함
전환 요법	• 음악 듣기, TV 보기, 글쓰기, 친구와 이야기 하기 등 전환기술 사용
안전 주의	• 대상자 안전에 주의함

2 환각의 중재

현실감 강화 (목표)	• 중재의 목표는 대상자가 자신의 증상을 잘 지각하도록 하여, 정신병적 세계와 현실세계 사이를 구별하도록 함 • 현실적인 것에 초점을 맞추고, 현실에 대한 대상자의 반응을 바꾸도록 도움
두려움(불안) 완화	• 두려움(불안)에 대해서는 인정하면서 대상자가 위험하지 않다는 것을 확인시킴 → 두려움(불안) 완화
자극 사용	• 음악 듣기, 큰 소리로 글 읽기, 다른사람과 대화하기 등 환각을 감소시킬 자극사용
대처전략 개발	• 이완훈련, 산책이나 운동, 친구만나기, 전화하기, 게임하기 등 대처전략을 개발
사례	예 "저는 아무것도 들리지 않아요. 하지만, 많이 무섭고 불안하시겠어요. 여기 병원에서는 안전합니다."
안전 조치	• 자살이나 타살의 위험이 있으므로 적절한 안전조치 필요 (명령 환청)

3 현실감 강화

• 대상자가 오랫동안 혼자 있게되면 환각이나 망상에 더 빠져들고, 비현실감에 사로잡히므로 대상자 곁에 있어주어 현실을 강화시키고, 실제 세계와 연결시켜 주어야 함

4 명료화 촉진

경청	• 대상자의 언어가 와해되고 조리에 맞지 않기에 경청을 통해 대상자 말의 의미를 파악하도록 노력해야 함
명료화하기	• 애매하고, 혼란된 대화, 지리멸렬하고, 산만한 이야기를 명료화하기 질문을 통해 대상자의 말의 의미를 이해하도록 노력해야 함

Part 13 양극성 및 관련 장애와 간호 21, 10 임용

1 양극성 장애 정의 및 원인

1 정의 및 특징

정의	• 양극성 장애는 기분상태와 에너지 변동을 특징으로 하는 정신장애로, 우울증 삽화, 조증삽화 혹은 경조증 삽화가 반복해서 나타나는 질환임
역학	• 우울증 다음으로 많은 정신질환임 • 최근 양극성 장애 유병률 높아지고 있으며, 특히 청소년 유병률이 증가하고 있음
특징	자살	• 평균 자살률이 일반인에 비해 약 20~30배 이상 높음 • 양극성 장애 대상자의 25~50%가 자살을 시도하며, 자살률은 15~20%로 높음
	치료와 진단	• 우울장애나 성격장애, 조현병으로 오진되어 적절한 치료를 받지 못하는 경우있음 • 우울장애에 비해 일반인들의 관심과 인식이 낮아 정확한 진단과 치료시기를 놓치는 경우가 많음

2 원인

(1) 생물학적 원인

유전		• 유전적 소인이 높음
신경전달 물질	모노아민 (생체아민)	• 변연계 생체아민 신경전달물질 시스템의 기능 손상 : 공포나 분노, 희노애락 등 감정상태 조절 　• 우울증 : 도파민 ↓, 노르에피네프린 ↓, 세로토닌 ↓ 　• 조증 : 도파민 ↑, 노르에피네프린 ↑, 세로토닌 ↑
	기타	• 우울증 : 아세틸콜린 ↑ • 조증 : GABA ↓
뇌 구조 및 기능	변연계	• 뇌기능 영상검사 상 변연계의 변화소견 • 해마와 편도의 기능장애
	전전두엽	• 전전두엽 변화, 전두엽 기능저하
신경 내분비계	코티졸	• 시상하부-뇌하수체-부신피질 축 과다활성 • 우울증, 불면증은 코티졸과 관련됨
	갑상샘 호르몬	• 갑상샘저하증 : 우울증 • 갑상샘항진증 : 조증
	말초신경염	• 우울증과 조증 모두에서 말초신경염 증가

(2) 정신사회적 원인

정신분석 이론	조증	• 무의식적 상실로 인한 자존감 손상에 대한 방어나 보상반응으로 외부로 방출 → 분노, 책망의 에너지가 외부로 방출, 내재된 우울에 저항하는 방어행동
인지이론	우울증	• 자동적 사고가 상실과 실패로 나타나며, 인지왜곡이 발생함
	조증	• 자동적 사고가 획득과 성공으로 나타나며, 인지왜곡이 발생함
환경 스트레스		• 양극성장애 대상자는 발병직전에 스트레스를 야기하는 생활사건을 더 많이 경험함 → 사회적 지지는 스트레스로 인한 완충작용 있음

2 조증 및 우울관련 증상

1 조증관련 행동특성

표. 조증관련 주요 증상특징

정서	감정기복	• 행복감, 의기양양 • 과민한 기분으로 감정기복이 심함 (기분이 고양되었다가 바로 눈물 흘림 등)
사고	망상	• 망상이 75% 나타나며, 특히 과대망상이 흔함
언어	사고비약 19 임용	• 사고의 비약 : 조증환자 언어의 특징 • 연상작용이 지나치게 빨라 대상자의 생각과 대화가 하나의 주제에서 다른 주제로 빠르게 진행되는 현상으로, 주변자극에 의해 사고의 흐름을 방해받아 결국, 결론에 도달하지 못하거나 엉뚱한 결론을 냄
	언어압박 21 임용	• 빠른 속도로 쉬지 않고 말을 함 • 말의 흐름이 아주 빠르고 말의 양이 많아지는 상태로, 스스로 통제가 안되며 중단하기도 어려운 상태임
	연상이완	• 연상이완 : 지리멸렬, 말비빔증 등
인지	인지적 결함	• 인지적 결함으로 기억, 집중력, 수행기능, 학습, 직업, 대인관계 형성 등에 영향을 받음
생리	수면감소, 영양결핍	• 수면욕구 감소 → 계속 활동 → 영양결핍 → 탈수, 탈진상태로 사망까지
판단력과 병식		• 병식이 거의 없음

감정	신체	인지	행동
• 의기양양 • 다행감 • 넘치는 자신감 • 익살스러움 • 과장된 자존감 • 분노와 적개심 • 수치나 죄의식 결여 • 좌절감을 참기 어려움	• 탈수 • 부적절한 영양 • 수면욕구 감소 • 체중 감소	• 야심참 • 현실적인 위험 부정 • 주의산만 • 사고의 비약 • 과대망상 • 착각 • 판단력 결여 • 집중력 결여 • 사고연상의 이완	• 공격성 • 과도한 소비 • 과장된 행동 • 과다활동 • 신체활동 증가 • 무책임 • 불안정 혹은 논쟁 • 개인위생 불량 • 자극 유발 • 지나친 성활동 • 증가된 사회적 활동 • 말이 많고 장황함 (언어압박)

2 우울관련 행동특성

신체	정서	인지	행동

• 복통
• 식욕부진
• 과식
• 요통
• 흉통
• 변비
• 현기증
• 피로
• 두통
• 발기부전
• 소화불량
• 수면장애
  (불면 및 과수면)
• 나른함
• 월경 변화
• 오심
• 구토
• 성적 무반응
• 체중변화
  (체중감소 및 체중증가)
	• 분노
	• 불안
	• 무감동
	• 고통스러움
	• 의기소침
	• 감정의 부인
	• 낙심
	• 죄책감
	• 무력감
	• 절망감
	• 외로움
	• 자존감 저하
	• 슬픔
	• 무가치감
	• 무쾌감증
		• 양가감정
		• 혼란
		• 집중력 장애
		• 기억력 감퇴
		• 우유부단
		• 흥미와 동기 상실
		• 비관
		• 자책
		• 자기경시
		• 자기파괴적 사고
		• 불확실성
			• 공격성
			• 흥분
			• 알코올 중독
			• 활동수준 변화
			• 약물 중독
			• 인내성 결여
			• 과민성
			• 자발성 결여
			• 과잉의존성
			• 개인위생 결핍
			• 정신운동 지연
			• 사회적 고립 및 위축
			• 눈물 흘림
			• 성취수준이 낮음
			• 에너지 결여
			• 동기 결여
			• 자살 시도

③ 양극성 장애 진단

1 제 I 형 양극성 장애(Biopalar I Disdorder)

(1) 진단 특징

정의	• 조증과 주요우울이 교대로 또는 조증이 반복적으로 나타나는 장애임
필수	• 최소 1회의 조증 삽화 발생이 필수적임

• 경조증 삽화 또는 주요우울삽화가 있음

표. 조증삽화 vs 경조증 삽화

	기간	증상
조증삽화 (필수)	• 1주일 이상 지속	• 기능의 현저한 손상으로 심각
경조증 삽화	• 4일 이상	• 기능의 장애를 초래하나, 심각한 장애는 없음 → 입원이 필요할 정도로 심각하지는 않은 경한상태

(2) 특징

발병	• 20~30대 사이에 진단됨
자살위험	• 일반인에 비해 자살사고 및 자살행동 가능성 큼
출산 후 정신병적 삽화	• 출산 2주 이내 정신병적 삽화를 경험한 여성은 추후 제 I 형 양극성 장애로 발전할 가능성 큼
동반질환	• 3개 이상 동반질환을 갖고 있음 • 불안장애, 알코올사용장애, 물질사용장애, ADHD 등
연관질환	• 경계성, 조현형, 반사회적 성격장애와 연관됨 • 심혈관 및 자가면역 질환들, 폐쇄성 수면무호흡증, 편두통, 대사증후군 등 나타남

(3) 조증단계

급성기	치료목표	• 대상자의 신체적 안전과 치료적 안정을 취함
	간호중재	• 약물치료, 신체적 활동제한, 음식과 수분섭취 격려, 4~5시간 이상의 수면시간 확보 등
지속기	치료목표	• 약물치료의 순응과 재발방지에 초점을 둠
	간호중재	• 대인관계 및 스트레스 대처능력, 인지기능, 물질관련 문제, 사회지지체계에 대한 계획 수립 • 의사소통기술 훈련, 문제해결능력에 대한 평가 등
유지기	치료목표	• 재발방지와 조증 정도와 지속기간을 경감시키는 것에 초점을 둠
	간호중재	• 충동성과 공격성에 대한 자기조절, 적절한 자가간호와 사회적 상호작용, 논리적이고 현실에 기반한 사고과정, 치료약물 복용 등

(4) 진단기준

제 Ⅰ형 양극성 장애 진단기준 (DSM-5-TR) 10 임용

제 Ⅰ형 양극성장애를 진단하기 위해서는 조증 삽화에 대한 다음의 진단기준을 만족시켜야 한다. 조증 삽화는 경조증이나 주요우울 삽화에 선행하거나 뒤따를 수 있다.

조증삽화 10 임용

A. 비정상적이고 지속적으로 들뜨거나 의기양양하거나 과민한 기분, 그리고 비정상적이고 지속적으로 증가된 활동이나 에너지가 분명한 기간이 적어도 일주일간 계속되고(만약 입원이 필요한 정도라면 기간과 상관없이), 거의 매일, 하루 중 대부분 지속된다.

B. 기분 이상 및 증가된 에너지와 활동을 보이는 기간 중, 다음 증상 가운데 3가지(또는 그 이상)가 유의미한 정도로 존재하며(기분이 단지 과민하기만 하다면 4가지), 평소 행동과 다른 뚜렷한 변화를 나타낸다.
  1. 부풀여진 자존감 또는 과대성
  2. 수면에 대한 욕구 감소 (예 단 3시간의 수면으로도 피로가 풀린다는 느낌)
  3. 평소보다 말이 많아지거나 계속 말해야 한다는 압박감
  4. 사고의 비약 또는 사고가 질주하는 주관적인 경험
  5. 주관적으로 보고하거나 객관적으로 관찰되는 주의산만
      (예 중요하지 않거나 관계없는 외부 자극에 너무 쉽게 주의가 분산됨)
  6. 목표 지향적 활동의 증가(직장이나 학교에서의 사회적 활동 또는 성적 활동) 또는 정신운동 초조(예 의미없는 비목표 지향적인 활동)
  7. 고통스러운 결과를 초래할 가능성이 높은 활동에의 지나친 몰두
      (예 흥청망청 쇼핑하기, 무분별한 성행위, 또는 어리석은 사업투자에 관여)

C. 기분 장애가 사회적·직업적 기능의 현저한 손상을 초래할 정도로 충분히 심각하거나 자해나 타해를 예방하기 위해 입원이 필요 또는 정신병적 양상이 동반된다.

D. 삽화가 물질(예 남용약물, 치료약물, 기타 치료)의 생리적 효과나 다른 의학적 상태로 인한 것이 아니다.

경조증 삽화

A. 비정상적으로 들뜨거나, 의기양양하거나, 과민한 기분, 그리고 활동과 에너지의 증가가 적어도 4일 연속 계속되고, 거의 매일, 하루 중 대부분 존재한다.

B. 기분 이상 및 증가된 에너지와 활동을 보이는 기간 중, 다음 증상 가운데 3가지(또는 그 이상)를 보이며(기분이 단지 과민하기만 하다면 4가지), 평소 행동과 다른 뚜렷한 변화를 나타내며, 유의미한 정도로 존재한다.
  1. 부풀여진 자존감 또는 과대성
  2. 수면에 대한 욕구 감소(예 단 3시간의 수면으로도 충분하다고 느낌)
  3. 평소보다 말이 많아지거나 계속 말해야 한다는 압박감
  4. 사고의 비약 또는 사고가 질주하는 주관적인 경험
  5. 주관적으로 보고하거나 객관적으로 관찰할 수 있는 주의산만
      (예 중요하지 않거나 관계없는 외부 자극에 너무 쉽게 주의가 분산됨)
  6. 목표 지향적 활동의 증가(직장이나 학교에서의 사회적 활동 또는 성적 활동) 또는 정신운동 초조
      (예 의미없는 비목표 지향적인 활동)
  7. 고통스러운 결과를 초래할 가능성이 높은 활동에의 지나친 몰두
      (예 흥청망청 쇼핑하기, 무분별한 성행위, 또는 어리석은 사업투자에 관여)

C. 삽화는 증상이 없을 때의 개인의 특성과는 명백히 다른 기능의 변화를 동반한다.
D. 기분 이상과 기능의 변화가 타인에 의해 관찰 가능하다.
E. 삽화가 사회적, 직업적 기능의 현저한 손상을 일으키거나 입원이 필요할 정도로 심각하지는 않다. 만약 정신병적 양상이 있다면, 이는 정의상 조증 삽화다.
F. 삽화가 물질(예 남용약물, 치료약물, 기타 치료)의 생리적 효과로 인한 것이 아니다.

주요우울삽화
A. 다음의 증상 가운데 5가지(또는 그 이상)의 증상이 2주 연속으로 지속되며, 이전 기능과 비교하여 변화를 보인다. 증상 가운데 적어도 하나는 (1) 우울 기분이거나 (2) 흥미나 즐거움의 상실이어야 한다.
   1. 하루 중 대부분, 그리고 거의 매일 지속되는 우울 기분이 주관적인 보고(예 슬픔, 공허감 또는 절망감)나 객관적인 관찰(예 울 것 같은 표정)에서 드러남
      (주의점: 아동 청소년의 경우는 과민한 기분으로 나타나기도 함)
   2. 거의 매일, 하루 중 대부분, 거의 또는 모든 일상 활동에 대해 흥미나 즐거움이 뚜렷하게 저하됨
   3. 체중 조절을 하고 있지 않은 상태에서 의미 있는 체중의 감소(예 1개월 동안 5% 이상의 체중 변화)나 체중의 증가, 거의 매일 나타나는 식욕의 감소나 증가가 있음
      (주의점: 아동에서는 체중 증가가 기대치에 미달되는 경우)
   4. 거의 매일 나타나는 불면이나 과다수면
   5. 거의 매일 나타나는 정신운동 초조나 지연
      (타인에 의해 관찰 가능함, 단지 주관적인 좌불안석 또는 처지는 느낌뿐만이 아님)
   6. 거의 매일 나타나는 피로나 활력의 상실
   7. 거의 매일 무가치감 또는 과도하거나 부적절한 죄책감(망상적일 수도 있는)을 느낌(단순히 병이 있다는데 대한 자책이나 죄책감이 아님)
   8. 거의 매일 나타나는 사고력이나 집중력의 감소 또는 우유부단함
      (주관적으로 호소하거나 객관적으로 관찰가능함)
   9. 반복적인 죽음에 대한 생각(단지 죽음에 대한 두려움이 아닌), 구체적인 계획 없이 반복되는 자살 사고, 또는 자살 시도나 자살 수행에 대한 구체적인 계획 또는 자살 시도
B. 증상이 사회적, 직업적, 또는 다른 중요한 기능 영역에서 임상적으로 현저한 고통이나 손상을 초래한다.
C. 삽화가 물질의 생리적 효과나 다른 의학적 상태로 인한 것이 아니다.

제Ⅰ형 양극성 장애
A. 적어도 1회의 조증 삽화를 만족한다("조증삽화" 하단의 진단기준 A부터 D까지)
B. 적어도 1회의 조증 삽화는 조현정동장애로 더 잘 설명되지 않으며, 조현병, 조현양상장애, 망상장애, 달리 명시되거나 또는 명시되지 않는 조현병 스펙트럼 및 기타 정신병적 장애와 겹쳐서 나타나지 않는다.

┃ 제Ⅰ형 양극성 장애 사례 ┃

대학교 4학년인 이○○양은 최근 남자친구에게 실연을 당했다. 한동안 우울감에 빠져있다 데이트 앱으로 다른 남자들을 만나기 시작했다.

평소 관심이 없던 여러 모임에도 참여하고, 새로운 남자들을 만나는데 몰두하였고, 원나잇도 자주 하면서 무분별한 성행위를 하고 있다.

동시에 여러 남성에게 연락을 하면서 비싼 선물을 사주었고 상대방의 거절에도 집요하게 만남을 요구하다가 심각하게 다투는 일도 늘어났다. 술집에서 다른 사람들과 시비가 붙은 적도 많았고, 값비싼 옷과 화장품을 사서 신용카드 연체가 되기 시작했고, 경제적으로 곤란한 상황에 처하게 되어었다.

새로운 남자들을 만나면서 의욕이 샘솟아 하루 2~3시간만 자도 가뿐한 기분이 들고, 의욕이 샘솟아 전혀 피곤한 기분이 들지 않았다.

평소 잘 연락하지 않던 친척과 친구들에게 연락해서 자신의 계획에 대해서도 장황하게 이야기하고, '완전한 행복상태'를 느끼며, 자신이 대학 졸업만 하면, 유명기업의 CEO가 될 것이라고 하며, 자신이 얼마나 대단한 사람인지에 대해 늘어놓는다.

학교에서 팀플 과제를 할 때면, 자신처럼 성과를 내지 못하는 다른 팀원들을 한심하게 생각하며, 팀원들이 왜이리 잘난척을 하냐고 할때면, 본인이 너무 잘나서 자신을 질투한다고 말한다.

2 제Ⅱ형 양극성 장애 21 임용

(1) 진단 특징

| 필수 | • 적어도 한번의 경조증 삽화와 적어도 한번의 주요 우울삽화가 있어야 함
• 조증삽화는 없어야 함 |

┃ 표. 제Ⅰ형 양극성 장애 vs 제Ⅱ형 양극성 장애 ┃

	조증삽화	경조증삽화	주요 우울삽화
제Ⅰ형 양극성 장애	최소 1회	둘 중 하나가 나타날 수 있음	
제Ⅱ형 양극성 장애	X	최소 1회	최소 1회

(2) 특징

발병	• 제Ⅰ형보다 더 젊은 나이에 발생 (10대~), 여자 > 남자
우울	• 많은 시간을 우울증 상태로 지냄
자살위험	• 주요우울증상으로 자살 위험이 더 높음 → 10~15%는 자살을 시도함 21 임용
직업, 사회적 기능 동반	• 학업수행의 실패, 직업 실패, 이혼, 물질남용 등이 더 많이 동반됨

(3) 제 Ⅱ형 양극성 장애 진단 21 임용

제 Ⅱ형 양극성 장애진단기준 (DSM-5-TR)

제 Ⅱ형 양극성장애를 진단하기 위해서는 다음에 나오는 현재 또는 과거의 경조증 삽화의 진단기준을 만족하는 동시에, 현재 또는 과거의 주요우울 삽화의 진단기준을 만족해야 한다.

경조증삽화

A. 비정상적으로 들뜨거나, 의기양양하거나, 과민한 기분, 그리고 활동과 에너지의 증가가 적어도 4일 연속 계속되고, 거의 매일, 하루 중 대부분 존재한다.
B. 기분 이상 및 증가된 에너지와 활동을 보이는 기간 중, 다음 증상 가운데 3가지(또는 그 이상)를 보이며(기분이 단지 과민하기만 하다면 4가지), 평소 행동과 다른 뚜렷한 변화를 나타내며, 유의미한 정도로 존재한다.
   1. 부풀여진 자존감 또는 과대성
   2. 수면에 대한 욕구 감소(예 단 3시간의 수면으로도 충분하다고 느낌)
   3. 평소보다 말이 많아지거나 계속 말해야 한다는 압박감
   4. 사고의 비약 또는 사고가 질주하는 주관적인 경험
   5. 주관적으로 보고하거나 객관적으로 관찰할 수 있는 주의산만
      (예 중요하지 않거나 관계없는 외부 자극에 너무 쉽게 주의가 분산됨)
   6. 목표 지향적 활동의 증가(직장이나 학교에서의 사회적 활동 또는 성적 활동) 또는 정신운동 초조
      (예 의미없는 비목표 지향적인 활동)
   7. 고통스러운 결과를 초래할 가능성이 높은 활동에의 지나친 몰두
      (예 흥청망청 쇼핑하기, 무분별한 성행위, 또는 어리석은 사업투자에 관여)
C. 삽화는 증상이 없을 때의 개인의 특성과는 명백히 다른 기능의 변화를 동반한다.
D. 기분 이상과 기능의 변화가 타인에 의해 관찰 가능하다.
E. 삽화가 사회적, 직업적 기능의 현저한 손상을 일으키거나 입원이 필요할 정도로 심각하지는 않다. 만약 정신병적 양상이 있다면, 이는 정의상 조증 삽화다.
F. 삽화가 물질(예 남용약물, 치료약물, 기타 치료)의 생리적 효과로 인한 것이 아니다.

주요우울 삽화

A. 다음의 증상 가운데 5가지(또는 그 이상)의 증상이 2주 연속으로 지속되며, 이전 기능과 비교하여 변화를 보인다. 증상 가운데 적어도 하나는 (1) 우울 기분이거나 (2) 흥미나 즐거움의 상실이어야 한다.
   1. 하루 중 대부분, 그리고 거의 매일 지속되는 우울 기분이 주관적인 보고(예 슬픔, 공허감 또는 절망감)나 객관적인 관찰(예 울 것 같은 표정)에서 드러남
      (주의점: 아동 청소년의 경우는 과민한 기분으로 나타나기도 함)
   2. 거의 매일, 하루 중 대부분, 거의 또는 모든 일상 활동에 대해 흥미나 즐거움이 뚜렷하게 저하됨
   3. 체중 조절을 하고 있지 않은 상태에서 의미 있는 체중의 감소(예 1개월 동안 5% 이상의 체중 변화)나 체중의 증가, 거의 매일 나타나는 식욕의 감소나 증가가 있음
      (주의점: 아동에서는 체중 증가가 기대치에 미달되는 경우)
   4. 거의 매일 나타나는 불면이나 과다수면
   5. 거의 매일 나타나는 정신운동 초조나 지연
      (타인에 의해 관찰 가능함, 단지 주관적인 좌불안석 또는 처지는 느낌뿐만이 아님)
   6. 거의 매일 나타나는 피로나 활력의 상실
   7. 거의 매일 무가치감 또는 과도하거나 부적절한 죄책감(망상적일 수도 있는)을 느낌(단순히 병이 있다는데 대한 자책이나 죄책감이 아님)

8. 거의 매일 나타나는 사고력이나 집중력의 감소 또는 우유부단함
   (주관적으로 호소하거나 객관적으로 관찰가능함)
9. 반복적인 죽음에 대한 생각(단지 죽음에 대한 두려움이 아닌), 구체적인 계획 없이 반복되는 자살 사고, 또는 자살 시도나 자살 수행에 대한 구체적인 계획 또는 자살 시도

B. 증상이 사회적, 직업적, 또는 다른 중요한 기능 영역에서 임상적으로 현저한 고통이나 손상을 초래한다.
C. 삽화가 물질의 생리적 효과나 다른 의학적 상태로 인한 것이 아니다.

제Ⅱ형 양극성장애
A. 적어도 1회의 경조증 삽화(앞의 "경조증 삽화"의 진단기준 A~F)와 적어도 1회의 주요우울 삽화(앞의 "주요 우울 삽화"의 진단기준 A~C)의 진단기준을 만족시킨다.
B. 조증 삽화는 1회도 없어야 한다.
C. 경조증 삽화와 주요우울 삽화의 발생이 조현정동장애, 조현병, 조현양상장애, 망상장애, 달리 명시된, 또는 명시되지 않는 조현병 스펙트럼 및 기타 정신병적 장애로 더 잘 설명되지 않는다.
D. 우울증의 증상 또는 우울증과 경조증의 잦은 순환으로 인한 예측 불가능성이 사회적, 직업적, 또는 다른 중요한 기능 영역에서 임상적으로 현저한 고통이나 손상을 초래한다.

3 순환성장애

(1) 진단특징

정의		• 만성적인 기분변동성으로(2년이상), Ⅱ형 양극성장애가 경한 상태로, 경조증과 우울증이 교대로 반복해서 나타남
특징	불규칙	• 주기가 짧고, 불규칙하며, 급격한 기분변화 보임
	발병	• 청소년기, 초기 성인기에 발병 (15~25세 발병)
	약물남용	• 알코올이나 약물남용 병력이 있는 경우가 많음
	양극성 장애	• 추후 Ⅰ, Ⅱ형 양극성장애로 발전할 가능성 높음 (특히 청소년)

2 진단기준

순환성 장애 진단기준 (DSM-5-TR)

A. 적어도 2년 동안(아동·청소년에서는 1년) 다수의 경조증 기간(경조증 삽화의 진단기준을 충족하지 않는)과 우울증 기간(주요우울 삽화의 진단기준을 충족하지 않는)이 있어야 한다.
B. 2년 이상의 기간동안(아동·청소년에서는 1년), 경조증 기간과 우울증 기간이 절반 이상 차지해야 하고, 증상이 없는 기간이 2개월 이상 지속되어서는 안된다.
C. 주요우울 삽화, 조증 삽화 또는 경조증 삽화가 존재하지 않는다.
D. 진단기준 A의 증상이 조현정동장애, 조현병, 조현양상장애, 망상장애, 달리 명시된, 또는 명시되지 않는 조현병 스펙트럼 및 기타 정신병적 장애로 더 잘 설명되지 않는다.
E. 증상이 물질(예 남용약물, 치료약물)의 생리적 효과나 다른 의학적 상태
   (예 갑상선기능항진증)로 인한 것이 아니어야한다.
F. 증상이 사회적, 직업적, 또는 다른 중요한 기능 영역에서 임상적으로 현저한 고통이나 손상을 초래한다.

4 약물치료

(1) 급성 조증

약물	효과	약물 종류
비정형 항정신병 약물	초기 진정효과	• 올란자핀(olanzapine, zyprexa), 리스페리돈(risperidone, rispedal) 등
	초조	
	기분안정	
벤조디아제핀	진정효과 초조, 불안	• 로라제팜(lorazepam, ativan), 클로나제팜(clonazeoam) 등
리튬	기분안정	• 리튬(lithium)

• 급성기의 조증 증상(초조 등) 완화를 위해 강력한 진정제를 사용함

(2) 기분안정제

① **리튬 (lithium)**

기전	나트륨	① 세포 내의 일시적인 나트륨의 증가를 정상화시킴
	신경전달물질	② 도파민, 노르에피네프린, 세로토닌의 신경전달물질을 정상화시킴 → 재흡수 방지
효과		• 급성 조증(조증삽화) 및 유지치료용으로 FDA 최초로 승인받음 • 조증과 우울증 모두 효과가 있음 (메인기능은 조증) • 주요 효과는 의기양양·과장성·과대성, 사고의 비약, 불안, 과민성, 불안, 자해행위 등
치료효과		• 항조증 효과가 나타나기까지 2~6주의 시간이 소요됨 → 항정신병 약물로 조증 억제, 조증이 잘 잘 억제되면 항정신병 약물을 줄임
치료수준, 독성수준		• 치료수준과 독성수준 사이가 간격이 적음 → 치료지수 ↓ • 독성작용 혈중 모니터링이 필요함 → 리튬 혈중 농도 체크 (처음에는 주 1일 이상)
치료농도	정상	• 0.8~1.4mEq/L
	독성	• 1.5mEq/L 이상 (1.5를 넘지 않도록 주의)
치료전 검사	신장검사	• 흡수된 리튬은 신장을 통해 95% 배설 → 신장기능검사 실시
	갑상샘 검사	• 갑상샘 기능 저하증 유발 → 갑상샘검사 (TSH / T_3, T_4)
금기	임산부	• 심장기형 발생으로 금기
	신기능 손상환자	• 신기능 손상으로 리튬 독작용 유발
	갑상샘 질환자	• 갑상샘 기능 저하증 유발
	다량의 나트륨 손실	• 구토, 설사, 이뇨제 사용등으로 인해 다량의 나트륨 손실 → 리튬 독작용 유발
부작용		• 체중증가, 갈증, 다뇨, 입마름, 피로 등

표. 리튬 독성작용

혈중 농도 1.5mEq/L 미만 (가벼운 증상)	혈중 농도 1.5~2.5mEq/L (보통 증상)	혈중 농도 2.5mEq/L 이상 (심한 증상)
• 약간의 무덤덤함, 기면, 나른함 • 집중력 저하 • 어눌한 말투 • 경한 근위축, 근연축 • 거친 손떨림 • 경한 운동실조증	• 심한 설사 • 오심, 구토 • 중등도의 운동실조 • 중등도의 무감동, 기면, 나른함 • 중등도의 어눌한 말투 • 이명 • 시야 흐림 • 불규칙한 진전 • 근육 약화	• 안구진탕증 • 구음장애 • 심부건 과잉반사 • 환시 및 환촉 • 핍뇨 혹은 무뇨 • 혼돈 • 발작 • 혼수 혹은 사망

표. 리튬 복용대상자 교육지침

나트륨 (염분 섭취)	• 리튬은 신장에서 나트륨(Na) 재흡수를 감소시켜 나트륨 부족을 야기할 수 있음 → 적절한 염분과 수분 섭취			
	염분	나트륨 부족	독작용	• 리튬 농도 상승으로 독작용 발생 → 적절한 염분 섭취 필요 (염분 부족은 혈중 리튬 상승을 일으킴)
		나트륨 과다	치료효과 ↓	• 리튬 농도를 떨어뜨려 치료효과를 감소시킴
	수분	부족	독작용	• 하루 2L 이상의 수분 섭취 권장 • 부족시 독작용 발생
	• 땀 흘리는 활동(과도한 발한), 이뇨제 사용, 과도한 설사, 구토시 리튬 섭취 중단 → 탈수, 리튬 독성작용			
카페인	• 카페인은 리튬의 효능을 방해하므로 카페인류를 피함			
알코올, 수면제, 진통제	• 기면을 유발하거나 의식의 혼탁을 일으킬 수 있으므로, 알코올, 수면제, 진통제와의 동시 투여는 위험함			
체중 증가	• 체중증가는 흔히 발생하므로, 균형 있는 식사를 권장하고 스낵 및 당류는 피함 • 체중증가로 대사장애 발생 가능성 있음			
매년 검사	• 신장기능검사(전해질, 혈중 요소치, 크레아틴 청소율) • 간효소치(LDH, SGOT, SGPT) • 갑상샘기능검사(T3, T4, Free T3, Free T4, TSH) • 심기능검사(EKG)			

(3) 항경련제

- 조증의 30% 정도는 리튬에 반응하지 않으므로 항경련제를 투여함

약물	효과	부작용
발프로에이트 (Valproate(Depakote), Valporic acid)	• 급성 조증 치료용으로 FDA 승인	• 위장장애(오심, 설사, 소화불량, 구토) • 드물게 간손상 • 드물게 혈소판 감소증 • 태아기형으로 임산부 금기
카마마제핀 (Carbabamazepine)	• 급성 조증 및 혼합상태에서 사용 • 리튬과 발프로에이트의 대용약물, 전형적인 조증환자보다 급성 순환성 조증, 불쾌성 조증, 신체 증상이 있는 경우 등에서 효과적임	• 골수억제(백혈구 감소, 재생불량성 빈혈) • 간염증 (간효소 수치 증가)
라모트리진 (Lamotrigine) 21 임용	• FDA 승인 유지요법 약물 • Ⅱ형 양극성 장애 우울삽화 → 리튬과 라모트리진이 1차 약물임 • 리튬과 달리 정기적인 혈중 농도 확인이 필요하지 않고, 체중증가와 진전 등의 부작용이 적음	• 독성표피괴사용해 및 Stevens-Jonson 증후군 → 심각한 피부반응(피부발진, 피부박리, 궤양) → 생명 위험 (2~16세 아동) → 18세 이상에만 허가됨

5 전기경련치료(ECT)

기전	• 뇌의 전기적 전류를 이용하여 발작을 유도하며, 이는 신경전달물질을 활성화시킴
적용	• 양극성장애와 심각한 우울증이 동반된 대상자에게 가장 흔하게 사용하며, 주요 우울증을 개선하는데 효과적임

6 간호

의사소통	• 대상자가 내면의 우울감을 부정하고 있다는 것을 이해 • 조증 대상자와 논쟁 X, 대상자 행동에 항의 X • 일관된 규칙 적용 • 한번에 한 가지 주제로만 대화
환경요법	• 자극 최소화(소음 최소화, 자극 없애기) → 비자극적, 편안하고 조용한 환경 제공
식사, 수면	• 탈수예방, 고칼로리 및 고단백질 음식 제공, 간식 제공 • 수면 증진
공격성	• 공격성을 보일 수 있으므로 다른 사람을 위협할 시 단호하고 중립적으로 행동 제한 • 비경쟁적·신체적 운동을 통해 공격 에너지와 분노 감정을 발산하도록 격려함
자해, 타해	• 좌절감으로 자해 및 타해 경향 있으므로 자극 최소화하고, 모니터링

Part 14 우울장애 25, 20, 17, 16, 12 임용

① 우울증의 생물학적 원인

유전	• 유전적 소인 있음	
신경전달물질	• 세로토닌 결핍 ↓, 노르에피네프린 ↓, 도파민 ↓, 아세틸콜린 ↑ ① 세로토닌 감소, 세로토닌 수용체의 기능장애(세로토닌 자가항체, 민감성 등) ② 노르에피네프린 감소 ③ 도파민 감소	
신경내분비계	코티졸	• 심한 우울장애 대상자, 자살충동, 정신병적 상태일 때 더 증가함
	갑상샘	• 갑상샘기능저하증은 우울증을 일으킴
	에스트로겐	• 폐경기에 에스트로겐 감소로 우울증 보임 • 에스트로겐과 프로게스테론 호르몬 불균형은 월경전불쾌감 장애 관련됨
뇌구조 및 기능	변연계	• 편도의 감정조절 부분 이상
	시상하부	• 우울증에서 나타나는 수면, 식욕, 성행위의 변화와 관련 있음
	기저핵	• 우울증에서 보이는 구부정한 자세, 운동지연, 미세한 인지기능손상 등
염증	• 주요우울증 대상자의 1/3에서 CRP, 인터루킨-6 등 염증성 수치 증가	

② 우울증의 정신사회적 원인

1 정신분석적 이론

- 상실로 우울증이 생긴다고 보며, 인지적 상실감은 실제적 상실뿐 아니라 상상 또는 상징적 상실도 해당됨

인지적 상실감	억압된 감정	• 죽음, 이별, 이혼, 상황의 변화, 건강상태의 변화 등을 통한 인지적 상실감 → 죄의식, 죄책감, 절망감, 무력감, 분노, 고립감 등이 적절히 표출되지 못하고 억압되어 내재화됨
	자기비난, 죄책감 (함입)	• 남에게 향했던 모든 감정을 자신에게로 향하며 잘못된 것을 모두 자신의 탓으로 돌림 (자기비난, 자기책망, 죄책감) → 방어기전으로 '함입'을 사용함
	분노, 공격성	• 상실한 대상에 지녔던 분노나 공격성이 자기 자신에게로 향하게 됨 → 자살시도, 자살

2 대상상실 이론

아동기 분리, 이별	• 발달초기인 아동기의 분리나 이별경험 즉, 아동기의 상실경험이 성인의 우울증과 연관됨

3 성격구조 이론

의존적 성격	• 타인에게 의존하여 타인의 관심, 보호, 도움이 욕구가 충족되지 않을 때, 쉽게 절망하고 의욕이 상실됨
강박적 성격	• 성취가 어려운 비현실적인 목표를 세워, 목표달성에 실패하면 우울증에 빠짐
억압적 성격	• 만족을 억제하는 유형으로 공허감을 경험하고, 자신이나 타인에 대해 지나치게 엄격하고 비판적인 태도로 우울증에 빠짐
완벽주의적 성격	• 자신의 성취기준이 지나치게 높고, 사소한 실수나 실패에 자기비난과 자기비하감을 가져, 우울증에 빠짐

4 인지 이론

- 우울증 환자는 부정적이고 비관적인 생각을 가져, 부정적 자동적 사고와 인지왜곡(오류)를 보임

인지삼제 (beck)	• 우울증상을 경험하는 사람들의 자기 자신, 미래, 세상에 대한 '부정적인 자동적 사고'를 가짐 ① "자기"에 대한 비관적 생각 → '나는 무가치한 사람이다' ② "미래"에 대한 염세주의적 생각 → '나의 앞날은 희망이 없다' ③ "세상"에 대한 부정적 생각 → '세상은 매우 살기 힘든 곳이다'
인지왜곡 (인지오류)	• 부정적 사고의 원인을 '인지 왜곡(인지오류)'으로 보고 있음 • 우울증 대상자는 이분법적 사고(흑백논리적 사고), 과잉일반화, 선택적 추상(정신적 여과), 개인화, 정서적 추론(감정적 추리), 독심 등의 인지왜곡을 보임

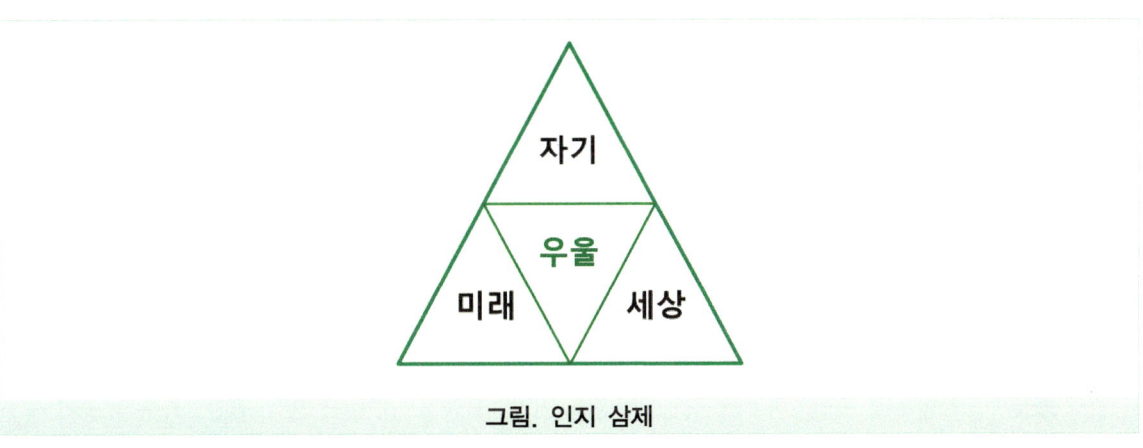

그림. 인지 삼제

표. 애도, 비애, 죽음의 5단계 - 엘리자베스 퀴블러로스 | 95 임용

	단계	내용
1단계	부정	• 충격, 불신의 단계로 현실로 인정하지 못함
2단계	분노	• 자기자신이나 사랑하는 사람, 돌봄제공자 등에게 분노가 향할 수 있음
3단계	타협(협상)	• 상실을 되돌리거나 연기시키거나 불행을 뒤로 미루어 보고자 타협을 시도함
4단계	우울	• 슬픔, 우울감, 상실감이 나타남
5단계	수용	• 상실에 현실감, 개인에게 영향을 주는 의미를 수용하여 체념, 평온함 등을 느낌

5 행동이론

(1) 학습된 무력감과 절망감

학습된 무력감	• '어떻게 해도 할 수 있는 것이 아무것도 없다는 신념'
절망감	• '나뿐만 아니라 어느 누구도 아무것도 할 수 없다는 신념'
결과	• 학습된 무력감과 절망감의 결과 → 상황 자체가 아니라, 상황을 바꿀 수 있는게 아무것도 없다는 개인의 믿음이므로, 개인의 적응을 방해함
치료목표	• 보상과 긍정적 경험을 통해 대상자 스스로 상황을 조절하거나 통제하는 조절능력을 되찾는 것에 초점을 둠

(2) 우울증의 귀인이론 25 임용

① 귀인이론의 개념

이론배경		• 학습된 무기력이론이 가지고 있는 문제점을 해결하고자 발전시킨 이론임
개념	행동의 원인 추론	• 자신이나 타인의 행동결과의 원인을 추론하는 이론임 → "결과의 원인을 .. 에 돌린다"는 뜻으로, 실패경험에 대해 행동의 결과에 대해서 그 원인을 추론하는 과정임
	행동에 영향	• 귀인의 결과는 개인의 행동에 많은 영향을 주며, 미래 행동에도 상당한 영향을 미침
종류		• 내부적 귀인, 외부적 귀인, 안정적 귀인, 불안정 귀인, 전반적 귀인, 특수적 귀인

② 귀인이론의 종류

• 우울증 대상자는 실패경험에 대해 내부적, 안정적, 전반적 귀인을 하는 경향이 있음 25 임용

㉠ 내부적, 외부적 귀인

• 내부적-외부적 귀인은 '자존감 손상'과 '우울장애의 발생'에 영향을 미침

내부적 귀인	• 원인을 성격, 노력, 동기, 지적능력 등 내부적 요인으로 돌리는 것임 예 "이번 시험에 실패한 것은 내가 너무 준비를 덜 했어. 노력을 덜 했어." 예 "남자친구와 헤어진 것은 나의 안좋은 성격 때문이야."
외부적 귀인	• 원인을 환경, 상황, 타인, 우연, 운 등으로 대상자의 외부로 돌리는 것임 예 시험에 불합격할 때 "이번 시험은 문제가 너무 어려웠어."라고 생각하는 경우 예 "사업에 실패한 것은 경기가 좋지 않아서였어." 예 "남자친구가 헤어지자고 한 것은 남자친구의 변덕스러운 성격이야."

ⓛ 안정적, 불안정적 귀인
- 변화가능한 것인가(불안정적), 변화가 불가능한 것인가(안정적)에 따라 나뉨
- 안정적-불안정적 귀인은 우울장애의 '만성화' 정도와 관련 있음 → 무기력 발생, 우울증 장기화

안정적 귀인	• 원인을 시간이나 상황에 상관없이 성격이나 지적능력 등 비교적 변함이 없는 것으로 돌리는 것임 → 변하지 않고 안정적인 것임
	예 수학성적이 좋지 않자 "나는 원래 숫자에 약해."
	예 "나는 논리적 머리가 정말 없어."
불안정적 귀인	• 원인을 노력의 정도나 동기 등 자주 변화될 수 있는 원인으로 돌리는 것임 → 상황이나 여건에 따라 변화가 가능한 것임
	예 수학성적이 좋지 않자 "이번에는 준비가 부족했지. 다음엔 더 잘 할 거야."
	예 "잠을 너무 많이 잤지. 게으름 피워서 실패한거지."

ⓒ 전반적, 특수적 귀인
- 원인이 얼마나 구체적으로 한정되어 있는지의 정도를 의미함
- 전반적-특수적 귀인은 우울장애의 '일반화' 정도를 결정함

전반적 귀인	• 원인을 전반적인 능력부족, 성격전체의 문제 등으로 돌리는 것임 → 다양한 결과에 영향을 미치는 원인임
	예 수학 성적이 안좋을 때 "나는 머리가 나쁘다."라고 말함 → 수학성적 뿐 아니라, 다른 과목도 성적도 안좋게 될 확률이 높음
	예 애인에게 버림받자 "내 성격이 문제야."
특수적 귀인	• 원인을 특수한 능력의 부족, 성격상 일부의 문제 등으로 구체적인 이유로 돌리는 것임 → 하나 또는 제한된 영역의 결과에 미치는 원인임
	예 수학성적이 안좋을 때 "나는 수리능력이 부족하다."
	예 애인에게 버림받자 "내 성격이 차분한 면이 부족했지."라고 생각하는 경우

6 스트레스원

애착 상실	• 애착상실은 특정한 대상에 대한 애착으로부터 충격적으로 분리되는 것을 의미함 → 아동기 때의 상실과 성인기의 이별 등이 있음
주요 생활사건	• 원치 않은 생활사건(이혼, 경제적 어려움 등)으로 자존감 상실, 대인관계 불화, 생활양식의 붕괴 등이 발생함
	• 우울증 환자는 우울 발생 6개월 동안 주요 생활사건이 3배 정도 더 경험함
역할이론	• 가정과 직장에서의 역할 갈등이 우울증 위험이 높음
	• 여성의 사회화 과정, 여성의 역할 변화에 따른 우울증 위험이 높아지고 있음

3 우울증 관련 사정

1 우울증 선별도구

- BDI, CES-D, PHQ-9 등 자가보고형식의 우울증 선별검사가 있음

2 우울증 증상

감정 (정서)		• 죄책감(가장 흔함), 죄의식 • 무력감, 절망감(흔함), 분노, 과민반응 등 • 낮은 자존감, 무가치함 등
	아동· 청소년	• 어린아동의 경우 짜증, 신경질, 예민함으로 우울증상이 나타남 → 즉, 과민성 • 아동은 감정을 행동과 신체적 호소로 나타나는 경우가 많으므로 비언어적 행동에 주의를 기울어야 함 　• 분노, 공격, 과다행동, 비행, 학업성적 저하 　• 청소년은 술이나 의존성 약물에 노출될 수 있음
	노인	• 노인은 가성치매 증상을 보임 • 변비, 두통, 피곤과 같은 신체적 불편을 더 많이 호소함
정동		• 둔마정서, 제한된 정서 • 절망감, 자포자기 등
사고		• 부정적 자동적 사고 • 후회, 의심 등 • 반추 **반추 사고** • 과거에 있었던 일이 지금 현재 시점에서 반복적으로 떠올라 후회와 슬픔의 감정을 불러일으키는 생각임 • 즉, 특정 생각이나 감정에 매몰돼 그것을 계속 반복하는 것임 　→ 실패와 부정적인 측면에만 집중하여 '똑같은 생각을 반복' • 반추는 끝맺음이 없이 결론에 이르지 못한 채 똑같은 생각이 반복됨 　→ 자신이 우울해진 이유를 찾아 맴돌고, 우울증 때문에 무력해진 자기 처지를 비관함 　예 친구가 무례하게 군 일을 반복해서 생각하면서, "기분이 좋지 않아. 나에게 왜 그랬을까?" "그때 내가 그렇게 하면 안 됐었는데…" • 자살사고 → 심한우울, 불안, 절망감, 위축 지남력 상실, 적대감 또한 자살위험 신호임
지각과 감각		• 강한 정서상태로 왜곡된 착각이나 환각을 경험 • 이인증 혹은 비현실감을 경험하기도 함 예 심한 죄의식으로 바람 흔들리는 소리를 자신을 질책하는 소리로 들음 (착각) 예 자신을 욕하는 소리나 가치 없다는 말하는 소리를 들음 (환각)
인지		• 기억력, 집중력, 학습능력의 저하, 판단능력, 의사결정능력의 저하, 지남력 저하(심한 우울시)

신체	• 불면증 및 과다수면, 만성통증, 피곤함, 변비, 식욕부진(체중감소) 및 과식(체중증가), 성 관심 감소(남성), 월경불순이나 무월경(여성)
행동	• 개인위생 결핍, 공격성, 정신운동 지연 또는 초조로 안절부절 못함, 약물 및 알코올 중독, 자살시도 등 • 심할 시 '우울성 혼미'가 나타나기도 함

4 우울장애 치료단계와 치료목표

1 치료목표

단기목표	• 극단적인 감정의 부적응 반응을 제거 혹은 감소시키는 것임 → 자아개념, 신체적 상태, 행동방식, 감정표현, 인간관계 등의 향상
장기목표	• 직업적·사회적·심리적 기능을 재충전하고 삶의 질을 회복, 재발을 최소화함

2 우울장애 치료단계

단계	기간	증상
급성기	6~12주	• 대게 6~12주 정도 소요되며, 대상자의 증상을 제거하는 것이 목표임
지속기	4~9개월	• 회복 후 4~9개월에 해당되며, 재발 예방이 목표임 • 완치를 위해서는 장기간이 소요된다는 것을 알림 (증상 소멸 ≠ 완치)
유지기	1~3년	• 1년~3년의 유지치료가 필요하며, 질병 회복을 유지하는 것이 목표임 • 재발이 없다가도 스트레스에 취약하므로 다시 질병이 순환할 가능성을 관리하기 위한 기간임 • 약물을 끊을때는 1~2주에 걸쳐 서서히 감량이 필요 → 금단증상이나 우울증 예방을 위해 서서히 감량

5 우울증 진단기준

1 파괴적 기분조절부전장애 18 임용

(1) 진단의 특징

- 아동에게 흔한 질환임
- 6세~18세 사이에 아동에 해당됨 (10세 이전에 진단)
- 핵심양상은 만성적이고, 심각하고, 지속적인 '과민성'임

① 심각한 반복성 분노폭발	빈번(반복)	일주일에 3회 이상으로 빈번
	만성	최소 1년 이상
	심각	세 환경(예 가정, 학교, 또래 집단) 중 최소 두 군데 이상에서 존재, 한 군데는 고도
	언어 또는 행동	언어(폭언) 또는 행동(물리적 공격성)
	분노폭발은 좌절에 대한 반응으로 나타남	
② 심각한 과민성	만성	심각한 분노발작 사이 '과민' 또는 '화난 기분'
	지속	거의 매일, 하루 대부분 존재

(2) 진단기준

파괴적 기분조절부전장애 진단기준 (DSM-5-TR)

A. 심각한 반복성 분노폭발이 언어로(예 폭언) 그리고/또는 행동으로(예 사람이나 사물에 대한 물리적 공격성)으로 나타나며, 상황이나 도발 자극에 비해 그 강도나 지속 시간이 극도로 비정상적이다.
B. 분노폭발이 발달수준에 부합하지 않는다.
C. 분노폭발이 평균적으로 일주일에 3회 이상 발생한다.
D. 분노폭발 사이의 기분이 지속적으로 과민하거나 거의 매일, 하루 중 대부분의 시간 동안 화가 나 있으며, 이것이 객관적으로 관찰될 수 있다. (예 부모, 선생님, 또래 집단)
E. 진단기준 A~D가 12개월 이상 지속되며, 진단기준 A~D에 해당하는 모든 증상이 없는 기간이 연속 3개월이상 되지않는다
F. 진단기준 A와 D가 세 환경(예 가정, 학교, 또래 집단) 중 최소 두 군데 이상에서 존재하며, 최소 한 군데에서는 고도의 증상을 보인다.
G. 이 진단은 6세 이전 또는 18세 이후에 처음으로 진단될 수 없다.
H. 과거력 또는 객관적인 관찰에 의하면 진단기준 A~E의 발생이 10세 이전이다.
I. 진단기준 A를 만족하는 기간을 제외하고 양극성장애의 조증 또는 경조증 삽화의 모든 진단기준을 만족하는 뚜렷한 기간이 1일 이상 있지 않아야 한다.
J. 이러한 행동이 주요우울 삽화 중에만 나타나서는 안 되며, 다른 정신질환으로 더 잘 설명되지 않는다.
K. 증상이 물질의 생리적 효과나 다른 의학적 또는 신경학적 상태로 인한 것이 아니다.

(3) 원인 및 기능적 결과

원인	유전	• 유전적인 성향 있음
	환경	• 심리적 학대 혹은 방치, 부모의 정신과적 장애, 제한된 부모의 교육, 한부모 가정, 부모의 사망, 초기 외상, 부모의 깊은 슬픔, 이혼, 영양실조 등 → 파괴적 가정생활과 연관됨
기능적 결과	학교	• 극도로 낮은 좌절내성으로 학교생활의 어려움을 겪음 • 친구관계를 시작하거나 유지하는데 곤란을 겪음
	가정	• 분노폭발과 과민성으로 가정생활에서의 어려움

┃ 파괴적 기분조절부전장애 사례 ┃

초등학교 1학년(8세) 김OO은 부모와 함께 정신과 외래에 방문하였다. 유치원에 다닐 때부터 사소한 일에도 짜증을 자주 부렸으며, 자신의 요구를 들어주지 않으면 물건을 던지며, 심한 욕설과 저주를 퍼부었으며, 분노를 참지 못해 땅바닥에 드러눕는 일이 많았다.

하루에도 몇번씩 분노폭발을 해서, 김OO의 엄마는 아이가 자신을 때리는 것을 막느라 자신의 팔이 늘 멍이 들어있다고 이야기하고 부모랑 대부분 같이 있는 시간에도 과민하고 짜증을 낸다고 이야기했다. 학교에 입학한 이후에도 학업적으로 힘들어하고 교사들도 김OO이 자주 과민하고 초조해하는 것 같고 거의 웃지 않고 행복해보이지 않는다고 이야기 했다.

김OO을 면담해본 결과 친구가 하나도 없고, 엄마 아빠가 자신을 사랑하지 않는다는 부정적 사고를 나타냈다.

초등학교 2학년인 9세의 김 군은 부모가 자신의 요구사항을 들어주지 않는다고 물건을 집어던지고, 욕을 해대며 몸을 부르르 떠는 행동 등 분노발작이 지속되었다. 학교에서도 이러한 증상을 보여 부모가 여러 차례 학교에 불려간 적이 있었으며, 분노발작 사이에 지속적인 과민성과 분노기분이 부모와 선생님에 의해 관찰되었다. 이러한 증상은 발달 수준에 비해 극도로 비정상적이었으며, 1년 이상 지속되었다. 또한 평균적으로 1주일에 3회 이상 증상이 나타나고, 증상이 없는 기간이 연속해서 3개월을 넘지 않았다. 18 임용

2 주요우울장애 (major depressive disorder) 20, 17, 16, 12 임용

(1) 질병의 특징

역학	발병	• 어느 연령에서나 발병될 수 있으나, 사춘기에 발병 가능성이 현저하게 증가하며, 20대에 정점을 찍음 • 평균 진단시기는 20대 중반임
	성별	• 여자 〉 남자 (초경기, 폐경기 등)
자살위험		• 일반인구 자살률에 비해 자살위험이 17배 높음
스트레스		• 심한 스트레스 요인, 특히 사랑하는 사람의 죽음이나 이혼 같은 사건 후에 발생할 수 있음
슬픔 및 애도반응		• 상실에 대한 슬픔 및 애도반응과 구별되어야 함 → 사별은 심한 고통을 유발하지만, 전형적인 주요우울장애의 삽화를 유발하지는 않음 cf. 지속성 비탄장애 • 정상적인 애도과정이 성인의 경우 12개월, 아동의 경우 6개월 이상 지속되는 것임 • 강한 그리움과 집착, 정서적 고통(예 분노, 억울함, 큰 슬픔 등), 수용의 어려움, 미래에 대한 불투명함 등이 나타나며, 삶의 기능저하(사회적, 직업적, 일상생활의 어려움)가 나타남

(2) 진단의 특징

기간	2주 이상	• 2주 이상 지속됨
증상	5가지 이상	• 우울증 증상이 5가지 이상 나타나며, 한가지는 우울기분 또는 흥미나 즐거움의 상실임
인지저하		• 노인의 경우 기억력 저하, 집중력 저하 등 인지저하가 나타나, 치매로 오인되는 경우 많음 → 가성치매

(3) 진단기준

주요우울장애 진단기준 (DSM-5-TR)

A. 다음의 증상 가운데 5가지(또는 그 이상)의 증상이 2주 동안 지속되며 이전의 기능 상태와 비교할 때 변화를 보인다. 증상 가운데 적어도 하나는 (1) 우울 기분이거나 (2) 흥미나 즐거움의 상실이어야 한다.
주의점: 명백한 다른 의학적 상태로 인한 증상은 포함되지 않아야 한다.
1. 하루 중 대부분 그리고 거의 매일 지속되는 우울기분에 대해 주관적으로 보고(예 슬픔, 공허감 또는 절망감)나 타인에 의한 관찰(예 눈물 흘리는 모습)에서 드러남
 (주의점: 아동·청소년의 경우는 과민한 기분으로 나타나기도 함)
2. 거의 매일, 하루 중 대부분, 거의 또는 모든 일상활동에 대해 흥미나 즐거움이 뚜렷하게 저하됨
3. 체중 조절을 하고 있지 않은 상태에서 의미 있는 체중의 감소(예 1개월 동안 5% 이상의 체중 변화)나 체중의 증가, 거의 매일 나타나는 식욕의 감소나 증가가 있음(주의점: 아동에서는 체중 증가가 기대치에 미달되는 경우)
4. 거의 매일 나타나는 불면이나 과다수면

5. 거의 매일 나타나는 정신운동 초조나 지연(타인에 의해 관찰 가능한, 단지 안절부절 또는 처지는 주관적인 느낌이 아닌)
6. 거의 매일 나타나는 피로나 활력 상실
7. 거의 매일 무가치감 또는 과도하거나 부적절한 죄책감
    (망상적일 수도 있는: 단순히 아픈데 대한 자책이나 죄책감이 아님)
8. 거의 매일 나타나는 사고력이나 집중력의 감소 또는 우유부단함
    (주관적 설명에 의하거나 타인에 의해 관찰 가능함)
9. 죽음에 대한 반복적인 생각(단지 죽음에 대한 두려움이 아닌), 구체적인 계획 없이 반복되는 자살 사고, 구체적인 자살 계획 또는 자살 시도

B. 증상이 사회적, 직업적, 또는 다른 중요한 기능 영역에서 임상적으로 현저한 고통이나 손상을 초래한다.
C. 삽화가 물질의 생리적 효과나 다른 의학적 상태로 인한 것이 아니다.
   주의점: 진단기준 A부터 C까지는 주요우울 삽화를 구성한다.
   주의점: 중요한 상실(예 사별. 재정적 파탄, 자연재해로 인한 상실, 심각한 질병이나 장애)에 대한 반응으로 진단기준 A에 기술된 극심한 슬픔, 상실에 대한 반추, 불면, 식욕 저하, 체중 감소가 나타날 수 있고, 이는 우울 삽화와 유사하다. 비록 그러한 증상이 이해가능하고, 상실에 적절한 반응이라고 간주할지라도, 중요한 상실에 대한 정상 반응에 덧붙여 주요우울 삽화가 존재할 수 있음을 신중하게 고려해야한다. 이 결정을 위해서는 개인의 과거력과 상실에 대한 고통 표현의 문화 규준에 근거한 임상적인 판단 훈련이 반드시 필요하다.
D. 최소 1회의 주요우울 삽화가 조현정동장애로 더 잘 설명되지 않으며, 조현병, 조현양상장애, 망상장애, 달리 명시된, 그리고 명시되지 않는 조현병스펙트럼 및 기타 정신병적 장애와 겹쳐서 나타나지 않는다.
E. 조증 삽화 혹은 경조증 삽화가 존재한 적이 없다.

▌ 주요우울장애 사례 ▐

대학교 2학년인 박OO은 밤낮이 바뀌고, 밥 먹을 생각도 들지 않을 정도로 무기력함에 짓눌려 있다. 고등학교때까지는 성적도 우수하고, 모범생이였으나, 대학에 입학하고부터는 본인이 특출한 능력도 없고, 본인보다 뛰어난 학생들도 많은 것 같아 열등감에 시달리고 있다.
내성적인 성격 탓에 친구가 없고, 혼자 점심식사도 간단히 해결하게 되고, 학교에 가는게 고통스럽기 시작하였다. 이런 생각이 지속되자, 학교에 나가 수업을 듣는 것도 겨우 듣는 정도이며, 수업도 자주 빠지기 시작했다. 팀 프로젝트를 함께 하던 팀원이 수업에 나오지 않는 이유를 물었지만, 대답도 회피하였다. 결국 박OO은 낮은 학점 탓에 학사 경고를 받았고, 지도교수와의 면담도중 우울감을 호소하자 학생상담센터를 연결해주었지만, 일회성 1시간짜리 진로상담에 그치게 되었다.

3 지속성 우울장애

2년 이상 대부분 우울 2가지 이상 증상	• 필수적인 특징은 최소 2년동안(아동·청소년은 1년) 대부분 시간에서 우울한 기분을 호소하거나 객관적으로 관찰되고, 2가지 이상의 증상이 나타나야 함

표. 지속정 우울장애 발병 및 주요증상

발병	• 아동·청소년기, 성인초기에 발병 → 10대에 발병
주요우울장애	• 주요우울장애에 선행할 수도 있고, 지속성 우울장애 기간동안 주요우울삽화가 발생하기도 함 → 이 경우는 주요우울장애와 함께 진단내림
주요증상	• '슬프다', '울적하다', '항상 우울한 기분을 느꼈다'라고 표현함 ① 식욕부진 또는 과식 ② 불면 또는 과수면 ③ 활력 저하 또는 피로감 ④ 자존감 저하 ⑤ 집중력 감소 또는 우유부단 ⑥ 절망감

지속성 우울장애 진단기준 (DSM-5-TR)

이 장애는 DSM-IV에서 정의된 만성 주요우울장애와 기분저하장애를 통합한 것이다.

A. 적어도 2년 동안, 주관적 설명이나 타인에 의한 관찰에서 나타나듯이, 하루의 대부분 우울 기분이 있고, 우울 기분이 없는 날보다 있는 날이 더 많다.
  주의점: 아동·청소년에서는 기분이 과민한 상태로 나타나기도 하며, 기간은 적어도 1년이 되어야 한다.
B. 우울 기간 동안 다음 2가지(또는 그 이상)의 증상이 존재
  1. 식욕부진 또는 과식
  2. 불면 또는 과다수면
  3. 활력저하 또는 피로감
  4. 자존감 저하
  5. 집중력 감소 또는 우유부단(결정하기가 어려움)
  6. 절망감
C. 장애가 있는 2년 동안(아동·청소년에서는 1년), 연속적으로 2개월 이상, 진단기준 A와 B의 증상이 존재하지 않았던 경우가 없었다.
D. 주요우울장애의 진단기준을 만족하는 증상이 2년간 지속적으로 존재할 수 있다.
E. 조증 삽화, 경조증 삽화가 없었다.
F. 장애가 지속적인 조현정동장애, 조현병, 망상장애, 달리 명시된, 또는 명시되지 않는 조현병 스펙트럼 및 기타 정신병적 장애와 겹쳐져서 나타나는 것이 아니다.
G. 증상이 물질(예 남용약물, 치료약물)의 생리적 효과나 다른 의학적 상태(예 갑상선기능저하증)로 인한 것이 아니다.
H. 증상이 사회적, 직업적, 또는 다른 중요한 기능 영역에서 임상적으로 현저한 고통이나 손상을 초래한다.

4 월경전 불쾌감 장애

월경전 불쾌감 장애 진단기준 (DSM-5-TR)

A. 대부분의 월경 주기에서 월경 시작 1주 전에 다음의 증상 가운데 5가지 증상이 존재하고, 월경 시작 후 수일 안에 증상이 호전되지 시작하며, 월경이 끝난 주에는 증상이 경미하거나 없어져야 한다.

B. 다음 증상 중 적어도 한 가지(또는 그 이상)는 있어야 한다.
   1. 현저하게 정동 불안정성(예 기분변동: 갑자기 슬퍼지거나 울고 싶거나, 거절에 대한 민감성 증가)
   2. 현저한 과민성 혹은 분노 또는 대인관계 갈등 증가
   3. 현저한 우울 기분, 절망감 또는 자기비하적인 사고
   4. 현저한 불안, 긴장, 예민해지거나 신경이 곤두선 느낌

C. 다음 증상 중 적어도 한 가지(또는 그 이상)는 추가적으로 존재해야 하며, 진단기준 B에 해당하는 증상과 더해져 총 5가지의 증상이 포함되어야 한다.
   1. 일상활동에서 흥미의 저하 (예 직업, 학교, 친구, 취미)
   2. 주관적인 집중곤란
   3. 무기력, 쉽게 피곤함 혹은 현저한 활력부족
   4. 식욕의 현저한 변화, 즉 과식 또는 특정 음식의 탐닉
   5. 수면과다 또는 불면
   6. 압도되거나 자제력을 잃을 것 같은 느낌
   7. 유방의 압통이나 부종, 두통, 관절통 이나 근육통, 붓는 느낌, 혹은 체중 증가와 같은 신체증상들
   주의점: 진단기준 A~C의 증상들은 전년도에 발생한 대부분의 월경 주기 동안에 충족되어야 한다.

D. 증상이 직업, 학교, 일상적인 사회활동, 타인과의 관계에 임상적으로 현저한 고통이나 방해를 초래한다.
   (예 사회활동 회피: 직장, 학교, 가정에서 생산성과 효율성 감소)

E. 이 장애는 주요우울장애, 공황장애, 지속성 우울장애, 혹은 성격장애와 같은 다른 장애의 증상들이 단순히 악화된 것이 아니다. (비록 이러한 장애 중 어느 장애와도 공존할 수 있지만)

F. 진단기준 A는 적어도 2회의 증상(월경) 주기 동안 전향적인 일일 평가로 확인되어야 한다.
   (주의점: 이 확인이 있기 전에 진단을 잠정적으로 내릴 수 있다.)

G. 증상은 물질(예 남용약물, 치료약물, 기타 치료)의 생리적 효과나 다른 의학적 상태(예 갑상선기능 항진증)에 기인하지 않는다.

월경전 증후군
- 월경전 불쾌감 장애의 최소 5가지 주증상이 필수적이지 않으며, 필수 정동증상없이 신체 혹은 행동증상만 존재함
- 월경전 불쾌감 장애보다 더 흔함

6 우울증 약물치료 24, 17, 12, 96 임용

표. 우울증 약물의 이해

시냅스	• 하나의 신경세포에서 다른 신경세포로 신호를 전달하는 접점 부위임 • 하나의 신경세포에서 전기신호가 발생하면 신경세포 말단에 도달하여 신경전달물질을 분비 → 이러한 신경전달물질이 다른 신경세포에 존재하는 수용체에 결합하여 화학 신호를 전달
재흡수	• 시냅스 전 신경말단에서 신경전달물질 재흡수 → 농도가 낮아져 활성이 없어짐 → 재흡수 억제(차단) → 신경전달물질 농도 상승
효과까지 시간이 필요한 이유	〈 우울증약이 완전한 효과를 나타내기까지 4~6주 시간이 걸리는 이유 〉 • 자가수용체의 탈감작 과정때문임 (= 자가수용체의 민감도 감소때문임) 세로토닌 재흡수 억제 → 세로토닌 농도 증가 → 자가수용체의 음성 피드백(뉴런 활동억제) → 높아진 세로토닌 농도에 적응하기 위해 자가수용체 민감도 감소(자가수용체의 탈감작) → 뉴런의 음성피드백 X → 세로토닌 활성도 증가 → 항우울효과

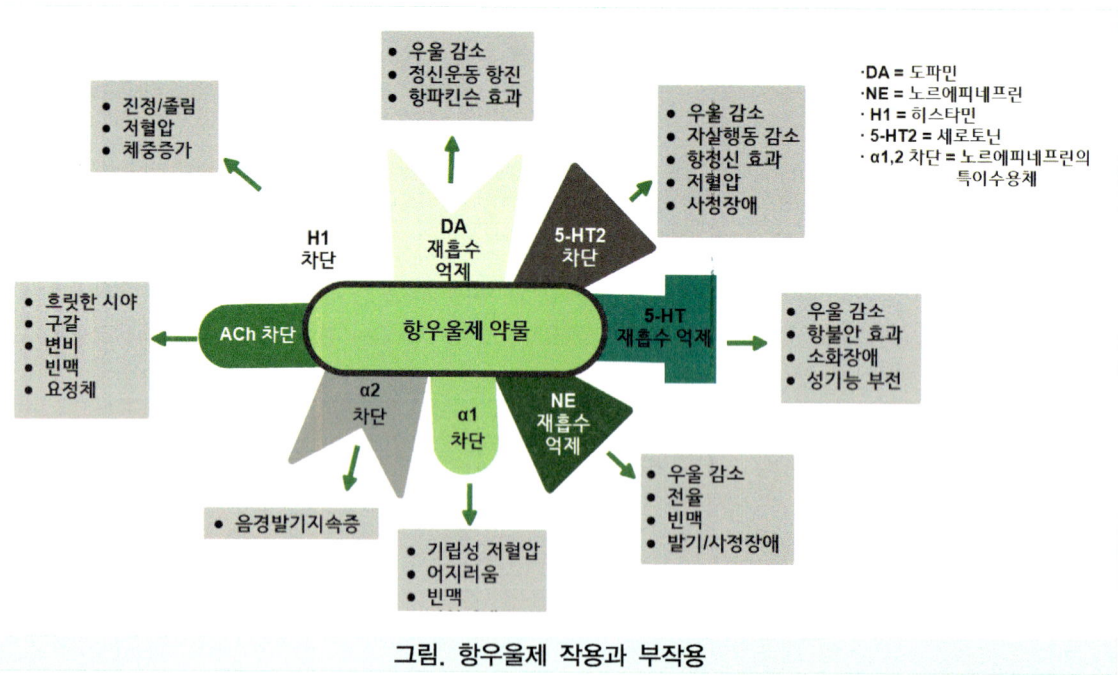

그림. 항우울제 작용과 부작용

자료원. 권영란외. 제 9판 정신건강간호학(2023). 현문사

1 삼환계 항우울제(TCA) 24 임용

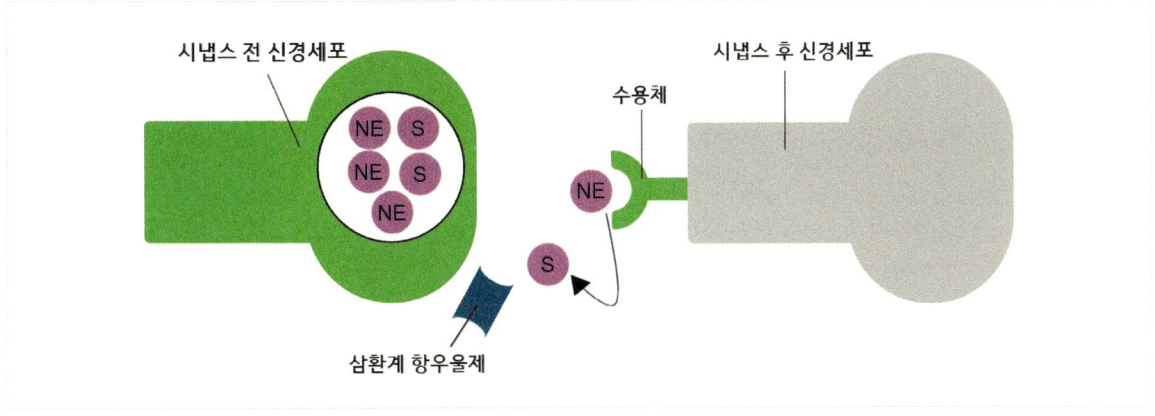

기전 24 임용	NE, Serotonin 재흡수 억제	• 시냅스 전 신경말단에서 노르에프네프린과 세로토닌의 재흡수를 억제(차단)하여, 노르에피네프린과 세로토닌이 시냅스 후 수용체에 이용될 수 있는 시간을 증가시킴 → 뇌에서 노르에피네프린과 세로토닌이 증가하면 기분 상승
효과기간		• 효과가 나타날려면 10~14일 이상 치료용량 복용, 완전한 효과는 4~8주
약물		• 클로미프라민(clomipramine), 아미트리프틸린(amitriptyline), 노르트립틸린(nortriptyline), 이미프라민(imipramine), 아목사핀(amoxapine) 등
특징		• 부작용이 많아 1차 약물로 사용하지 않음
부작용		• H_1(히스타민 수용체), α_1(a-아드레날린 수용체), M_1(무스카린 수용체)에 대항하여 여러 부작용을 일으킴
	H_1 차단	• 진정, 졸음, 체중증가, 저혈압
	α_1 차단	• 기립성저혈압, 어지럼증, 빈맥 → 낙상 위험↑ (노인사용 주의)
	M_1 차단 (항콜린성 효과) 11 임용	• 시야흐림, 구강건조(구갈), 빈맥, 소변정체, 변비 등 항콜린성 효과 → 이중 소변정체와 심각한 변비는 즉각적인 의학적 치료 필요 베타네콜(bethanechol) : 콜린성 약물(아세틸콜린 수용체 자극)로 소변배출 어려움 치료, 장폐색 치료 11 임용
독작용	심혈관계 부작용	• 부정맥, 빈맥, 심근경색 등 → 노인, 심장질환자 금기
	임산부	• 임산부 복용시 선천성 기형

2 모노아민 산화효소 억제제 (MAOIs) 17, 12, 96 임용

기전	모노아민 산화효소(MAO)	• 세로토닌, 노르에피네프린 도파민, 티라민과 같은 특정 모노아민 신경전달물질 분해를 억제하고 비활성화하는 역할
	MAO 억제	• 모노아민 종류의 신경전달물질인 세로토닌, 노르에피네프린, 도파민이 산화효소에 의해 대사되는 것을 억제하여 이들 신경전달물질의 작용을 강화시켜 우울 증상을 개선시킴
부작용		• MAO 억제로 티라민 증가로 고혈압, 고혈압성 위기, 뇌혈관 장애 발생 → 티라민을 함유하는 음식 섭취 금지 **티라민 함유한 음식** 17 임용 • 치즈 • 훈제 또는 숙성된 생선, 말리거나 절인 생선 • 효모추출물 • 발효 두부, 발효 대두, 된장 • 발효 소시지 • 발효, 훈제 또는 숙성된 고기 등 • 과숙 아보카도, 무화과, 많은 양의 바나나 등 • 임산부 복용 시 선천성 기형
고혈압 위기 17, 12 임용		• 후두부 두통, 오심, 구토, 발열, 오한, 심박동수 증가, 목 경직, 운동성 초조 등 • 고혈압 심할 경우 뇌출혈, 사망까지 발생 → 뇌혈관질환, 고혈압 환자 금기 (노인환자 주의)
	치료	• 항고혈압제 투여 → 펜톨라민(Phentolamine) 5mg IV, 니페디핀(nifedipine) 설하 투여
약물		• 페넬진(phenelzine), 트라닐시프로민(tranylcypromine), 셀리길린(selegiline) • 셀리길린(selegiline) 패치는 티라민 감수성에 영향을 미치지 않음

3 선택적 세로토닌 재흡수 억제제 (SSRIs) 20 임용

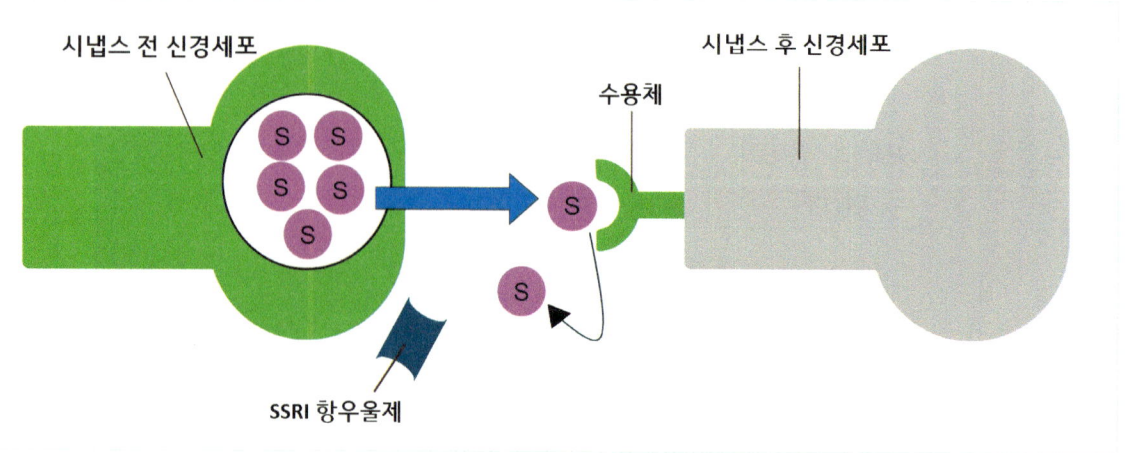

기전		• 시냅스 전 신경말단에서 선택적으로 세로토닌의 재흡수를 차단함으로써 시냅스 내의 세로토닌 농도를 증가시켜 세로토닌의 활성이 증가하여 우울증상이 완화됨
특징	부작용 적음	• 세로토닌의 선택성은 다른 신경전달물질에 영향을 미치지 않아 부작용을 감소시키고, 안정성이 높아 1차 주요우울장애 치료약임
	1차약	→ 심각한 항콜린 작용, 심혈관 부작용이 드묾
효과기간		• 최고 효과가 나타날려면 4~6주 기간이 소요됨
약물		• 플루옥세틴(fluoxetine, Prozac) 20 임용, 설트랄린(sertraline, Zoloft), 에스시탈로프람(escitalopram, Lexapro), 파록세틴(paroxetine), 플루복사민(fluvoxamine), 보티옥세틴(vortioxetine) 등 플루옥세틴(fluoxetine) : 체중증가를 일으키지 않아 신경성 폭식증과 월경전 불쾌감장애에 효과적임
적용		• 우울장애, 불안장애, 공포장애, 공황장애, 강박장애 등
부작용		• 초조, 불안, 수면장애(불면), 설사, 긴장성 두통, 성기능 장애 등 • 임산부 선천성 기형, 신생아 과민반응과 진전 • 아동·청소년 자살생각, 자살 시도의 위험

표. 세로토닌 증후군

생명위협		• SSRI 과다복용 또는 다른 약물(MAOIs)과의 상호작용으로 세로토닌 과다활성화로 드물지만 생명을 위협할 수 있음
증상	의식상태 변화	• 불안, 과잉활동, 안절부절 못함 • 섬망
	자율신경계 증상	• 발열 → 초고열(극단적인 고열) • 빈맥 → 심혈관 쇼크 • 고혈압 • 복통, 설사, 위팽창
	신경근 과잉행동	• 발작 → 뇌전증지속상태 • 간대성 근경련, 협동운동실조, 긴장성 강직
		• 심하면 초고열(극단적인 고열), 심혈관계 쇼크 또는 사망할 수 있음
치료		• 고열치료 • 근육경직 치료 → 근육이완제 등 • 항경련제 등
원인	MAOIs와 SSRI 함께 투여	• 모노아민 산화효소 억제제(MAOIs)와 같은 세로토닌 증강제와 함께 투여할 때 가장 심하게 나타남 • MAOIs를 시작하기 전에 2주~5주 동안 모든 SSRIs를 중단해야 함

4 세로토닌 노르에피네프린 재흡수 억제제 (SNRIs)

기전	• 시냅스 전 신경말단에서 세로토닌과 노르에피네프린이 재흡수되는 것을 차단해서 세로토닌과 노르에피네프린의 활성을 높여 우울 증상을 개선함
부작용	• 혈압 및 심박동 수 증가 (NE 재흡수 차단 → NE 활성 증가로) • 오심, 변비, 혈압 상승, 성기능 장애 등
약물	• 둘록세틴(duloxetine), 벤라팍신(venlafaxine), 데스벤라팍신(desvenlafaxine), 밀나시프란(milnacipran) 등
특징	• 모두 FDA 승인 • 주요우울장애 1차 치료제, 일부는 불안장애에도 사용

5 노르에피네프린과 도파민 재흡수 억제제 (NDRI)

기전	• 시냅스 전 신경말단에서 노르에피네프린과 도파민이 재흡수되는 것을 차단해서 노르에피네프린과 도파민의 활성을 높여 우울 증상을 개선함
특징	• 세로토닌 작용이 없기 때문에 성기능 장애가 적음 → SSRI로 성기능장애가 있을 때 사용됨
부작용	• 불면증, 떨림, 식욕부진, 체중감소 등
약물	• 부프로피온(Bupropion, Wellbutrin)

6 스프라바토 나잘 스프레이

• 난치성 우울증에 사용하는 최근 FDA 승인 받은 치료저항성 우울증의 단독요법임(비경구 치료법)

기전		• '에스케타민'이 주성분으로 뇌에서 NMDA 수용체로 불리는 글루탐산염 수용체의 활동을 조절함으로 뇌의 신경세포(시냅스) 연결을 회복시키는 역할을 함
적응증	치료저항성 우울증	• 최소 2개 이상의 다른 경구 항우울제에 적절히 반응하지 않는 치료저항성 우울증
	중증 주요우울장애	• 급성 자살 생각 또는 행동이 있는 성인의 중등도에서 중증의 주요우울장애
	성인만 투여	• 청소년이나 특정 연령대에서는 아직 안전성이 확립되지 않아 성인일 경우에만 투여 가능
효과		• 경구용 항우울제를 복용하지 않고도 최소 24시간, 최대 28일 이내에 우울증상 개선 가능 → 빠른 효과를 나타냄
치료		• 하루에 5분 간격으로 비강으로 1~3디바이스 분무, 1주일에 2~3회 간격으로 총 1~3개월가량 시행
부작용		• 진정, 어지럼증, 혈압상승, 해리증상 등 → 2시간 동안 의료기관에 머물며 상태를 충분히 관찰해야 함

7 우울증 비약물치료

1 수면박탈 치료

방법	• 총 36시간 동안 혹은 부분적으로 대상자를 잠을 못자게 하는 방법임 • 보통 새벽 1시30분부터 다음날 저녁때까지 못자게 함 • 일부는 수주동안 1주일에 한번 정도 시행함
기전	• 항우울 효과에 대한 작용기전은 잘 알려져 있지 않음 • REM 수면을 차단하고, 신경내분비계 변화를 유발하는 것으로 추측함

2 전기경련치료 (Electroconvulsive therapy, ECT)

개념	• 일정기간동안 뇌의 전기적 전류를 이용하여 발작(경련)을 유도하여, 신경전달물질을 활성화시킴	
치료	• 자극강도가 높아 입원 후 전신마취하에 안전하게 시행 • 일주일에 2~3회, 총 2~6주의 치료가 필요함	
적응증	① 약물치료에 반응이 없는 경우(여러차례 치료실패) ② 주요 우울장애에 가장 빠르고 효과적으로 치료 ③ 심한 자해행위 또는 자살의 위험이 큰 경우 ④ 심한 영양장애로 빠른 효과가 필요한 경우 ⑤ 양극성 장애(급성 조증), 조현병 스펙트럼 및 기타 정신병적 장애	
부작용	혼돈	• 시술 후 지남력 상실, 혼돈 있을수 있음 (낙상 주의)
	기억력 장애	• 시술 후 일시적인 기억력 장애가 올 수 있음

3 경두개자기자극술 20 임용

개념 (방법)	• 전자기코일을 머리 표면의 특정 부위에 놓고 국소적으로 다량의 자기장을 두개골을 통해 통화시켜 뇌 특정부위의 신경세포를 활성화하도록 하는 비침습적인 치료방법임
부작용	• 시술 후 두통과 가벼운 어지럼증, 드물게 발작 있을 수 있음

4 미주신경자극술

개념 (방법)	• 심박조율기와 같은 장치를 왼쪽 흉부 벽에 외과적으로 이식하여 얇고 유연한 와이어에 연결하여 목 왼쪽에 미주신경 주위를 감쌈	
적용	• 뇌전증 치료로 사용되었으며, 우울증의 기분 개선에 도움을 줌	
부작용	쉰목소리	• 목통증, 기침, 감각이상, 호흡곤란 등
특징	• 특별한 자석을 이식부위에 올려 놓음으로써 언제든지 장치를 일시적으로 정지할 수 있음	

5 뇌심부자극술

개념 (방법)	• 우울증이 있을때 활동이 저조하다고 밝혀진 부위를 자극하기 위해 전극을 뇌의 특정부위에 외과적으로 이식하는 치료법임
부작용	• 전극을 직접 이식하므로 두개내 출혈, 감염 등의 부작용 있을 수 있음

6 광선치료

개념 (방법)	• 계절성 정서장애의 1차 치료법이며 계절적으로 악화되는 만성적 주요 우울장애와 불쾌장애 치료의 보조제로서 유용함
광원	• 10,000럭스 광원에 매일 30~45분간 노출시켜 야간에 멜라토닌 분비를 저하시켜 우울증상을 감소시킴

Part 15 불안장애 21, 18, 16, 11, 10, 09 임용

1 불안의 수준

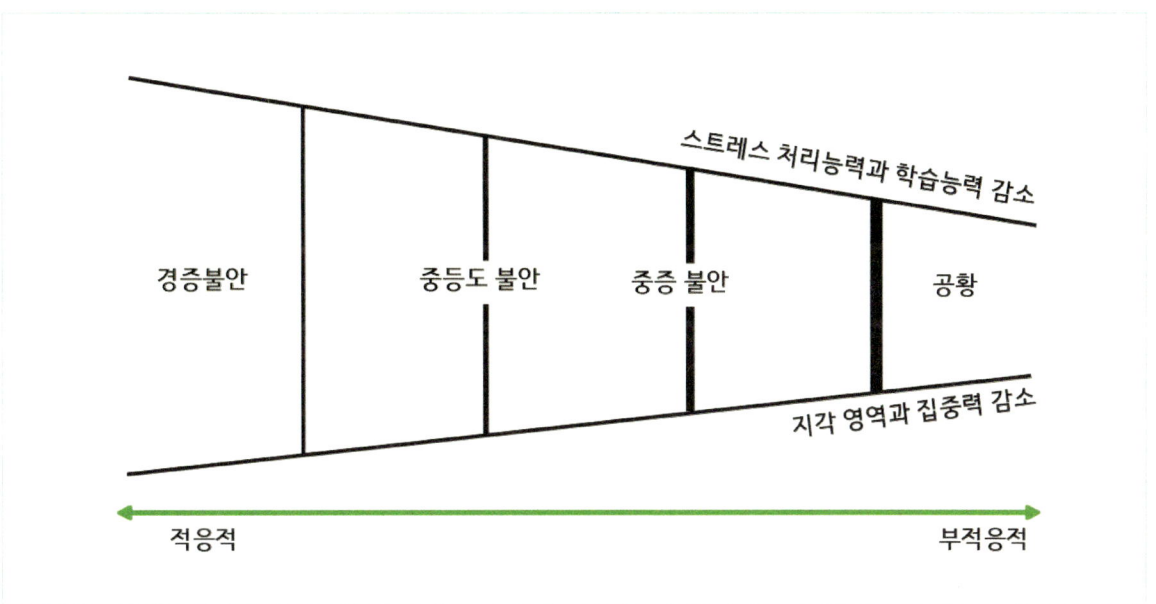

자료원. 김경희외. 제 7판 정신건강간호학(2023). 현문사

표. 불안 수준 | 10 임용

경증 불안	지각영역 증가	• 지각 영역 확대, 감각 민감(민첩), 환경 인식이 증가됨
	최적의 수준	• 동기부여, 학습동기화, 효과적으로 문제해결 가능, 학습능력 향상, 집중력 증가, 최적의 수준으로 기능함 → 예전보다 잘 보고 잘 듣고 파악함
	긴장완화 행동	• 신체적으로 가벼운 긴장완화 행동(발이나 손가락 두드르기, 손톱 물기 등)
중등도 불안 10 임용	지각영역 협소	• 스트레스 상황을 극복할 수 있지만, 지각영역이 좁아져 당면문제만 관심 집중 → 불안의 근원에 집중
	문제해결 가능	• 최적의 능력은 아니여도 문제해결은 가능함
	선택적 부주의	• 의식적으로 주의를 기울이지 않는 부분에 대해서 인지하지 못하는 것 • 주어진 상황에서 특정한 자극이나 정보에 주의를 기울이지 않는 상태 → 중요한 것만 초점을 맞추고 그 외의 사건 무시
	교감신경 증상 (신체적 증상)	• 교감신경계 증상 시작 → 근육긴장, 목소리 떨림, 빈뇨, 두통 등

중증 불안 10 임용	지각영역 현저히 저하	• 지각 영역 현저히 저하되고 왜곡됨
	문제해결 X	• 학습이나 문제해결이 불가능하다고 느낌 • 사건이나 세부사항 간의 관계성을 볼 수 없음
	집중 X	• 집중력이 흩어져서 세부사항이나 한가지 사항에 집중함
	신체증상 현저함	• 심한 발한, 진전, 심한 발한, 안절부절, 혈압 상승, 빈백, 흉통, 불면 등
	불안감소 행동 현저함	• 불안감소를 위해 비효율적 자동적 행동(반복적인 의식행동), 두려움, 혼란, 목적없는 행동 등이 나타남
공황	환경 대처 X	• 가장 극심한 불안의 수준, 환경에 대처할 수 없음
	문제해결 X	• 주위에 있는 일을 처리할 수 없음
	이상행동	• 비현실감, 이인증 나타남, 공포를 경험하고, 환각 또는 망상 등
	극심한 두려움	• 충동적 행동, 죽을 것 같은 느낌, 조절할 수 없을 것 같은 두려움을 경험함

② 불안의 원인

1 생물학적 요인

유전	• 유전적 소인이 있음 → 공황장애, 공포장애, 강박장애 등
신경전달물질	• GABA ↓, 노르에피네프린 ↑, 세로토닌 ↑
	GABA • 억제성 신경전달물질로 뉴런의 활동을 저하시켜 불안을 낮추는 역할을 함 GABA ↓ → 불안증가 • GABA 수용체는 변연계와 뇌교의 청반에 집중됨
	NE • NE 증가는 과다각성, 불안, 공황장애의 원인이 됨
편도체	• 두려움이나 공포반응 관장 → 과민반응하는 편도체를 가진 경우임
변연계	• 감정의 뇌로 편도이상으로 불안, 공포 증가
뇌교의 청반	• 흥분성 신경전달물질인 노르에피네프린 대부분을 생산하는 작은 뉴런(신경원) 집단 (노르에피네르린의 핵) → NE 증가는 불안, 공황장애와 관련됨

2 정신사회적 요인

정신분석이론	• 충족되지 않은 리비도(libido)에 의함 • 어린시절의 무의식적 갈등 → 억압된 생각이나 정서가 무의식에서 의식으로 가까울 때 불안 초래 • 불안을 감소하고, 자아를 보호하기 위해 방어기전을 사용함
대인관계이론	• 설리반은 유아기에 양육자로부터 인정받지 못했거나 욕구가 충족되지 못했을 때 → 부정적인 자아개념, 자존감이 낮아졌을 때 불안이 발생함
행동이론 (학습이론)	• 불안이 특수한 환경자극에 대한 조건화된 반응으로 생긴다고 봄 • 고통을 피하려는 본능 때문에 강화된 욕구가 불안이며, 반응이 강하면 불안은 고통을 주는 유사한 다른 대상이나 상황으로까지 일반화됨 어머니로부터 학대받는 아동 → 모든 여성들에 대한 불안으로 일반화됨 • 불안이 부모나 동료를 모델링함으로써 학습된다고 가정 → 부모의 불안이 자녀에게 전달되어 불안이 모방함
인지이론	• 개인의 비합리적 신념이나 인지왜곡에 의해 불안이 야기된다고 봄 인지왜곡 → 파국적인 결과가 초래될 것으로 믿음(파국화, 재앙화) → 급성불안 발생
실존주의이론	• 실존적 불안은 내면세계와 외부세계의 불일치 혹은 존재와 인식 사이의 괴리로 발생한다고 봄

3 신체적 요인

• 신체적 피로, 독성물질의 영향, 영양결핍, 혈류 감소, 호르몬의 변화 등으로 대처기전이 손상되어 불안이 발생함

3 불안장애 진단

1 분리불안장애

정상	• 생후 약 8개월 ~ 18개월의 분리불안은 정상발달단계임
특징	• 집이나 애착대상과의 분리에 대한 과도한 공포와 불안 • 아동의 경우 등교거부 → 학업적 어려움, 사회적 고립 유발할 수 있음 • 일반적으로 18세 이전에 발병함
원인	• 주로 친척이나 반려동물의 죽음, 질병, 전학 또는 학교에서의 변화, 신체적 또는 성폭력과 같은 심각한 스트레스를 받은 후 발병할 수 있음
기간	**아동·청소년** • 최소 4주 이상 **성인** • 6개월 이상
치료	• 부모교육과 가족치료 → 4년 정도 추후관리 시 80% 정도 완화됨

분리불안장애 진단기준 (DSM-5-TR)

A. 애착 대상과의 분리에 대한 공포나 불안이 발달 수준에 비추어 볼 때 부적절하고 지나친 정도로 발생한다. 다음 중 3가지 이상이 나타나야 한다.
  1. 집 또는 주 애착 대상과 떨어져야 할 때 과도한 고통을 반복적으로 겪음
  2. 주 애착 대상을 잃거나 질병이나 부상, 재앙 혹은 죽음 같은 해로운 일들이 그에게 일어날 것이라고 지속적으로 과도하게 걱정함
  3. 주 애착대상과의 분리를 야기하는 곤란한 일(예 길을 잃거나, 납치당하거나, 사고를 당하거나, 아프게 되는 것)을 경험하는 것에 대하여 지속적이고 과도하게 걱정함
  4. 분리에 대한 공포 때문에 집을 떠나 학교, 직장 혹은 다른 장소로 외출하는 것을 지속적으로 거부하거나 거절함
  5. 집이나 다른 장소에서 주 애착 대상 없이 있거나 혼자 있는 것에 대해 지속적으로 과도하게 두려워하거나 거부함
  6. 집에서 떠나 잠을 자는 것이나 주 애착 대상 곁이 아닌 곳에서 자는 것을 지속적으로 과도하게 거부하거나 거절함
  7. 분리와 관련된 주제로 반복적인 악몽을 꿈
  8. 주 애착 대상과 분리가 발생하거나 예상되는 상황에서 신체 증상을 반복적으로 호소함
    (예 두통, 복통, 오심, 구토)
B. 공포, 불안, 회피 반응이 아동·청소년에서는 최소한 4주 이상, 성인에서는 전형적으로 6개월 이상 지속되어야 한다.
C. 장애가 사회적, 직업적, 또는 다른 중요한 기능 영역에서 임상적으로 현저한 고통이나 손상을 초래한다.
D. 장애가 다른 정신질환으로 더 잘 설명되지 않는다.

| 표. 분리불안장애 사례 |

초등학교 1학년 하은(가명)이는 1년전부터 초등학교 입학하는 첫날부터 울면서 아파트 지하계단에 숨었고, 엄마가 학교에 같이 가고, 학교에서 함께 점심을 먹기로 약속하고 등교에 동의했다. 이후 3개월동안 하은이는 매일 아침 등교시간만 되면 두통, 복통을 호소했고, 엄마가 한참동안 구슬린 후에야 겨우 마지못해 학교에 갔다. 정신과에서 하은이와 상담한 결과 집을 떠나는 게 너무 힘들고 엄마와 떨어져 학교를 가야하는 상황에 대해 악몽을 꾸고, 엄마가 눈에 보이지 않으면 불편한 느낌이 든다고 말했다. 엄마와 상담한 결과 최근 3개월 전에 낯선 동네에 이사를 왔으며 최근에 집에서 키우던 강아지가 무지개 다리를 건넜다고 한다.

2 선택적 함구증 18 임용

- 말을 할 수 있음에도 불구하고 특정한 상황에서 지속적으로 말을 하지 않는 장애임

개념	• 평상시에는 정상적인 언어능력이 있지만, 불안이 야기되는 상황에서 말을 전혀 하지 않는 것임 • 말 대신 몸짓, 고개 끄떡임, 머리 흔들기, 몸 잡아끌기 등으로 의사를 표현함	
특징	기질	• 선천적으로 불안에 민감한 기질을 가지고 있으며, 심한(과도한) 수줍음을 보임
	사회불안장애	• 사회불안장애를 동반하는 경우가 많음
	어린아동	• 어린아동에게 발생함
	치료	• 나이가 들어 자연적으로 개선되지 않아 조속한 치료가 필요함

선택적 함구증 진단기준 (DSM-5-TR)

A. 다른 상황에서는 말을 할 수 있음에도 불구하고 말을 할 것으로 기대되는 특정 사회적 상황(예 학교)에서 지속적으로 말을 하는 것을 실패한다. (말을 하지 않는다.)
B. 장애가 학습이나 직업상의 성취 혹은 사회적 소통을 방해한다.
C. 이러한 증상이 최소 1개월 이상 지속된다.(학교생활의 첫 1개월에만 국한되지 않는 경우)
D. 말을 못하는 이유가 사회적 상황에서 필요한 말에 대한 지식이 부족하거나, 언어가 익숙하지 않은 것으로 인해 말을 하지 않는 것이 아니다.
E. 장애가 의사소통장애(예 아동기 발병 유창성장애)로 더 잘 설명되지 않고, 자폐스펙트럼장애, 조현병 또는 다른 정신병적 장애의 경과 중에만 발생되지는 않는다

| 표. 선택적 함구증 사례 |

초등학교 1학년 건우(가명)는 집밖의 사람들과 대화를 꺼려하고 인사에 답하는 일이 없었고, 유치원에 들어가서도 전혀 말을 하지 않았다.
집에서는 웃고, 뛰어다니고, 노래하는 것을 좋아하고, 가족들과는 유창하게 즐겁게 대화를 했다.
피아노 레슨을 받고 있었고, 다른사람 앞에서 연주는 해도 결코 말을 하지 않았다.
집에서 혼자서 게임과 퍼즐을 하며 놀았고, 혼자서 큰소리를 노래를 부르곤 했지만, 사람들이 건우에게 말을 걸 때마다 침묵으로 일관했다.

초등학교 2학년인 9세의 이 양은 초등학교 입학하기 전까지 친구, 가족들과도 대화에는 별 문제가 없었다. 1학년에 입학해서는 담임교사가 이 양과 대화하기 쉽지 않았지만 물어보는 질문에는 '예 아니요' 정도의 대답은 했었다. 그런데 2학년 때 학교를 옮긴 후 친구들과 대화를 거의 하지 않았으며, 특히 선생님과는 전혀 말을 하지 않았다. 이러한 증상은 6개월 이상 지속되었다.
그러나 여전히 집에서는 가족들과 정상적인 대화를 하며 아무런 문제가 없었다. 이 양은 학습진단결과 기초학습 능력은 보통이었으나, 의사를 표현하는 적극적인 학교 활동에서는 심하게 위축되어 학습에 어려움이 있었다. 18 임용

3 특정공포증

- 특정한 대상(동물), 상황, 자연적 환경에 대한 공포증임

개념	• 특정 대상이나 상황에 대한 공포 (광장공포증, 사회공포증 제외한 모든 공포) • 심하면 공황발작까지 올 수 있음 • 공포대상에 접근하면 급속도로 공포반응 발생 • 불안 야기상황(공포자극)에 회피, 예기불안, 고통은 일상생활 수행, 직업, 대인관계 등에 영향을 미치고 고통을 받음
이차이득	• 자신의 공포를 통해 주위사람에게 영향을 줌으로써 이차적 이득을 획득하려고 함 <table><tr><td>일차적 이득</td><td>• 증상 발현으로 내적 긴장 완화 (심리적 이득)</td></tr><tr><td>이차적 이득</td><td>• 주변의 관심 • 그 외 원치 않은 상황 및 책임 회피, 타인 조종 등의 2차적 이득이 있음</td></tr></table>
유병률	• 평생유병률 6.3%로 흔하며, 여성이 남성보다 높음
인지행동치료	• 체계적 둔감법, 홍수법, 모델링, 심상법 등 사용
특정공포증 예	• 고소공포증, 폐쇄공포증, 배설공포증, 적면공포증(얼굴 빨개짐), 여성공포증, 여행공포증, 통증공포증, 고양이공포증, 개공포증, 남성공포증, 폭풍공포증, 박테리아공포증, 죽음공포증, 뱀공포증, 광선공포증, 작업공포증, 백신공포증, 타인공포증, 약물공포증, 유령공포증, 악취공포증, 공수증(물) 등

특정공포증 진단기준 (DSM-5-TR)

A. 특정 대상이나 상황에 대해서 극심한 공포나 불안이 있다.
　　(예 비행기 타기, 고공, 동물, 주사 맞기, 피를 봄)
B. 공포 대상이나 상황은 거의 항상 즉각적인 공포나 불안을 유발한다.
C. 공포 대상이나 상황을 적극적으로 회피하거나 아주 극심한 공포나 불안을 경험하면서 참아낸다.
D. 공포나 불안이 특정 대상이나 상황이 줄 수 있는 실제 위험에 대한 것보다 극심하며, 사회문화적 맥락에서 통상적으로 받아들여지는 것보다 심하다.
E. 공포, 불안, 회피 반응은 전형적으로 6개월 이상 지속된다.
F. 공포, 불안, 회피는 사회적 직업적 또는 다른 중요한 기능 영역에서 임상적으로 현저한 고통이나 손상을 초래한다.
G. 장애가 다른 정신질환으로 더 잘 설명되지 않는다.

공포 자극을 기준으로 한 부호화
1) 동물형(예 거미, 곤충, 개)
2) 자연환경형(예 고공, 폭풍, 물)
3) 혈액-주사-손상형(예 바늘, 침투적인 의학적 시술)
4) 상황형(예 비행기, 엘리베이터, 밀폐된 장소)
5) 기타형(예 질식, 구토를 유발하는 상황. 소아의 경우 시끄러운 소리나 가장 의상을 입은 캐릭터)

4 광장공포증

- 광범위한 상황에 실제 또는 예상되는 노출에 의해 유발되는 현저한 공포 또는 불안임
  → 광장이나 공공장소, 특히 급히 빠져나갈 수 없는 상황에 도움 없이 혼자 있게 되는 것에 대한 공포

유병률	• 여성이 남성보다 높음 • 유년기에도 발생은 가능하지만, 발병률은 청소년기 후기와 성인기 초기에 흔함 • 20~30대에 진단됨
특징	• 대부분 공황장애에서 비롯하며, 광장공포증을 나타내는 대상자의 95% 이상이 현재 또는 과거에 공황장애를 수반함 • 지나치게 의존적이며, 심한 경우 집에서 꼼짝 못하고 전혀 밖에 나가지 않음

광장공포증 진단기준 (DSM-5-TR)

A. 다음 5가지 상황 중 2가지(또는 그 이상)에 대한 현저한 공포 또는 불안
  1. 대중교통 이용(예 자동차 버스, 기차 배, 비행기)
  2. 개방된 장소(예 주차장, 시장, 다리)에 있는 것
  3. 밀폐된 장소(예 상점, 공연장, 영화관)에 있는 것
  4. 줄을 서거나 군중 속에 있는 것
  5. 집밖에 혼자 있는 것
B. 공황 유사 증상이나 무능력하거나 당혹스럽게 만드는 다른 증상(예 노인에서 낙상에 대한 공포, 실금에 대한 공포)이 발생할 경우 그 상황을 벗어나거나 도움을 받기 어려울 것이라는 생각 때문에 해당 상황을 두려워하거나 피한다.
C. 광장공포증 상황은 거의 항상 공포나 불안을 야기한다.
D. 광장공포증 상황을 적극적으로 회피하거나, 동반인을 필요로 하거나, 강력한 공포와 불안 속에서 견뎌낸다.
E. 공포나 불안은 광장공포상황이나 사회문화적 맥락에 의해 유발되는 실제 위험과 비례하지 않는다.
F. 공포, 불안, 회피 반응은 전형적으로 6개월 또는 그이상 지속된다.
G. 공포, 불안, 회피가 사회적, 직업적, 또는 다른 중요한 기능 영역에서 임상적으로 현저한 고통이나 손상을 초래한다.
H. 다른 질환(예 염증성 장 질환, 파킨슨병)이 존재하는 경우, 공포, 불안, 회피는 분명히 과도하다.
I. 공포, 불안, 회피가 다른 정신질환으로 더 잘 설명되지 않는다.

광장공포증 vs 특정 공포증
- 광장공포증 : 특정한 상황에서 공황증상이 나타날 것을 두려워함
- 특정 공포증 : 특정 상황 자체에 의한 손상을 두려워함 (예 비행기공포증은 비행기의 추락사고의 공포)

④ 사회불안장애 21 임용

- 다른사람과 상호작용하는 사회적 상황을 두려하는 공포증임

1 종류 21 임용

사회적 불안	• 특정한 대인관계나 사회적 상황에서 남을 의식해 불안이 생기는 것임
수행불안	• 특정한 일을 수행할 때 긴장과 더불어 이를 쳐다보는 사람들을 의식하여 생기는 것임

2 특징 및 치료

특징	• 타인과의 접촉할 상황을 기피하고, 접촉할 일이 있어도 심한 예기불안을 느끼면서 일상생활에 지장을 받음 • 아동에서 불안은 성인들과의 상호작용에서만이 아니라 또래환경에서 공포나 불안이 일어나야함
역학	• 발생평균연령은 13세임 (8세~15세 사이에 발생함)
경과	• 거의 평생지속됨
치료	약물치료	• SSRI • β-차단제, 벤조디아제핀계 등 → 불안 유발되는 상황 30~60전에 복용
	인지행동치료	• 인지재구성, 사회기술훈련, 상황노출연습(노출치료), 홍수법, 체계적 탈감작 등

┃ 사회불안장애에서 불안과 공포를 유발하는 대표적인 사회적 상황 ┃

수행상황	• 발표를 하는 것과 같은 '수행 상황' (연설이 가장 흔함)
관찰되는 상황	• 타인 앞에서 음식을 먹는 것과 같은 '관찰되는 상황'
상호작용 상황 (사회적 관계)	• 사회적 상황에는 낯선 사람을 만나는 것과 같은 '상호작용 상황'(사화적 관계)

2 사회불안장애 진단기준

사회불안장애 진단기준 (DSM-5-TR) 21 임용

A. 타인에게 면밀하게 관찰될 수 있는 하나 이상의 사회적 상황에 대한 두드러진 공포 혹은 불안 그 예로는 사회적 관계(예 대화하기, 낯선 사람 만나기), 관찰됨(예 음식을 먹기, 마시기), 타인 앞에서의 수행(예 연설하기) 등이 포함된다.
B. 부정적으로 평가(즉, 수치스럽거나 부끄러움, 타인에게 거부당하거나 거부감을 줌)되는 방식으로 행동하거나 불안증상을 보일 것을 두려워한다.
C. 이러한 사회적 상황이 거의 항상 공포나 불안을 일으킨다.
   주의점: 아동에서 공포 혹은 불안은 울기, 쌩떼 부리기, 경직, 매달리기, 움츠러들기, 혹은 사회적 상황에서 말하지 못하는 것으로 표현될 수 있다.
D. 이러한 사회적 상황을 회피하거나 극심한 공포와 불안 속에 견딘다.
E. 공포 혹은 불안은 사회적 상황이 주는 실제 위협과 사회문화적 맥락에 비례하지 않는다.
F. 공포, 불안, 혹은 회피는 지속적이며 전형적으로 6개월 이상 지속된다.
G. 공포, 불안, 회피는 사회적, 직업적, 또는 다른 중요한 기능 영역에서 임상적으로 현저한 고통이나 손상을 초래한다.
H. 공포, 불안, 회피는 물질(예 남용약물, 치료약물)의 생리적 효과나 다른 의학적 상태로 인한 것이 아니다.
I. 공포, 불안, 회피는 공황장애, 신체이형장애, 자폐스펙트럼장애와 같은 다른 정신질환으로 더 잘 설명되지 않는다.
J. 만약 다른 의학적 상태(예 파킨슨병, 비만, 화상이나 손상에 의한 신체 훼손)가 있다면, 공포, 불안, 회피는 이와 무관하거나 혹은 지나칠 정도다.

다음의 경우 명시할 것
  수행 시 한정: 공포가 대중 앞에서 말하거나 수행하는 것에 국한되는 경우

표. 사회불안장애 사례

초등학교 6학년인 우혁(가명)이는 수줍은 성격으로 부끄럼이 많다. 다른 사람의 시선에 너무 많은 신경을 쓴다. 남들이 나를 어떻게 볼까, 내 모습이 어떻게 비칠까에 신경을 많이 쓰기에 불편한 점이 한두 가지가 아니다. 특히 수업에서 발표를 하거나 토론을 하는 상황이 매우 불안해서 발표나 토론이 많은 수업은 피한다.
집에 와서는 엄마에게 며칠 전 새로운 짝꿍이 된 아이가 자신을 놀린다며 속상해하는 이야기를 한 적이 있고, 돌이켜보면 예전에도 활발한 아이들 속에서 힘들어한다는 교사의 이야기를 들었던 기억이 있다.
집에와서 학교다니기 힘들다고 울거나 학교에 가기 싫다고 떼를 쓰기도 한다.

5 공황장애 (Panic disorder) 25, 18, 16, 09 임용

- 갑자기 엄습하는 예기치 못한 극심한 공포나 불편감인 공황발작을 반복적으로 경험하는 불안장애임

(1) 공황발작 정의 25 임용

> - 공황장애는 죽을 것 같은 극도의 두려움이나 공포가 갑작스럽게 발생하는 공황발작이 특징임
> - 공황발작은 갑작스럽게 나타기에 스트레스로 인해 나타나지 않을 수 있으며, 수분 내에 최고조에 이르고 10~20여분 지속되다 완화됨 → 신체적, 인지적 증상
>
> **공황발작**
> - 극심한 공포나 불편감이 갑자기 급증하여 몇 분안에 정점에 도달하는 증상

(2) 공황발작의 유형

	예상되는 공황발작	예상치 못한 공황발작
	• 공황발작이 일반적으로 발생하는 상황과 같이 명백한 신호나 유발요인이 있는 발작임	• 발생시점이 뚜렷한 신호나 유발요인이 없는 발작임 • 증상발현과 연관될 만한 내외적 요인 없이 저절로 증상이 발생한 경우 예 휴식 또는 잠에서 깨어났을 때(야간 공황발작)
상황적 공황발작	• 사회공포증이 있는 사람이 연설해야 하는 상황에서 나타나는 공황발작과 같이 특정 상황에 노출되거나 그러한 상황을 예상하면서 즉각적으로 증상이 나타나는 것임	
상황적으로 발생가능한 공황발작	• 상황적 공황발작과 유사하나 특정상황에 노출된다고 해서 반드시 증상이 나타나는 것이 아니며, 증상이 발현하더라도 노출 즉시 발현하지 않는다는 것이 다른점임	

(3) 공황장애 원인 및 특징

원인	유전	• 유전적 요인 있음
	스트레스	• 공황발작 전 수개월 동안 스트레스 요인에 노출됨
	외상 경험	• 어린시절의 외상 경험
	부모의 양육태도	• 부모의 과잉보호 • 부모의 낮은 정서적 따뜻함
	흡연	• 흡연은 공황장애의 위험인자임
	기질적	• 신경증적 경향성(부정적 정서성), 불안 민감성 등
유병률		• 평균연령은 30대 중반임 • 후기 청소년기에도 흔함→ 우울장애, 양극성 장애, 다른 불안장애가 동반되는 경우 많음 • 14세 이전, 55세 이후는 드묾
자살		• 높은 자살사고와 자살행동을 보임
재발		• 약 1/4이 초기 2년 추적 관찰기간 내에 재발함 • 소수의 사람만이 몇 년 이내에 재발하지 않고 완전한 관해를 보임
물질남용		• 공황장애를 앓는 청소년은 알코올이나 물질남용이 흔함

(4) Clark의 공황장애 인지이론

- 공황발작의 이유를 신체감각을 파국적(재앙화)으로 왜곡되게 해석하여 발생한다고 봄
  → 신체감각의 인지왜곡으로 공황발작 발생

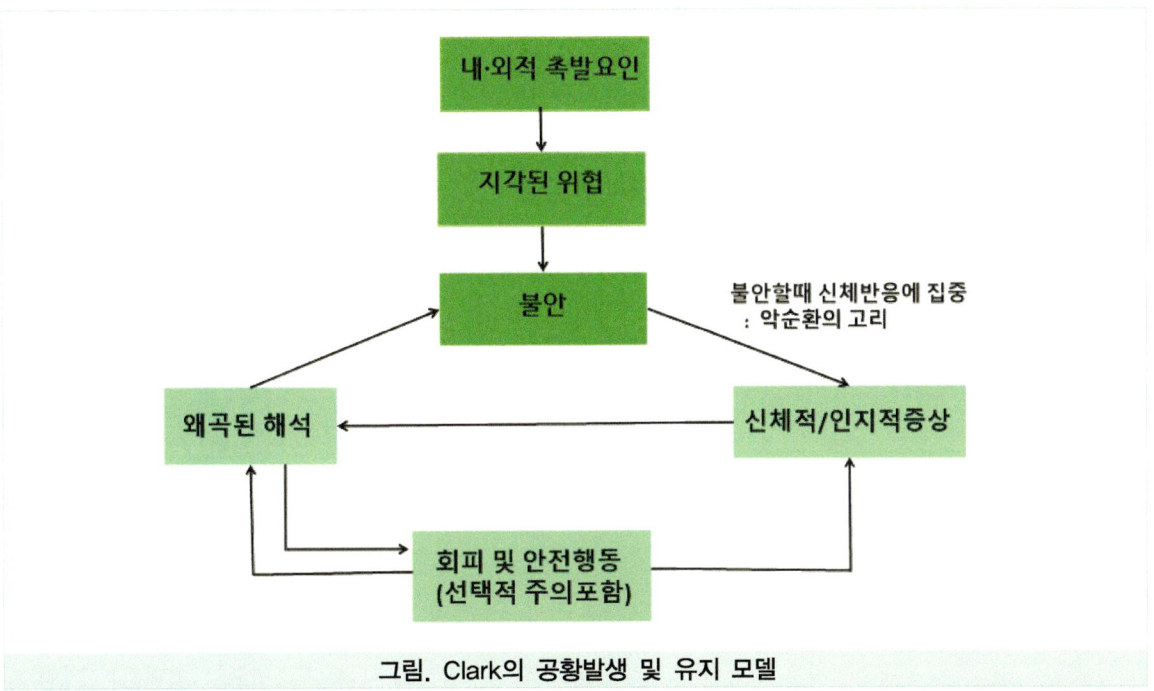

그림. Clark의 공황발생 및 유지 모델

| 표. Clark의 공황장애 주요 개념 |

비정상적인 신체감각	• 어지럼증, 숨 가쁨, 심장 두근거림 등
신체감각의 왜곡된 해석 (파국화)	"정말 큰일났네. 이거 위험한거 아냐? 숨을 못쉴 것 같아. 심장마비로 죽는거 아냐?"
공포반응과 악순환	• 불안할 때 신체반응에 집중하여 신체감각을 위험하다고 해석하여 "정말로 끝일났네. 역시 내몸에 이상이 있어. 곧 죽겠네."
악순환 고리 파악하기 (끊어내기)	• 대상자가 가장 최근에 겪은 공황발작을 자세하게 살펴봄으로써, 그 대상자에게 있어 공황을 유발하는 악순환 고리가 어떻게 이루어져 있는지를 함께 탐색함 • 악순환 고리는 ① 정서적 반응, ② 신체감각, ③ 신체감각에 대한 왜곡된 해석의 3요소로 이루어짐 막연한 비현실감 → 신체감각(가슴이 뛰고 숨이 참) →왜곡된 해석('심장마비가 올 건가봐')

표. 공황장애를 지속시키는 습관 3가지

신체감각에 대한 왜곡된 해석	• '해'가 되지 않는 신체 감각을 위험을 알리는 시급한 시그널로 오인함 • 심장이 빨리 뛰거나 호흡이 가빠질 때, "이러다가 죽을 것 같아", "실신할 거야", "심장마비가 올 거야.", "호흡이 멎을 것 같아."라고 이야기하며 구체적인 질환의 발생을 걱정하기도 하고, 신체 증상 자체를 걱정하기도 함
위험한 신체 감각을 끊임없이 체크	• 사소한 신체 감각에도 주의를 기울이며 '혹시?', '설마?'와 같이 염려하게 되어 공황에 예민해진 상태는 높은 확률로 다시 공황을 불러일으킴 • 악순환의 고리로 빠져들기 쉬움 → 신체감각을 증폭시킴
회피와 안전행동	• 공황을 피하기 위해 공황을 겪었던 장소나 행동을 하지 않음 • 안전행동은 공황이 발생할 만한 상황으로부터 회피하도록 도와주므로 단기적으로는 이점이 있으나, 안전행동이 과도해지면 공황에 대해 더 예민해진 상태가 됨 • 조금이라도 안전행동이 보장해 주었던 '안전'의 범위에서 벗어나게 되면, 이내 공황발작이 나타나게 됨 예 사람이 많은 곳에 가지 않기, 버스 타지 않기, 비행기 타지 않기, 애초에 호흡이 가빠질 게 염려되어 운동하지 않기, 가슴을 뛰게 만드는 커피는 일절 입에 대지 않기 등

(5) 증상 특징

예기불안	• 공황발작을 경험한 후에 다음에 올 공황발작에 대해 지속적으로 염려하는 것임 • 공황발작이 없는 시기에 공황발작이 또 생기지 않을까 하는 불안임
회피행동	• 공황발작이 일어났던 장소, 상황, 유사한 장소나 상황을 피하려는 행동임

(6) 공황장애 진단기준 18, 16, 09 임용

공황장애 진단기준 (DSM-5-TR) 18, 16, 09 임용

A. 예기치 못한 공황발작이 반복되는 경우, 공황발작은 극심한 공포나 불편감이 갑자기 급증하여 몇 분이내에 정점에 이르고, 이 기간 동안 다음 증상 중 4가지(또는 그이상)가 발생할 수 있다.
 주의점: 갑작스러운 증상의 발생은 평온한 상태 또는 불안한 상태에서 모두 발생할 수 있다.
 1. 심계항진, 가슴 두근거림 또는 가속된 심장 박동수
 2. 발한
 3. 몸이 떨리거나 후들거림
 4. 숨이 차거나 답답한 느낌
 5. 질식하는 느낌
 6. 가슴의 통증이나 가슴 불편감
 7. 메스꺼움 또는 복통
 8. 어지럽거나 불안정하거나, 현기증 또는 기절하는 느낌
 9. 오한이나 열감
 10. 감각이상(마비 또는 따끔거리는 느낌)
 11. 비현실감(현실이 아닌 것 같은 느낌) 또는 이인증(자신과 동떨어져 있는 느낌)

12. 통제를 잃거나 '미쳐 가는 것'에 대한 두려움
13. 죽음의 공포
(1~13은 '공황장애 명시자'임)

B. 적어도 1회 이상의 발작 이후에 다음 중 하나 또는 2가지가 1개월(또는 그 이상) 뒤따른다.
 1. 추가적인 공황발작이나 그 결과에 대한 지속적인 우려 또는 걱정
  (예 자제력 상실, 심장마비, '미쳐 가는 것')
 2. 발작과 관련된 행동의 현저한 부적응적 변화
  (예 운동이나 낯선 상황을 회피하는 것과 같이 공황발작을 회피하기 위해 고안된 행동)
C. 장애가 물질(예 남용약물, 치료약물)으 또는 다른 의학적 상태(예 갑상선기능항진증, 심폐장애)의 생리학적 효과로 인한 것이 아니다.
D. 장애가 다른 정신질환으로 더 잘 설명되지 않는다.

표. 공황장애 사례

신OO씨는 35세 초등학교 교사이다. 학교 수업을 마친 후 동료 교사들과 회식을 하면서 회식을 하였다. 그런데 갑자기 가슴이 답답하고 통증을 느끼며, 호흡이 빨라지는 것 같았다. 곧이어 식은땀이 나고 어지러워지며 실제 상황이 아닌 것 같은 느낌도 들었다. 더럭 겁이 났지만 피곤해서 그럴것이라 생각하고 스스로 참아 보려고 애썼다. 약 5분쯤 지나니까 증상이 가라앉기 시작했으며 마음도 점차 안정이 되었다. 하지만 그날 이후로 잊어버릴 만하면 한 번씩 비슷한 증상이 나타나곤 하였다. 몇 달 후, 지하철을 타고 출근을 하는 중 갑자기 가슴이 답답해지고 심장이 뛰면서 숨이 막혀 왔다. 심장박동은 점점 더 빨라졌고 호흡이 거칠어졌다. 식은땀이 났고 가슴이 조여들면서 얼굴이 화끈거렸다. 눈이 점점 침침해지는 것 같았고 손발이 피가 통하지 않아 차갑고 저리며 점점 마비되는 것처럼 뻣뻣해지는 것을 느꼈다. 무엇인가 큰 탈이 난 것이 분명했다. 어떻게 지하철을 빠져나왔는지 기억이 나지 않을 정도였다. 팔다리는 덜덜 떨렸으며 온몸은 식은땀으로 젖어 있었다.
서둘러 택시를 타고 근처 병원 응급실로 향했다. 응급실에 도착하니 이미 증상은 어느 정도 가라앉은 후였다. 그래도 심전도를 비롯한 여러 가지 검사를 해 보았지만 아무런 이상이 발견되지 않았다. 응급실 담당 의사는 신체에 별다른 이상은 없다고 하며 신경성으로 몹시 불안한 상태이니까 집에서 좀 쉬라고 하면서 신경안정제 같은 약을 처방해 주었다.
신OO씨는 그렇게 고통스러운 경험을 하였는데, 모든 검사가 정상으로 나왔다는 사실을 도저히 납득할 수 없었고 신경성 운운하는 의사의 말도 믿어지지 않았다. 아무래도 검사에 나타나지 않은 어떤 심각한 병이 숨어 있을 것만 같은 생각이 들었다. 그날 이후 신OO씨는 지하철은 절대로 타지 않았다. 뿐만 아니라 사람이 많고 답답한 공간은 점차 피하는 모습이 나타났다. 일과 관련하여 어쩔수 없는 상황을 제외하고는 사회적 활동을 가능한 한 피하려고 하였으며, 대인 관계에서도 위축되어 가는 모습을 보였다.

(3) 공황장애 치료

① 약물치료

벤조디아제핀	• 급성 불안시 사용함
	  → 항불안효과, 진정 효과, 근육이완 효과 등
	• 알프라졸람(alprazolam) : FDA 공황장애 승인약물
	갑작스러운 중단을 피하고, 1~2주에 걸쳐 서서히 감량 해야하는 이유
	• 심각한 금단증상 발생 할 수 있음
	  → 불안, 초조, 떨림, 발한, 기면, 설사, 불면, 우울, 복통 및 근육통, 구토 및 경련 발작 등
	4~6주 이상 사용하지 않아야 하는 이유(약물을 짧게 사용해야 하는 이유)
	• 신체적 및 심리적 의존과 내성, 금단증상 발현 위험성
	알코올과 병용 위험
	• 호흡저하(극심한 진정효과)로 사망까지 갈 수 있음

SSRI	• 파록세틴(paroxetine) : FDA 공황장애 승인약물 • 1차 약으로 SSRI를 먼저 선택함 • SSRI가 효과가 없을 때 TCA나 MAOI를 사용함
TCA	• 클로미프라민(clomipramine) 등
MAOIs	• 페넬진(phenelzine) 등
β-차단제	• 프로프라놀롤(Propranolol, Indenol)

② 인지행동치료

불안경감	• 감각기관에의 노출, 이완법, 바이오피드백, 호흡훈련, 체계적 탈감작(둔감법), 홍수법 등
인지재구성	• 자동적 사고, 인지왜곡 확인, 전략 습득 • 인지 시연 : 불안상황에서의 바람직한 인지적 반응을 예상하여 연습 • 자신감 훈련, 역할극, 전환기법 등
새로운 대처행동 학습	• 모델링, 자기주장 훈련, 행동형성법, 토큰경제, 사회기술훈련, 혐오치료, 행동계약법, 긍정적 재강화 등

(4) 공황장애 간호중재

환경 수정	• 차분하고 안정된 태도, 환경적 자극 감소 • 불안이 극심한 경우 다른 대상자와의 교류 제한
자조기술, 대처기법	• 자기표현 훈련 • 자조집단 : 감정표현집단의 자조집단 참여 • 이완법 : 이완법, 명상, 심상법 등 • 문제해결과 대처기술
전환요법	• 산책, 운동, 적극적 취미활동 등으로 관심을 다른 곳으로 전환하여, 신체감각에 과도하게 집중하는 것을 예방할 수 있음 • 활동참여는 불안에 빠지지 않도록 하여 다른 생산적 활동의 즐거움을 알 수 있음

문제의 명료화	• 대상자 자신의 불안 상태 발생과 관련된 문제를 명료화 한 후 불안에 대처하는 방법과 문제해결 방법을 습득하도록 함
안전과 안정 (대상자 보호)	• 대상자 스스로 견뎌낼 수 있는 불안정도를 확인하고 대상자가 감당할 수 없는 상황에 노출되는 것을 피하도록 함 • 대상자의 불가피한 불안을 수용하도록 하며 누구나 때때로 불안을 느낀다는 점을 강조함
대상자의 자아인식 증가	• 자신이 언제 불안을 느끼며, 불안을 느낄 때는 어떤 일을 하며, 무슨 생각을 하고, 누구와 같이 있는지를 일지에 기록하고 보관하도록 함 • 시간대별로 하루 동안의 불안정도를 그래프로 그리고 보관하도록 함

5 범불안장애 11 임용

1 증상의 특징

• 삶 전반, 거의 모든 것에 불안과 걱정을 느끼지만 근거를 찾기 어렵고 조절하기 힘든 부동성 불안과 신체과민증상이 특징임

과도한 불안과 걱정	• 다양한 상황(많은 사건이나 활동)에서 만성적인 과도한 불안과 걱정을 보임 • 삶 전반, 거의 모든 것에 불안을 느끼고 만성적임 → 근거를 찾기 어렵고 조절하기 힘듦
실제가능성, 영향 비례 X	• 불안과 걱정의 강도, 기간, 빈도는 예상되는 사건의 실제 가능성이나 영향에 비례하지 않음 → 실제 영향에 비해 과도한 불안과 걱정을 보임
부동성 불안	• 부동성 불안이 범불안장애의 핵심증상임 **부동성 불안 free-floating anxiety** • 특별한 원인이나 근거가 없는 불안심리로서 비현실적이거나 불필요한 걱정과 불안, 일상생활의 모든 일을 끊임없이 걱정하는 것임
신체증상 동반	• 신체증상(예 근육긴장, 피로감, 불면증, 발한, 메스꺼움, 설사 등), 스트레스와 연관된 증상(과민성 대상증후군, 두통 등)이 나타남
만성적임 (6개월 이상)	• 증상은 6개월 이상 지속될 때 진단됨

❷ 유병률 및 경과

유병률	• 여성 > 남성 (최소 2배 이상 많음) • 어느연령에서 발생할 수 있으나, 치료를 요구하는 연령은 주로 20대임
원인 및 경과	• 부정적인 사건을 경험한 경우 발생 확률이 증가하며, 대부분 평생 지속되는 경향을 보임

❸ 진단기준

범불안 장애 진단기준 (DSM-5-TR) 11 임용

A. (업무와 학업성과와 같은) 많은 사건이나 활동에 대해 최소 6개월 이상 지속되는 과도한 불안과 걱정 (불안한 예견)
B. 걱정을 통제하기 어렵다고 느낀다.
C. 불안과 걱정은 다음 6가지 증상 중 최소 3가지(또는 그이상)와 관련이 있다.
 (지난 6개월 동안 적어도 몇가지 증상이 있는 날이 없는 날보다 더 많다.)
 주의점: 아동에서는 한가지 증상만 있어도 해당된다.
 1. 안절부절못하거나, 긴장하거나, 신경이 곤두선 느낌
 2. 쉽게 피로해짐
 3. 집중하기 힘들거나 머릿속이 하얗게 됨
 4. 과민성
 5. 근육의 긴장
 6. 수면 교란
  (입면 또는 수면유지가 어렵거나, 제대로 쉬지 못하는 불만족스러운 수면)
D. 불안, 걱정 또는 신체 증상이 사회적, 직업적, 또는 다른 중요한 기능 영역에서 임상적으로 현저한 고통이나 손상을 초래한다.
E. 장애가 물질(예 남용약물, 치료약물)의 생리적 효과나 다른 의학적 상태(예 갑상선기능항진증)로 인한 것이 아니다.
F. 장애가 다른 정신질환으로 더 잘 설명되지 않는다.

표. 범불안 장애 사례

30대 주부인 영숙(가명)은 유치원에 다니는 아이가 다치지 않을까, 아이가 사고를 당하지는 않을까, 남편이 직장에서 실직을 당하면 어쩌나 늘 불안해하고 안절부절한다.
또한 가전제품이 고장나면 어떡하나, 다음주 친구모임에 늦으면 어쩌나, 친정부모님이 암에 걸리면 어쩌나 등 일상생활 전반에 대해 크고 작은 걱정으로 피곤해하며, 불면증, 두통, 피로감 등을 6개월 이상 호소하고 있다.

Part 16 강박장애 25, 24, 20, 15, 14 임용

1 강박장애의 원인

1 인지행동 이론

침투적 사고	• 우연히 의식에 떠오르는 원치 않는 불쾌한 생각	
	예 오염이나 실수에 대한 생각, 근친상간적 상상 등	
자동적 사고	• 침투적 사고에 대한 사고로 과도한 책임감과 통제의무감을 느끼게 하는 사고임 • 자동적 사고는 거의 반사적으로 발생하고 매우 빨리 지나가 의식되지 않음 • 침투적 사고와 달리 개인이 불편감을 느끼지 않고 당연한 것으로 느낌	
	침투적 사고 → 자동적 사고 → 강박 사고	
사고억제의 역설적 효과	• 불안을 유발하는 침투적 사고를 억제하거나 제거하려는 노력을 할수록 역설적이게도 침투적 사고가 자꾸 의식에 떠오름	
방어기전	격리	• 사고와 그에 수반되는 감정을 단절시킴
		격리 • 고통스러운 감정을 의식에서 몰아내는 것으로, 사실은 기억하지만 고통스러운 감정은 사실과 분리시켜 무의식에 남게 하는 것임
		예 공격적인 강박사고를 지닌 사람은 사고내용에만 집착함으로써 그에 수반되는 분노감정을 경험하지 않게 됨
	대치	• 본래의 욕구를 다른 것으로 대체하여 불안을 감소함
		예 자물쇠 잠그는 일에 집착함으로써 부부갈등이라는 위협을 피함
	반동 형성	• 자신의 실제 욕구에 반대하는 방식으로 행동하는 것임
		반동형성 • 받아들이기 힘든 감정이나 행동과 반대되는 행동이나 감정으로 표현하는 함으로써, 불안을 회피함
		예 공격적 충동과 달리 평소에는 매우 친절한 행동으로 일관함
	취소	• 이미 벌어진 일을 어떤 행위로 무효화려는 시도로 죄의식이나 불안을 감소
		취소 • 용납되지 않은 행위를 용인되는 행동을 함으로서, 무효화하여 자신의 행동에 대한 책임을 면제받고자 함
		예 신성모독적인 사람이 마치 성수세례를 통해 죄의 사함을 받듯이 물속에 머리를 담그는 강박행동을 함

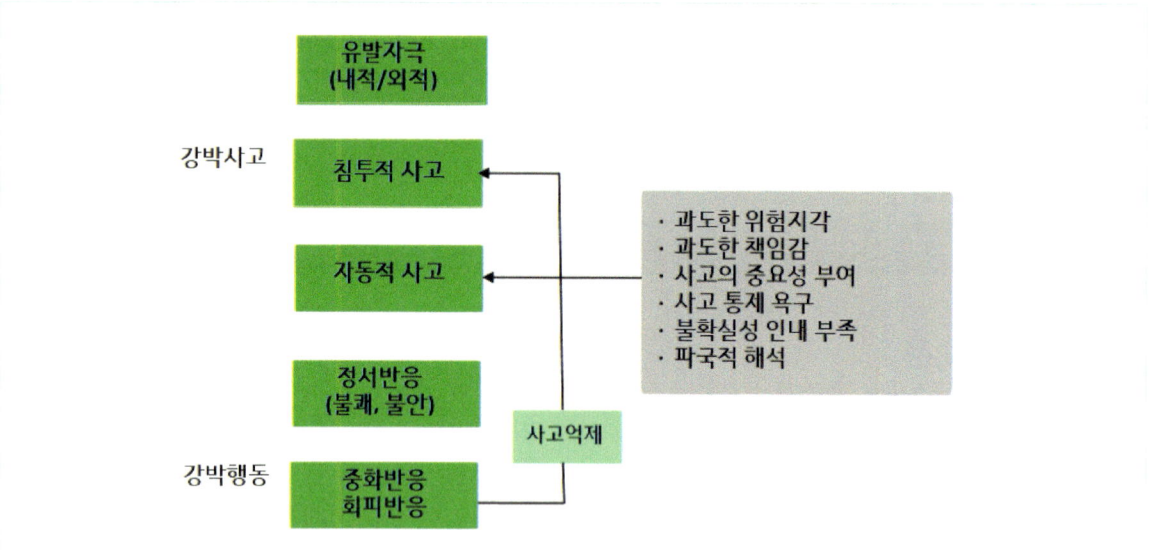

그림. 강박장애에 대한 인지행동모델

자료원. 권석만 저, 이상심리학의 기초

2 정신분석적 이론

내적갈등	• 본능과 초자아의 내적인 심리적 갈등의 결과임 → 자신의 의식적인 욕구나 기준과는 상반됨
항문기 억제	• 프로이트(Freud)의 정신성적발달의 '항문기'에 과도한 억제시 항문보유적 성격으로 강박적 성격이 됨
항문기 퇴행	• 남근기적 갈등으로 인한 항문기로의 퇴행 → 강한 초자아, 완벽주의자

3 생물학적 원인

유전	• 유전적 소인 있음
뇌 이상	• 뇌의 전두엽과 기저핵 부위를 잇는 신경망의 기능에 이상 • 피질선조체 경로의 이상, 기저신경절의 대사기능 증가 등
세로토닌	• 세로토닌 ↓ 　세로토닌 : 감정조절, 만족감, 평정심 유지 등

4 환경적 요인

부모의 양육태도	• 부모의 강압적 억압의 분위기에서 성장, 너무나 깔끔하고 깨끗하게 정리정돈을 하는 행동하에서 성장, 정직하고 빈틈없는 일 처리를 강요 받으면서 성장하는 경우 등

2 강박장애 증상

- 강박장애는 자신의 의지와는 상관없이 반복적인 사고와 반복적인 행동을 되풀이 하는 질환임

1 강박장애 증상 종류

오염	• 씻기, 오염관련 사고 및 강박행동
청소, 정리	• 청소하기, 정리정돈하기,
반복행동 (확인)	• 반복해서 가스불, 문 닫았는지 등 확인하기 • 짝수 맞추기, 같은 작업을 3번 수행하는 등 특정 숫자를 고집함
숫자세기	• 숫자세기, 기도하기, 찬송부르기, 속으로 단어반복하기 등
균형	• 대칭성과 균형성에 대한 강박사고, 물건을 순서대로 정리하기 등
실수나 사고	• 실수 : 중요한 서류에 잘못 기재함. 자물쇠를 잠그지 않음 등의 사고 • 사고 : 담뱃불을 끄지 않아 화재가 남, 자동자브레이크가 풀려 사람을 다치게 함, 가스레인지 불을 안꺼 화재가 남 등의 사고와 강박행동
금기시된 생각	• 공격적인 사고, 성적인 사고, 종교적인 사고(신성모독적인 생각), 비윤리적인 심상 등과 관련된 강박행동
위해	• 자·타해에 대한 공포와 강박행동
미신	• 모든 목록은 짝수, 홀수로 끝나야함 등

2 강박사고와 강박행동 24, 20, 15 임용

(1) 개념

강박사고	강박행동
• 강박사고는 본인의 의지와는 무관한 침투적이고 반복적으로 떠오르는 지속적인 생각, 충동 또는 심상임 → 지속적인 강박사고는 불안감 뿐 아니라 죄책감, 공포감 등을 형성함	• 강박사고에 의해 또는 완고하게 따르는 규칙에 따라 일어나는 자동적이고 반복적 행동 또는 정신적 행위로 불안감을 무력화시키기 위한 행동임 → 강박행동의 목적은 강박사고 인한 불안이나 고통을 방지하거나 감소시키려는 것임

강박행동을 하는 이유
- 불안을 제거하기 위해 대상자는 정신에너지를 신체행동으로 돌리는 의식행동을 반복적으로 행하거나 취소 기전을 사용함으로써 자신을 보호하려고 함

> **강박적 반추**
> - 강박적 반추는 강박사고가 심해져 다른 모든 일은 잊어버리고 어떤 한가지 생각에만 집착된 상태임
> - 내용은 주로 인간의 운명이나 창조, 무한성 등의 철학적이고 형이상학적인 것이 많음

(2) 사례

강박사고	강박행동
예 "생각하고 싶지 않은데, 자꾸만 '4'라는 숫자가 떠올라요. '4'는 죽음을 뜻하잖아요. '4'라는 숫자가 생각날 때마다 죽을 것 같아서 너무 불안해요" 24 임용	예 "4라는 숫자가 생각날 때 마다 생각하지 않으려고 '7'이라고 계속 말해야 해요" 24 임용
예 "중간고사 답안지를 백지로 내서 망칠 것 같다라는 생각이 자꾸 떠올라요. 아무리 생각을 멈추려고 해도 제 마음대로 되지 않아요." 20 임용	예 "글씨를 똑같은 크기를 쓰려고 해요. 그리고 마음속으로 1부터 100까지 1분 안에 틀리지 않게 세려고 해요. 그러면 불안이 조금 나아져요" 20 임용
예 "내가 전등스위치를 끄지 않으면 방안에 불이 날꺼고, 학교에 있는 동안 엄마는 죽을 거야"	예 학교 가기전에 자신의 방에 4번 들어가서 불이 꺼져 있는지 확인한 다음, 전등 스위치를 매만진 후 학교에 등교함
예 "모든 것이 세균 덩어리"라고 계속적으로 생각하는 여성	예 물건 만지는 것을 피함, 물건을 만지게 되면 손을 심하게 씻음

3 강박장애 대상자 특징

병식	• 대부분 병식이 있어, 자신이 갖고 있는 강박적인 생각이 비합리적이고 병적이라고 생각함
저항	• 강박사고와 강박행동을 피하거나 무시하고 싶은 저항이 있음

❹ 강박장애 유병률 및 영향

영향	심리적 고통	• 강박사고 및 강박행동으로 심한 심리적 고통을 겪음
	일상생활 지장	• 강박사고와 강박행동으로 많은 시간을 허비하므로 현실적 적응에 어려움 • 강박지연행동(예 양치질 하는데 30분 이상 걸림, 목욕하는데 2시간 걸림)으로 많은 시간이 소모됨
유병률		• 흔히 청소년이나 초기성인기에 시작됨 (간혹 아동기에 시작되기도 함) • 남녀 성비는 비슷 (남성: 아동기, 여성: 20대에 시작함), 35세 이후 발병을 드묾
경과		• 서서히 발병하고, 증상의 완화와 악화가 반복하면서 만성화됨 • 20~30% 호전, 40~50%는 약간의 호전, 나머지 20~40%는 변화가 없거나 더 악화됨
우울, 자살		• 대상자의 1/3에서 우울이나 자살성향 보임
스트레스		• 스트레스 상황 후 발병 • 스트레스를 받으면 증세가 심해짐(악화)
동반질환		• 대상자의 76%는 불안장애와 함께 동반 • 우울장애와 양극성 장애(63%), 충동조절장애, 강박성 성격장애, 섭식장애, 투렛장애 등과 함께 나타남 • 물질사용장애도 흔한 편임

❺ 강박장애 치료

1 약물치료

TCA	• 클로미프라민(clomipramine) 심환계 항우울제(TCA)는 NE, Serotonin 재흡수를 억제함 → NE, Serotonin ↑
SSRI	• 플루옥세틴(fluoxetine, Prozac), 설트랄린(sertraline, Zoloft) 등

2 인지행동치료

노출 및 반응방지법	• 자극(더러운 물질)이나 사고(손에 병균이 묻었다는 생각)에 노출시키되 강박행동(손 씻는 행동)을 하지 못하게 함으로써 질병이나 세균감염이 생기지 않음을 인식시켜 강박행동인 손씻기 행동이 감소됨
• 사고중지법, 역설적 지향(의도), 홍수법 등	

3 뇌심부자극술

• 난치성 강박장애에 70% 정도 효과 있음

6 강박장애 간호중재 15 임용

허용	• 강박행동을 저지, 억압하면 불안을 조절할 수 없어 공황상태가 될 수 있음 → 강박행동을 허용함 (적당한 시간을 줌) • 강박행동이 건강을 해칠 정도로 심할때만 제한함
논리적 설명 X	• 대상자 스스로 불합리한 행동임을 인식하므로 논리적인 설명은 피함
의미탐색	• 강박행동 자체가 아닌 강박행동의 의미나 목적을 탐색하고 이해함
신체보호	• 피부보호 등의 신체적 보호를 함

7 강박장애 진단 24, 20, 15 임용

강박장애 진단기준 (DSM-5-TR) 24, 20, 15 임용

A. 강박사고 혹은 강박 행동이 각각, 혹은 둘다 존재하며, 강박 사고는 (1)과 (2)로 정의된다.
  1. 반복적이고 지속적인 생각, 충동 또는 심상이 장애 시간의 일부에서는 침투적이고 원치 않는 방식으로 경험되며 대부분의 개인에게 현저한 불안이나 고통을 초래함
  2. 이러한 생각, 충동 및 심상을 경험하는 개인은 이를 무시하거나 억압하려고 노력하고, 다른 생각이나 행동(즉, 강박 행동을 함으로써)을 통해 이를 중화시키려고 노력한다. 강박 행동은 (1)과 (2)로 정의된다.
     (1) 개인이 강박사고에 대한 반응으로 또는 경직되게 적용되어야 하는 규칙에 의해 수행해야 할 것 같은 느낌이 드는 반복적 행동(예 손 씻기, 정리정돈, 확인하기) 또는 정신적인 행위(예 기도하기, 숫자세기, 속으로 단어 반복하기)를 엄격한 규칙에 따라 수행한다.
     (2) 불안감이나 괴로움을 예방하거나 감소시키고, 두려운 사건이나 상황의 발생을 방지하려는 목적으로 반복적 행동이나 정신적 행위를 수행한다. 그러나 이러한 행동이나 행위들은 그 행위의 대상과 현실적인 방식으로 연결되지 않거나 명백하게 지나치다.
     (주의점: 어린 아동의 경우 이런 행동이나 심리 내적인 행위들에 대해 인식하지 못할 수도 있다.)
B. 강박사고나 강박행동은 시간을 소모하게 만들거나(예 하루에 1시간 이상), 사회적, 직업적, 또는 다른 중요한 기능 영역에서 임상적으로 현저한 고통이나 손상을 초래한다.
C. 강박 증상은 물질(예 남용약물, 치료약물)의 생리적 효과나 다른 의학적 상태로 인한 것이 아니다.
D. 장애가 다른 정신질환으로 더 잘 설명되지 않는다.

다음의 경우 명시할 것
(1) 좋거나 양호한 병식동반 : 강박적 믿음이 사실이 아니라고 분명하게 인식하거나 사실이 아닐 수도 있다고 인식하는 경우
(2) 저하된 병식동반 : 강박적 믿음이 아마도 사실일 것이라고 생각하는 경우
(3) 병식 없음/망상적 믿음 동반 : 강박적 믿음을 사실로 생각하는 경우

2 신체이형장애(진단기준) 25 임용

- 정상적인 신체임에도 신체결함이 있다고 믿고 그 부위에 집착을 보이는 장애임

신체이형장애 진단기준 (DSM-5-TR) 25 임용

A. 관찰할 수 없거나 다른 이에게는 크지 않음에도 신체적인 외모에서 하나 이상의 결점에 대해 몰입한다.
B. 질환의 경과 중 어느 시점에서, 외모에 대한 우려로 반복적 행동(예 거울보기, 과도한 손질, 피부뜯기, 안심을 위해 확인하기)을 하거나 또는 정신적인 행위(예 다른 사람의 외모와 비교)를 한다.
C. 몰입은 사회적, 직업적 또는 기타 중요한 기능 영역에서 임상적으로 현저한 고통이나 손상을 초래한다.
D. 외모에 대한 몰입은 섭식장애 진단기준을 충족하는 개인에서 체지방이나 체중에 대해 걱정하는 것으로 더 잘 설명되지 않는다.

다음의 경우 명시할 것
- 근육신체이형 동반 : 자신의 체격이 너무 작거나 근육이 없다는 생각에 몰입한다. 이 명시자는 다른 신체부위에 몰입해도 적용 가능하다.

다음의 경우 명시할 것
- 좋거나 양호한 병식 동반 : 신체이형에 대한 믿음이 사실이 아니라고 분명하게 인식하거나 사실이 아닐수도 있다고 인식하는 경우
- 저하된 병식 동반 : 신체이형장애에 대한 믿음이 아마도 사실일 것이라고 생각하는 경우
- 병식 없음/망상적 믿음 동반 : 신체이형장애에 대한 믿음을 사실로 생각하는 경우

표. 신체이형장애 특징 및 치료

증상특징	결점 몰입	• 못생겼거나, 매력적이지 않거나, 비정상적이거나, 기형적이라고 믿음 • 걱정은 '매력적이 않다.', '올바르지 않다.', '괴물처럼 보인다.' 등 다양함
	반복 행동	• 자신과 타인의 외모를 비교, 거울로 결점을 반복적으로 확인함 • 과도한 손질(빗질, 옷 정돈, 면도, 털 뽑기 등), 미용 시술 찾아다님, 계속해서 옷 갈아입음, 강박적인 쇼핑(피부미용제품 구매 등) • 선택적 성형수술을 하는경우도 있으며, 수술후에도 여전히 불만족스러워하거나 외모의 또다른 결함을 발견하는 등의 악순환에 빠짐
	집착	• 신체적 기형에 대한 집착이 매우 강해 망상적인 수준도 있음
근육신체 이형 동반		• 성인이나 청소년 남성에게 발생함 • 자신의 몸이 너무 작거나 말랐다는 생각에 몰입하여 식단조절, 과도한 근력운동, 유산소운동, 스테로이드 사용 등으로 자신의 몸을 더 크게 만들고 근육이 발달하게 함
병식		• 평균적으로 병식이 없음 (병식이 있는 경우도 있음) • 1/3이상이 현재 병식이 없거나 망상적 믿음이 있음
자살		• 망상적인 신체이형장애가 있는 경우 자살사고 및 자살행동의 위험성 가짐
동반질환		• 흔히 강박장애와 동반됨 • 우울증, 불안, 사회불안장애, 피부뜯기 장애 등 다른 진단이 상당히 중복됨
약물치료		• SSRI 약물치료
인지행동		• 노출 및 반응방지법 등

표. 신체이형장애 사례 25 임용

"선생님, 제 딸이 얼마 전부터 '코가 자꾸커진다. 자고 일어나면 코가 커져서 너무 괴롭다.'라며 엉엉 우네요. 누가 봐도 코가 커진 것도 없고 자로 재서 확인을 시켜 줘도 믿지 않고,
왜 자기 말을 안 믿어주느냐며 울고불고 그래요. 학교도 안 가고, 성형수술을 받아야 한 대요.
멀쩡한 코가 커진다니 이게 도대체 무슨 병이에요?
예전부터 자기 얼굴 사진을 많이 찍고, 자기 사진만 계속 쳐다보는 아이였는데 …
그 나이 때는 원래 그런가 보다 하고 넘겼거든요. 그럼 이제 어떻게 해야해요?"

3 수집광

개념	• 쓸모없는 것들을 버리지 못하고 모아 놓으며 병적으로 집착하는 장애임
증상	• 과도한 구매가 가장 흔하게 나타나며, 그 다음으로 공짜 물건을 습득함 • 물건을 살수 없거나 방해받으면 고통스러워함
문제 행동	**강박적 저장** • 불필요한 물건을 버리지 못하고 보관함 **강박적 수집** • 불필요한 물건을 집안으로 끌어들임
원인	• 정신분석학 항문기의 항문보유적 성격(항문기의 지나친 억제)으로 인색함을 반영함
영향	• 생활공간의 제한(거주공간의 방해), 건강이나 안전의 문제, 삶의 질 저해

수집광 진단기준 (DSM-5-TR)

A. 실제 가치에 관계없이 소유물을 버리거나 분리하는 데 지속적으로 어려움을 겪는다.
B. 이러한 어려움은 소지품을 저장해야 한다는 욕구와 버릴 때 따르는 고통 때문이다.
C. 소유물을 버리기 어려워 물건이 쌓이게 되며, 이는 거주 환경을 어지럽고 혼란스럽게 하여 소유물의 원래 용도를 상당히 손상시킨다. 환경이 어지럽지 않다면 이는 제 3자(가족 구성원이나 청소부, 다른 권위자)의 개입이 있을 경우뿐이다.
D. 수집광 증상은 사회적, 직업적, 또는 다른 중요한 기능 영역에서 임상적으로 현저한 고통이나 손상을 초래한다.
E. 수집광 증상은 뇌손상이나 뇌혈관 질환, 프래더 윌리 증후군과 같은 다른 의학적 상태로 인한 것이 아니다.
F. 수집광 증상은 다른 정신질환으로 더 잘 설명되지 않는다.

표. 수집광 사례

중년남성 A씨는 평소에도 근검절약을 중시하여 물건을 잘 버리지 못하는 성격이다.
실직을 하게 된 3년 전부터 신문지, 헌 신발, 헌 가방 등과 같이 불필요한 물건을 일체 버리지 않고 모아두기 시작했다. 그뿐만 아니라 아파트 재활용 버리는 날에 남들이 버린 물건들까지 모두 주워와 집안에 차곡차곡 쌓아놓았다.
아내와 딸들은 제발 물건을 버리거나 당근에 물건을 팔아버리라고 하지만 본인은 물건들을 보물다루듯이 보관하였다. 결국 수집 소유물이 많아져 베란다, 거실 뿐 아니라 안방까지 가득차게 되었다.

4 발모광 14 임용

개념		• 자신의 몸에 있는 털을 반복적으로 뽑는 것임 • 가장 흔한 부위는 머리카락, 눈썹, 속눈썹임 (음모털, 겨드랑이 털도 뽑음)
특징	긴장감	• 머리카락을 뽑는 행동을 하기 직전이나 그러한 행동을 하지 않으려고 할때는 긴장감, 불안이 높아짐
	만족감 등	• 머리카락을 뽑을때마다 쾌락, 만족감, 해방감을 느낌
원인	어린시절 정서결핍	• 어린시절 정서적 결핍 경험과 관련됨 → 애정과 신체접촉에 대한 강한 욕구가 있음
	스트레스	• 심한 스트레스를 받았을 때 증상이 시작되며, 스트레스 상황에서 발모가 증대됨
발병		• 아동기 발병이 흔함 • 여성 > 남성
치료	자기관찰법	• 스스로 자신이 머리카락을 뽑는 행동을 조사하고 주의를 기울이게 함
	습관반전법	• 머리카락을 뽑고자 하는 충동이 들 때 머리카락을 뽑는 대신 다른 행동을 하게 함 예 독서할때는 두 손을 책위에 올려놓기, TV볼때는 아령을 잡고 있기 등
		• 기타 인지행동치료, SSRI, 항불안제, 리튬 등의 약물치료가 있음

라푼젤 증후군	
개념	• 자신의 머리카락을 반복적으로 섭취하는 정신질환으로, 주로 청소년기 여성에 발병함 • 자신의 머리카락을 뽑고 싶은 충동에 휩싸이고 강박적으로 그것을 먹는 현상을 반복함
신체 문제	• 위장에 쌓인 머리카락은 실타래 공처럼 뭉치고 얽혀서 소화기관을 막아버림 • 소화불량, 구토, 복통, 장괴사 등 • 영양불량, 체중감소 등

발모광 진단기준 (DSM-5-TR)

A. 탈모로 이어지는 반복적인 스스로의 털뽑기다.
B. 털 뽑는 행위를 줄이거나 멈추려는 반복적인 시도이다.
C. 털뽑기는 사회적, 직업적, 또는 다른 중요한 기능 영역에서 임상적으로 현저한 고통이나 손상을 초래한다.
D. 이런 털뽑기는 (피부과적 질환과 같은) 다른 의학적 상태로 인한 것이 아니다.
E. 이런 털뽑기는 (신체이형장애 환자들이 의식하는 외모 결함을 개선시키려는 시도처럼) 다른 정신질환으로 더 잘 설명되지 않는다.

표. 발모광 사례 14 임용

보건교사는 13세 김OO의 머리 정수리 부분에 군데군데 머리카락이 빠져 있는 것을 보고 머리카락이 왜 이렇게 빠졌냐고 묻자, 김OO은 잠시 머뭇거리다가 피부질환은 없는데 자기 전에 머리카락을 반복적으로 잡아 뽑는 버릇이 있다고 대답하였다. 보건교사가 그 이유를 묻자, 일곱 살에 엄마 아빠가 이혼한 후 엄마가 밖에 나가 일을 해야만 했고, 자기는 혼자 집에 있게 되면서부터 가끔씩 머리카락을 잡아 뽑기 시작했던 것 같다고 하였다. 또한 머리카락을 뽑지 않으려고 참으면 불안하고 긴장이 심해지지만 잡아 뽑으면 기분이 좋아진다고 하였다. 그리고 머리카락을 뽑을 때 아프지는 않지만 머리카락이 없는 것을 사람들이 알아볼 것 같아 친구들도 만나지 않는다고 하였다.

5 피부뜯기 장애

개념	• 자신의 피부를 반복적으로 뜯거나 벗김으로써 피부를 손상시키는 행동을 하는 경우임 • 가장 흔한 부위는 얼굴, 팔, 손임
증상	• 건강한 피부, 손상된 피부, 상처 딱지 등도 뜯음 • 손으로 문지르거나 쥐어 짜고, 절개하고, 물어 뜯음 • 대부분 손톱으로 뜯지만, 핀셋, 핀 또는 다른 도구를 사용하기도 함
발병	• 사춘기, 사춘기 직후에 나타남 • 악화와 완화를 반복하여 만성적이 경과를 가짐 • 여성 〉 남성
원인 상황	**스트레스** • 스트레스에 대한 일종의 대처방식임 → 진정효과 • 스트레스 상황이 증상 심해짐 **지루함** • 반복적인 활동을 하거나 지루함을 느낄 때 행동이 증가함 → 신경계를 자극하여 각성 수준을 높이는 효과

피부뜯기 장애 진단기준 (DSM-5-TR)

A. 피부 병변으로 이어지는 반복적인 피부뜯기다.
B. 피부뜯기 행위를 줄이거나 멈추려는 반복적인 시도다.
C. 피부뜯기는 사회적, 직업적, 또는 다른 중요한 기능 영역에서 임상적으로 현저한 고통이나 손상을 초래한다.
D. 피부뜯기는 물질(예 코카인)의 생리적 효과나 다른 의학적 상태(예 옴)에 의한 것이 아니다.
E. 피부뜯기는 다른 정신질환으로 더 잘 설명되지 않는다.

Part 17 | 파괴적, 충동조절, 그리고 품행장애 22, 14, 10 임용

① 적대적 반항장애 22, 10 임용

1 특징 10 임용

개념	• 어른 또는 권위자에게 거부적, 비협조적, 부정적, 적대적, 도전적, 반항적인 행동을 보이는 장애임 (폭력적 X, 규칙 위반 X)
증상	정서	• 분노와 과민성
	행동	• 논쟁적이고 반항적인 특성
	보복성	• 악의에 차 있거나 앙심을 품음
발생	• 가정에서만 나타나는 경우가 많음 (심각도 : 경도)

2 원인

유전	• 유전적 성향 있음
뇌 이상	• 전두엽 피질 및 편도체 이상
기질	• 높은 정서의 반응성, 낮은 좌절 인내력 등 기질과 관련 있음
부모의 양육태도	엄격, 지배적	• 부모의 엄격하고 지배적이며, 비일관적이며, 방임적인 양육태도와 관련 있음
	비일관적	
	방임	

3 유병률 및 동반질환

진단시기	• 대게 취학전인 8세 이전에 나타남 • 청소년기 초기 이후에 시작되는 경우는 드묾 • 보통 취학 전과 청소년기에 그 빈도가 증가됨
유병률	• 남아 〉 여아
동반질환	ADHD	• ADHD와 품행장애가 같이 동반되는 경우가 많음
	품행장애	
	파괴적 기분조절부전장애	• 파괴적 기분조절부전장애와 동반되는 경우 많음 (과민성)
	반사회적 성격	• 일부는 반사회적 성격장애로 진행될 수 있음
	우울증, 불안증	• 우울증, 불안증, 물질남용으로 발전 할 수 있음

4 진단기준

적대적 반항장애 진단기준 (DSM-5-TR) 22 임용

A. 분노/과민한 기분, 논쟁적/반항적 행동 또는 보복적인 양상이 적어도 6개월 이상 지속되고, 다음 중 적어도 4가지 이상의 증상이 존재한다. 이러한 증상은 형제나 자매가 아닌 적어도 한 명 이상의 다른 사람과의 상호작용에서 나타나야 한다.

분노/과민한기분
1. 자주 욱하고 화를 낸다.
2. 자주 과민하고 쉽게 짜증을 낸다.
3. 자주 화를 내고 크게 분개한다.

논쟁적/반항적 행동
4. 권위자와의 잦은 논쟁, 아동이나 청소년의 경우는 어른과 논쟁한다.
5. 자주 적극적으로 권위자의 요구나 규칙을 무시하거나 거절한다.
6. 자주 고의적으로 타인을 귀찮게 한다.
7. 자주 자신의 실수나 잘못된 행동을 남의 탓으로 돌린다.

보복적 특성
8. 지난 6개월 안에 적어도 두 차례 이상 악의에 차 있거나 앙심을 품고 있다.

주의점: 진단에 부합하는 행동의 지속성 및 빈도는 정상적 범위 내에 있는 행동과 구별되어야 한다. 다른 언급이 없다면 5세 이하의 아동인 경우에는 최소한 6개월 동안 거의 매일 상기 행동이 나타나야 한다.(진단기준 A8)
5세 이상의 아동인 경우에는 6개월 동안 일주일에 최소한 한번 이상 상기 행동이 나타나야 한다.(진단기준 A8)

B. 행동 장애가 개인 자신에게, 또는 자신에게 직접적으로 관련 있는 사회적 맥락(예 가족, 또래 집단, 동료)내에 있는 상대방에게 고통을 주며, 그 결과 사회적, 학업적, 직업적, 또는 다른 중요한 기능 영역에서 부정적인 영향을 준다.

C. 행동은 정신병적 장애, 물질사용장애, 우울장애 또는 양극성장애의 경과 중에만 국한에서 나타나지 않는다. 또한 파괴적 기분조절부전장애의 진단기준을 충족하지 않아야 한다.

현재의 심각도를 명시할 것
- 경도: 증상이 한 가지 상황(예 집, 학교, 직장, 또래 집단)에서만 나타나는 경우
- 중등도: 증상이 적어도 2가지 상황에서 나타나는 경우
- 고도: 증상이 3가지 이상의 상황에서 나타나는 경우

표. 적대적반항장애 사례

초등학교 3학년인 민수(가명)의 엄마는 민수(가명)가 같은 말을 서너번 반복해야 겨우 들으며, 학원을 가지 않고 친구와 PC방에 간 뒤 밤 10시에나 집으로 온다고 호소하였다.
민수는 "엄마가 날 혼내니 똑같이 해서 괴롭히는거에요. 나의 태도는 엄마에게 달렸어요"라고 말하였다.
밤 8시까지는 집에 들어오라는 엄마의 부탁에도 "내가 엄마의 말을 들어야해요? 전 제마음대로 할꺼에요"라고 말하며 집에서도 쉽게 화를 내고 짜증을 낸다고 한다. 이런 증상은 집에서만 나타난다.

2 품행장애 10 임용

1 개념 10 임용

| 타인 권리 침해 | • 난폭하고 잔인한 행동, 기물파괴, 방화, 도둑질, 거짓말, 가출 등 타인의 권리를 |
| 사회적 규범 위반 | 침해하거나 사회적 규칙, 규범을 위반하는 행동 (일명: 비행청소년, 흔함) |

2 품행장애 유형

아동기 발병 유형	10세 이전	• 10세 이전에 문제행동이 나타남
	공격성	• 청소년기 발병보다 더 공격성을 보일 가능성 높음 → 공격성 〉 비공격성
	ADHD, 적대적 반항장애	• ADHD, 적대적 반항장애와 동반됨
	예후 나쁨	• 성인기까지 지속되어 반사회적 성격장애, 범죄행동, 물질관련 장애 등이 나타나는 경우 많음
청소년기 발병 유형	10세 이후	• 10세 이후에 문제행동이 나타남
	비공격성	• 비공격성 〉 공격성
	예후 좋음	• 성인되면 대부분 관해되어 사회적, 직업적 적응을 보임

3 원인 및 아동 특징

(1) 원인

유전		• 유전적 성향 있음
뇌 이상		• 전두측두엽-변연계 회로의 구조이상
사회경제적 수준		• 사회경제적 수준이 낮은 경우 품행장애, 반사회적 행동이 높음
부모의 양육태도	강압적, 폭력적	• 부모의 강압적, 폭력적 양육태도 • 비일관적인 양육태도 • 엄격한 훈육 등
	무관심, 방임	• 부모의 무관심, 방임적인 양육태도, 부모의 거부 등
	아동학대	• 신체적 또는 성적 학대
가정불화		• 부모의 불화, 가정폭력, 아동학대, 결손가정, 부모의 정신장애나 알코올 중독 등

(2) 아동·청소년 특징

죄책감 X	• 양심의 가책, 후회, 죄책감이 없음 → 남 탓으로 돌림
냉담, 공감 결여	• 일부는 냉담하여 공감능력이 부족하고, 다른 사람의 감정에 무관심함
수행에 대한 무관심	• 학교나 직장, 또는 다른 주용한 활동에서 자신이 저조한 수행을 보이는 것을 개의치 않음 • 충분히 예상가능한 상황에서도 좋은 성과를 보이기 위해 필요한 노력을 기울이지 않으며, 자신의 저조한 수행을 다른 사람의 탓으로 돌림
피상적이거나 결여된 정서	• 피상적이거나 진실되지 않고, 깊이가 없는 정서를 제외하고는 다른 사람에게 자신의 기분이나 정서를 표현하지 않음
반항적, 적대적	• 어른에게 반항적, 적대적, 복종하지 않은 경향이 있음 • 문제행동에 대한 처벌시 오히려 반항심과 분노를 증가시켜 문제행동이 더 악화됨

4 유병률 및 동반질환

유병률		• 아동기, 청소년기에 진단 • 남아 > 여아 • 16세 이후에 발병되는 경우는 드묾
증상		• 처음에는 거짓말, 상점에서 물건훔치기 → 나중엔 강간, 피해자 보는 앞에서 도둑질하기 등 증상이 더 심각해짐
동반질환	ADHD	• 아동기 초기에 ADHD와 적대적 반항장애가 있는 경우 많음
	적대적 반항장애	
	반사회적 성격	• 일부는 반사회적 성격장애로 진행될 수 있음
	우울증, 불안증	• 특정학습장애, 불안장애, 우울장애 또는 양극성 장애, 물질사용 장애 등이 동반되는 경우 많음

5 영향

학교생활 및 가정생활 문제	• 정학·퇴학, 성적으로 전염되는 질병, 싸움으로 인한 상해, 원치 않은 임신 등
범죄 발생	• 범죄 발생으로 법적인 문제 발생 가능성 높음
반사회적 성격장애	• 반사회적 성격장애의 선행요인이 될 수 있음

6 진단기준 10 임용

품행장애 진단기준 (DSM-5-TR) 10 임용

A. 다른 사람의 기본적 권리를 침해하고 연령에 적절한 사회적 규범 및 규칙을 위반하는 지속적이고 반복적인 행동양상으로, 지난 12개월 동안 다음의 15개 기준 중 적어도 3개 이상에 해당되고, 지난 6개월 동안 적어도 한 개 이상의 기준에 해당된다.

사람과 동물에 대한 공격성
1. 자주 다른 사람을 괴롭히거나, 위협하거나, 협박한다.
2. 자주 신체적인 싸움을 건다.
3. 다른 사람에게 심각한 신체적 손상을 입힐 수 있는 무기를 사용한다.
   (예 방망이, 벽돌, 깨진 병, 칼, 총)
4. 다른 사람에게 신체적으로 잔인하게 대한다.
5. 동물에게 신체적으로 잔인하게 대한다.
6. 피해자가 보는 앞에서 도둑질을 한다. (예 노상강도, 소매치기, 강탈, 무장강도)
7. 다른 사람에게 성적 활동을 강요한다.

재산 파괴
8. 심각한 손상을 입히려는 의도로 고의적으로 불을 지른다.
9. 다른 사람의 재산을 고의적으로 파괴한다. (방화로 인한 것은 제외)

사기 또는 절도
10. 다른 사람의 집, 건물 또는 자동차에 무단으로 침입한다.
11. 어떤 물건을 얻거나 환심을 사기 위해 또는 의무를 피하기 위해 거짓말을 자주 한다.
    (즉, 다른 사람을 속임)
12. 피해자와 대면하지 않은 상황에서 귀중품을 훔친다.
    (예 부수거나 침입하지 않고 상점에서 물건 훔치기, 문서 위조)

심각한 규칙 위반
13. 부모의 제지에도 불구하고 13세 이전부터 자주 밤늦게까지 집에 들어오지 않는다.
14. 친부모 또는 양부모와 같이 사는 동안 밤에 적어도 2회 이상 가출, 또는 장기간 귀가하지 않은 가출이 1회 있다.
15. 13세 이전에 무단결석을 자주 함

B. 행동 장애가 사회적, 학업적, 또는 직업적 기능 영역에서 임상적으로 현저한 손상을 초래한다.
C. 18세 이상일 경우, 반사회성 성격장애의 기준에 부합되지 않는다.

현재의 심각도를 명시할 것
- 경도: 진단을 충족시키는 품행 문제가 있더라도, 행동문제의 수가 적고, 다른사람에게 가벼운 해를 끼치는 경우
   (예 거짓말, 무단결석, 허락없이 밤늦게까지 집에 들어가지 않는 것, 기타 규칙위반)
- 중등도: 품행문제의 수와 다른사람에게 끼친 영향의 정도가 '경도'와 '고도'의 중간에 해당되는 경우(예 피해자와 대면하지 않는 상황에서 도둑질하기, 공공기물 파손)
- 고도: 진단을 충족시키는 품행 문제가 많거나, 또는 다른사람에게 심각한 해를 끼치는 경우
   (예 강요된 성관계, 신체적 잔임함, 무기 사용, 피해자가 보는 앞에서 도둑질, 파괴와 침입)

적대적 반항장애 vs 품행장애		
공통점	• 권위자에게 반항적, 논쟁적	
차이점	적대적 반항장애	• 폭력적 X, 규칙위반 X • 분노 및 과민성 O
	품행장애	• 공격성, 폭력적 O, 규칙위반 O • 분노 및 과민성 X

표. 품행장애 사례

중학교 2학년 최OO은 최근 1학년 학생을 때리고, 돈을 뺏는 일이 발생하여 학교폭력위원회가 열렸고, 최OO의 부모가 학교에 가서 사과하는 일이 많아졌다. 중학교에 들어서면서 점점 성적도 떨어지고, 흡연을 하기 시작하였다. 또한 학교에 결석과 지각이 잦았으나 부모에게는 거짓말을 하고 학교를 가는척 하였다. 쉬는 시간이나 점심시간에는 같은 반 친구들도 괴롭히며, 자주 시비를 걸어 신체적인 싸움이 난다고 한다.

이에, 최OO의 부모가 이를 꾸짖고, 강하게 혼내자 오히려 반항심과 분노가 증가하여 가출을 하는 상황까지 왔다. 잘못을 지적하고, 다시는 돈을 뺏거나 학생을 때리지 말라고 해도 본인의 행동에 대해 후회하거나 죄책감을 느끼지 못하였다.

3 간헐적 폭발장애 14 임용

1 개념

• 공격적 충동이 조절되지 않아 심각한 폭발적 행동을 하는 경우임

공격적 충동 조절 X	• 스트레스 사건에 대한 감정조절장애로 공격적 충동성이 조절되지 않음
행동 폭발	• '행동폭발'은 언어적 공격, 재산파괴, 신체적 공격을 포함 • 행동폭발은 대부분 30분 이하로 지속됨 • 관계가 친밀한 사람에 의해 유발된 사소한 자극으로 촉발함

2 진단 기준

- 6세 이하는 진단할 수 없음

동물, 타인의 신체적 손상을 일으키지 않는 행동 폭발	• 주 2회, 3개월 이상 지속
동물, 타인의 신체적 손상을 일으키는 행동 폭발	• 1년 이내 3회 이상 지속

2 원인 및 특징

원인	유전	• 유전적 소인 있음
	생애초기 외상	• 생애 초기 20년 동안 신체적, 정서적 외상을 경험한 사람이 발생가능성 높음
	가족 갈등	• 원가족의 갈등과 폭력(학대)과 관련 있음
특징	후회, 죄책감	• 양심의 가책, 후회, 죄책감이 있음
	행동폭발 후 안도감	• 폭발적 행동을 하기 전에 긴장감을 먼저 느끼고 행동을 하고 나서는 즉각적인 안도감을 느낌

4 유병률 및 동반질환

유병률	• 남아 > 여아 • 젊은 층(35세 이전)에 발생하며, 대부분 아동기 후반이나 청소년기에 시작
동반질환	• ADHD, 적대적반항장애, 품행장애, 우울장애, 불안장애, 반사회적 성격장애, 경계성 장애, 섭식장애, 물질사용장애와 관련 있음
자살	• 외상후 스트레스장애가 동반된 경우 자살사고, 자살행동 높음

5 영향

학교생활	• 교우관계, 학업 성취도 저하, 교사와의 관계 저하
사회적	• 친구 및 친척의 상실, 불안정한 결혼, 이혼 등
직업적	• 좌천, 실직 등
재정적	• 기물 파손 등
법적	• 타인이나 소유물에 대한 공격적 행동의 결과로 민사소송 • 폭행으로 인한 형사고발 등

간헐적 폭발장애 진단기준 (DSM-5-TR) 14 임용

A. 공격적인 충동을 통제하지 못해서 보이는 반복적인 행동폭발로, 다음의 항목 중 하나를 특징적으로 보인다.
   1. 언어적 공격성(예 분노발작, 장황한 비난, 논쟁이나 언어적 다툼) 또는 재산, 동물, 타인에게 가하는 신체적 공격성이 3개월 동안 평균적으로 일주일에 2회 이상 발생함. 신체적 공격성은 재산 피해나 재산 파괴를 초래하지 않으며, 동물이나 다른 사람에게 상해를 입히지는 않는다.
   2. 재산 피해나 파괴 그리고/또는 동물이나 다른 사람에게 상해를 입힐 수 있는 신체적 폭행을 포함하는 폭발적 행동을 12개월 이내에 3회 보인다.
B. 반복적인 행동폭발 동안 표현된 공격성의 정도는 정신사회적 스트레스 요인에 의해 촉발되거나 유발되는 정도를 심하게 넘어선 것이다.
C. 반복적인 공격적 행동폭발은 미리 계획된 것이 아니며(예 충동적 그리고/혹은 분노로 유발된 행동), 가시적인 목표를 달성하기 위해 저질러진 행동이 아니다.(예 돈, 권력, 협박.
D. 반복적인 공격적 행동폭발은 개인에게 현저한 심리적 고통을 유발하거나, 직업적 또는 대인관계 기능에 손상을 주거나, 경제적 또는 법적인 문제와 관련된다.
E. 생활연령은 적어도 6세 이상이다.(또는 6세에 상응하는 발달 단계 수준).
F. 반복적인 공격적 행동폭발이 다른 정신질환으로 더 잘 설명되지 않으며 다른 의학적 상태의 생리적 효과로 인한 것이 아니다. 6~18세 아동의 경우에 적응장애의 일부로 보이는 공격적 행동을 이 진단으로 고려해서는 안된다.

표. 간헐적 폭발장애 사례

이○○(17세)의 어머니는 이○○가 신체적으로 아무런 문제도 없고 평소에는 괜찮은데, 사소한 상황에서 지나치게 화를 내고 공격적으로 변한다며 걱정이 되어 담임교사를 찾아왔다.
어머니가 말리려고 해도 아무 소용이 없고 발작적이고 폭발적으로 기물을 부수고 소리를 지른다고 한다. 여러 차례 이런 일이 있었고, 한번은 어머니가 운전하면서 함께 차를 타고 가다가 화가 난다고 의자를 발로 차고 소리를 질러 차 내부가 일부 파손되고 사고의 위험도 있었다고 한다.
이○○는 이런 행동에 대해 후회스럽고 어머니께 미안하지만, 이런 행동을 하지 말아야 하는 걸 알면서도 강렬한 충동으로 어쩔 수 없다고 한다.

표. 파괴적, 충동조절, 그리고 품행장애 치료

부모-자녀 상호작용 치료	• 전문가가 거울뒤에서 송수신기를 통하여 부모에게 자녀와의 상호작용하는 방법을 코칭함
다중체계치료	• 가장 광범위한 치료법으로 폭력적인 청소년 범죄자의 모든 환경을 고려한 집중적인 가족자원 및 지역사회 기반 프로그램임 • 보호요인을 강화하고, 체계의 강점을 이용하여 가족기능, 학교 성적 및 친구관계를 개선시키고 의미있는 사회적 지지를 구축함
부모-교육 훈련	• 부모가 아동에게 적절한 역할모델이 되지 못하므로 ① 부모가 자녀의 행동을 관리하도록 돕고, ②성공적인 훈육기술을 학습하고 적용하도록 하며, ③자녀의 긍정적인 행동을 촉진하도록 함

• 인지행동치료, 변증법적 행동치료, 사회기술훈련 등

4 병적 방화

병적 방화 (DSM-5-TR)

A. 1회 이상의 고의적이고 목적 있는 방화
B. 방화행위 전의 긴장 또는 정서적인 흥분
C. 불에 대한, 그리고 불과 연관된 상황적 맥락에 대한 매혹, 흥미, 호기심 또는 매력
   (예 방화용품, 그것의 사용, 방화결과)
D. 불을 지르거나, 불이 난 것을 목격하거나, 그것의 여파에 참여할 때의 기쁨, 만족 또는 안도감
E. 방화는 금전적 이득, 사회정치적 이념의 표현, 범죄 행위 은폐, 분노나 복수심 표현, 생활 환경 개선, 망상이나 환각에 대한 반응 또는 손상된 판단력(예 주요 신경인지장애, 지적발달장애, 물질중독)의 결과에 기인한 것이 아니다.
F. 방화는 품행장애, 조증 삽화 또는 반사회적 성격장애로 더 잘 설명되지 않는다.

5 병적 도벽

병적 도벽 진단기준 (DSM-5-TR)

A. 개인적인 용도로 쓸모가 없거나 금전적으로 가치가 없는 물건을 훔치려는 충동을 저지하는데 반복적인 실패
B. 훔치기 직전에 고조되는 긴장감
C. 훔쳤을 때의 기쁨, 만족감 또는 안도감
D. 훔치는 행위를 분노가 복수를 표현하거나 망상이나 환각에 대한 반응으로 인한 것이 아니다.
E. 훔치는 행위가 품행장애, 조증삽화 또는 반사회적 성격장애에 의해 더 잘 설명되지 않는다.

Part 18. 외상, 스트레스 관련 장애 23, 17, 16, 12, 07 임용

① 외상, 스트레스 관련 장애 개요

1 외상의 개념

외상개념	• 외부로부터 주어진 특정 충격적인 사건에 의해 입은 심리적 상처 (트라우마) • 어떤 사건을 격은 후 그사건의 영향을 지속적으로 받으며, 나타나는 심리적 어려움 • 외상은 미리 예측하거나 대비할 수 업속, 도망가거나 회피할 수 없음

2 외상의 종류

대인관계적 외상		• 위협적인 죽음, 심각한 부상, 폭력, 성폭행, 고문, 테러, 전쟁, 이별 등 사람에게 받은 외상사건임 • 음주음주자가 낸 자동차 사고, 부주의로 인한 화재, 비행기 사고 등은 대인관계적 외상과 인간외적인 외상의 경계에 속하는 외상사건임
인간외적인 외상		• 홍수, 지진, 태풍, 산사태, 화산폭발같은 자연재해로 인한 외상사건임
애착 외상	양육자	• 부모나 양육자와 같이 정서적으로 매우 긴밀하고 의존도가 높은 관계에서 입은 심리적 상처임
	학대, 방임	• 원인은 주 양육자의 학대와 방임임 → 신체적·정서적 학대, 성적학대, 가정폭력 등
	신뢰형성 X	• 다른사람과의 신뢰관계를 형성하는 능력을 훼손함

〈 애착 장애 종류 〉

억제형	• 다른사람과의 관계를 두려워하거나 회피하는 유형
탈억제형	• 누구에게나 부적절하게 친밀함을 나나태는 유형

3 외상 및 스트레스 장애 원인

(1) 생물학적 요인

유전	• 유전적 소인 있음
신경내분비적 요인	• 코티졸 농도 감소 → 코티졸 과다 억제
신경화학적 요인	• 교감신경계 과활성화 • 부교감신경의 기능장애로 과각성 촉발 → 해리증상 발생 　해리 : 기억과 연결된 생각, 감정, 감각, 행동을 분리시키는 현상(기억 X) • 신경전달물질 도파민↑, 세로토닌↓ 등
신경해부학적 요인	• 변연계의 구조변화 ① 편도체 구조변화 ② 해마의 구조변화 (용적 감소)

(2) 정신사회적 요인

정신분석적 요인	무의식적 갈등		• 아동기의 미해결된 무의식적 갈등이 재활성화
	방어기전		• 퇴행, 억압, 부정, 반동형성, 취소 등의 방어기전 사용
		퇴행	• 어린아이처럼 가족에게 의존하고 매달리는 모습을 보임
		억압	• 성폭행 대상자는 그 사실을 기억하지 못하나, 야구모자만 보면 이유없이 불안해짐
		부정	• 교통사고 후 "아무일도 아니였어."라고 말함
		반동형성	• 성폭행 피해자가 "나는 강하다. 아무일도 아니였다"라고 과장되게 긍정적으로 이야기함
		취소	• 음주운전 사고로 친구를 다친 사람이 친구에게 계속해서 고가의 선물을 하는 경우
인지행동적 요인	무력감, 좌절감		• 자신이 겪은 사건에 대해 인지적으로 이해할 수 없어 무력감, 좌절감이 발생함
심리사회적 요인			• 개인이 겪은 외상경험 특성, 개인 내적 특성, 개인이 처한 환경적 특성 등에 따라 회복하거나 외상관련장애로 발전함

표. 외상 및 스트레스 관련 장애의 위험 및 보호 인자		
외적 경험 특성	개인 내적 특성	환경적 특성
• 스트레스원의 심각성 정도와 기간 • 사건에 대해 예상하고 준비한 정도 • 죽음의 위협을 느낀 횟수 • 부상이나 폭력 경험 유무 • 재발에 대한 통제력 • 외상을 경험한 장소 (예 친숙한 환경, 집, 다른 나라)	• 자아의 강도 • 대처자원의 효과성 • 기존 정신질환의 진단 여부 • 스트레스/외상에 대한 과거 경험의 결과 • 성향이나 기질 • 현재의 심리사회적 발달단계 • 인구통계학적 요인 (나이, 사회경제적 상태, 교육 정도)	• 이용 가능한 사회적지지 자원 • 가족과 친구의 응집력과 보호능력 • 경험에 대한 사회의 태도 • 문화적인 영향 • 이후의 부정적인 생활사건

4 외상 및 스트레스 장애 증상

신체증상		• 불면, 두통, 식욕변화, 만성피로, 면연력 저하, 근골격계 증상 등 • 호르몬 변화와 교감신경계 활성화로 심근허혈, 부정맥, 혈전형성 증가로 심혈관계 질환 발생
인지증상		• 기억력 손상, 집중력 저하, 반복되는 외상사건의 기억 • 인지 왜곡 • 외상 후 해리성 기억상실
정서증상	불안	• 플래시백으로 공포감, 불쾌감, 예민함, 짜증 등
	무력감	• 자신의 상황 비관, 무력 감 등
	죄책감	• 외상사건의 생존자인 경우 실존적인 죄책감을 느낌
행동증상	신뢰상실	• 주위에 대한 신뢰상실
	활동위축	• 평소 즐거워 했던 활동에 흥미 상실, 활동 위축
	고립, 소외	• 고립되거나 소외됨
	음주, 약물	• 음주량 늘거나 항정신성 약물에 탐닉함

2 외상, 스트레스 관련 장애 종류

1 반응성 애착장애

(1) 개념

개념	• 양육자와의 애착 외상으로 인하여 과도하게 위축, 억제된 대인관계 패턴을 보이는 장애 → 애착장애 종류 중 억제형임
진단	• 최소 9개월 이상 5세 이전 진단 • 심각한 방임에 노출되었던 아동의 10%에서만 진단됨 (흔하지 않음)

(2) 원인

• 주양육자에 의해 충족되는 기본적인 감정적 요구에 대한 지속적인 결핍임
 → 심각한 '사회적 방임' 및 애착기회 박탈

방임, 학대	• 위탁 가정이나 보육기관에서 심각한 '사회적 방임'에 노출되었던 어린 아동에게 발생함 → 진단적 필요요건임 • 부모의 이혼, 가정불화 등으로 학대 또는 방임상태로 양육된 경우
애착기회 박탈 (기회 X)	• 아동이 많고 보호자는 적은 보육기관에서 애착형성 기회가 없을때
주양육자 잦은 교체	• 보육가정 등에서 주 양육자의 잦은 교체로 애착형성 기회가 없을 때

(3) 증상

탈애착	• 대상관계 이론에서 아동은 부모의 학대 또는 무관심에 저항하다 실망과 좌절상태에 빠지고, 그 이후로는 애착의 노력을 중단함 • 탈애착 상태에서 어머니가 다시 돌아오더라도 분노감정, 다시 거부당할까봐 두려워함 → 양가감정, 무관심, 회피적인 반응을 보임
의지 X	• 보호자와 애착이 없거나 명백하게 미발달됨 → 안락, 지지, 보호, 돌봄을 위해 애착 대상에 의지(위안)하는 것이 거의 없거나 최소한임
반응 X	• 보호자와 일상적인 상호작용을 하는 동안 긍정적인 감정표현이 약하거나 아예 없음. 공포, 슬픔, 과민성 등 부정적 삽화를 보이기도 함

(4) 진단기준

반응성 애착장애 진단기준 (DSM-5-TR)

A. 성인 보호자에 대한 억제되고 감정적으로 위축된 행동의 일관된 양식이 다음의 2가지 모두로 나타난다.
  1. 아동은 정신적 고통을 받을 때 거의 안락을 찾지 않거나 최소한의 정도로만 안락을 찾음
  2. 아동은 정신적 고통을 받을 때 거의 안락에 대한 반응이 없거나 최소한의 정도로만 안락에 대해 반응함
B. 지속적인 사회적·감정적 장애가 다음 중 최소 2가지 이상으로 나타난다.
  1. 타인에 대한 최소한의 사회적·감정적 반응성
  2. 제한된 긍정적 정동
  3. 성인 보호자와 비위협적인 상호작용을 하는 동안에도 설명되지 않는 과민성, 슬픔 또는 무서움의 삽화
C. 아동이 불충분한 양육의 극단적인 양식을 경험했다는 것이 다음 중 최소 한 가지 이상에서 분명하게 드러난다.
  1. 성인 보호자에 의해 충족되는 안락과 자극, 애정 등의 기본적인 감정적 요구에 대한 지속적인 결핍이 사회적 방임 또는 박탈의 형태로 나타남
  2. 안정된 애착을 형성하는 기회를 제한하는 주 보호자의 반복적인 교체
     (예 위탁 보육에서의 잦은 교체)
  3. 선택적 애착을 형성하는 기회를 심각하게 제한하는 독특한 구조의 양육
     (예 아동이 많고 보호자가 적은 기관)
D. 진단기준 C의 양육이 진단기준 A의 장애 행동에 대한 원인이 되는 것으로 추정된다.
   (예 진단기준 A의 장애는 진단기준 C의 적절한 양육 결핍 후에 시작했다.)
E. 진단기준이 자폐스펙트럼장애를 만족하지 않는다.
F. 장애가 5세 이전에 시작된 것이 명백하다.
G. 아동의 발달 연령이 최소 9개월 이상이어야 한다.

표. 반응성 애착장애 사례

만 4세 배OO은 남아로 또래보다 마른 편이다. 엄마는 아이가 만 12개월 무렵 이혼하여 우울증에 빠져 술에 의지했던 엄마 따뜻한 눈마주침, 따뜻한 말을 해주지 못하였다.
아이는 엄마에게 매달리고 안아달라고 하지만 갑자기 손을 뿌리치고 때리는 등의 행동을 보인다고 하며, 엄마는 우울증과 직장 일로 아이를 제대로 돌보지 못하였고, 아빠와는 면접교섭을 하고 있지만, 아빠도 다정하지 않고 무뚝뚝한 편이며, 무서운 편이다.
엄마가 보기엔 아이가 인내심이 강한건지 넘어지고 다쳐도 "아파", "안아줘"라는 말을 잘 하지 않는다고 한다. 미용실에 머리를 자르러 갈때면 소리를 지르며 무섭다며 인상을 찌푸리며 과민성을 보인다. 어린이집에 다니고 있고, 어린이집에서 또래나 교사와 상호작용이 거의 없었고, 또래와의 관계도 서먹서먹하며 잔뜩 위축되어 있다. 놀란 토끼처럼 늘 경직되어 있고, 다가가서 말을 건네도 피하고 경계하는 모습을 보였다. 웃고 즐거워하는 모습도 잘 보이지 않고, 좋아도 덤덤하고 싫어도 덤덤한 감정상태를 보였다.

2 탈억제성 사회적 유대감 장애

(1) 개요

개념	• 양육자와의 애착 외상을 경험한 아동이 누구든지 낯선 성인에게 아무런 주저없이 과도한 친밀감을 표현하며 접근하는 경우임
증상	• 무분별한 사회성과 과도한 친밀감이 특징임
진단	• 최소 9개월 이상 아동, 12개월 증상 지속될 때 진단함 (흔하지 않음, 소수만 진단됨)
원인	• 반응성 애착장애와 동일함 (사회적 방임, 애착기회 박탈 등)
경과	• 시설양육 아동의 경우 2세~성인초기까지 증상이 나타날 수 있음

(2) 진단

탈억제성 사회적 유대감 장애 진단기준 (DSM-5-TR)

A. 아동이 낯선 성인에게 활발하게 접근하고 소통하면서 다음 중 2가지 이상으로 드러나는 행동 양식이 있다.
  1. 낯선 성인에게 접근하고 소통하는 데 주의가 약하거나 없음
  2. 과도하게 친숙한 언어적 또는 신체적 행동
     (문화적으로 허용되고 나이에 합당한 수준이 아님)
  3. 낯선 환경에서 성인 보호자와 모힘을 감행하는 데 있어 경계하는 정도가 떨어지거나 부재함
  4. 낯선 성인을 따라가는 데 있어 주저함이 적거나 없음
B. 진단기준 A의 행동은 (주의력결핍 과잉행동장애의) 충동성에 국한되지 않고, 사회적으로 탈억제된 행동을 포함한다.
C. 아동이 불충분한 양육의 극단적인 양식을 경험했다는 것이 다음 중 최소 한 가지 이상에서 분명하게 드러난다.
  1. 성인 보호자에 의해 충족되는 안락과 자극, 애정 등의 기본적인 감정적 요구에 대한 지속적인 결핍이 사회적 방임 또는 박탈의 형태로 나타남
  2. 안정된 애착을 형성하는 기회를 제한하는 주 보호자의 반복적인 교체
     (예 위탁 보육에서의 잦은 교체)
  3. 선택적 애착을 형성하는 기회를 심각하게 제한하는 독특한 구조의 양육
     (예 아동이 많고 보호자가 적은 기관)
D. 진단기준 C의 양육이 진단기준 A의 장애 행동에 대한 원인이 되는 것으로 추정된다.
  (예 진단기준 A의 장애는 진단기준 C의 적절한 양육 결핍 후에 시작했음)
E. 아동의 발달 연령이 최소 9개월 이상이어야 한다.

표. 탈억제성 사회적 유대감 사례

간호학과 3학년인 김OO 학생은 집근처 보육원에 간호봉사활동을 나갔다.
보육원에 들어가자마자 5살 남자아이가 팔을 번쩍 올리며 안아달라고 하며, 김OO 학생만 졸졸 따라다니며 방긋방긋 웃었다. 또한 김OO 학생의 무릎에 앉기도 하였다.

3 외상후 스트레스 장애 (PTSD) 17, 12 임용

(1) 외상후 스트레스-반응 단계 (호로위츠)

- 외상정보가 어떤 과정을 통해 인지적으로 처리되어 기존의 사고체계에 통합되는 지를 설명하는 이론임

표. 스트레스-반응 5단계

①	절규 단계	고통, 스트레스	• 심한 충격속에서 극심한 고통과 스트레스를 느낌
		인지체계 수용 X	• 외상사건을 기존의 기억체계에 통합하려고 시도하나, 인지체계에 수용되지 않고 정보 과부하에 시달리고 인지체계에 수용되지 않아 심한 고통과 불안을 겪음
②	회피 단계	모든 자극 회피	• 외상경험을 떠올리는 모든 자극을 회피하려 할 뿐 아니라 외상사건을 기억하지 못함 → 외상사건과 관련된 사람, 장소, 유사자극까지 피하게 됨
		방어기전 사용	• 부정, 억압 등의 방어기전 사용
③	동요 단계	침습증상	• 외상기억이 수시로 의식에 침습되어 플래시백, 악몽 등의 침습적 재경험을 함
④	전이 단계	인지적 처리	• 외상정도가 조금씩 인지적으로 처리되면서 기존 기억과 신념체계와의 통합되는 과정이 일어남
⑤	통합 단계	신념체계 통합	• 외상경험의 의미가 충분히 탐색되어 기존의 신념체계에 통합됨

(2) 박살간 가정이론 (야노프-불만)

- 인지적 이론의 일종으로 외상 스트레스 장애를 경험하는 사람들의 '신념특성'에 주목함
  → PTSD의 원인을 '신념체계' 파괴로 봄

표. 3가지 기본적 신념

①	세상의 우호성에 대한 신념	• "세상은 안전한 곳이다.", "사람들은 따뜻하고 우호적이다."
②	세상의 합리성에 대한 신념	• "세상은 합리적으로 움직이는 공정한 곳이다.", "모든 일은 이해 가능할 뿐만 아니라 예측가능하다."
③	자신의 가치에 대한 신념	• "나는 소중한 존재이다.", "나는 무가치하게 희생되지 않을 것이다."

신념체계	• 외상체계는 '신념체계'를 파괴함으로써 외상 후 스트레스 장애를 일으킴 • 외상경험은 이러한 신념과 정면으로 배치되는 것으로서 그 근간을 흔들어 파괴함으로써 심각한 혼란과 무기력함을 유발함
긍정적 신념	• 긍정적 신념을 가진 경우 PTSD가 더 심하게 옴

(3) 외상후 스트레스 장애 개념과 주요증상

① 개념과 특징

개념	• 충격적인 외상사건을 경험한 이후에 1개월 이상 지속되는 '재경험'증상과 '회피'증상으로 일상생활에 지장을 주는 장애임	
특징	아동	• 아동이 외상사건에 경험하면 PTSD로 진행될 확률이 높음 • 아동은 악몽이나 놀이로 재경험하며, 공포반응을 보이지 않을 수 있음
	자살	• 자살사고, 자살시도, 자살에 따른 사망 가능성 높음
	동반질환	• 우울장애, 양극성장애, 불안장애, 물질사용장애 동반 확률 높음 → 최소 1가지 이상 다른 정신질환을 동반함
경과	• 증상과 증상의 기간은 개인마다 다양함 • 대게 반 정도의 성인은 3개월 내 회복, 1년 이상, 때로는 50년 이상 지속되기도 함	

표. 외상사건의 주요 범주

천재지변	• 지진, 홍수, 태풍, 폭풍 등 자연재해
인재	• 자동차 사고, 산업재해, 비행기 사고 등 인재(human made disaster)
의도적 재난	• 전쟁, 강간, 치사, 폭행, 강도와 신체적, 심리적 학대 등

② 주요증상

• PTSD는 재경험, 회피, 인지와 기분의 부정적 변화, 각성과 반응성의 뚜렷한 변화의 증상을 보임

㉠ 재경험 (진단기준 B)

• 침습증상으로 외상사건과 관련된 기억이나 감정이 자꾸 의식에 침투하여 재경험하는 것임
  → 사건과 관련하여 원치 않는 회상 (외상 사건의 반복적, 불수의적, 침습적인 고통스러운 기억)

악몽(꿈)	• 대게 외상 기억이 꿈인 악몽으로 나타남
플래시백 23 임용	• 플래시백(flashback)은 과거 외상사건이 현재 실제로 생생하게 다시 겪고 있는 듯한 재현경험임 〈 해리증상이 심할수록 플래시백이 나타나는 이유 〉 • 해리는 기억과 연결된 생각, 감정, 감각, 행동을 분리시키는 현상으로 외상적 기억과 감정을 차단함 (심할 경우 이인증, 비현실증이 나타남) → 즉, 해리가 심할수록 기억이 통합되지 못한채 조각난 채 남아있다가, 특정순간에 갑자기 튀어나오면서 플래시백이 증가함 예 전쟁 참전 경험이 있는 군인이 전쟁 기억을 하지 못함 (해리) → 이후 폭죽 소리를 듣자마자, 전장 상황이 생생히 재현됨 (플래시백)
극심한 심리적 고통 과도한 생리적 반응	• 사건을 떠오르는 단서에 노출시 극심한 노출 시 심리적 고통 또는 생리적 반응을 보임

ⓒ 회피 (진단기준 C) 25 임용
- 외상 사건의 재경험이 매우 고통스럽기에 외상사건과 관련된 자극을 회피함
- 고통스러운 외상경험을 떠올릴수 있는 모든 자극이나 단서를 회피하려고 노력함

> - 사건과 관련된 사람, 장소, 대화, 활동, 대상, 상황 등을 모두 회피함

ⓒ 인지와 감정의 부정적 변화 (진단기준 D)

사건관련 기억상실	• 사건관련 기억상실로 인한 무능력 경험
인지삼제 (부정적 신념)	• 자신, 세상, 타인에 대한 과도한 부정적 신념
왜곡된 인지	• 외상사건의 원인이나 결과를 왜곡하여 받아들임
부정적 감정상태	• 공포, 경악, 화, 죄책감 또는 수치심)
거리감, 소외감	• 다른사람에게서 거리감과 소외감을 느낌
긍정적 감정경험 X	• 긍정적 감정(행복, 만족, 사랑)을 경험할 수 없는 지속적인 무능력 경험

ⓔ 각성과 반응성의 뚜렷한 변화 (진단기준 E)

과각성	• 늘 과민, 사소한 자극에도 크게 놀라는 반응, 분노폭발 등
수면교란	• 잠을 잘 이루지 못하거나 쉽게 잘 때는 등 수면교란

(4) 외상후 스트레스 장애 치료

① **인지행동치료**
- 외상사건의 회상을 동반하는 정서적 반응을 관리하기 위해 인지행동치료를 함

지속적 노출치료	• 반복적 노출을 통해 외상에 대한 공포 둔감화로 회피행동 감소, 외상관련된 인지 왜곡 수정, 부정적인 면의 강화 감소, 외상과 관련된 기억에 대한 왜곡 감소 등
안구운동 민감소실 및 재처리법	• 외상과 관련된 부정적인 기억을 줄이는 치료법으로, 외상기억에 대해 긍정적인 재처리와 통합을 시켜, 불안(증상)을 완화함
이완요법	• 이완요법을 적용하면 외상 상황에 대한 강박적 반추를 조절하는 데 도움이 됨
적응적 노출	**개념** • 노출치료 + 게슈탈트 빈의자기법 • 외상과 관련된 상황이나 기억에 반복적으로 노출하는 것 뿐 아니라 내면적 갈등을 탐색하고 감정을 표현하도록 함
	효과 • 외상사건에 대한 회피 감소, 외상으로 인한 왜곡된 감정과 신념을 정리하고 치유 → 외상경험을 보다 능동적이고 현실적인 방식으로 재해석함
	〈 사례. 성폭력 사건 대상자의 치료 〉 • 노출치료 : 외상경험과 관련된 감각(냄새, 장소 등)에 점진적으로 노출하거나 상상노출로 외상기억을 떠올리고 이야기 함 • 빈의자기법 : 가해자를 빈 의자에 앉혀놓고, 그때 하지 못했던 말들을 하며, 감정을 표출함
인지처리치료	**전제** • PTSD 대상자는 외상경험을 왜곡된 방식으로 해석하고, 부정적 신념을 강화하는 경향이 있음
	개념 • 외상과 관련된 부정적인 사고(인지왜곡, 부정적신념)을 인식하고 수정하는데 초점을 둠 • 오류가 있거나 일상생활을 방해하는 잘못된 믿음을 바꾸는데 초점을 둔 치료법으로 자신의 가장 심한 외상적 경험의 세부사항을 기록하고 읽는 것을 통해 노출을 진행함
	목표 • 외상과 관련된 비합리적인 신념을 인식하며, 외상경험을 보다 현실적이고 균형적인 시작으로 재해석하여 적응적인 삶 형성하기
	〈 사례. 교통사고로 인한 PTSD 〉 (이전 사고) "그건 내 잘못이었어. 난 내친구랑 같이 죽었어야 했어." → (새로운 사고) "사고는 예측할 수 없는 일이고, 내 잘못이 아니야."
경과	• 시설양육 아동의 경우 2세~성인초기까지 증상이 나타날 수 있음

② **약물치료**
- SSRI, SNRI 항우울제가 가장 효과적
- 2세대 항정신병약물(예 리스페리돈 등)을 사용함

(5) 진단기준 16, 12 임용

외상후 스트레스 장애 진단기준 (DSM-5-TR) 16, 12 임용

A. 실제적이거나 위협적인 죽음, 심각한 부상, 또는 성폭력에의 노출이 다음과 같은 방식 가운데 한가지(또는 그 이상)에서 나타난다.
  1. 외상성 사건(들)에 대한 직접적인 경험
  2. 그 사건(들)이 다른 사람들에게 일어난 것을 생생하게 목격함
  3. 외상성 사건(들)이 가족, 가까운 친척 또는 친한 친구에게 일어난 것을 알게 됨
     가족, 친척 또는 친구에게 생긴 실제적이거나 위협적인 죽음은 그사건(들)이 폭력적이거나 돌발적으로 발생한 것이어야만 한다.
  4. 외상성 사건(들)의 혐오스러운 세부 사항에 대한 반복적이거나 지나친 노출의 경험
     (예 변사체 처리의 최초 대처자, 아동 학대의 세부 사항에 반복적으로 노출된 경찰관)
  주의점: 진단기준 A4는 노출이 일과 관계된 것이 아닌 한 전자미디어, 텔레비전, 영화 또는 사진을 통해 노출된 경우는 적용되지 않는다.

B. 외상성 사건(들)이 일어난 후에 시작된, 외상성 사건(들)과 관련이 있는 침습 증상의 존재가 다음 중 한 가지 (또는 그 이상)에서 나타난다.
  1. 외상성 사건(들)의 반복적, 불수의적이고, 침습적인 고통스러운 기억
  주의점: 6세를 넘은 아동에서는 외상적 사건(들)의 주제 또는 양상이 표현되는 반복적인 놀이로 나타날 수 있다.
        6세 이하의 아동은 놀이를 통한 재현으로 나타날 수 있다.
  2. 꿈의 내용과 정동이 외상성 사건(들)과 관련되는 반복적으로 나타나는 고통스러운 꿈
     주의점: 아동에서는 내용을 알 수 없는 악몽으로 나타나기도 한다.
     6세 이하의 아동은 꿈의 무서운 내용이 외상성 사건과 관련이 있는지 없는지 확신하는 것이 가능하지 않을 수 잇따.
  3. 외상성 사건(들)이 재생되는 것처럼 그 개인이 느끼고 행동하게 되는 해리성 반응(예 플래시백)
     주의점: 아동에서는 외상의 특정한 재현이 놀이로 나타날 수 있다.
  4. 외상성 사건(들)을 상징하거나 닮은 내부 또는 외부의 단서에 노출되었을 때 나타나는 극심하거나 장기적인 심리적 고통
  5. 외상성 사건(들)을 상징하거나 닮은 내부 또는 외부의 단서에 대한 뚜렷한 생리적 반응

C. 외상성 사건이 일어난 후에 시작된, 외상성 사건과 관련이 있는 자극에 대한 지속적인 회피가 다음 중 한 가지 또는 2가지 모두에서 명백하다.
  1. 외상성 사건에 대한 또는 밀접한 관련이 있는 고통스러운 기억, 생각 또는 감정을 회피 또는 회피하려는 노력
  2. 외상성 사건(들)에 대한 또는 밀접한 관련이 있는 고통스러운 기억, 생각 또는 감정을 불러일으키는 외부적 암시(사람, 장소, 대화, 행동, 사물, 상황)를 회피 또는 회피하려는 노력

D. 외상성 사건이 일어난 후에 시작되거나 악화된, 외상성 사건(들)과 관련이 있는 인지와 감정의 부정적 변화가 다음 중 2가지(또는 그 이상)에서 나타난다.
  1. 외상성 사건의 중요한 부분을 기억할 수 없는 무능력
     (두부 외상, 알코올 또는 약물 등의 이유가 아니며 전형적으로 해리성 기억상실에 기인)
  2. 자신, 다른 사람 또는 세계에 대한 지속적이고 과장된 부정적인 믿음 또는 예상
     (예 "세상은 나쁘다.", "누구도 믿을 수 없다", "이세상은 전적으로 위험하다."
     "나의 전체 신경계는 영구적으로 파괴되었다.")

3. 외상성 사건(들)의 원인 또는 결과에 대하여 지속적으로 왜곡된 인지를 하여 자신 또는 다른 사람을 비난함
4. 지속적으로 부정적인 감정상태(예 공포, 경악, 화, 죄책감 또는 수치심)
5. 주요 활동에 대해 현저하게 저하된 흥미 또는 참여
6. 다른 사람과의 사이가 멀어지거나 소원해지는 느낌
7. 긍정적 감정을 경험할 수 없는 지속적인 무능력
   (예 행복, 만족 또는 사랑의 느낌을 경험할 수 없는 무능력)

E. 외상성 사건(들)이 일어난 후에 시작되거나 악화된, 외상성 사건(들)과 관련이 있는 각성과 반응성의 뚜렷한 변화가 다음 중 2가지(또는 그 이상)에서 현저하다.
   1. 전형적으로 사람 또는 사물에 대한 언어적 또는 신체적 공격성으로 표현되는 민감한 행동과 분노폭발
   2. 무모하거나 자기파괴적 행동
   3. 과각성
   4. 과장된 놀람 반응
   5. 집중력의 문제
   6. 수면 교란 (예 수면을 취하거나 유지하는 데 어려움 또는 불안정한 수면)

F. 장애(진단기준 B, C, D E)의 기간이 1개월 이상이어야 한다.
G. 장애가 사회적, 직업적, 또는 다른 중요한 기능 영역에서 임상적으로 현저한 고통이나 손상을 초래한다.
H. 장애가 물질의 생리적 효과나 다른 의학적 상태로 인한 것이 아니다.

다음 중 하나를 명시할 것
1. 이인증: 스스로의 정신 과정 또는 신체로부터 떨어져서 마치 외부 관찰자가 된 것 같은 지속적 또는 반복적 경험(예 꿈속에 있는 느낌, 자신 또는 신체의 비현실감 또는 시간이 느리게 가는 감각을 느낌)
2. 비현실감: 주위 환경의 비현실성에 대한 지속적 또는 반복적 경험(예 개인을 둘러싼 세계를 비현실적, 꿈속에 있는 듯한, 멀리 떨어져 있는, 또는 왜곡된 것처럼 경험)

표. 외상후 스트레스 장애 사례 17, 12 임용

⟨ 17세 최○○ 여학생 보건 상담기록부⟩ 17 임용
8개월 전에 등교 중 횡단보도를 건너다가 교통사고를 당하였다고 함. 사고 당시 의식을 잃지는 않았으나, 여러 신체부위에 골절을 당하여 응급 수술을 받았다고 함. 이후 교통사고가 일어나는 끔찍한 꿈을 반복적으로 꾸어 괴롭다고 함. 학교 버스 타는 것을 피하게 되고, 횡단보도 앞에서 갑자기 극심한 두려움을 느꼈다고 함. 그리고 친구들이 교통사고에 대해 물어보면 대화를 피하게 되고, TV에서 교통사고 장면이 나오면 자신의 사고 장면이 떠올라 TV를 꺼야 한다고 함

방○○양은 11세로 2개월 전 성폭행을 당하였고, 경찰관에 발견되어 곧바로 가까운 응급실로 후송되었다고 한다. 당시 방○○양은 엄마를 알아보지 못하였고, 가쁜 숨을 몰아쉬었으며, 안절부절 못하였다고 한다. 또한 경찰관이 다가가자 화들짝 놀라며 구석으로 도망쳐 아빠가 불러도 나오지 않았다고 한다. 12 임용

4 급성스트레스 장애

(1) 개념
- 외상사건을 경험한 이후에 3일에서 1개월 이내로 나타나는 '재경험' 증상과 '회피' 증상으로 일상생활에 지장을 주는 장애임

(2) 주요증상
- 외상후 스트레스 장애와 재경험, 회피증상, 과각성, 수면교란은 비슷하나 부정적 기분과 해리증상이 특징적임

부정적 기분	• 긍정적 감정(행복, 만족, 사랑)을 경험할 수 없는 지속적인 무능력 경험	
해리증상	• 해리는 기억과 연결된 생각, 감정, 감각, 행동을 분리시키는 현상으로 외상적 기억과 감정을 차단함 → 강력한 외상에 노출되었을 때 일시적으로 자신을 보호하기 위한 기능임 → 점차 현실을 수용함에 따라 해리증상도 해소되면서 증상도 완화됨	
	현실감 변화	• 이인증, 비현실감
	기억상실	• 해리성 기억상실 (사건과 관련된 기억상실)

(3) 진단기준

급성스트레스 장애 진단기준 (DSM-5-TR)

A. 실제적이거나 위협적인 죽음, 심각한 부상, 또는 성폭력에의 노출이 다음과 같은 방식 가운데 한 가지(또는 그이상)에서 나타난다.
  1. 외상성 사건(들)에 대한 직접적인 경험
  2. 그 사건(들)이 다른 사람들에게 일어난 것을 생생하게 목격함
  3. 외상성 사건(들)이 가족, 가까운 친척 또는 친한 친구에게 일어난 것을 알게 됨
  4. 외상성 사건(들)의 혐오스러운 세부 사항에 대한 반복적이거나 지나친 노출의 경험
      (예 변사체 처리의 최초 대처자, 아동 학대의 세부 사항에 반복적으로 노출된 경찰관)
  주의점: 진단기준 A4는 노출이 일과 관계된 것이 아닌 한, 전자미디어, 텔레비전, 영화 또는 사진을 통해 노출된 경우는 적용되지 않는다.

B. 외상성 사건이 일어난 후에 시작되거나 악화된 침습, 부정적 기분, 해리, 회피와 각성의 5개의 범주 중에서 어디서라도 다음 증상 중 9가지(또는 그 이상)에서 존재한다.

침습 증상
1. 외상성 사건(들)의 반복적 불수의적이고, 침습적인 고통스러운 기억
    주의점: 아동에서는 외상성 사건(들)의 주제 또는 양상이 표현되는 반복적인 놀이가 나타날 수 있다.
2. 꿈의 내용 및/또는 정동이 외상성 사건(들)과 관련되는 반복적으로 나타나는 고통스러운 꿈
    주의점: 아동에서는 내용을 알 수 없는 악몽으로 나타나기도 한다.
3. 외상성 사건(들)이 재생되는 것처럼 그 개인이 느끼고 행동하게 되는 해리성 반응(예 플래시백)
    (그러한 반응은 연속선상에서 나타나며, 가장극한 표현은 현재 주변상황에 대한 인식의 완전한 소실일수 있음)
    주의점: 아동에서는 외상의 특정한 재현이 놀이로 나타날 수 있다.
4. 외상성 사건(들)을 상징하거나 닮은 내부 또는 외부의 단서에 노출되었을 때 나타나는 극심하거나

장기적인 심리적 고통 또는 현저한 생리적 반응

부정적 기분
5. 긍정적 감정을 경험할 수 없는 지속적인 무능력
   (예 행복, 만족 또는 사랑의 느낌을 경험할 수 없는 무능력)

해리 증상
6. 주위 환경 또는 자기 자신에의 현실에 대한 변화된 감각
   (예 스스로를 다른 사람의 시각에서 관찰, 혼란스러운 상태에 있는 것, 시간이 느리게 가는 것)
7. 외상성 사건(들)의 중요한 부분을 기억하는 데의 장애(두부 외상, 알코올 또는 약물 등의 이유가 아니며 전형적으로 해리성 기억상실에 기인)

회피 증상
8. 외상성 사건(들)에 대한 또는 밀접한 관련이 있는 고통스러운 기억, 생각 또는 감점을 회피하려는 노력
9. 외상성 사건(들)에 대한 또는 밀접한 관련이 있는 고통스러운 기억, 생각 또는 감정을 불러일으키는 외부적 암시(사람, 장소, 대화, 행동, 사물, 상황)를 회피하려는 노력

각성 증상
10. 수면 교란 (예 수면을 취하거나 유지하는 데 어려움 또는 불안한 수면)
11. 전형적으로 사람 또는 사물에 대한 언어적 또는 신체적 공격성으로 표현되는 민감한 행동과 분노폭발(자극이 거의 없거나 아예 없이)
12. 과각성
13. 집중력의 문제
14. 과장된 놀람 반응

C. 장애(진단기준 B의 증상)의 기간은 외상 노출 후 3일에서 1개월까지다.
   주의점: 증상은 전형적으로 외상 후 즉시 시작하지만, 장애 기준을 만족하려면 최소 3일에서 1개월까지 증상이 지속되어야 한다.
D. 장애가 사회적, 직업적, 또는 다른 중요한 기능 영역에서 임상적으로 현저한 고통이나 손상을 초래한다.
E. 장애가 물질(예 치료약물이나 알코올)의 생리적 효과나 다른 의학적 상태로 인한 것이 아니며 단기 정신병적 장애로 더 잘 설명되지 않는다.

표. 급성스트레스 장애 사례

3주 전 10대 후반의 심OO 여자 청소년이 남자친구의 오토바이를 함께 타고 가다 자동자에 부딪혀 남자친구는 사망하고, 자신은 가벼운 찰과성을 입게 되었다.
그녀는 2주만에 병원에서 퇴원했으나 사고가 반복되는 악몽과 두통, 사고가 생생히 반복되는 듯한 고통스러운 기억, 도로에 다니는 자동차와 오토바이만 보면 심장이 쿵하고 내려앉을 정도의 놀람과 극심한 심리적 고통을 느꼈다.
학교를 가야하지만 자동차와 오토바이를 보고싶지 않아 집밖에 나올수 가 없었고, 겨우 학교에 가는 날에도 수업에 전혀 집중을 하지 못하였고, 불안증세로 하루에 2시간밖에 자지 못하였다.

5 적응장애

(1) 적응장애 개요

개념	• 일상생활에서 누구나 겪을 수 있는 생활사건(스트레스 요인)에 대한 적응실패로 나타나는 감정적 또는 행동적 증상임
	cf. 외상후 스트레스 장애 : 극심한 충격적인 스트레스 요인

스트레스 요인	성인	• 이사, 부부싸움, 결혼, 연인과 이별, 금전문제, 취업, 군입대, 인간관계, 질병 등
	아동·청소년	• 전학, 학업, 친구문제, 질병 등

진단기간	• 스트레스 요인이 발생한 시점에서 3개월 이내에 시작, 6개월 후에는 적응에 성공하거나, 증상이 지속될 경우 다른 진단이 내려짐

부적응 증상	우울	• 우울증상으로 저하된 기분, 죄책감, 절망감 등
	불안	• 불안증상으로 신경과민, 걱정, 안절부절 못함 또는 분리불안
	아동	• 아동은 신체적은 증상이 자주 나타남
	청소년	• 청소년의 경우 비행행동(예 무단결석, 거짓말, 폭행 등)이 남

원인	어린시절외상	• 어린시절의 외상이 의존성을 증가, 자아발전 지연, 스트레스에 대한 대처전략 개발 하지 못함
	역기능적 애도과정	• 부정 또는 분노단계에 머물러 적응장애를 일으킴
	생애초기 양육과정	• 생애초기 유아기때 유아의 욕구를 충분히 충족·지지 → 삶에서 겪게 될 좌절을 인내할 수 있는 능력과 회복탄력성을 길러줌 • 생애초기 유아 욕구 충족 X → 부적응 반응

(2) 진단기준

적응장애 진단기준 (DSM-5-TR)

A. 인식 가능한 스트레스 요인에 대한 반응으로 감정적 또는 행동적 증상이 스트레스 요인(들)이 시작한 지 3개월 이내에 발달
B. 이러한 증상 또는 행동은 임상적으로 현저하며, 다음 중 한 가지 또는 모두에서 명백하다.
   1. 증상의 심각도와 발현에 영향을 미치는 외적 맥락과 문화적 요인을 고려할 때 스트레스 요인의 심각도 또는 강도와 균형이 맞지 않는 현저한 고통
   2. 사회적, 직업적, 또는 다른 중요한 기능 영역에서 현저한 손상
C. 스트레스와 관련된 장애는 다른 정신질환의 기준을 만족하지 않으며 이미 존재하는 정신질환의 단순한 악화가 아니다.
D. 증상은 정상 애도 반응을 나타내는 것이 아니며 지속적 비탄장애로 더 잘 설명되지 않는다.
E. 스트레스 요인 또는 그 결과가 종료된 후에 증상이 추가 6개월 이상 지속하지 않는다.

다음 중 하나를 명시할 것
- 우울 기분 동반: 저하된 기분, 눈물이 남 또는 무망감(절망적인 감정)이 두드러진다.
- 불안 동반: 신경과민, 걱정, 안절부절 못함 또는 분리불안이 두드러진다.
- 불안 및 우울기분 함께 동반: 우울과 불안의 조합이 두드러진다.
- 품행장애 동반: 품행의 장애가 두드러진다.
- 정서 및 품행 함께 동반: 정서증상(예 우울, 불안)과 품행의 장애가 모두 두드러진다.
- 명시되지 않는 경우: 적응장애의 특정한 아형의 하나로 분류할 수 없는 부적응 반응이 있다.

다음의 경우 명시 할 것
- 급성: 이 명시자는 증상의 지속이 6개월 미만일 경우 사용될 수 있다.
- 지속성(만성): 이 명시자는 증상의 지속이 6개월 이상인 경우 사용 될 수 있따.

표. 적응장애 사례

초등학교 6학년인 최OO은 중학교 진학을 앞두고 온가족이 이사하여 전학을 오게 되었다.
새 학교에서 수업시간에 집중을 하지 못하고, 새로운 친구들도 잘 사귀지 못하였다.
밤마다 예전 친구들이 보고싶다고 울기도 하고, 슬퍼하며 학교에 다니기 싫다고 말하였다.
아침마다 학교에 가기 싫다고 하면서 "배가 아프다. 머리가 아프다."며 학교가기를 거부하며 성적도 떨어지고, 부적응 증상을 보였다.

30대 중반인 김OO은 연봉도 높고, 집이랑도 가까워서 새로운 직장으로 이직하였다.
새로운 직장에서의 팀장은 김OO에게 온화하고, 일도 잘 가르쳐주었지만, 김OO은 본인의 능력을 보여, 실적을 채워야 한다는 압박감에 일요일밤부터 머리가 아프고, 안절부절하며, 이번주는 어떤 일들이 펼쳐질까 과도한 걱정으로 날을 지새우기도 하였다.
새로운 직장에서 동료들과도 친하게 지내지 못해 점심시간에는 늘 혼자 점심을 먹는 경우가 많았고, 직장에서 혼자 지내는 시간이 많아졌다.
점점 회사에 가기 싫다는 생각이 들었고, 괜히 직장을 이직했나 하는 생각에 우울감에 빠지기도 하였다.

Part 19 해리장애

① 해리 장애 개념 및 증상

1 개념
- 해리장애는 의식, 기억, 정체성, 감정, 지각, 신체상, 운동통제, 행동의 정상적인 통합의 단절, 붕괴, 비연속성이 특징임

2 증상

정서적 측면	• 정체성 상실의 느낌, 자신으로부터 소외감 및 고립감, 불안정감, 열등감, 두려움, 내적 영속성의 결핍, 즐거움으로 성취감을 얻을 수 없음 등
지각적 측면	• 비현실감, 이인증, 꿈같은 느낌, 자신을 타인과 구별하기 힘듦, 현실감각 상실, 외부세계에 대한 감각장애, 환청과 환시, 신체상 장애 등
인지적 측면	• 기억장애, 판단력 손상, 왜곡된 사고, 혼돈, 지남력장애, 한 사람내에 분리된 성격이 존재 등
행동적 측면	• 정서둔마, 사회적 위축, 감정적인 수동성과 무반응성, 일치하지 않거나 특이한 의사소통, 자발성과 활기부족, 충동조절의 상실, 주도성과 의사결정능력의 상실, 사회적 위축 등

3 원인

정신사회적 원인	• 다양한 외상적 경험 후에 나타남 → 급격한 심리적 충격에 대한 방어기전임 • 해리증상으로 외부의 자극을 차단하여 자신을 보호하고, 내적 갈등을 해소함 (무의식) 예 전쟁, 질병, 재난, 이혼, 배우자 사망 등 • 해리증상으로 일차이득 (불안을 회피), 이차이득(증상으로 인해 역할을 피할수 있음 등)
생물학적 원인	• 변연계 이상 (편도와 해마(기억저장 X)의 이상) • 세로토닌 감소 (감정조절과 스트레스 대응 X)
가족환경적 원인	• 아동기의 신체적·성적 학대 경험 후 해리성 정체감 장애가 나타남

② 해리장애 종류

① 해리성 정체성 장애

(1) 개요

종류	이중인격	• 고육의 인격과 하나의 변화된 인격들이 서로 교대되는 것
	다중인격	• 고유의 인격과 두 가지 이상의 변화된 인격들이 서로 교대되는 것
역학		• 거의 모든 연령에서 나타날 수 있음 • 여자 > 남자
경과		• 예후가 좋지 않고, 심각하고 병전 상태로 회복되지 않을수 있음
자살		• 자살행동이 빈번(70% 이상이 자살시도함)
동반질환		• 우울, 불안, 물질남용, 비자살적 자해 등이 흔함
사례		• 지킬박사와 하이드씨

(2) 진단기준

해리성 정체성 장애 진단기준 (DSM-5-TR)
A. 둘 또는 그이상의 별개의 성격 상태로 특징되는 정체성의 붕괴로, 어떤 문화권에서는 빙의경험으로 설명된다. 정체성의 붕괴는 자기감각과 행위 주체감에 현저한 비연속성을 포함하는데, 관련된 변화가 정동, 행동, 의식, 기억, 지각, 인지, 그리고/또는 감각-운동 기능에 동반된다. 이러한 징후와 증상들은 다른 사람들의 관찰이나 개인의 보고에 의해 알 수 있다. B. 매일의 사건이나 중요한 개인적 정보, 그리고/또는 외상적 사건의 회상에 반복적인 공백으로 통상적인 망각과는 일치하지 않는다. C. 증상은 사회적, 직업적, 또는 다른 중요한 기능 영역에서 임상적으로 현저한 고통이나 손상을 초래한다. D. 장애는 널리 받아들여지는 문화나 종교적 관례의 정상적인 요소가 아니다. E. 증상은 물질의 생리적 효과(예 알코올 중독 상태에서의 일시적 기억상실 또는 혼돈된 행동)나 다른 의학적 상태(예 복합부분발작)로 인한 것이 아니다.

(3) 증상

진단기준 A	• 그들 '자신의 말과 행동'에 대해 이인화된 관찰자가 된것 같은 느낌 등 • 자아이질적이고 당혹스러운 느낌 • 신체가 다르게 느껴질수 있고, 자기감각과 주체감의 변화는 태도, 감정, 행동이 '나의 것이 아닌' 또는 '나의 통제에서 벗어난' 느낌을 받음 예 아기목소리, 환청, 환각, 개인적 선호가 바뀜(음식, 활동, 젠더 등)
진단기준 B	• 개인의 생활사건에서의 어떤 측면에서의 공백(출산, 학교 경험 등) • 최근의 사건이나 잘 학습된 기술에 대한 기억의 퇴보(예 컴퓨터, 운전 등) • 한번도 소유한 기억이 없는 소지품의 발견, 여행에 대한 기억상실이 있는 해리성 둔주 등

2 해리성 기억상실

(1) 개념 및 특징

기억회상의 장애	• 뇌의 기절적 손상없이 기억에 저장되었던 개인의 중요한 사항에 대한 '기억회상'의 장애임
가역성 장애	• 갑작스럽게 나타나고 대부분 일시적으로 지속되다 갑자기 회복되는 경우가 많음(가역성)
합병증, 재발 없음	• 합병증이나 재발이 거의 없음

(2) 기억상실 종류

국소적 기억상실	• 국한된 기간동안 일어났던 사건을 회상하지 못함 • 기억 상실이 특정 기간(보통 충격적인 사건을 둘러싼 사건)으로 제한되는 경우임 • 해리성 기억상실 중 가장 흔함 예 "교통사고를 당했는데, 그날 일은 기억이 전혀 안 나!" 예 어린시절 부모로부터 학대당한 것만 기억이 나지 않는 경우
선택적 기억상실	• 국한된 기간동안 일어났던 사건들 전체의 회상은 불가능하지만, 일부분의 회상은 가능함 예 가족의 교통사고로 장례를 치루고, 사고가 났다는 것은 기억하지만, 사고순간과 가족이 사망한 장면은 기억하지 못함
체계적(체계화된) 기억상실	• 모든 기억 중 특정한 범주의 중요한 정보에 대한 기억을 상실함 (학교, 형제 등) 예 "내 부모님에 대해서만 전혀 기억나지 않아." (부모에게 학대당한 경우)
전반적 기억상실	• 개인이 자신의 전체 생활사에 대한 기억을 전부 잃어버림 예 "나는 누구지? 내 가족은 누구야? 내 집은 어디일까? 나는 어떤 직업을 가졌었지?"
지속성 기억상실	• 사건이후부터 현재까지의 일을 기억하지 못하고, 각각의 새로운 사건에 대한 기억이 생기는 대로 잊어버림

(3) 진단기준

해리성 기억상실 진단기준 (DSM-5-TR)

A. 통상적인 망각과는 일치하지 않는, 보통 외상성 또는 스트레스성의 중요한 자전적 정보를 회상하는 능력의 상실이다.
　주의점: 해리성 기억상실에는 주로 특별한 사건이나 사건들에 대한 국소적 또는 선택적 기억상실이 있다. 또한 정체성과 생활사에 대한 전반적 기억상실도 있다.
B. 증상은 사회적, 직업적, 또는 다른 중요한 기능 영역에서 임상적으로 현저한 고통이나 손상을 초래한다.
C. 장애는 물질의 생리적 효과나 신경학적 상태 또는 기타 의학적 상태로 인한 것이 아니다.
D. 장애는 해리성 정체성 장애, 외상후 스트레스 장애, 급성 스트레스 장애, 신체증상장애, 주요 또는 경도 신경인지장애로 더 잘 설명되지 않는다.

다음의 경우 명시할 것
- 해리성 둔주 동반: 정체성 또는 다른 중요한 자전적 정보에 대한 기억상실과 연관된 외관상으로는 목적이 있어 보이는 여행 또는 어리둥절한 방랑

| 표. 해리성 기억상실 사례 |

대학교 3학년인 22세 김OO은 보트사고로 병원에 입원하였다.
김OO은 8월 4일인데 8월 1일이라고 틀리게 답한다. 8월 1일 주말에 바닷가에 보트를 타러 갔다가 악천후를 만났던 사실을 떠올린다. 그후 있었던 사건을 기억하지 못하고 친구들이 어떻게 되었는지 알지 못한다. 자신이 병원에 있다는 사실을 반복해서 확인하곤 한다.
김OO은 두부외상과 탈수의 증거가 없고, 서울 소재의 대학에 다니고 평균 A이상의 학점을 유지하고 있다는 기억을 회상했고, 이전의 정신과적인 병력은 없고 약물 또는 알코올을 남용했던 적도 없다고 말한다.

3 이인성/비현실감 장애

이인성/비현실감 장애 진단기준 (DSM-5-TR)

A. 이인증, 비현실감 또는 2가지 모두에 대한 지속적이고 반복적인 경험의 존재
  1. 이인증: 비현실감, 분리감 또는 자신의 사고, 느낌, 감각, 신체나 행동에 관하여 외부의 관찰자가 되는 경험 (예 인지적 변화, 왜곡된 시간 감각, 비현실적이거나 결핍된 자기, 감정적 및/또는 신체적 마비)
  2. 비현실감: 비현실적이거나 자신의 주변 환경과 분리된 것 같은 경험
     (예 개인 또는 사물이 비현실적이거나, 꿈속에 있는 것 같거나, 안개가 낀 것 같거나, 죽을 것 같거나, 시각적으로 왜곡된 것 같은 경험)
B. 이인증이나 비현실감을 경험하는 중에 현실검증력은 본래대로 유지된다.
C. 증상은 사회적, 직업적, 또는 다른 중요한 기능 영역에서 임상적으로 현저한 고통이나 손상을 초래한다.
D. 장애는 물질(예 남용약물, 치료약물)의 생리적 효과나 다른 의학적 상태(예 발작)로 인한 것이 아니다.

Part 20. 신체증상 및 관련장애 25, 20, 17, 12 임용

① 신체증상 및 관련장애 개요

1 원인

심리적 원인	감정의 내재화 방어기전 '신체화'	• 스트레스·불안 등을 '내재화'하고 그런 감정을 신체증상으로 표현 → 즉 억압된 감정의 신체적 표현 (방어기전 '신체화')
		감정표현 불능증 • 자신의 감정을 말로 표현하지 못하는 장애
	일차적 이득 12 임용	• 질병을 통한 직접적인 이득으로 무의식적 갈등과 불안을 회피함으로써 심리적 고통의 완화 → 즉, 내적 긴장의 완화 = 불안의 해소임 (심리적 이득)
	이차적 이득 12 임용	• 질병을 통한 간접적인 이득임 • 주위의 관심·정서적 지지·동정·보호, 자신의 욕구충족을 위해 타인을 조종, 불쾌한 상황을 피함, 곤란한 상황으로부터 면제, 현실적인 의무와 책임의 해방, 경제적 이득 보상 등
		예 시험을 안봐도 됨, 학교에 가지 않아도 됨, 부모가 걱정하며 아픈부위를 만져줌, 피해보상금을 받아 경제적 이득을 취함, 친구들과 선생님의 관심과 보호를 받음 등
	기질	• 부정적 정서성으로 신경증적 경향이 높은 사람에게 발병됨
	스트레스	• 최근에 스트레스나 건강관련 일상사건들을 경험한 사람에게 흔함
생물학적 요인	유전	• 가족력 있음
	통증관문이론	• 통증을 느끼는 감수성 ↑ • 자극을 조절하고 해석하는 방식에 차이가 있음
	신경전달물질	• 세로토닌, 노르에피네프린 감소와 관련 있음
환경적 요인		• 미누친의 '신체화 경향이 있는 가족' → 가족 구성원이 마치 그물에 걸린 것처럼 서로 지나치게 연관되어있고, 갈등이 있어도 부정하고, 차이점을 인정하는 능력이 부족하며, 편협하고 완고함 • 사회경제적 수준이 낮을 때, 교육수준이 낮을 때 발생

2 역학 및 경과

역학	• 초기아동기나 청소년기에 시작되며, 만성적인 경과를 보임 → 10대후반~30대 호발 • 여자 〉 남자
동반질환	• 우울장애, 우울장애 동반이 흔함
병식	• 병식이 없는 경우가 많음 (역기능적 질병 인식)
자살	• 우울증과 동반된 경우, 병식이 없는 경우 자살사고와 자살시도 위험 있음

2 신체증상 및 관련장애 종류

1 신체증상장애

(1) 개념 및 증상

개념		• 통증과 피로 같은 1개 이상의 신체적 증상을 고통스럽게 호소, 건강염려와 과도한 걱정으로 일상생활이 현저하게 방해 받는 경우임 • 신체적 증상은 모든 기관에서 다양하게 나타남 (감각기관, 수의근계 제외)
증상	통증	• 가장 흔한 증상임 • 복통, 두통, 관절통, 요통, 흉통, 배뇨통, 성교통, 생리통 등
	피로	• 통증이 구체적이지 않고 피로감처럼 막연하게 호소하는 경우도 많음
	소화기계	• 오심, 구토, 설사/변비, 소화불량, 복부팽만감, 음식에 대한 거부감
	성적증상	• 성교통, 성적 무관심, 사정불능 또는 발기, 생리불순, 과다 생리출혈 등
	기타	• 현기증, 수면장애, 쓰러질 것 같은 느낌, 호흡곤란, 심계항진 등
특징		• 신체증상에 대한 과도한 걱정으로 병원의 여러과를 찾고, 'doctor shopping'을 하나 이상소견을 받지 못해, 마지막에 정신의학과에 의뢰되는 경우가 많음

(2) 진단

신체증상장애 진단기준 (DSM-5-TR)

A. 고통스럽거나 일상에 중대한 지장을 일으키는 하나 이상의 신체 증상이다.
B. 신체 증상 혹은 건강염려와 관련된 과도한 생각, 느낌 또는 행동이 다음 중 하나 이상으로 표현되어 나타난다.
   1. 증상의 심각성에 대해 편중되고 지속적인 생각
   2. 건강이나 증상에 대한 지속적으로 높은 단계의 불안
   3. 이러한 증상들 또는 건강염려에 대해서 과도한 시간과 에너지 소비
C. 어떠한 하나의 신체 증상이 지속적으로 나타나지 않더라도 증상이 있는 상태가 지속된다.
   (전형적으로 6개월 이상)

다음의 경우 명시할 것
- 통증이 우세한 경우: 이 명시자는 신체 증상이 통증으로 우세하게 나타난다.

다음의 경우 명시할 것
- 지속성: 지속적인 경과가 극심한 증상, 현저한 손상, 그리고 긴 시간(6개월 이상)으로 특징되어진다.

현재의 심각도를 명시할 것
- 경도: 진단기준 B의 구체적인 증상들을 단 1가지만 만족한다.
- 중등도: 진단기준 B의 구체적인 증상들을 2가지 이상 만족한다.
- 고도: 진단기준 B의 구체적인 증상들을 2가지 이상 만족하고, 여러 가지 신체적 증상(또는 하나의 매우 심한 신체증상)이 있다.

(3) 치료

- 치료가 어려운 질병임 → 정기적, 일관적으로 치료
- 감정을 말로 표현하도록 격려함

표. 신체증상장애 사례

30대 중반 워킹맘인 A씨는 만성피로와 두통, 근육통으로 현재 6개월째 휴직중이다.
휴직을 하고, 육아에만 전념하면 좋아질꺼라 생각했던 만성통증과 피로감이 여전히 심해 병원 내과, 정형외과 등을 전전하였으나 특별한 진단소견을 받지 못하였다.
A씨는 이렇게 아픈데 분명 무언가 문제가 있을꺼라고 다른 병원을 찾았고, 희귀병이나 암관련 자료를 찾아보며, 매일 증상에 대해 걱정하나 특별한 이상소견을 진단받지 못하였다.

2 질병불안 장애 20 임용

(1) 질병불안장애 개념 및 원인

개념		• 경미한 증상임에도 자신이 심각한 질병에 걸렸다는 집착과 공포를 나타내는 경우임 → 뚜렷한 신체적 증상이 없는 건강염려증임
원인	인지이론	• 신체증상에 대한 개인의 왜곡된 해석으로 심각한 질병에 걸렸다는 집착을 함
	심리적 요인	**공격심, 증오** ① 타인에 대한 공격심, 증오가 신체호소로 전이됨 **상실, 분노** ② 과거의 상실이나 분노가 신체호소로 전이됨 **죄책감, 자기비하** ③ 죄책감, 자기비하도 심해 신체적 고통을 속죄의 수단으로 삼음 → ①~③ 모두 '낮은 자존감', 부적절감에 대한 심리적 방어의 결과 **외로움** • 노인의 경우 외로움(사회적 고립감)에서 비롯됨

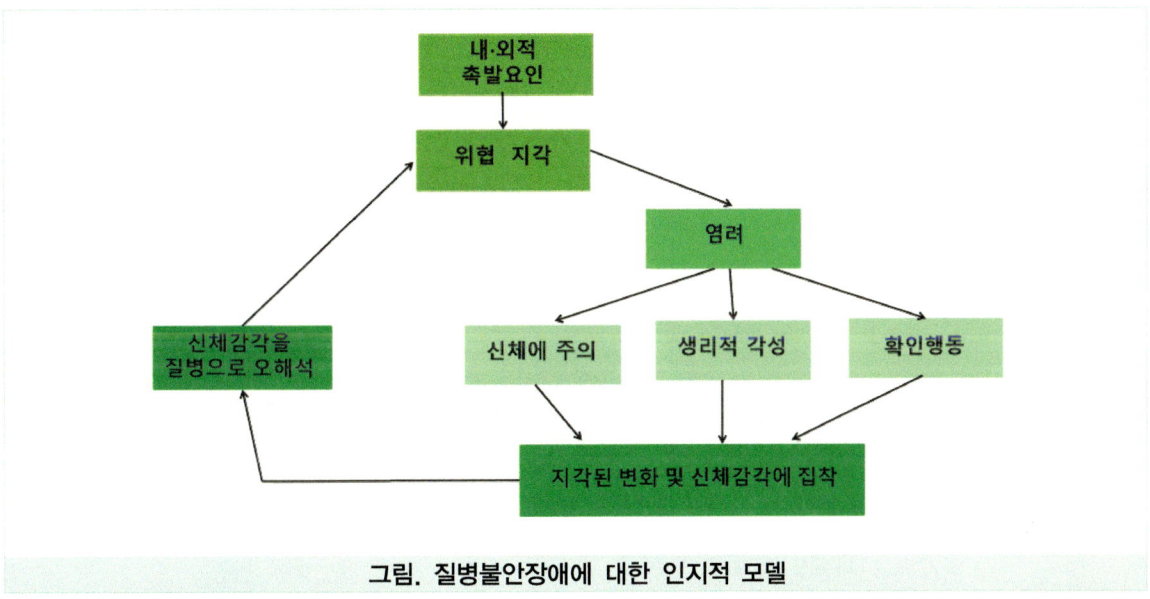

그림. 질병불안장애에 대한 인지적 모델

(2) 질병불안장애 특징 및 역학

특징	• 심각한 질병이 있다고 끈질기게 믿고 있어서 진찰과 검사상 이상이 없다는 의사의 설명과 설득에 굴복되지 않음 (망상 X) • 대부분의 사람들은 무시하고 지나가는 신체감각을 확대해석함 → 실제 기능상의 상실이나 이상도 일어나지 않음 (cf. 전환장애) • 무의식 수준에서 일어남 (cf. 꾀병: 의식수준에서 일어남)
역학	• 남녀 비슷 • 20~30대에서 흔함
동반질환	• 불안장애(특히 범불안장애, 공황장애), 우울장애, 강박장애와 동반됨 → 2/3이상은 하나 이상의 다른 주요 정신질환을 가지고 있음

(3) 질병불안장애 진단

질병불안장애 진단기준 (DSM-5-TR)

A. 심각한 질병에 걸려 있거나 걸리는 것에 대해 몰두한다.
B. 신체 증상들이 나타나지 않거나, 신체 증상이 있더라도 단지 경미한 정도다.
   다른 의학적 상태가 나타나거나 의학적 상태가 악화될 고위험(예 강한 가족력이 있음)이 클 경우, 병에 대한 몰두가 분명히 지나치거나 부적절하다.
C. 건강에 대한 높은 수준의 불안이 있으며, 건강 상태에 대해 쉽게 경각심을 가진다.
D. 지나친 건강 관련 행동(예 반복적으로 질병의 신체 징후를 확인함)을 보이거나 순응도가 떨어지는 회피 행동(예 의사 예약과 병원을 회피함)을 보인다.
E. 질병에 대한 몰두는 적어도 6개월 이상 지속되지만, 그 기간 동안 두려움을 느끼는 구체적인 질병은 변화할 수 있다.
F. 질병에 대해 집착하는 것이 다른 정신질환, 즉 신체증상장애, 공황장애, 범불안장애, 신체이형장애, 강박장애 또는 신체형 망상장애 등으로 더 잘 설명되지 않는다.

다음중 하나를 명시할 것
- 진료 추구형: 왕진 또는 검사와 시술을 진행하는 것을 포함하여 의학적 치료를 자주 이용한다.
- 진료 회피형: 의학적 치료를 거의 이용하지 않는다.

표. 신체증상장애 vs 질병불안장애

- 공통점 : ① 증상에 대한 과도한 생각, 건강염려, ② 검사결과가 정상이여도 안심하지 못함

	신체증상장애	질병불안장애
핵심 차이	• 실제 신체증상이 존재함	• 눈에 띄는 증상은 없고 경미한 증상임
주요 특징	• 신체 증상 혹은 건강염려와 관련된 과도한 생각	• 심각한 질병에 걸렸다고 믿음 (예 암, 심장병, 간경화 등)
불안의 초점	• 현재의 신체증상 자체에 집중	• 심각한 질병 가능성에 집중
	예 "복통이 너무 심해. 아무것도 못하겠어. 뭔가 이상해."	예 가벼운 소화불량의 증상을 "이거 위암일수도 있어. 위암인 것 같아. 검사 받아야해."

(4) 질병불안장애 방어기전

전치	• 특정한 사람, 대상, 상황과 관련된 감정을 실제로 자극한 대상보다 덜 위협적인 다른 사람, 대상, 상황으로 돌리는 것임
	예 상사에 대한 직장스트레스로 화가나지만, 직장상사에게는 표현하지 못하고, 신체증상으로 전환하는 것으로 "변비증상을 대장암이 아닐까? 가슴두근거림 증상을 심장병이 아닐까?"라는 불안이 커짐 (불안을 신체증상으로 전환)
퇴행	• 질병을 핑계로 어린아이처럼 보호받고 의존하고 싶어함

(5) 질병불안장애 치료

인지행동 치료	인지재구성	• 잘못된 인지왜곡(신체감각을 질병으로 오해석)을 수정하고, 불안을 관리함
		예 "내가 질병이 있는게 아니라, 불안 때문에 과민반응을 했구나"라고 인지재구성함
	이완요법	• 심호흡, 근육이완법 등으로 불안을 완화함
지지적 치료	지지적 치료자-환자 관계	• 의사-환자간 신뢰감 형성과 지지적 태도로 환자의 불안을 공감 → 불필요한 병원 방문 및 검사가 줄어들며, 이해받고 있음을 느끼므로써 불안 감소
	의사의 안심	• 의사의 자세한 설명을 통해 환자를 안심시키는게 효과적임 (객관적 검사 확인) → 환자의 불안한 감정을 존중하면서, 과도한 걱정을 줄이도록 함 → 불안감소
		• 대상자의 불안을 인정하고 공감 → 정확하고 자세한 설명 → 불필요한 걱정 줄이기
약물치료		• SSRI 사용, 불안이 심할시 단기간 항불안제(벤조디아제핀) 사용
전환요법		• 스포츠 클럽 같은 다른 활동참여 격려 등으로 다른곳에 관심을 집중하여, 신체감각이나 질병에 대한 강박에서 벗어나기

표. 질병불안장애 사례

김OO은 최근 가벼운 두통이 있어 원인을 알기 위해 병원을 찾았다.
원인이 될 수 있는 것들 중 최악의 경우인 뇌종양을 의심하여 검사도 받기 전에 이미 뇌종양으로 단정해버리고 불안해하며 암 검사를 해달라고 의사에게 떼를 썼다.
아무 이상이 없다는 의사의 말에도 "의사가 제대로 진단한 것이 맞을까?"하며 불안해하며, 다시 뇌종양에 대한 검사를 해달라고 하며, 이상이 없다는 의사의 재진단에도 결국 잠은 잘 수도 없고 걱정과 불안으로 일도 할 수 없는 상태가 되어 버렸다.
가족과 친구들이 "걱정하지 말라"라는 말에도 믿지 못하고, 뇌종양을 확신하며 우울해 한다.

학 생 : 선생님, 오늘은 소화가 더 안 되는 것 같아요. 아무래도 불치병에 걸린 것이 확실해요. 6개월이 넘었는데, 나아지지도 않고 오히려 더 심해지는 것 같아요.
보건교사 : 지난 번 병원에서 검사한 결과는 어땠나요?
학 생 : 의사 선생님이 검사결과는 정상이라고 했어요. 그렇지만 믿을 수가 없어요. 제가 죽을 병에 걸린 것 같아요. 걱정돼서 공부도 못하겠고, 아무 것도 못하겠어요. 엄마에게 다른 병원에 가서 다시 철저하게 검사를 받자고 해야겠어요. 곧 죽게 될 거라고 생각하면 초조하고 기분이 우울해요.
보건교사 : 병원에서는 어떻게 하라고 했나요?
학 생 : 처방해 주는 약을 먹으라고 하셨어요. 그리고 학교 스포츠클럽에도 참여하라고 하셨는데 이해가 안 가요. 그게 제 병에 어떤 도움이 되나요?
보건교사 : 스포츠클럽과 같은 다른 활동에 참여하는 것이 어떤 도움이 되는지 설명해 줄게요.
20 임용

3 기능성 신경학적 증상장애 (전환장애) 17, 12 임용

(1) 개념 및 원인

개념		• 하나 이상의 변화된 수의적 운동이나 감각 기능의 증상이 있음
원인	억압된 욕구, 감정	• 억압된 욕구나 감정, 생각에서 생기는 불안이나 내적 심리적 갈등이 신체적 증상으로 전환됨 (무의식적 과정) • 억압된 욕구나 감정은 대게 성적·공격적·충격적 본능임 • 오이디푸스 갈등으로 억압된 성적 갈등이 신체적 증상으로 발현
	어린시절 학대나 방임	• 어린시절 학대나 방임으로 발생
	이득 12 임용	• 일차적 이득과 이차적 이득으로 발생 　• 일차적 이득 : 내적 긴장의 완화 = 불안의 해소 　• 이차적 이득 : 과제나 책임의 회피, 주변사람들의 관심과 보호, 특권 누림, 타인의 조정 등
방어 기전 12 임용	억압	• 용납될 수 없는 욕구·본능·감정, 성적·공격적·충격적 본능이 무의식적으로 억압되어 있음 예 어린시절 심한 학대를 받은 아동이 힘든 경험, 감정, 생각을 무의식영역에 묻어버려, 기억하지 못하고 지냄 예 사춘기의 성적욕구는 어린시절 겪었던 충격적인 성적경험과 관련 두려운 감정을 떠올리게 되어 성적욕구를 억압함
	전환	• 억압된 내재된 심리적 갈등이 신체감각기관과 수의근계 증상으로 무의식적으로 표출됨 예 어린시절 학대를 받은 아동이 성인이 되어 스트레스 상황에서 손이나 발의 마비가 옴 예 성적 욕구를 신체증상으로 전환함

(2) 증상

증상 기간		• 짧은 기간 동안 지속 → 대부분 2주 이내에 증상 완화 • 1년 20~25% 재발 (스트레스 시 재발)
역학		• 여성 > 남성 • 발병연령은 청소년, 성인초기이며, 전연령에서 발생 가능
증상	① 수의근 운동 기능 이상	• 신체 일부 마비나 기능저하, 신체적 균형이나 협응기능의 손상(떨림, 보행장애 등), 목소리가 나오지 않음, 소변을 보지 못함, 음식을 삼키지 못하거나 목구멍이 막힌 느낌 등
	② 감각기능 이상	• 시각, 청각, 후각, 촉각, 미각 등의 감각의 이상 → 물건을 보지 못함, 소리를 듣지 못함, 손이나 발의 일부 부위 감각 없음, 냄새를 맡지 못함, 음식 맛을 맡지 못함 등
	③ 신체적 경련 이나 발작	• 갑자기 손발이 뒤틀리거나 경련을 일으킴
	④ 복합적	• 위 세가지가 복합적으로 나타나는 경우

(3) 특징

만족스러운 무관심 17, 12임용	• 대상자가 증상이나 그 결과로 생긴 장애에 대해 걱정하지 않고 무관심한 태도를 보임
가성경련 (히스테리성 간질)	• 다치지 않을 곳에서 남이 볼 때 쓰러지며, 특징적 증상은 없고 갑자기 발생하며, 감정적 스트레스가 유발인자가 됨 • 의식은 대부분 명료하며 혀 깨물기, 요실금, 반사변화, 오심, 구토, 두통 등은 동반하지 않음
	예 학업으로 큰 스트레스 고3학생이 엄마의 SKY 대학의 극성에 갑자기 몸을 비틀며 경련하는 모습을 보이지만, 병원에서 진행한 뇌파검사나 다른 검사에서는 이상이 발견되지 않은 경우

(4) 진단

전환장애 진단기준 (DSM-5-TR) 17 임용
A. 하나 이상의 변화된 수의적 운동이나 감각 기능의 증상이 있다. B. 임상 소견이 증상과 인정된 신경학적 혹은 의학적 상태의 불일치에 대한 증거를 제공한다. C. 증상이나 결함이 다른 의학적 장애 또는 정신질환으로 더 잘 설명되지 않는다. D. 증상이나 결함이 사회적, 직업적, 또는 다른 중요한 기능 영역에서 임상적으로 현저한 고통이나 손상을 초래하거나, 의학적 평가를 필요로 한다
증상 유형을 명시할 것 • 쇠약감이나 마비 동반 • 이상 운동 동반(예 떨림, 근육긴장이상, 간대성 근경련, 보행장애) • 삼키기 증상 동반 • 언어 증상 동반 (예 발성곤란, 불분명한 언어) • 발작이나 경련 동반 • 무감각증이나 감각 손실 동반 • 특정 감각 증상 동반 (예 시각, 후각 또는 청력 장애) • 혼재성 증상 동반
다음의 경우 명시할 것 • 급성 삽화: 증상이 6개월 이하로 존재할 때 • 지속성: 증상이 6개월이나 그 이상 지속될 때
다음의 경우 명시할 것 • 심리적 스트레스 요인을 동반하는 경우(스트레스 요인을 명시할 것) • 심리적 스트레스 요인을 동반하지 않는 경우

표. 전환장애 사례

고등학교 3학년 김OO은 부모가 모두 의사이고 본인은 외동아들이다. 학업에 대한 스트레스가 평상시에도 많았고, 최근에 수능 입시준비를 앞둔 마지막 모의고사를 보는 도중 시험지가 보이질 않는다고 하여 병원 응급실로 후송되었다.
검사결과 시력이나 눈의 병리적 소견은 발견되지 않았고, 김OO은 마비에 대해 전혀 걱정하고 있지 않았다.

고등학교 2학년 최OO은 학기말고사를 보기 위해 교실에 앉아 답안지를 작성하려 하자 갑자기 손가락을 움직일 수가 없어 시험을 볼 수 없었다. 즉시 병원으로 후송되어 신경과에서 정밀 검사를 받은 결과 정상으로 판정되었다.
그 후 정신과로 의뢰되어 상담 및 검사를 받은 결과 '신체 증상 및 관련 장애'로 진단을 받았다. 학생은 손가락을 움직일 수 없는 증상에 대하여 걱정을 하지도 않으며 무관심한 태도를 보였다. 17 임용

4 인위성 장애

(1) 개념과 목적

개념	• 외적보상(현실적 이득) 없이 환자의 역할을 하기 위해 신체적 또는 심리적 증상을 의도적으로 만들어냄
목적	• 타인의 '관심과 동정'을 받고자 하는 목적 • 환자역할을 하려는 심리적 욕구
꾀병과 차이	〈 꾀병 vs 인위성 장애 〉 • 공통점 : 신체적 또는 심리적 증상을 의도적으로 만들어냄

		꾀병	인위성 장애
꾀병과 차이	목적	• 목적이 외적인 보상(현실적 이득)을 얻기 위함 예 군 면제, 병가, 휴가, 금전, 법적 책임회피 등	• 외적인 보상(현실적 이득)에 관심 X • 타인의 관심과 동정, 환자역할을 하려는 심리적 욕구가 목적임
	의료진 협조	• 의료진에 비협조적이며, 증상이 들키면 쉽게 멈춤	• 의료진에 매우 협조적임
	사례	예 군 면제를 위해 허리통증이 심하다고 하는 경우 예 자동차 사고의 보상금을 받기 위해 목과 어깨의 통증을 과다하게 호소하는 경우 예 법적 책임을 면하기 위해 본인이 조현병 환자인척 연기하는 경우	예 병원에 자주 가기 위해 몸에 일부러 상처를 내는 경우 예 일부러 인슐린을 주사하여 저혈당에 빠지게 하는 경우 예 간호사인 A씨가 환자에게 칼륨을 다이렉트로 IV하여 그 환자를 CPR하여 구하는 경우 예 패혈증을 유발하기 위해 대변을 IV하는 경우 예 일부러 경련을 일으켜 응급실에 가기위해 약물을 아동에게 투여하는 부모 등

(2) 원인
- 아동초기의 학대, 무시, 버림받음 등의 경험을 가진 경우가 흔함 → 사랑, 관심, 돌봄 X

(3) 진단기준

인위성 장애 진단기준 (DSM-5-TR)

스스로에게 부여된 인위성장애

A. 분명한 속임수와 관련되어 신체적 혹은 심리적인 징후나 증상을 허위로 조작하거나, 상처나 질병을 유도한다.
B. 다른 사람에게 자기 자신이 아프고, 장애가 있거나 부상당한 것처럼 표현한다.
C. 명백한 외적 보상이 없는 상태에서도 기만적 행위가 분명한다.
D. 행동이 망상장애나 다른 정신병적 장애와 같은 다른 정신질환으로 더 잘 설명되지 않는다.

다음의 경우 명시할 것
- 단일 삽화
- 재발 삽화(질병을 조작하거나, 혹은 부상을 유도하는 2회 이상의 사건)

타인에게 부여된 인위성장애(과거, 대리인에 의한 인위성장애)

A. 분명한 속임수와 관련되어 다른 사람에게 신체적이거나 심리적인 징후나 증상을 허위로 조작하거나, 상처나 질병을 유도한다.
B. 제3자(피해자)가 아프고, 장애가 있거나 부상당한 것처럼 다른 사람에게 내보인다.
C. 명백한 외적 보상이 없는 상태에서도 기만적 행위가 분명하다.
D. 행동이 망상장애나 다른 정신병적 장애와 같은 다른 정신질환으로 더 잘 설명되지 않는다.
　주의점: 가해자가 인위성장애 진단을 받는다. 피해자에게 내리는 진단이 아니다. 다음의 경우 명시할 것
- 단일 삽화
- 재발 삽화(질병을 조작하거나, 혹은 부상을 유도하는 2회 이상의 사건)

(4) 대표적인 유형

뮌하우젠 증후군	대리형 뮌하우젠 증후군
• 실제로 앓는 병이 없음에도 아프다고 거짓말을 일삼거나 자해를 하여 타인의 관심을 끌려고 하는 정신 질환임 → 반복적으로 병원을 찾아다니며, 허위로 질병을 꾸밈	• 주로 부모가 아이에게 허위 질병을 만들어내어 관심을 받으려는 형태 → 아동학대의 일종 아동의 증상이나 손상을 과장, 조작, 위조, 유발하여 실제적으로는 필요하지 않을 의학적 진단 및 처치가 가해짐

Part 21 급식 및 섭식장애 20, 17, 11, 05 임용

1 신경성 식욕부진증 20, 17, 11, 05 임용

(1) 개념
- 체중 증가와 비만에 대한 극심한 두려움을 지니고 있어서 음식섭취를 현저하게 감소시키거나 거부함으로써 체중이 비정상적으로 저하되는 경우임

(2) 원인

① **생물학적 요인**

유전	• 50~60% 유전적 소인 있음
시상하부	• 시상하부(식욕조절중추)의 세포핵 손상으로 배고픔을 느끼는데 장애가 됨
신경전달 물질	**트립토판** • 트립토판(세로토닌의 합성 필수 아미노산) 부족 → 세로토닌 감소 → 기분 조절 X 우울, 불쾌감 → 음식제한 증가 • 약물치료와 더불어 트립토판이 풍부한 식사를 하도록 함
	도파민, 코티졸 • 코티졸, 도파민 증가 → 불안, 강박적 행동, 음식섭취 회피, 식욕억제 등

② **심리사회적 요인**

인지적 요인	• 신체상에 대한 왜곡된 인지 → 과도하게 뚱뚱하고, 매력이 없다고 인지, 성취나 인간관계에서 경험하는 좌절을 불만족스러운 몸매로 인지
발달적 요인	• 신체상에 대한 불만족 • 신체상은 청소년 발달과업인 자아정체감 확립에 영향을 줌 → 자아정체감 상실, 독특한 정체감 형성 • 극심한 다이어트를 통해 식이행동과 체중을 조절함으로써 삶의 조절감을 느끼고자 애씀
기절적 요인	• 성취와 완벽성 추구 → 자아강도가 강하고, 초자아의 통제력이 강함 • 불안장애, 아동기 강박증적인 특성이 있는 경우
가족요인	• 가족문제와 학대 가정의 자녀가는 고위험 집단임 • 미누친은 신경성 식욕부진증 가족은 혼돈된 가족경계, 과잉보호, 경직성, 갈등해결 결여의 네가지 특징을 가진다고 봄
사회문화적 요인	• 매스컴을 통한 마른몸에 대한 선호 • 매스컴을 통한 마른몸 선호에 대한 반복적인 메지지로 강화되며, 뚱뚱함에 대해서는 처벌이 주어짐 (행동주의적 입장)

(3) 진단기준 20, 17, 11 임용

신경성 식욕부진증 진단기준 (DSM-5-TR)
A. 필요한 양에 비해 지나친 음식물 섭취 제한으로 연령, 성별, 발달 과정 및 신체적인 건강 수준에 비해 현저하게 저체중을 유발하게 된다. 현저한 저체중은 최소한의 정상 수준보다 체중이 덜 나가는 것으로 정의되며, 아동과 청소년의 경우, 해당 발달 단계에서 기대되는 최소한의 체중보다 체중이 적게 나가는 것을 의미한다. B. 체중이 증가하거나 비만이 되는 것에 대한 극심한 두려움, 혹은 체중 증가를 막기 위한 지속적인 행동. 이러한 행동은 지나친 저체중일 때도 이어진다. C. 기대되는 개인의 체중이나 체형을 경험하는 방식에 장애, 자기평가에서 체중과 체형에 대한 지나친 압박, 혹은 현재의 저체중에 대한 심각성 인식의 지속적 결여가 있다.
다음 중 하나를 명시할 것 (유형) • 제한형: 지난 3개월 동안, 폭식 혹은 제거 행동(즉, 스스로 구토를 유도하거나 하제, 이뇨제, 관장제를 오용하는 것)이 반복적으로 나타나지 않는다. 저체중이 주로 체중 관리, 단식 및 과도한 운동을 통해 유발된 경우를 말한다. • 폭식/제거형: 지난 3개월 동안, 폭식 혹은 제거 행동(즉, 스스로 구토를 유도하거나 하제, 이뇨제, 관장제를 오용하는 것이 반복적으로 나타났다.
다음의 경우 명시할 것 • 부분 관해상태: 이전의 신경성 식욕부진증의 진단을 모두 만족한 후 진단기준 A(체중감소)가 삽화기간동안 나타나지 않았으나, 진단기준 B(체중증가 또는 비만이 되는 것에 대한 극심한 두려움 혹은 체중증가를 막기위한 행동) 혹은 진단기준 C(체중과 체형에 대한 자기지각의 장애)가 지속되고 있는 경우를 말한다. • 완전 관해상태: 이전의 신경성 식욕부진증의 진단을 모두 만족 한 후 삽화 기간 동안 진단기준에 해당되는 행동이 아무것도 나타나지 않는다.
현재의 심각도를 명시할 것 • 경도 : BMI ≥ 17kg/m² • 중등도 : BMI 16~ 16.99kg/m² • 고도 : BMI 15~ 15.99kg/m² • 극도 : BMI < 15kg/m²

(4) 종류

제한형	• 음식섭취를 현저하게 감소시키거나 거부	
	폭식	X
	제거행동	X
폭식/제거형	• 폭식 혹은 제거 행동이 반복적으로 나타남	
	폭식	O or
	제거행동	O

(5) 주요 증상 11, 05 임용

신체기관	증상
체중감소와 관련된 증상	
근골격계	• 근육 소실, 지방 소실, 골다공증, 병적인 골절
대사	• 갑상선 기능저하(에너지 부족, 허약 상태, 추위를 견디지 못함, 서맥), 저혈당증, 인슐린 과민성
심혈관계	• 서맥 저혈압, 심장근육 소실, 심장크기 축소, 부정맥(심장동맥, 정맥의 조기수축, QT 간격지연, 빈맥), 갑작스런 사망
소화기계	• 위장 공복 상태 지연, 위장 팽창, 변비, 복통, 가스, 설사
생식기계	• 무월경, 초경 늦어짐
피부계	• 탈수로 인한 건조한 피부, 솜털(아기처럼 온몸에 솜털), 부종, 말단 청색증(손발이 파랗게 변함)
신장계	• 혈뇨, 단백뇨
혈액계	• 백혈구 감소증, 빈혈, 혈소판 감소증, 고콜레스테롤혈증, 고카로틴혈증
신경정신	• 비정상적인 미각, 무감동의 우울, 경한 기질적 정신장애 증상, 수면장애
보상행동(구토와 하제 사용)과 관련된 증상	
대사	• 전해질 불균형, 특히 저칼륨혈증, 저염소혈증, 저마그네슘혈증, BUN 수치 상승 • 대사성 알칼리증, 대사성 산증
소화기계	• 혈중 아밀라제 농도 증가에 따른 침샘과 췌장 염증 및 비대, 식도 및 위장의 염증 및 열상, 장기능 저하, 망막의 상내측동맥 증후군
치과	• 치아의 법랑질 손상(치근 주위 변성), 특히 앞니부분 → 치아가 벌레(좀)먹은 것처럼 불규칙한 모양이 됨 • 충치
신경정신	• 발작(다량의 체액변경과 전해질 불균형으로 인함), 경한 신경장애, 피로감, 신경허약, 경한 기질적 정신장애 증상

(6) 역학 및 특징

역학	• 여자 〉 남자 • 청소년기 혹은 성인기 초기에 시작됨 (평균 발병연령은 18세임)
재발	• 재발 많음 → 정상체중에 도달하더라도 1년내 50%, 4년내 40% 재발함
치사율	• 영양실조로 인한 치사율이 매우 높음 → 생명을 위협하는 섭식장애임
자살	• 자살사고 및 자살행동 높음 (동일한 연령과 성별에 비해 18배 정도 높음)
영양실조	• 중증의 영양실조 대상자는 '영양재개 증후군' 발생
신경성 폭식증	• 신경성 식욕부진증 환자의 40~50%가 신경성 폭식증 증상을 가지고 있고, 시간이 지나면 신경성 식욕부진증이 신경성 폭식증으로 바뀌기도 함
동반질환	• 우울장애, 양극성 장애, 불안장애, 강박장애 등

| 표. 영양재개 증후군 |||

개념	• 장기간의 극단적인 음식제한으로 영양실조 상태에 있던 사람이 급격히 영양을 공급받을 때 전해질 불균형, 대사 이상, 심장 및 신경계 합병증이 발생하는 현상이며, 심한 경우 사망까지 갈 수 있음	
원인	• 세포 바깥에서 세포내 공간으로 체액과 전해질이 급격하여 이동하여 발생함	
증상	• 오심, 구토, 졸음, 호흡부전, 심장부전, 저혈압, 부정맥, 섬망, 혼수, 사망까지 증상 다양함	
	저인산혈증 (대표적)	• 심부전, 부정맥, 저혈압, 심근병증, 쇼크, 사망
	저칼륨혈증	• 부정맥, 저혈압, 심혈관계 증상, 마비성 장폐색, 변비, 설사, 구토, 식욕부진, 호흡저하 등
	저마그네슘혈증	• 경련, 감각이상, 경련, 흥분, 혼돈, 운동실조, 부정맥 등
	비타민 부족	• B1 부족 등 → 운동실조, 섬망, 기억상실 등
	혈당문제	• 고혈당
	체액 장애	• 체액 과부하 또는 탈수, 저혈압 등

치료	• 낮은 칼로리(1,000~1,200kcal)부터 시작하여 천천히 증가함
	  → 체중증량을 주당 1~1.5kg 정도 증가시키도록 함
	• 인, 칼륨, 마그네슘 보충 필수
	• 체액 균형 유지, 심전도 모니터링 필수
	• 고탄수화물 식단을 피하고, 단백질과 지방 위주 식단
	  → 세포가 빠르게 포도당을 흡수하면서, 인(P), 칼륨(K), 마그네슘(Mg)이 대량으로 소모됨
	• 필요시 튜브영양을 포함한 모든 비경구적인 방법을 통하여 충분한 영양분을 공급받을 수 있도록 함	

(7) 치료

① 약물치료

비정형 항정신병약물	• 올라자핀(olanzapine) : 기괴한 신체상 왜곡 개선, 체중증가개선, 강박행동 개선
SSRI	• 플루옥센틴(fluoxetine) : 체중이 회복된 대상자의 강박행동을 줄이는 데 효과적임 부작용으로 체중감소가 생기는지 관찰함

② 인지행동치료

인지재구조화	• "내 가치는 체중에서 오는게 아니라, 내 건강과 행복에서 온다.", "인생의 행복과 가치는 체중이 아니라 가족간의 행복, 좋은 친구와의 관계, 학업적인 성취에서 온다."라며 인지재구조화를 시킴
행동계약법	• 보건교사와 대상자와 "하루 1,200cal를 섭취한다.", "체중은 하루에 한번만 잰다."를 목표행동으로 설정하고, 문서로 계약서를 쓰고, 양자의 싸인을 하며, 목표를 달성하면 보상을 준다.
인지치료	• 실제 체중과 신체이미지를 비교하여 왜곡된 사고를 인식시키며, 음식과 관련된 두려움을 극복하고, 강박적 행동인 운동이나 체중체크를 줄여, 건강한 자기개념을 형성함
마음챙김치료	• 거울앞에서 있는 그대로 자신의 몸을 인식하며, 몸을 있는 그대로 받아들임

③ **가족치료** 17 임용
- 특히 18세 미만의 아동의 경우 가족치료가 도움이 됨
- 그물처럼 얽혀 있는 밀착관계, 경계선이 분명하지 않아, 감정이나 갈등을 다루기 힘들 때 가족치료를 통해 의사소통을 증진함 → 내면의 갈등 해결

(8) 간호중재 17, 05 임용

① **급성기 간호**
- 입원치료 : 심한 영양실조 상태, 심혈관계 합병증, 극식한 체중감소, 자살 위험 등

② **체중증가 및 식이** 17 임용

		식사는 낮은 칼로리(1,000~1,200kcal)부터 시작하여 천천히 증가함 → 체중증량을 주당 0.5~1kg 정도 증가시키도록 함
천천히 체중증가를 해야 하는 이유	영양재개 증후군 위험	영양재개 증후군을 예방하기 위함
	심리적 부담과 거부반응	체중증가에 대한 극도의 불안과 두려움을 느끼므로 심리적 저항을 줄이기 위해 천천히 체중증가를 함
	소화기계 부담	위장관 기능 회복을 위해 소화기계 부담을 줄이기 위해 천천히 체중증가함
운동을 급성기에 하지 않아야 하는 이유	영양소 부족으로 인한 피로, 면역력 저하	극심한 저제충상태에서 운동하면 신체 에너지가 고갈됨 면역력 저하로 감염 발생 위험 증가 심하면 탈진, 실신, 저혈압 쇼크가 올 수 있음
	심장문제	부정맥, 심부전 위험, 운동 중 돌연사 증가
	근육, 뼈 손상	단백질과 칼슘부족으로 근육과 뼈가 약해진 상태이므로, 이 상태에서 운동하면 근육손상, 골절, 골다공증 악화
	강박적 운동 강화	체중증가에 대한 두려움으로 강박적으로 운동할 가능성 높음
	영양재개 증후군 위험	영양재개 증후군의 위험을 높일 수 있음

| 표. 신경성 식욕부진증 사례 |

지나치게 음식물 섭취를 제한함
- 체중 증가나 비만에 대한 극심한 두려움이 있음
- 체중 증가를 막기 위한 행동을 지속함
- 심각한 저체중 상태이나 이에 대한 심각성을 인지하지 못함 20 임용

어머니 : 안녕하세요. 선생님! 우리 아이가 식사를 거의 하지 않아 걱정이 많아요. 애가 말랐는데도 자신이 뚱뚱하다고 생각해요. 그리고 체중이 증가하는 것에 대한 두려움까지 느껴 매일 시간을 정해서 3시간씩 열심히 운동을 하고 있어요.
보건교사 : 어머니의 걱정이 크시겠어요. 영재의 건강 기록을 보니 키가 162 cm인데 체중은 지난주 측정한 게 40 Kg이군요. 그 문제로 병원을 방문하신 적은 있으신가요?
어머니 : 안 그래도 정신과 병원에 가서 진단을 받았어요. 17 임용

❷ 신경성 폭식증 20, 11, 06 임용

1 원인

유전	• 50~60% 유전적 소인 있음
신경전달물질	• 트립토판 감소 → 세로토닌 감소 → 폭식증 유발 • 도파민 증가 : 폭식행동으로 도파민 증가하여 쾌감 유발 • 엔돌핀 증가 : 폭식 → 엔돌핀 증가 → 기분 향상 → 죄책감 → 재폭식
심리사회적 요인	• 부모와 분리되고 애착 X, 지속적인 양육결핍 → 부모에 대한 공격성이 폭식으로 표출
기질적 요인	• 자아강도가 약하고, 초자아가 느슨하여 충동조절에 어려움을 나타냄 → 자기파괴적 성관계, 약물남용

2 특징

역학	• 주로 후기 청소년기나 초기 성인기에 시작, 호발연령은 18~19세
발생	• 흔히 다이어트를 하는 도중이나 다이어트 직후에 나타남
폭식행동	• 폭식행동은 주로 밤에, 혼자 있을 때, 집에 있을 때, 우울하거나 스트레스를 받을 때 자주 나타남
동반질환	• 우울증(흔함, 낮은 자존감), 양극성 장애, 불안장애, 경계성 성격장애(충동 조절 어려움) • 대상자의 30% 이상이 알코올과 자극제 사용 → 자극제는 식욕과 체중을 통제
자살	• 자살사고 및 자살행동 흔함 → 무기력함, 실패감, 자기비하적 생각, 죄책감으로 발생
체중	• 대개 정상체중이거나 경도의 저체중 혹은 과체중

3 진단기준

신경성 폭식증 진단기준 (DSM-5-TR) 20, 11, 06 임용

A. 반복되는 폭식 삽화. 폭식 삽화는 다음 2가지로 특징지어진다.
 1. 일정 시간 동안(예 2시간 이내) 대부분의 사람이 유사한 상황에서 동일한 시간 동안 먹는 것보다 분명하게 많은 양의 음식을 먹음
 2. 삽화 중에 먹는 것에 대한 조절 능력의 상실감을 느낌(예 먹는 것을 멈출 수 없거나, 무엇을 혹은 얼마나 많이 먹어야 할 것인지를 조절할 수 없는 느낌)
B. 체중이 증가하는 것을 막기 위한 반복적이고 부적절한 보상 행동
 (예를 들면 스스로 유도한 구토, 이뇨제, 관장약, 다른 치료약물의 남용, 금식 혹은 과도한 운동 등이 나타난다.)
C. 폭식과 부적절한 보상 행동이 둘 다, 평균적으로 적어도 3개월 동안 일주일에 1회 이상 일어난다.
D. 체형과 체중이 자기평가에 과도하게 영향을 미친다.
E. 이 장애가 신경성 식욕부진증의 삽화 기간 동안에만 발생하지 않는다.

다음의 경우 명시 할 것
- 부분 관해 상태: 이전에 신경성 폭식증의 진단기준을 전부 만족시켰으며, 현재는 기준의 일부를 만족시키는 상태가 유지되고 있다.
- 완전 관해 상태: 이전에 신경성 폭식증의 진단기준을 전부 만족시켰으며, 현재는 어떠한 기준도 만족시키지 않는 상태가 유지되고 있다.

현재의 심각도을 명시할 것 (심각도의 최저수준은 부적절한 보상행동을 기반으로 함)
- 경도: 평균적으로 일주일에 1~3회의 부적절한 보상 행동 삽화가 있다
- 중등도: 평균적으로 일주일에 4~7회의 부적절한 보상 행동 삽화가 있다.
- 고도: 평균적으로 일주일에 8~13회의 부적절한 보상 행동 삽화가 있다.
- 극도: 평균적으로 일주일에 14회 이상의 부적절한 보상 행동 삽화가 있다.

4 임상증상 11, 05 임용

임상증상	원인
• 정상이거나 정상에서 약간 낮은 체중	• 음식제거행동, 지나친 운동과 함께 과도한 칼로리 섭취
• 충치 • 치아치아의 법랑질 손상(치근 주위 변성), 특히 앞니부분 →치아가 벌레(좀)먹은 것처럼 불규칙한 모양이 됨	• 구토(치아의 에나멜에 염산 역류)
• 이하선 부종	• 혈청 아밀라아제 증가
• 위 팽창, 파열	• 폭식
• 손에 굳은살, 상흔(Russell's sign) **러셀 징후(Rusell's sign)** • 반복적인 자가유도 구토로 인해 손가락 마디나 손등에 굳은살이 생기는 징후 • 식도열상	• 자기유발 구토
• 말초부종	• 반동 체액, 특히 이뇨제를 사용한 경우
• 근육쇠약	• 전해질 불균형
• 전해질 불균형	• 저칼륨혈증, 저나트륨혈증, 저염소혈증	• 음식제거, 구토, 하제, 이뇨제 사용
• 산/염기 불균형	• 대사성 알칼리증, 대사성 산증	
• 심혈관계 이상(심근병증, 심전도변화)	• 전해질 불균형
• 심부전(심근병증)	• 구토제 중독

┃ 표. 신경성 폭식증 사례 ┃

- 식사 조절감을 상실함
- 반복적이고 부적절하게 스스로 구토를 유발하거나, 이뇨제나 설사제 등을 복용함
- 자기 가치에 대한 평가에 체형과 체중이 과도하게 영향을 미침
- 최소 3개월 동안 일주일에 1회 이상 지나치게 많은 양의 음식을 섭취하고, 부적절한 보상 행동이 나타남 20 임용

20살 대학생 김OO는 매우 건강해보이고 옷도 잘입고 의사표현도 분명하게 하였다. 쇼핑을 하면서 음식을 사가지고 집으로 와서 폭식하기 시작하였다. 그날은 초저녁이 될 때까지 하루 종일 음식섭취를 하지 않았다고 한다. 김OO는 보통 저녁과 이른 아침 시간에 TV를 보고 폭식을 한다고 한다. 폭식은 일주일에 6회 정도 한 후 모두 6회정도 구토를 한다고 한다. 대상자를 관찰해보니 러셀 징후(Rusell's sign)가 있음을 관찰되었다.

5 신경성 식욕부진증 VS 신경성 폭식증

- 공통점 : 체중증가를 두려워하고, 체중감소를 원하며, 자신의 신체에 만족하지 못함

	신경성 식욕부진증	신경성 폭식증
체중	• 극심한 저체중	• 대개 정상체중이거나 경도의 저체중 혹은 과체중
신체상	• 극도로 왜곡된 신체상	• 주로 신체상에 의해 영향받는 자아상
자아	• 자아 강하고 초자아 통제력 강함	• 자아강도가 약하고, 초자아가 느슨하여 충동조절 어려움
특징	• 체중증가에 대한 극심한 불안	• 조절되지 않는 폭식의 재발 에피소드, 적절한 보상행동

3 폭식장애

폭식장애 진단기준 (DSM-5-TR)

A. 반복되는 폭식 삽화, 폭식 삽화는 다음과 같이 특징되어진다.
  1. 일정 시간동안(예 2시간 이내), 대부분의 사람이 유사한 상황에서 동일한 시간동안 먹는 것 보다 분명하게 많은 양의 음식을 먹음
  2. 삽화 중에 먹는 것에 대한 조절 능력의 상실을 느낌(예 먹는 것을 멈출 수 없거나, 무엇을 혹은 얼마나 많이 먹어야 할 것인지를 조절할 수 없는 느낌)

B. 폭식 삽화는 다음 중 3가지(혹은 그 이상)와 연관된다.
  1. 평소보다 많은 양을 급하게 먹음
  2. 불편하게 배가 부를 때까지 먹음
  3. 신체적으로 배고프지 않은데도 많은 양의 음식을 먹음
  4. 얼마나 많이 먹는지에 대한 부끄러운 느낌 때문에 혼자서 먹음
  5. 폭식 후 스스로에 대한 역겨운 느낌, 우울감 혹은 큰 죄책감을 느낌

C. 폭식으로 인해 현저한 고통이 있다고 여겨진다.
D. 폭식은 평균적으로 최소 3개월 동안 일주일에 1회 이상 발생한다.
E. 폭식은 신경성 폭식증에서 관찰하는 것과 같은 부적절한 보상행동과 연관되어 있지 않으며, 신경성 폭식증 혹은 신경성 식욕부진증의 기간동안에만 발생하지 않는다.

다음의 경우 명시할 것
- 부분 관해 상태: 이전에 폭식장애의 진단기준을 전부 만족시켰으며, 현재 일정기간 동안 평균적으로 일주일에 1회보다 적은 빈도로 발생하고 있다.
- 완전 관해 상태: 이전에 폭식장애의 진단기준을 전부 만족시켰으며, 현재 일정기간동안 어떠한 기준도 만족시키지 않는 상태가 유지되고 있다.

현재의 심각도를 명시할 것
심각도의 최저 수준은 폭식행동의 빈도를 기반으로 하고 있다.
- 경도: 평균적으로 일주일에 1~3회의 부적절한 폭식행동 삽화가 있다.
- 중등도: 평균적으로 일주일에 4~7회의 부적절한 폭식행동 삽화가 있다.
- 고도: 평균적으로 일주일에 8~13회의 부적절한 폭식행동 삽화가 있다.
- 극도: 평균적으로 일주일에 14회 이상의 부적절한 폭식행동 삽화가 있다.

표. 신경성 폭식증 VS 폭식증

	신경성 폭식증	폭식증
체중	대개 정상체중이거나 경도의 저체중 혹은 과체중	중증도의 과체중 혹은 비만
보상행동 폭식	부적절한 보상행동이 있는 폭식의 재발	보상행동 없이 조절되지 않는 폭식의 재발 죄책감, 우울증, 당혹 또는 혐오감을 포함한 폭식

4 이식증

특징	• 비영양성, 비음식 물질의 지속적 섭식이 특징임 • 종이, 비누, 천, 실, 털, 흙, 껌, 금속, 진흙, 얼음, 페인트, 금속 등이 포함됨
역학	• 아동에게 흔함(전체 연령에서 가능함)
의학적 문제	• 이식증은 장폐색, 중독, 영양실조 같은 의학적 응급상황으로 이루어질 수 있음

이식증 진단기준 (DSM-5-TR)

A. 적어도 1개월 동안 비영양성·비음식 물질을 계속 먹는다.
B. 비영양성·비음식 물질을 먹는 것이 발달 수준에 비추어 볼 때 부적절하다.
C. 먹는 행동이 사회적 관습, 혹은 문화적 지지를 받지 못한다.
D. 만약 먹는 행동이 다른 정신질환(예 지적발달장애, 자폐스펙트럼, 조현병)이나 의학적 상태(임신 포함) 기간중에만 나타난다면, 이 행동이 별도의 임상적 관심을 받아야 할 만큼 심각한 것이어야 한다.

표. 이식증 사례

5세인 준수(가명)는 가냘프고 창백한 아이로 빈혈로 입원하였다. 그는 생후 19개월부터 페인트, 석고, 흙, 점토 등을 섭취하였고 여러 차례 입원을 반복하였다.
준수는 엄마는 계획되지 않은 임신으로 결혼하였고, 준수의 아빠는 알코올 중독자이다. 준수의 부모는 경제적 능력이 없어 기초생활수급자로 정부의 지원을 받고 있었다.

5 되새김장애

특징	• 급식 또는 섭식 이후에 반복되는 음식역류 • 역류된 음식은 소화되기도 하고, 되씹거나 다시 삼키거나 뱉어짐. 역류는 위식도 역류 또는 유문협착증 같은 위장장애가 아니어야 함
역학	• 유아기, 아동기, 청소년기 성인기에도 발생할 수 있으며 3~12개월된 유아에서 흔함
영향	• 되새김 장애는 영양실조, 성장지연, 발달 및 학습문제로 이어질 수 있음

되새김 장애 진단기준 (DSM-5-TR)

A. 적어도 1개월 동안 음식물의 반복적인 역류가 있다.
   억류된 음식은 되씹거나, 되삼키거나, 뱉어낼 수 있다.
B. 반복되는 역류는 동반되는 위장 상태 또는 기타 의학적 상태(예 식도 역류, 유문협착증)로 인한 것이 아니다.
C. 섭식 장애는 신경성 식욕부진증, 신경성 폭식증, 폭식장애 혹은 회피적/제한적 음식섭취장애의 경과 중에만 발생되지는 않는다.
D. 만약 증상이 다른 정신질환(예 지적발달장애나 다른 신경발달장애)과 관련하여 발생한다면 이 증상은 별도로 임상적 관심을 받아야 할 만큼 심각한 것이어야 한다.

| 표. 되새김 장애 사례 |

6개월 아기 하랑(가명)이는 체중이 늘지 않아서 소아과에 방문하였다. 엄마는 산전임신으로 아이를 낳았고 경제환경이 좋지 않았다. 생후 5개월이 되었을 때 역류가 처음 나타났고, 우유가 입 안쪽으로 흘러나오는 것 같으면, 입을 벌리고 혀를 올려서 빠르게 이리저리 내밀거나 우유가 입에서 천천히 흘러나오면 엄지손가락을 힘차게 빨고 손가락을 입에 놓았다. 하랑(가명)이는 엄마, 이모, 외할머니의 보살핌을 받았고 보호자 누구에게는 미소를 보이며 반응을 하였다.

6 회피적/제한적 음식섭취장애

(1) 진단기준

회피적/제한적 음식섭취장애 진단기준 (DSM-5-TR)

A. 섭식 또는 급식 장애(예 음식 섭취에 대한 명백한 흥미 결여, 음식의 감각적 특성에 근거한 회피, 섭식의 부정적 결과에 대한 걱정)이며, 다음 중 한 가지 이상의 증상을 나타낸다.
   1. 심각한 체중 감소(혹은 아동에서 기대되는 체중에 미치지 못하거나 더딘 성장)
   2. 심각한 영양결핍
   3. 위장관 급식 혹은 경구 영양 보충제에 의존
   4. 심리사회적 기능에 현저한 방해
B. 장애는 구할 수 있는 음식이 없거나 문화적으로 허용되는 관습에 의해 더 잘 설명되지 않는다.
C. 섭식 장애는 신경성 식욕부진증이나 신경성 폭식증의 경과 중 나타나는 것이 아니고, 사람의 체중이나 체형에 관한 장애의 증거가 없어야 한다.
D. 섭식 장애는 동반되는 의학적 상태로 인한 것이 아니고, 다른 정신질환으로 더 잘 설명되지 않는다.

(2) 개념 및 특징

개념	• 심각한 체중감소가 나타나도록 지속적으로 음식을 먹지 않은 경우임 • 심각한 체중감소 또는 음식의 특징적인 느낌으로 인한 음식제한(부드럽고, 순하며, 색이 없는 음식만 먹음) 또는 잠재적으로 섭식의 혐오적 결과 때문에 연령에 기대하는 체중증가 실패 • 의학적으로 설명하기 어려운 "까다로운 섭식", "만성 음식 거부" • 섭식 또는 음식에 대한 흥미결여, 감각(예 색상, 냄새, 감촉, 온도, 맛)에 대한 극도의 민감성을 기반으로 한 음식 회피, 또는 섭식의 부정적결과(예 숨막힘 또는 구토)에 대한 염려와 연관된 "적절한 영양 및 또는 에너지에 대한 욕구 충족의 실패"가 특징임
역학	• 유아기나 아동기에 많이 발생, 청소년기, 성인도 진단가능함
영향	• 체중감소, 영양결핍, 심리사회적(학교, 직장, 사회) 기능 손상 초래
특징	• 외모나 체중에 대한 염려 X, 사회적 불안 증상 보임

표. 회피적/제한적 음식섭취장애 사례

은아(가명)는 중학교 3학년 학생으로 딸의 친구들과의 사회화 능력과 새로운 상황과 환경에 겁내는 것에 대해 염려한 어머니에 의해 의뢰되었다.
은아는 혼자 지내는 것을 선호하고 새로운 것을 혼자 나가는 것을 어려워했으며, 가급적 사람들이 보는 곳에서 음식을 먹는 것을 피한다고 했다. 학교에 있는동안 전혀 먹지 않을 수 없기 때문에 점심시간에 극소량의 음식을 먹는다.
매일 흰빵과 요구르트를 싸가지고 가서 점심시간에 먹었다.
은아가 선호하는 음식은 흰빵과 요구르트, 치즈, 흰우유이며 과일류, 채소류, 육류는 전혀 먹지 않고, 새로운 감촉이 느껴지지 음식을 좋아하지 않으며 복통 걱정 때문에 새로운 음식 먹어보는 것을 피한다. 은아가 선호하는 음식은 모두 부드럽고 순하고, 일반적으로 색깔이 없다.
키 152cm, 체중 33kg이며 월경은 아직 시작되지 않았다.
은아는 자신이 날씬하다는 것을 잘 알고 있었으며 자신의 외모에 대해서는 염려하지 않았다. 은아의 엄마는 어렸을 때 단단한 음식을 주었을 때 바닥에 던졌고 자주 새로운 음식을 주었을 때 시도해보기조차 거부했다고 한다. 불안 심각도는 중등도에서 고도로 보여졌다.

표. 이식증, 되새김장애, 회피적/제한적 음식섭취장애 특징

이식증	되새김장애(반추장애)	회피적/제한적 음식섭취장애
• 유아기를 지난 후 음식이 아닌 것을 섭취함 • 먹는 행동이 사회적 관습이나 문화적으로 허용되지 않음 • 어떤 다른 정신질환의 일부가 아님	• 다시 씹기, 다시 삼키기 또는 뱉어내기와 함께 역류/되뿜기 • 위장관계 또는 내과적 이유가 없음 • 정신질환 또는 섭식장애이 일부가 아님	• 아동기에 시작된 음식 섭취의 회피 또는 제한 • 상당히 낮은 BMI • 장관 영양에 의존적이거나 영양결핍을 경험함 • 신체상에 대한 왜곡이 없음 • 의학적 상태로 인한 것이거나 어떤 다른 정신질환의 일부가 아님

Part 22 배설장애

1 유뇨증

개념	• 배변훈련이 끝난 5세 이상의 아동이 신체적인 이상이 없음에도 불구하고 옷이나 침구에 반복적으로 소변을 보는 경우임
발생	• 야간형 유뇨증이 가장 흔하며, 수면의 초기에 흔히 발생함
원인	유전	• 가족력 있음
	스트레스	• 동생의 출생, 병원 입원, 부모의 이혼, 입학, 이사와 같은 사건 등

유뇨증 진단기준 (DSM-5-TR)

A. 침구 또는 옷에 불수의적이든 의도적이든 반복적으로 소변을 본다.
B. 이러한 행동은 임상적으로 확연하게 나타나며, 적어도 연속된 3개월 동안 주 2회 이상의 빈도로 일어나고, 사회적, 학업적(직업적) 또는 다른 중요한 기능 영역에서 임상적으로 현저한 고통이나 손상을 초래한다.
C. 생활연령이 적어도 5세이상이다.(또는 이와 동일한 발달수준에 있음)
D. 이러한 행동은 물질(예 이뇨제, 항정신병 치료약물)의 생리적 효과나 다른 의학적 상태(예 당뇨, 척수이분증, 발작장애)로 인한 것이 아니다.

다음중 하나를 명시할 것
- 야간형 단독: 야간수면 시에만소변 배출
- 주간형 단독: 깨어 있는 시간 동안에 소변 배출
- 주야간형 복합: 앞의 2가지 아형의 혼합형

2 유분증

개념	• 4세 이상의 아동이 대변을 적절치 않은 곳에 반복적으로 배설하는 경우임	
원인	대소변 훈련	• 지나치게 강압적, 일관성 없는 대소변 훈련, 너무 일찍 대소변 훈련시 발생
	스트레스	• 동생의 출생, 입학, 부모불화, 어머니와의 이별, 입원 등으로 발생
특징	• 대부분은 불수의적이지만, 의도적이기도함(적대적 반항장애나 품행장애). 대변 보기를 피하는 심리(예 특정장소에서 변을 보는 것이 불안), 수줍음이 많은 성격, 난처한 일이 생길지 모르는 상황을 피하려고 함	

유분증 진단기준 (DSM-5-TR)

A. 부적절한 장소(예 옷, 바닥)에 불수의적이든 의도적이든 반복적으로 대변을 본다.
B. 이러한 상황이 적어도 3개월 동안에 월 1회 이상 나타난다.
C. 생활연령이 적어도 4세 이상이다.(또는 이와 동일한 발달 수준에 있음)
D. 이러한 행동은 물질의 생리적 효과나 변비를 일으키는 기전을 제외한 다른 의학적 상태로 인한 것이아니다.

다음 중 하나를 명시 할 것
• 변비 및 범람 변실금을 동반하는 경우: 신체검진이나 병력상 변비의 증거가 있다.
• 변비 및 범람 변실금을 동반하지 않는 경우: 신체검진이나 병력상 변비의 증거가 없다.

Part 23 성관련 장애, 젠더 장애

1 성관련 장애 용어

성 정체성 (sexual identify)	• 생물학적 성(염색체, 생식기, 2차 성징 등)의 특성에 따라 자신을 남성 또는 여성으로 인식하는 것을 말함
성별 정체성 (gender identify)	• 개인이 속한 그 사회에서 통용되는 남성다움 또는 여성다움에 따라 자신을 남성 또는 여성으로 인식하고 내적 확신을 갖는 것임
성 역할	• 성별 정체성에 따라 나타나는 행동양상으로 사회문화적 특성에 따른 남성 또는 여성으로서 기대되는 역할 특성임
성 지향성	• 개인의 성적취향으로 성 충동의 대상이 동성, 이성, 양성인지에 관한 것

2 성관련 장애 - 성기능부전

1 성기-골반통 / 삽입장애 (성관련 장애)

개념	• 성교 전, 중 또는 후에 골반/질 통증을 의미하는 성교통증과 질경련을 포함하는 개념 (골반통증에 대한 두려움이나 불안을 느끼는 경우)
원인	• 외상적 성경험, 성에 대한 죄책감이나 부정적 태도가 원인임

성기-골반통 / 삽입장애 진단기준 (DSM-5-TR)

A. 다음 중 하나 이상의 증상이 지속되거나 재발되는 어려움이 있다.
  1. 성교 중 삽입통
  2. 성교 중이나 삽입 시도 중 현저한 음부나 질의 통증 혹은 골반통
  3. 질 내 삽입을 예상하거나 질 내 삽입 중이거나 질 내 삽입의 결과로 인한 음부나 질의 통증 혹은 골반통에 대한 현저한 두려움이나 불안
  4. 질 내 삽입의 시도 동안 골반저근의 현저한 긴장 혹은 조임
B. 진단기준 A의 증상은 최소 약 6개월 이상 지속되어야 한다.
C. 진단기준 A의 증상은 개인에게 임상적으로 현저한 고통을 초래한다.
D. 성기능부전은 비성적인 정신질환이나 심각한 대인관계 스트레스(예 파트너의 폭력) 혹은 다른 스트레스 요인으로 더 잘 설명되지 않으며 물질/치료약물의 효과나 다른 의학적 상태로 인한 것이 아니다.

다음 중 하나를 명시할 것
- 평생형: 장애가 개인이 성적으로 활동하기 시작할 때부터 존재
- 후천형: 장애는 상대적으로 정상적인 성기능 시기 이후에 발생

현재의 심각도를 명시할 것
- 경도: 진단기준 A의 증상들이 경한 고통을 유발
- 중등도: 진단기준 A의 증상들이 중등도의 고통을 유발
- 고도: 진단기준 A의 증상들이 고도 또는 극도의 고통을 유발

3 성관련 장애 - 변태성욕장애

1 관음장애

관음장애 진단기준 (DSM-5-TR)

A. 옷을 벗는 과정에 있거나 성행위에 몰입해 있어 눈치채지 못하고 옷을 벗고 있는 사람을 관찰하는 행위를 통한 반복적이고 강렬한 성적 흥분이 성적 공상 성적 충동 또는 성적 활동으로 발현되며 적어도 6개월 이상 지속된다.
B. 개인이 동의하지 않는 사람에 대해 이와 같은 성적 충동에 따라 행동하거나 혹은 이러한 성적 충동이나 성적 공상이 사회적, 직업적, 또는 다른 중요한 기능 영역에서 임상적으로 현저한 고통이나 손상을 초래한다.
C. 이러한 성적 흥분을 경험하거나 성적 욕구에 따라 행동하는 개인은 적어도 18세 이상이어야 한다.

2 노출장애

노출장애 진단기준 (DSM-5-TR)

A. 눈치채지 못한 사람에게 성기를 노출하는 행위를 통한 반복적이고 강렬한 성적 흥분이 성적 공상, 성적 충동 또는 성적 행동으로 발현되며 적어도 6개월 이상 지속된다.
B. 개인이 동의하지 않는 사람에 대해 이러한 성적 충동에 따라 행동하거나, 이러한 성적 충동이나 성적 공상이 사회적, 직업적, 또는 다른 중요한 기능 영역에서 임상적으로 현저한 고통이나 손상을 초래한다.

3 마찰도착장애

마찰도착장애 진단기준 (DSM-5-TR)

A. 동의하지 않은 사람에 대한 접촉, 문지르는 행위를 통한 반복적이고 강렬한 성적 흥분이 성적 공상, 성적 충동 또는 성적 행동으로 발현되며 적어도 6개월 이상 지속된다.
B. 개인은 동의하지 않는 사람에게 이러한 성적 충동에 따라 행동하거나, 이러한 성적 충동이나 성적 공상이 사회적, 직업적, 또는 다른 중요한 기능 영역에서 임상적으로 현저한 고통이나 손상을 초래한다.

표. 마찰도착장애 사례

혼잡한 지하철에서 한 여성의 둔부를 몰래 접촉하고 문지른 30대 남성이 성추행범으로 구속되었다.

4 성적피학장애

성적피학장애 진단기준 (DSM-5-TR)

A. 굴욕을 당하거나, 매질을 당하거나, 묶이거나 기타 다른 방식으로 고통을 당하는 행위를 통한 반복적이고 강렬한 성적 흥분이 성적 공상, 성적 충동 또는 성적 행동으로 발현되며 적어도 6개월 이상 지속된다.
B. 이러한 성적 공상, 성적 충동 혹은 성적 행동이 사회적, 직업적, 또는 다른 중요한 기능 영역에서 임상적으로 현저한 고통이나 손상을 초래한다.

5 성가학장애

성적가학장애 진단기준 (DSM-5-TR)

A. 다른 사람의 신체적 또는 심리적 고통을 통해 반복적이고 강렬한 성적 흥분이 성적 공상, 성적 충동 또는 성적 행동으로 발현되며 적어도 6개월 이상 지속된다.
B. 동의하지 않는 사람에게 이러한 성적 충동에 따라 행동하거나, 이러한 성적 충동 혹은 성적 공상이 사회적, 직업적, 또는 다른 중요한 기능 영역에서 임상적으로 현저한 고통이나 손상을 초래한다.

6 소아성애장애

소아성애장애 진단기준 (DSM-5-TR)

A. 사춘기 이전의 아동들(일반적으로 13세 이하)을 상대로 한 성적 활동을 통해 반복적이고 강렬한 성적 흥분이 성적 공상, 성적 충동 또는 성적 행동으로 발현되며 적어도 6개월 이상 지속된다.
B. 개인은 이러한 성적 충동에 따라 행동하거나, 이러한 성적 충동 혹은 성적 공상이 현저한 고통이나 대인관계의 어려움을 초래한다.
C. 이러한 개인은 연령이 적어도 16세 이상이어야 하며 진단기준 A에 언급된 아동이나 아동들보다 적어도 5세 연상이어야 한다.
　주의점: 12세 또는 13세의 아동과 지속적인 성행위를 맺고 있는 청소년 후기의 개인은 포함하지 않는다.

| 표. 소아성애장애 사례 |

27세 최○○ 남성은 어린이집 교사로 일하면서 5,6세 어린이 3명에게 사탕, 젤리를 준 후 어린이집 화장실로 데려가 유사성행위를 시키고, 10차례 성추행을 하고, 범행 장면을 휴대전화로 촬영하기도 하여 구속되었다.

7 물품음란장애

물품음란장애 진단기준 (DSM-5-TR)

A. 무생물의 물체를 이용하거나, 성기가 아닌 신체 부위에 상당히 특정한 집착을 함으로써 반복적이고 강렬한 성적 흥분이 성적 공상, 성적 충동, 또는 성적 행동으로 발현되며 적어도 6개월 이상 지속된다.
B. 이러한 성적 공상, 성적 충동 또는 성적 행동이 사회적 직업적 또는 다른 중요한 기능 영역에서 임상적으로 현저한 고통이나 손상을 초래한다.
C. 물품음란의 대상이 되는 물체는 옷 바꿔 입기에 쓰이는 의복(복장도착장애에서처럼)이나 접촉적인 성기 자극을 위해 특별히 고안된 물품(예 진동기)에 국한되지 않는다.

| 표. 물품음란장애 사례 |

여성의 속옷, 스타킹, 남성이나 여성의 양말이나 신발을 신는 것, 신체의 일부인 발, 발가락, 머리카락에 집착하는 것 등이 포함되는 장애로 청소년 이전에 시작될 수 있다.

8 복장도착장애

복창도착장애 진단기준 (DSM-5-TR)

A. 옷 바꿔 입기로부터 반복적이고 강렬한 성적 흥분이 성적 공상, 성적 충돌 혹은 성적 행동으로 발현되며 적어도 6개월 동안 지속된다.
B. 이러한 성적 공상, 성적 충동 혹은 성적 행동이 사회적, 직업적, 또는 다른 중요한 기능 영역에서 임상적으로 현저한 고통이나 손상을 초래한다.

다음의 경우 명시할 것
- 물품음란증 동반: 직물 소재 또는 의복으로부터 성적 흥분을 느끼는 경우
- 자가여성애 동반: 자신을 여성이라고 생각하거나 떠올림으로써 성적 흥분을 느끼는 경우

| 표. 복장도착장애 사례 |

거의 남성에게만 나타나고 아동기에 시작되며 남성이 여성의 옷을 입고 성적흥분을 하는 것을 말한다

4 젠더 불쾌감

젠더 불쾌감 진단기준 (DSM-5-TR)

아동에서의 젠더 불쾌감

A. 자신의 경험된/표현되는 성별과 할당된 성별 사이의 현저한 불일치가 최소 6개월의 기간으로, 최소한 다음 6가지를 보인다(진단기준 A1을 반드시 포함).
   1. 다른 젠더가 되고 싶은 강한 욕구 또는 자신이 다른 젠더(또는 부여된 젠더와 다른 어떤 대체 젠더)라고 주장함
   2. 남자아이(부여된 젠더)는 여자아이 옷을 입거나 여자아이 옷처럼 보이게 하는 것을 강하게 선호하고, 여자아이(부여된 젠더)는 전형적인 남자아이 옷만 강하게 선호하고, 전형적인 여자아이 옷에는 강한 저항을 보임
   3. 가상 놀이 또는 환상 놀이에서 다른 젠더의 역할을 강하게 선호함
   4. 다른 젠더가 전형적으로 사용하거나 관여하는 장난감, 게임, 활동을 강하게 선호함
   5. 다른젠더의 놀이친구를 강하게 선호함
   6. 남자아이(부여된 젠더)는 전형적으로 남성적인 장난감, 게임, 활동에 대해 강한 거부감과 난폭한 놀이와 강한 회피, 여자아이(부여된 젠더)는 전형적으로 여성적인 장난감, 게임, 활동에 대한 강한 거부감을 보임
   7. 자신의 해부학적 성별에 대한 강한 혐오
   8. 자신이 경험한 성별과 일치하고자 하는 일차, 그리고/또는 이차 성징에 대한 강한 욕구
B. 이 상태는 사회적, 직업적, 또는 다른 중요한 기능 영역에서 임상적으로 현저한 고통이나 손상과 연관된다.

청소년과 성인에서의 젠더 불쾌감

A. 자신의 경험된/표현되는 젠더와 부여된 젠더 사이의 현저한 불일치가 최소 6개월 동안 다음 중 최소 2가지를 보인다.
   1. 자신의 경험된/표현되는 젠더의 일차, 그리고/또는 이차 성징(또는 어린 청소년에서 기대되는 이차 성징) 사이의 현저한 불일치
   2. 자신의 경험된/표현되는 젠더(또는 어린 청소년에서 기대되는 이차 성징의 발달을 먹고자 하는 욕구)의 현저한 불일치로 인해 자신의 일차 그리고/또는 이차 성징을 제거하고자 하는 강한 욕구
   3. 다른 젠더의 일차 그리고/또는 이차 성징에 대한 강한 욕구
   4. 다른 젠더(또는 자신에게 부여된 젠더와의 다른 어떤 대체 젠더)가 되고 싶은 강한 욕구
   5. 다른 젠더(또는 자신에게 부여된 젠더와의 다른 어떤 대체 젠더)로 대우받고 싶은 강한 욕구
   6. 자신이 다른 젠더(또는 자신에게 부여된 젠더와의 다른 어떤 대체 젠더)의 전형적인 느낌과 반응을 가지고 있다는 강한 확신
   (또는 자신에게 할당된 성별과는 다른 어떤 대체성별)
B. 이 상태는 사회적, 직업적, 또는 다른 중요한 기능 영역에서 임상적으로 현저한 고통이나 손상과 연관된다.

표. 젠더불쾌감 사례

고등학교 여학생이 짧은 스포츠머리를 하고, 남자옷을 입고 다니며, 자신은 어렸을 때부터 남성인 것 같다고 하고, 남자가 되고 싶다고 한다. 어렸을때부터 여자인형 놀이를 싫어하였고, 원피스와 레이스 달린 여성옷을 거부하였다 한다.

Part 24 신경인지 장애

1 섬망

섬망 진단기준 (DSM-5-TR)

A. 환경에 대한 인식 감소를 동반한 주의의 장애(즉, 주의를 기울이고, 집중, 유지 및 전환하는 능력 감소)와 의식의 장애(환경에 대한 지남력 감소)
B. 장애는 단기간에 걸쳐 발생하고(대개 몇 시간이나 며칠), 기저 상태의 주의와 의식으로부터 변화를 보이며, 하루 경과 중 심각도가 변동하는 경향이 있다.
C. 부가적 인지장애 (예 기억 결손, 지남력장애, 언어, 시공간 능력 또는 지각)
D. 진단기준 A와 C의 장애는 이미 존재하거나, 확진되었거나, 진행 중인 다른 신경인지장애로 더 잘 설명되지 않고, 혼수와 같이 각성 수준이 심하게 저하된 상황에서는 일어나지 않는다.
E. 병력, 신체 검진 또는 검사 소견에서 장애가 다른 의학적 상태, 물질 중독이나 금단 (즉, 남용약물 또는 치료약물로 인한) 또는 독소 노출로 인한 직접적·생리적 결과이거나, 또는 다중 병인 때문이라는 증거가 있다.

다음의 경우 명시할 것
- 급성: 몇 시간이나 며칠 지속하는 경우
- 지속성: 몇 주나 몇 개월 지속하는 경우

다음의 경우 명시할 것
- 과활동성: 정신운동 활동 수준이 과잉되어 기분 가변성, 초조, 그리고/또는 의학적 치료에 대한 협조 거부를 동반할 수 있다.
- 저활동성: 정신운동 활동 수준이 저조하여 혼미에 가깝게 축 늘어지거나 무기력을 동반할 수 있다.
- 혼재성 활동수준: 비록 주의와 의식의 장애라 있지만, 정신운동 활동은 보통수준이다. 또한 활동 수준이 빠르게 변동하는 경우도 포함한다.

❷ 주요 신경인지장애

주요 신경인지장애 진단기준 (DSM-5-TR)

A. 1개 이상의 인지 영역(복합적 주의, 집행 기능, 학습과 기억, 언어, 지각-운동 또는 사회 인지)에서의 인지저하가 이전의 수행 수준에 비해 현저하다는 증거는 다음에 근거한다.
  1. 환자, 환자를 잘 아는 정보제공자 또는 임상의가 현저한 인지 기능 저하를 걱정
  2. 인지 수행의 현저한 손상이 가급적이면 표준화된 신경심리 검사에 의해, 또는 그것이 없다면 다른 정량적 임상평가에 의해 입증
B. 인지 결손은 일상 활동에서 독립성을 방해한다.
  (즉, 최소한 계산서 지불이나 치료약물 관리와 같은 일상생활의 복잡한 도구적 활동에서 도움을 필요로 함)
C. 인지 결손은 오직 섬망이 있는 상황에서만 발생하는 것이 아니다
D. 인지 결손은 다른 정신질환(예 주요우울장애, 조현병)으로 더 잘 설명되지 않는다.

병인에 따라 다음 중 하나를 명시할 것
- 알츠하이머병, 전두측두엽 변성, 루이소체병, 혈관 질환, 외상성 뇌손상, 물질/치료약물 사용, HIV 감염, 프라이온병, 파킨슨병, 헌팅턴병, 다른 의학적 상태, 다중 병인, 미상의 병인

현재의 시각도를 명시할 것
- 경도: 일상생활의 도구적 활동의 어려움(예 집안일, 돈관리)이 있다.
- 중등도: 일상생활의 기본적 활동의 어려움(예 음식 섭취, 옷입기)이 있다.
- 고도: 완전히 의존적인 상태이다.

❸ 경도 신경인지장애 (Mild Neurocognitive Disorder, MCI)

경도 신경인지장애 진단기준 (DSM-5-TR)

A. 1개 이상의 인지 영역(복합적 주의, 집행 기능, 학습과 기억, 언어, 지각-운동 또는 사회 인지)에서 인지 저하가 이전의 수행 수준에 비해 경미하게 있다는 증거는 다음에 근거한다.
  1. 환자, 환자를 잘 아는 정보 제공자 또는 임상의가 경도 인지 기능 저하를 걱정
  2. 인지 수행의 경미한 손상이 가급적이면 표준화된 신경심리 검사에 의해, 또는 그것이 없다면 다른 정량적 임상평가에 의해 입증
B. 인지 결손은 일상 활동에서 독립적 능력을 방해하지 않는다.
  (예 계산서 지불이나 치료약물 관리와 같은 일상생활의 복잡한 도구적 활동은 보존되지만 더 많은 노력, 보상 전략 및 조정이 필요할 수 있다).
C. 인지 결손은 오직 섬망이 있는 상황에서만 발생하는 것이 아니다.
D. 인지 결손은 다른 정신질환(예 주요우울장애, 조현병)으로 더 잘 설명되지 않는다.

병인에 따라 다음 중 하나를 명시할 것
- 알츠하이머병, 전두측두엽 변성, 루이소체병, 혈관 질환, 외상성 뇌손상, 물질/치료약물 사용, HIV 감염, 프라이온병, 파킨슨병, 헌팅턴병, 다른 의학적 상태, 다중 병인, 미상의 병인

Part 25 수면-각성 장애 23 임용

1 수면의 이해

1 수면의 기능과 영향

(1) 수면의 기능

신체회복	• 다양한 신경생리기능 • 뇌(중추신경계)를 회복시키고, 재충전함
성장호르몬	• 3, 4단계 NREM 수면 시 성장호르몬이 분비됨
단백합성, 세포분열	• 단백합성과 세포분열이 수면과 휴식시 현저히 증가함
인지적 기능	• REM 수면은 낮동안 학습된 정보를 정리하여 불필요한 것을 버리고 유용한 것을 재학습시키거나 기억하도록 함 (학습 및 기억능력) • 주의력, 집중력, 기억력, 문제 해결 능력 등 다양한 인지적 기능을 향상시킴
감정조절 기능	• 불쾌하고 불안한 감정을 꿈이나 정보처리과정을 통해 정화시킴

(2) 수면관련 뇌기능

망상활성계		• 수면과 각성 작용
트립토판, 세로토닌		• 트립토판(세로토닌의 전구물질) : 수면의 효과 가져오며, 서파수면 증가 → 세로토닌 증가
도파민, 노르에피네프린		• 각성효과
GABA		• 억제성 신경전달물질로 수면 유도
히포크레틴		• 기면증시 히포크레틴 감소
코티졸		• 코티졸 증가시 멜라토닌 분비 방해
멜라토닌		• 송과체에서 분비되는 신경전달물질임
	분비	• 어두운 환경에서 분비됨
	억제	• 밝은 빛에서 억제됨
	기능	• 환경적 빛의 변화에 따라 일주기 리듬을 생성함 • 시상하부 호르몬을 조절함

(3) 수면장애가 신체에 미치는 영향

신체질환	① 심혈관계 및 대사성 질환과의 연관성 • 고혈압, 혈당 상승, 비만, 심박동수 증가 → 심근경색, 관상동맥질환, 심부전, 뇌졸중 등 심혈관 질환의 위험요소 (코티졸 증가로 인해)
	② 성장호르몬감소 • 성장지연 등
신경인지기능과의 연관성	• 주의력 저하, 집중력 저하, 기억력 저하, 일부 수행기능 저하, 노년기 인지기능 저하
정신 질환과의 연관성	• 우울, 불안, 자살 등의 위험인자, 건강에 대한 걱정, 신체증상에 집중된 불안 등
	• 장기간 수면박탈시 자아붕괴, 환각(환시, 환촉), 망상 등
심리적 역기능	• 짜증, 과민, 탈진, 혼돈, 공격성 증가 등 심리적 역기능 발생

2 수면-각성 주기 및 수면 단계

수면-각성 주기	개념	• 일주기 리듬의 하나로 뇌파, 체온조절, 호흡, 심박동, 신경전달물질의 대사, 호르몬의 유리, 월경 주기 등 신체의 다른 주기들과 상호작용함
일주기리듬	개념	• 24시간을 주기로 반복되는 일주기리듬을 가지고 있음음
	기능	• 일주기리듬으로 인해 하루 중 일정시간 동안 활동하고, 일정시간 동안은 수면할 수 있음 → 수면을 촉진하고, 수면과 각성주기를 통제하는 기능
	요소	• 리듬 일치요소로는 빛, 구조적, 사회활동, 대인접촉 등이 있음
일주기리듬 장애		• 리듬일치요소에 적절히 노출하지 못했을 때, 교대근무, 시치지역 방문 등 발생함

(1) 수면의 구조(단계)

• 수면 구조: 수면을 구성하는 다른 수면 단계의 상대적 양과 수면주기의 타이밍임
• 전반부에는 깊은 수면(NREM 3~4단계)이 나타나고, 후반부에 갈수록 REM 수면이 나타남

① REM 수면과 NREM 수면 기능

		REM 수면		NREM 수면
의미		'눈의 빠른 움직임'을 의미함		'완전한 각성에서 졸음으로 전환'을 의미함
비중		• 전체 수면시간의 20~25%를 차지		• 전체 수면시간의 75~80%를 차지함
기능	정신기능 회복	• 주의력, 집중력, 기억력, 문제해결 능력 등 기억력, 집중력, 문제해결능력, 학습 등 정신·정서적 회복에 중요한 역할	신체기능 회복	• 신체적으로 회복을 촉진, 심한 운동 후 더 요구됨 → 체내 이화작용 증가 후 요구

② REM 수면과 NREM 수면 비교

	REM수면	NREM 수면
뇌파	• 비동조적	• 동조적
안구운동	• 빠른 움직임	• 없거나 느린 움직임
근전도	• 소실	• 감소
혈압/심박수	• 변화가 심함	• 일관성 있게 저하
심박출량	• 감소	• 감소
호흡수	• 변화가 심함	• 감소, 규칙적
대뇌 산소 소비	• 증가	• 감소
대뇌 당대사	• 증가, 불변	• 감소
이산화탄소 반응	• 감소(부분적 장애)	• 각성 시와 유사
산소에 대한 반응	• 각성 시와 유사	• 각성 시와 유사
체온	• 변온성	• 항온성
야간음경팽창	• 자주 발생	• 드묾
사고 및 정신활동	• 비논리적, 지각적, 꿈이 많음	• 논리적, 개념적, 꿈이 드묾
행동	• 억제됨	• 삽화적, 흔하지 않음
병리	• 악몽, REM수면 행동장애	• 야경증, 몽유병, 공황발작

(2) 수면의 구조 (단계)

- 수면구조(단계)의 사이클은 3~5회 반복함
- 1회의 수면은 약 90~120분임

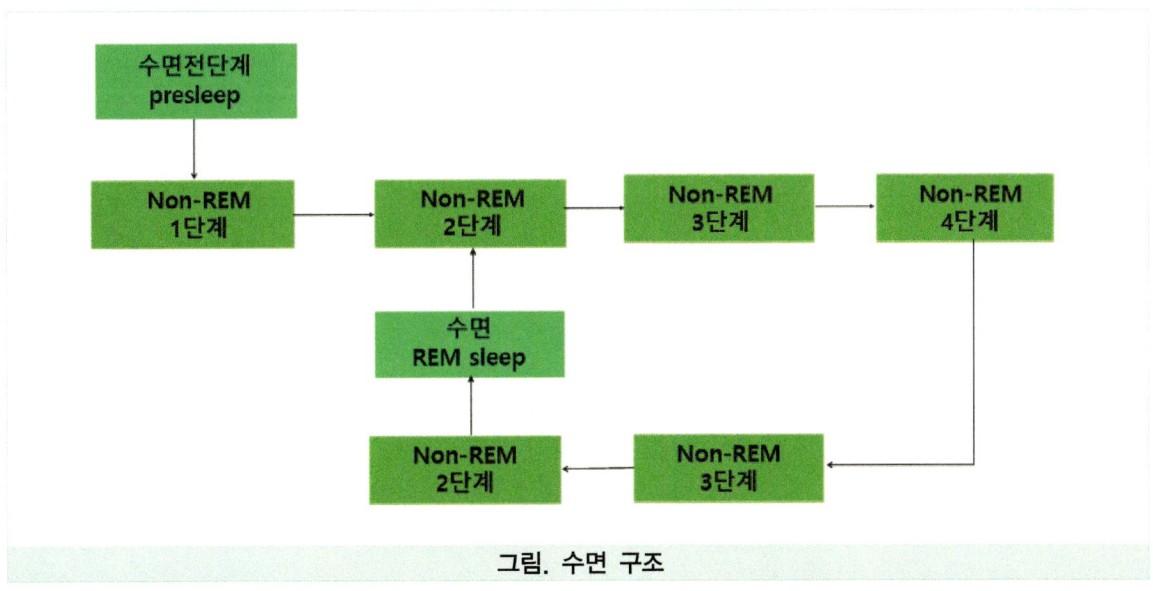

그림. 수면 구조

자료원. 한국노인호학회. 노인간호학(2021). 현문사

단계	유형	특징	노인
NREM 1단계	얕은 수면 (전환단계)	• 각성에서 수면으로 이행되는 과정임 (각성과 수면의 중간상태) • 감각 자극에 의하여 쉽게 각성 • 활력 징후와 대사의 점진적 하강 • 수분간 지속후 다음 단계로 넘어감 • 전체수면의 5% 이하임	증가
NREM 2단계	중단기 수면 (가벼운 수면)	• Non-REM 보다 좀 더 깊은 이완단계에 도달함 • 심박동수, 호흡수 감소 • 쉽게 각성 : 1단계보다 각성시 자극이 더 필요함 • 10~20분 지속됨 • 전체수면의 45~55%를 차지함	
NREM 3단계	깊은 수면	• 깊은 수면 단계 • 깨어나기 어려움 • 혈압, 체온, 맥박 감소 • 근육의 완전한 이완 • 15~30분안 지속됨	감소
NREM 4단계	매우 깊은 수면	• 가장 깊은 수면단계 • 깨어날려면 상당한 자극이 필요함 (깨기가 어려움) • 진폭이 크고 느린 델타파가 나타남 → 서파수면, 델타수면이라고도 불리움 • 각성시에 비해 현저히 낮은 활력징후 • 신체회복에 많은 도움 • 성장호르몬 분비 증가 • 근육완전 이완 • 수면 전반부에 3~4단계 깊은 수면이 나타남 • 15~30분간 지속됨 • 3, 4단계 수면은 전체 수면의 15~20%를 차지함	감소
REM 수면	활성 수면	• 빠른 안구운동이 나타남 • 각성상태와 유사한 매우 활동적인 뇌기능과 생리적 기능이 특징임 • 수면 후 90분이 지나면 REM 수면 발생, 10분 이상 지속 X • 수면 후반기 1/3 시기에 일어남 • 뇌파활동이 활발함 • 생생한 꿈 (80%는 꿈) • 활력징후 증가(혈압, 맥박, 호흡의 증가) 또는 변동 • 자율신경계 항진으로 음경발기 • 근육 긴장도는 가장 감소 : 신체 움직임이 없음 • 낮동안 학습한 정보를 정리, 기억저장 등 정신기능 회복 • 전체수면의 20~25% 차지함	감소

(3) 노화에 따른 수면의 변화

- 수면잠복기 감소
- 총 수면시간의 변화 및 수면 효율성 감소

    수면효율성 : 침대에 누워있는 시간 대비 실질적 총 수면시간의 비율 (수면의 시간보다 중요함)

- 수면 중 각성이 빈번해짐 (노인의 50% 이상이 각성이 일어난 후 30분 이상 깨어있음)
- 낮잠 증가
- 순환 리듬의 변화(일찍 잠에 들고, 일찍 기상)
- 깊은 수면에 들지 못함
- REM 수면과 3,4단계 Non-REM 수면이 짧아지고, Non-REM 1단계 수면이 길어짐

3 수면의 진단과 원인

(1) 수면다원검사 (수면진단)

3가지 요인	뇌파, 근전도, 안구운동의 세가지 요인을 내포하는 검사임
사정(검사) 내용	수면의 발현, 진행, 깊이를 상세하게 사정함
장점	수면에 대해 가장 신뢰할 수 있고, 객관적인 검사임
단점	가격이 비쌈, 가정에서는 측정 X(병원에서만), 측정도구 부착으로 인한 불편감 있음

(2) 수면장애의 원인

생리적 원인		신체적 불편감, 질병 통증, COPD, 천식 등의 호흡기 질환, 심한 가려움증, 갑상샘 항진증, 파킨슨 질환 등
심리적 원인	정신질환	우울, 불안 등
	스트레스	교감신경계 자극으로 불면장애 유발
	인지기능저하	치매 등 인지기능 저하로 불면장애 유발
	성격	완벽주의 성향 → 쉽게 긴장, 불안, 밤이 될수록 긴장과 각성 ↑
환경과 생활습관	환경	• 부적절한 실내온도, 습도, 채광, 조명, 소음, 유해자극 등 • 생활환경의 변화 (이사 등)
	생활습관	흡연, 알코올 섭취, 운동부족
약물		SSRI, 항고혈압제, 항콜린제, 교감신경흥분제, 이뇨제, 아편제, 기침 및 감기약, 갑상샘 제제, 항경련제, 스테로이드제 등
	흡연(니코틴)	중추신경 자극으로 만성적인 불면장애 유발
	알코올	가벼운 음주는 잠드는데 수 도움이 되지만, 수면의 질 저하 → 혈중 알코올 농도가 떨어지면, 중간에 자꾸 깨고, 꿈도 많이 꿈
	커피	중추신경 자극으로 각성유발로 수면-각성장애 초래

(3) 일시적 불면증이 만성적 불면증이 되는 이유

- ① 부적응적 수면 습관, ② 불면에 대한 걱정과 두려움, ③ 수면부족으로 인해 낮에 일을 제대로 하지 못할 것이라는 불안

4 수면장애 관리

(1) 수면제

① Zolpidem

기전	• 뇌 GABA 수용체 중 수면과 관계있는 수용체(α 1)에 선택적으로 결합하여 수면효과 나타냄		
효과	• 특히 수면개시가 어려운 불면증에 효과 • 수면잠복기를 감소, 총 수면시간을 증가시키며, 수면유지에 도움을 주고, 수면의 질을 개선시킴 • REM 수면 영향이 적음 → 기억정리, 감정조절, 인지기능 회복에 중요함		
부작용	어지럼증	• 두통, 어지럼증, 졸림 → 낙상, 혼돈, 낮 시간의 졸림 등	
	사건수면	• 수면보행증, 수면관련식이 장애 등의 사건 수면, 기억상실 • 환각, 자살 위험성 증가	
	반동성 불면증	• 갑자기 약물을 중단하면 반동성 불면증 발생함	
	내성 및 금단증상	내성	• 장기 복용시 약효과가 감소하는 내성 있음
		금단증상	• 벤조디아제핀계 약물보다는 덜하지만 금단증상 있음

② 벤조디아제핀계 약물 (항불안제)

기전	• GABA(억제성 신경전달물질) 수용체와 결합하여 항불안, 항경련, 근육이완, 진정 효과가 있음
의존, 내성, 금단증상	• 장기간 처방시 심리적, 신체적 의존, 내성, 금단증상 있으므로 1~2주에 걸쳐 서서히 감량 • 4~6주 정도 짧게 사용, 최소량 약물, 최대한 짧게 사용 • 4개월 이상 사용시 초조, 불안, 떨림, 발한, 기면, 불면, 우울, 복통 및 근육통, 구토 및 경련발작과 같은 금단 증상 발현
약물	• FDA에 승인 받은 약물 alprazolzam(Xanax) • Diazepam(Vailum), Lorazepam(Ativan)

(2) 불면증 간호중재

① 수면위생 교육

개념	• 숙면을 취할 수 있는 환경이나 습관을 교육하는 것임 　수면위생 : 수면을 촉진하고, 숙면을 취할 수 있는 습관이나 환경적 요인을 통칭하는 용어 • 수면위생에는 수면일정, 수면태도, 낮 시간 및 수면 전 행동, 동침자의 유무, 빛과 소음·온도와 같은 환경이 포함됨	
교육	규칙적 수면	• 기상 및 취침시간을 규칙적으로 유지함
	카페인 x	• 커피 등 카페인 음료를 금하거나 정오 이후로 금함
	금연	• 담배를 줄이거나 금연하며, 특히 취침 직전의 흡연을 삼가함
	금주	• 술을 줄이거나 금주함
	공복감	• 공복감으로 잠이 안올 경우 간단한 군것질을 함
	환경	• 침실의 조명과 온도, 소음정도를 적당히 조절함
	침실	• 침실에서는 다른활동(업무, TV 시청 등)을 하지 않음
	운동	• 매일 낮시간 동안 적절한 양의 운동을 규칙적을 하되 취침시간 3시간 전부터는 운동을 삼가함
	수면제, 진정제	• 수면제나 진정제를 장기간 복용하지 않음

② 수면을 돕는 식이제공

카페인 x	• 커피나 카페인이 함유된 음식을 피함
트립토판 함유 음식	• 바나나, 우유, 견과류(아몬드, 호두 등) 수면유도물질인 트립토판을 함유하고 있어 수면에 도움이 됨

(3) 불면증 인지행동치료

① 자극통제

개념	• 수면을 유도하는 자극과 수면의 연합을 형성하고 강화함
예시	예 침대에서 깨어있는 시간을 최소화하고, 침대와 침실은 수면과 성생활을 위해서만 사용하며, 낮잠을 자지 않게 함

② 긴장이완훈련

• 아우토겐(Autogen) 훈련이 대표적임

■ 표. 아우토겐 개념 및 효과 ■

원리	• 만성적인 스트레스로 교감신경과 부교감신경의 균형이 깨지고(자율신경 불균형), 교감신경이 우위인 상태로 불면이 발생	
목표	• 부교감신경계의 즉각적인 활성화를 목표로 하여, 자율신경계를 안정시킴	
개념	중량감훈련	• 팔다리가 무거워 진다는 중량감 훈련
	온감훈련	• 팔다리가 따뜻해진다는 온감훈련
	• 중량감 훈련과 온감훈련과 같은 자기암시를 통해 신체적·심리적 이완상태를 유도함 → 자율훈련법으로 이완능력을 체계적이고 효과적인 방법으로 재습득 하도록 하는 이완요법임	
효과	• 불면의 해소 및 수면의 질 개선 • 우울증 개선, 스트레스 상황시 이완 등 • 집중력 향상, 자기조절 능력 향상	

■ 표. 아우토겐 훈련 방법 ■

• 1~6단계를 문장을 떠올리면서, 몸을 적응시킴

단계		내용	목적·효과
0단계		• 나는 아주 고요(편안)하다.	• 고요, 편암함
1단계	무거움 느끼기	• "내 오른팔이 무겁다. 내 왼팔이 무겁다"라고 자기암시를 반복함	• 근육 이완
2단계	따뜻함 느끼기	• "내 팔과 다리가 따뜻하다."라는 문구를 되뇌이며, 팔다리가 따뜻해지는 상상을 함	• 혈관 이완, 혈행 촉진
3단계	심장 박동 느끼기	• "심장이 고요하고, 힘차게 뛴다."라고 생각하며, 규칙적으로 심장박동을 느끼면서 안정감 느낌	• 심장의 조율 • 안정감 느낌
4단계	호흡조절	• "내 호흡이 편안하고, 고르다."라고 반복하고 들이마시고, 내쉬는 호흡에 집중함	• 호흡의 조율 등
5단계	복부 따뜻함 느끼기	• "내 복부가 따뜻하다."라고 암시하며, 소화기관 주변 긴장을 완화함	• 복부의 이완 등
6단계	이마 시원함 느끼기	• "내 이마가 시원하다."라고 되뇌며, 이마가 서늘해지는 기분을 느낌	• 사고와 감정의 정화

③ 인지재구성

원리	• 수면을 방해하는 부정적인 신념을 긍정적인 것으로 대체함
사례	예 "나는 매일 7시간 이상은 자야하며, 그렇지 못할 때는 내일 일에 지장을 줄 것이다." 예 "낮에 일을 제대로 하지 못한 것은 밤에 잠을 자지 못했기 때문이다."

④ 수면 일지

• 매일 수면일지를 작성하도록 함

6 광선치료

개념	• 10,000럭스 광원에 매일 30~45분간 노출시켜 야간에 멜라토닌 분비를 저하시켜 수면장애를 개선함

2 수면각성장애

1 불면장애

필수증상	• 수면개시나 유지의 어려움 호소를 동반한 수면의 양 또는 질의 불만족감
역학	• 성인의 약 15~25% 불면장애로 진단 • 아동, 청소년은 드묾 • 여성 폐경기에 새로 발생. 중,장년층에 호발
동반질환	• 우울장애, 양극성장애, 불안장애 흔함 • 스트레스와 관련된 정신생리적 증상(긴장성 두통, 근육의 긴장, 소화기계 증상)의 발생률 증가됨

표. 불면증의 유형

① 수면개시 불면증 (수면시작불면증, 초기 불면증)	• 잠자리에 들 때 수면을 시작하는 것이 여러운 것임 • 정상인의 경우 잠드는데 걸리는 시간이 10~15분인데 비해, 30분이상 잠자리에 누워 잠을 이루지 못함
② 수면유지 불면증 (중기 불면증)	• 밤시간 동안 빈번하게 혹은 지속적으로 각성되는 것 • 수면 도중에 자꾸 깨는 시간이 30분 이상임
③ 수면종료 불면증 (후기불면증)	• 이른 아침 각성되고 다시 잠들기 어려움 • 예상한 기상시간보다 아침에 일찍 잠에서 깨어 잠을 이루지 못함

불면장애 진단기준 (DSM-5-TR)

A. 수면의 양이나 질의 현저한 불만족감으로 다음 중 한 가지(또는 그이상) 이상의 증상과 연관된다.
  1. 수면 개시의 어려움(아동의 경우 보호자의 중재 없이는 수면 개시가 어려움으로 나타나기도 함)
  2. 수면 유지의 어려움으로 자주 깨거나 깬 뒤에 다시 잠들기 어려운 양상으로 나타남
    (아동의 경우 보호자의 중재 없이는 다시 잠들기 어려운 것으로 나타나기도 함)
  3. 이른 아침 각성하여 다시 잠들기 어려움
B. 수면 교란이 사회적, 직업적, 교육적, 학업적, 행동적 또는 다른 중요한 기능 영역에서 임상적으로 현저한 고통이나 손상을 초래한다.

C. 수면 문제가 적어도 일주일에 3회 이상 발생한다.
D. 수면 문제가 적어도 3개월 이상 지속된다.
E. 수면 문제는 적절한 수면의 기회가 주어졌음에도 불구하고 발생한다.
F. 불면증이 다른 수면-각성장애로 더 잘 설명되지 않으며, 이러한 장애들의 경과 중에만 발생되지는 않는다.
G. 불면증은 물질(예 남용약물, 치료약물)의 생리적 효과로 인한 것이 아니다.
H. 공존하는 정신질환과 의학적 상태가 현저한 불면증 호소를 충분히 설명할 수 없다.

다음의 경우 명시할 것
- 정신질환 동반, 물질사용장애 포함
- 의학적 상태 동반
- 다른 수면장애 동반

다음의 경우 명시할 것
- 삽화성: 증상이 적어도 1개월 이상 3개월 미만으로 지속된다.
- 지속성: 증상이 3개월 이상 지속된다.
- 재발성: 2회 이상의 삽화가 1년 내에 발생한다.

| 표. 불면장애 사례 |

대학원생 26살인 박OO군은 10시 이전에 잠자리에서 일어날 수 없다. 5개월 여자친구에게 실연을 당하고나서 수면 습관이 변하였다. 실연의 충격으로 한동안 우울감과 분노감을 느끼고, 전 여자친구에 대한 생각과 감정 때문에 잠을 이루지 못해, 2~3시간 이상 뒤척이며 잠 들지 못하였고, 어떤 날은 꼬박 밤을 지새우기도 하였다. 대게 새벽 4시 이후에 잠들어서 오전 10시가 돼서야 겨우 일어나고, 수험시간에 늦는 경우 많았고, 낮에도 늘 피곤하고, 졸음이 와서 대학원 생활에도 지장을 주게 되었다. 2학기때에는 오후에 강의가 있는 날로만 수강신청을 하였다.

2 과다수면장애

개념	• 과도한 졸림으로 인해 일상생활에 어려움을 겪는 경우임
원인	• 수면시 무호흡증, 기면증, 일주기리듬 수면-각성장애, 약물, 정신질환 등
역학	• 청소년 성인초기에 많음 (평균연령 15~30세)
경과	• 수주~수개월동안 서서히 진행됨 • 치료를 받지 않으면 만성적인 경과를 나타냄
영향	• 주간활동 동안 작업 효율 저하, 집중력 감소, 기억력 감소 등 직업적·사회적 관계 고통 발생

> **클레인-케빈 증후군**
> - 과다수면장애의 재발형으로 18~20시간동안 잠을 자거나 침대에서만 지내기도함
> - 잠을 깨워도 몽롱함, 집중력 저하, 현실감 상실, 환각이나 망상 발생 가능

과다 수면장애 진단기준 (DSM-5-TR)

A. 주요 수면 시간이 7시간 이상임에도 불구하고 과도한 졸림(과다수면)을 호소하며, 다음 중 한 가지 이상의 증상을 호소한다.
　1. 동일한 날에 반복적인 수면기를 보이거나 혹은 반복적으로 깜박 잠듦
　2. 하루에 주요 수면 삽화가 9시간 이상 지속되나 피로 해소가 되지 않음(즉, 개운하지 않음)
　3. 갑자기 깬 후에 완전히 각성 상태를 유지하기 어려움
B. 과다수면이 일주일에 3회 이상 발생하고, 적어도 3개월 이상 지속된다.
C. 과다수면이 인지적, 사회적, 직업적, 또는 다른 중요한 기능 영역에서 현저한 고통이나 손상을 동반한다.
D. 과다수면이 다른 수면장애로 더 잘 설명되지 않으며, 다른 수면장애의 경과중에만 발생되지는 않는다.
E. 과다수면 물질(예 남용약물, 치료약물)의 생리적 효과로 인한 것이 아니다.

다음의 경우 명시할 것
- 정신질환 동반, 물질사용 장애 포함
- 의학적 상태 동반
- 다른 수면장애 동반

다음의 경우 명시할 것
- 급성: 지속시간이 1개월 미만이다.
- 아급성: 지속시간이 1~3개월이다.
- 지속성: 지속시간이 3개월이상이다.

현재의 심각도를 명시 할 것
- 경도: 주간 각성 유지의 어려움이 주당 1~2일이다.
- 중등도: 주간 각성 유지의 어려움이 주당 3~4일이다.
- 고도: 주간 각성 유지의 어려움이 주당 5~7일이다.

3 기면증

(1) 기면증 개념 및 원인

개념		• 주간에 깨어있는 상태에서 갑자기 저항할 수 없는 졸음을 느껴 수면에 빠지게 되는 경우
원인	유전	• 유전적 소인 강함 (HLA 단백질)
	스트레스	• 갑작스러운 심리사회적 스트레스 이후 발병
	수면-각성 주기	• 수면-각성 주기 변화가 생긴 후에 발병
	하이포크레틴	• 하이포크레틴 감소와 관련 있음
	〈 2역치 다중요인 모델 〉 • 유전적 요인과 환경적 스트레스가 상호작용하여 수면발작을 초래한다는 설명임 • 유전적 취약성과 스트레스 요인의 합이 어떤 수준(역치)에 도달하면, 과다수면장애가 초래되고, 더 심각한 기면증이 유발한다는 이론임	
동반질환	정신질환	• 기면증 환자의 40%가 다른 정신질환을 동반함 • 주로 양극성 장애, 물질관련 장애, 불안장애 등
	사건수면	• 수면보행증, 이갈이, 야뇨증, REM 수면행동장애 등 사건수면이 흔함
역학	아동, 청소년 성인기 초기에 발병함	• 발병연령 : 15~25세 • 학업량과 사회적 부담이 스트레스인 고등학교, 대학교 시기에 발병 많음 • 어린 아동, 청소년은 졸림과 야간수면 장애로 공격성 증가나 행동문제 발생 • 40세 이후 발병은 드묾
	• 남녀 성비 비슷	

(2) 기면증 증상

① 주증상

수면발작 (진단기준 A)		• 낮에 갑작스럽게 심한 졸음(억누를 수 없는 수면 욕구)을 느끼며, 자기도 모르게 잠에 빠짐 • 불가항력적인 졸음으로 잠자기 부적절한 상황에서도 잠을 자게됨 예 수업 중, 운전 중, 회의 중, 대화 중, 시험 중 등
탈력발작 (진단기준 B)		• 감정(웃음, 놀람, 분노, 당황 등)에 의해 촉발되는 근육긴장 상실(근육운동의 이완)의 짧은 삽화 • 격렬한 감정변화를 느끼고 난후 쓰러질 것 같은 상태로 몇초~수분 지속됨
		• 목, 턱, 팔, 다리, 또는 온몸의 근육이완 • 기면증 환자의 60%에서 발생함
	가벼운 증상	• 맥이 탁 풀리면서 눈꺼풀, 턱, 머리, 팔이 무겁게 밑으로 쳐짐
	심한 증상	• 무릎이 저절로 구부러져 땅에 주저 앉음(무릎 풀림, 의자에 주저 앉음) • 머리가 흔들리거나 턱이 떨어짐(턱 빠짐), 뒤로 완전히 넘어짐(쓰러짐)
	의식	• 의식은 정상임

② **부증상**

수면마비	• 잠들거나 깨어날 때 몸을 움직일 수 없는 상태임 • 몇초~몇분동안 지속되는 일시적 언어 또는 운동실조 수반 (말하거나 움직이지 못함)
입면시 환각	• 수면개시 동안(잠이 들기 직전이나 잠이 들 무렵) 생생한 입면시 환각 경험 → 환시, 환청이 흔함
출면시 환각	• 막 잠에서 깨어난 후에(수면 – 각성으로 진행되는 사이) 환각
자동행동	• 기억이나 의식이 없는 몽롱한상태에서 반자동활동을 지속함
야식삽화	• 아동기 비만과 관계있음 (성조숙증도 일으킴)
야간수면장애	• 잦은 짧은 각성이 일어나 야간 수면장애를 일으킴
생생한 꿈	• 생생하고 현실적인 꿈을 꿈
REM 수면 행동 장애	• REM 수면동안 음성 발화나 복잡한 행동
야식삽화	• 아동기 비만 흔함 (성조숙증도 일으킴)

③ **초기증상**

- 초기증상 : 수면발작, 입면시 환각, 생생한 꿈, REM 수면행동 장애가 흔함

④ **증상 발생이유**

- REM 수면 이상이 주요 원인임
  → 낮에도 REM 수면이 갑자기 발생하여 주증상이 발생함
  → REM 수면이 정상인보다 빨리 시작함 (입면후 15분 이내)

표. 과다수면증 VS 기면증

	과다수면증	기면증
꿈	• 꿈 X	• 생생한 꿈
주간졸림	• 기면증에 비해 주간졸림 덜함	• 수면발작의 과도한 주간졸림
야간수면	• 야간수면은 양호함	• 야간수면 각성

(3) **기면증 진단기준**

기면증 진단기준 (DSM-5-TR)

A. 억누를 수 없는 수면 욕구 깜박 잠이 드는 것, 또는 낮잠이 하루에 반복적으로 나타난다. 이런 양상은 3개월 동안 적어도 일주일에 3회 이상 발생한다.
B. 다음 중 한 가지 이상이 나타난다.
  1. (a) 또는 (b)로 정의되는 탈력발작이 1개월에 수차례 발생함
    a. 장기간 유병된 환자의 경우, 웃음이나 농담에 의해 유발되는 짧은(수초에서 수분) 삽화의 의식이 있는 상태에서 양측 근육긴장의 갑작스러운 소실
    b. 아동이나 발병 6개월 이내의 환자의 경우, 분명한 감정계기 없이 혀를 내밀거나 근육긴장 저하를 동반한 얼굴을 찡그리거나 턱이 쳐지는 삽화

2. 뇌척수액(CSF) 하이포크레틴(hypocretin-1) 면역반응성 수치를 이용하여 측정된 하이포크레틴 결핍증. 하이포크레틴 1의 낮은 CSF 수치는 급성 뇌손상, 염증, 감염으로 인한 경우에는 관찰되지 않음
3. 야간수면다원검사에서 급속안구운동(REM)수면 잠복기가 15분 이내로 나타나거나, 또는 수면잠복기 반복 검사에서 평균 수면 잠복기가 8분 이내로 나타나고 2회 이상의 수면 개시 REM수면이 나타남

다음 중 하나를 명시할 것
- 탈력발작이 있거나 하이포크레틴 결핍이 있는 기면증(1형)
  : 진단기준 B1(탈력발작 삽화) 또는 진단기준 B2(낮은 CSF 하이포크레틴-1 수치)를 만족함
- 탈력발작이 없으며 하이포크레틴 결핍이 없거나 측정이 안된 기면증(2형)
  : 진단기준 B3(수면다원검사/수면잠복기 반복검사상 양성)을 만족하지만, 진단기준 B1을 만족하지 않고(즉, 탈력발작이 없음) 진단기준 B2도 만족하지 않음
- 의학적 상태로 인한 탈력발작 또는 하이포크레틴 결핍이 있는 기면증
- 의학적 상태로 인한 탈력발작 또는 하이포크레틴 결핍이 없는 기면증

현재의 심각도를 명시할 것
- 경도: 하루에 1~2회의 낮잠 필요. 수면교란이 있더라도 가벼움, 탈력발작이 있더라도 드묾 (1주에 1회 이내 발생)
- 중등도: 매일 수차례 낮잠 필요. 중등도의 수면교란, 탈력발작이 있으면 매일 또는 며칠마다 발생
- 고도: 거의 지속적인 졸리고 흔히 매우 심한 야간 수면교란(심한 몸의 움직임, 생생한 꿈이 나타날 수 있음), 탈력발작이 있는 경우에는 약물 저항성이며 하루에도 여러 차례 발생

| 표. 기면증 사례 |

고등학교 2학년 최OO은 중학교 때부터 수업도중 다리의 근육이 풀리는 증세를 경험하였고, 고등학교에 들어와서는 친구들과 대화 중에도 잠에 빠지는 경우가 있었으며, 선생님이 수업시간에 왜 잠을 자냐고 혼내는 순간에도 잠이 들었다가 약 15분쯤 경과하면 스스로 일어나곤 했다.

매일 밤 정상적으로 자지만, 아침에 눈을 뜨면 몸이 움직이지 않는 경험을 하고, 낮에도 수업 중 참을 수 없는 졸음이 몰려와 책상에 엎드려 잠드는 일이 반복되었다.

주말에 푹 쉬고, 잠을 충분히 자더라도, 낮동안 과도한 수면양상을 보여 학교에 와서 타인이 깨우지 않으면, 종례 시간까지도 자는 경우가 있었다.

12시경 점심 식사 때도 친구들이 깨우지 않으면, 식사도 하지 않고 잠만 자는 양상 보여 억지로 친구들이 깨워 식사를 하는 양상이 나타났다.

학업성적은 점점 떨어지고, 학습에도 흥미를 느끼지 못하게 되었으며, 선생님은 처음에는 반항을 하는 줄 알았으나, 면담결과 과도한 졸음으로 인한 것으로 판단되어 부모님께 정신과 진료를 보도록 권유하였다.

③ 사건수면

사건수면	• 수면상태에서 일어나는 비정상적인 행동, 경험 또는 생리적 사건을 뜻함
영향	• 숙면 방해로 낮동안 졸림·피곤함, 일상생활의 적응 어려움 등
종류	• 비급속 안구운동수면 각성장애(야경증, 수면보행증), 악몽장애, 급성안구운동수면 행동장애, 하지불안증후군 등이 있음

1 비급속 안구운동 수면각성장애 (Non-REM 수면각성장애) 23 임용

- 주된 수면시간의 1/3기간(서파수면)에 수면에서 불완전하게 깨어나는 경험을 반복하는 것으로, 수행보행 장애 또는 야경증이 나타남

(1) 진단기준

비급속 안구운동 수면 각성장애 진단기준 (DSM-5-TR)

A. 대개 주요 수면 삽화의 초기 1/3 동안에 발생하는 잠에서 불완전하게 깨는 반복적인 삽화가 있고, 다음 중 한 가지 이상이 동반된다.
   1. 수면보행증: 수면 동안 침대에서 일어나서 걸어다니는 반복적인 삽화. 수면 중 보행 동안 개인은 무표정하게 응시하는 얼굴을 보이고, 대화하려는 다른 사람의 노력에 비교적 반응을 보이지 않음. 깨우기가 매우 어려움
   2. 야경증: 돌발적인 비명과 함께 시작되는, 수면 중 급작스럽게 잠이 깨는 반복적인 삽화. 각 삽화 동안 심한 공포와 동공산대, 빈맥, 빈호흡, 발한 같은 자율신경계 반응의 징후가 있고, 삽화 동안 안심시키려는 다른 사람의 노력에 비교적 반응하지 않음 23 임용
B. 꿈 이미지를 전혀 또는 거의(예 단지 시작적 한 장면) 회상하지 못한다.
C. 삽화를 기억하지 못한다.
D. 삽화가 사회적, 직업적, 또는 다른 중요한 기능 영역에서 임상적으로 현저한 고통이나 손상을 초래한다.
E. 장애가 물질(예 남용약물, 치료약물)의 생리적 효과로 인한 것이 아니다.
F. 공존하는 정신질환과 의학적 장애가 수면보행증이나 야경증 삽화를 충분히 설명할 수 없다.

다음 중 하나를 명시할 것
- 수면

다음 중 하나를 명시할 것
- 수면관련 섭식 동반
- 수면관련 성적 행동 동반(수면섹스장애)
- 야경증형

(2) 역학 및 증상 특징

① 수면보행증

증상		• 수면 중 걸어다니거나 움직이는 장애임 (일명 몽유병)
증상	가벼운 증상	• 침대에 낮거나 주위를 둘러보거나 담요나 침대시트를 잡아당김
	복잡한 증상	• 걸어다니고 방을 나가서 걷고, 집밖에 나감 • 수면관련 섭식을 동반하기도 하며, 대화를 하기도 함
		• 수분~30분 정도 지속됨
역학		• 4~8세 처음 증상 보임 • 12세 경 가장 높은 빈도를 나타냄 • 초기 청소년기에 자연적으로 사라짐 • 성인은 증상의 호전, 악화를 반복하면서 만성적인 경과를 보임
기억 X		• 아침에 기억하지 못함
깨우기 X		• 깨우기가 힘듦
원인		• 사춘기 이후 감소하는 것으로 보아, 중추신경계 성숙과 관련되는 것으로 보임

② 야경증 (Sleep terror type) 23 임용

증상	비명, 울음	• 수면 전반부에 갑자기 비명 등 소리를 지르거나 울면서 깨는 행위가 반복됨 (수면 중 경악증)
	자율신경계	• 자율신경계 흥분(빈호흡, 빈맥, 동공산대, 심계항진, 발한, 피부홍조, 근육 긴장 등)과 더불어 강렬한 공포느낌
	강한 불안(공포)	• 갑자기 소리지르거나 울면서 일어나 앉아 몹시 놀람 표정과 강한 불안을 보임
	달래지지 X	• 안거나 잡는것에 강하게 저항하며, 달래거나 깨워도 소용 없음
	혼돈	• 수분간 지남력 상실, 혼돈을 보임
	기억 X	• 아침에 꿈 내용을 기억하지 못함 • 줄거리 없는 단순한 이미지만 남거나 막연한 공포감만 이야기함
	깨우기 X	• 깨우기가 힘듦
역학		• 3~5세 사이에 흔함 • 4~12세경에 시작되어 청소년기에 사라짐 • 성인(20~30세 발생)은 증상의 호전, 악화를 반복하면서 만성적인 경과를 보임 • 소아: 남아 > 여아, 성인: 남녀 비슷
원인	유전	• 가족력 있음
	정신문제	• 공포증, 우울증, 불안장애 등 심리적 문제 보임
치료	약물치료	• 항우울제, 항불안제 등
	심리치료	• 심리치료로 원인 탐색 후 해결

▌표. 야경증 사례 ▌

5세 경민(가명)는 밤에 자다가 소리를 지르며 깨는 일을 반복하는데, 그때마다 아이는 땀을 많이 흘렸고, 동공이 확장되어 있었다.
자다가 갑자기 깨어나 소리지르고 눈 부릅뜨고 심장이 뛰고 식은 땀 흘리기도 했다.
깨워도 반응하지 못하였다.
몸을 일으켜서 심하게 몸부림을 치고 소리를 지르며 울다 보니 엄마가 놀라서 걱정을 하고, 아이를을 흔들어 깨워보기도 하고 달래보기도 하고 안아줘 보기도 하지만, 아이는 쉽사리 울음을 그치지 않고 계속 소리를 지르며 울었다.
흔들어 깨워보지만, 정신을 못 차리는 것 같고 주변을 알아보지 못하였다.

교 사 : "우리아들도 5살인데 잠들고 난 후 서너시간쯤 지나면 깊이 잠든 상태에서 갑자기 울거나 소리를 지르기도 하는데 잠에서 깨면 기억을 못해요." 23 임용

2 악몽장애 23 임용

(1) 원인 및 증상

개념		• 대상자가 잠을 깰 정도로 두려운 꿈이 반복하여 발생하는 것임
원인	REM	• 수면후반에 주로 REM 동안 생생한 꿈으로 인해 완전히 깸
	스트레스	• 외상후 스트레스 장애 등 스트레스에 노출될 후 주로 발생
	악몽	• 대부분 개인의 신체적 위험(예 추적, 공격, 손상)에 관한 꿈을 꿈
증상	자율신경계 증상	• 발한, 심계항진, 빈호흡 등 발생
	기억 O, 깨우기 O	• 대부분 악몽(꿈) 내용 기억함 • 생생한 꿈으로 인해 완전히 깨며, 자세히 기억함
	혼돈 X	• 지남력 있으며, 혼돈 X
유병률		• 3~6세 흔히 발생, 대부분 사라짐 • 여성 〉 남성

(2) 진단기준

악몽장애 진단기준 (DSM-5-TR)
A. 대개 생존, 안전, 신체적 온전함에 대한 위협을 피하고자 노력하는 광범위하고 극도로 불쾌하며 생생하게 기억나는 꿈들의 반복적 발생이 일반적으로 주요 수면 삽화의 1/2 동안 일어난다. B. 불쾌한 꿈으로부터 깨어나면 빠르게 지남력을 회복하고 각성한다. C. 수면 교란이 사회적, 직업적, 또는 다른 중요한 기능 영역에서 임상적으로 현저한 고통이나 손상을 초래한다. D. 악몽 증상이 물질(예 남용약물, 치료약물)의 생리적 효과로 인한 것이 아니다. E. 공존하는 정신질환과 의학적 장애가 불쾌한 꿈에 대한 호소를 충분히 설명할 수 없다.
다음의 경우 명시 할 것 • 수면 개시 중 발생

다음의 경우 명시할 것
- 정신질환 동반, 물질사용장애 포함
- 의학적 상태 동반
- 다른 수면장애 동반

다음의 경우 명시할 것
- 급성: 악몽기의 지속기간이 1개월 이하다.
- 아급성: 악몽기의 지속기간이 1개월 초과, 6개월 미만이다.
- 지속성: 악몽기의 지속기간이 6개월 이상이다.

현재의 심각도를 명시 할 것(심각도는 악몽이 발생하는 빈도에 의해 평가 될 수 있다.)
- 경도: 평균적으로 주당 1회 미만의 삽화가 발생한다.
- 중등도: 주당 1회 이상의 삽화가 발생하지만 매일 밤마다 발생하지는 않는다.
- 고도: 매일 밤마다 발생한다.

표. 악몽장애 vs 야경증

		악몽장애	야경증
공통점		• 두려움, 불안, 공포 느낌 • 자율신경계 증상(발한, 빈호흡, 빈맥 등) 느낌 → 야경증이 더 심함	
차이점	수면단계	• REM 수면	• NREM 3,4 단계
	기억	• 꿈에 대한 기억 O	• 꿈에 대한 기억 X
	깨우기	• 꿈으로 바로 깸	• 깨우기 힘듦
	지남력, 혼돈	• 지남력, 혼돈 X	• 지남력, 혼돈 O

표. 악몽장애 사례

교 사 : 선생님. 우리딸이 다섯 살인데요. 요즘 잠을 자다 울면서 "엄마, 귀신이 쫓아왔어. 창문 밖에 있는데 우리집에 들어오려고 해."라며 하면서 꿈과 현실을 구분하지 못함 23 임용

8세 A양은 최근 이사 후 학교에 입학 한 이후 낯선 사람이 자기를 쫓아온다고 하거나, 학교복도에서 누군가 자기를 쫓아온다고 하며, 잠에서 자주 깨며 침대에 누워 울기도 함
엄마가 달래주면 바로 진정되며, 아침에 꿈에 대해 물어보면, 생생히 꿈에 대해 기억하고 있음

3 급성안구운동 수면 행동장애 (REM 수면행동 장애)

(1) 증상 및 원인

개념	• 꿈의 내용을 행동으로 옮기는 것임 • 수면 중 소리를 내거나 옆사람을 다치게 할 수 있는 복잡한 동작의 행동을 반복적으로 나타남
역학	• 50~60대에 시작함 • 남성 〉여성 (대부분 남성임)
증상	• 수면 중에 한바탕 격렬하게 움직이거나 옆에서 자는 사람을 치기도 하며, 침대에서 뛰어내리다 본인이 다치기도 함 • 주먹으로 치기, 발로 차기, 침대에서 뛰어내리기 등을 심각한 신체손상을 초래할 수 있음 → 꿈속에서 격투를 벌이거나 도망을 가는 등의 꿈을 꾸었다고 보고함 • 수면후반부 REM 수면 시 발생함
원인	• 근 긴장도 소실이 불완전하여 발생함 • 뇌간의 노화나 뇌의 퇴행성 질환으로 인해 수면 중 전신근육의 긴장도가 떨어지지 않아서 팔, 다리를 움직임
간호	• 신체손상이나 부상에 주의 → 안전한 주변환경 조성

(2) 진단기준

급성안구운동 수면 행동장애 진단기준 (DSM-5-TR)

A. 발성 및 복합 운동 행동과 관련된 수면 중 각성의 반복적인 삽화
B. 이러한 행동들은 REM수면 중 발생하므로 보통 적어도 수면 개시 후 90분 이후에 발생하며, 수면후반부에 빈번하고, 낮잠 중에는 드물게 발생한다.
C. 이러한 삽화로부터 깨어날 때, 개인은 완전히 깨어나고 명료하며, 혼돈되거나 지남력을 상실하지 않는다.
D. 다음 중 하나를 만족한다
   1. 수면다원 검사 기록상 무긴장증이 없는 REM수면
   2. REM 수면 행동장애를 시사하는 과거력 및 확정된 시누클레인에 의한 신경퇴행성 질환의 진단 (예 파킨슨병, 다계통 위축증)
E. 이러한 행동들은 사회적, 직업적, 또는 다른 중요한 기능 영역에서 임상적으로 현저한 고통이나 손상을 초래한다.
F. 장애는 물질의 생리적 효과나 다른 의학적 상태로 인한 것이 아니다.
G. 공존하는 정신질환 및 의학적 장애가 이 삽화를 설명할 수 없다.

> **REM 수면행동 장애 vs 수면 보행증**
> • REM 수면행동 장애는 생생한 꿈을 꾸며, REM 수면 중에 나타남

| 표. REM 수면행동 장애 사례 |

55세 박OO씨는 무언가 쫓기거나 싸우는 꿈을 자주 꾸며, 팔 다리를 휘두르며, 침대에서 일어나는 경우가 많았다.
최근에는 꿈내용이 격렬해져 침대 사이드 램프를 넘어뜨리고, 아내를 때렸다.
아내가 꿈 내용을 물어보니 집에 도둑이 들어와 아내를 구하려고 했다고 한다.

4 하지불안 증후군

(1) 개념 및 증상

개념	다리 불편감	• 수면 중에 다리가 불편하거나 불쾌한 감각 때문에 다리를 움직이고 싶은 충동을 느끼는 경우임
	움직이고 싶은 충동	
증상		• 다리에 무언가 기어가는 듯한 간지러운 불쾌한 감각을 느끼며, 초조함을 느낌 (좌불안석)
역학		• 주로 40대 이후에 많음
악화, 완화	악화	• 휴식 시, 수면 시 악화
	완화	• 걷거나 스트레칭 등의 신체활동으로 완화됨
원인	도파민	• 도파민 부족으로 발생 → 도파민 수용체 약물 복용 시 증상 완화
	기저핵	• 뇌의 기저핵 회로의 기능장애
	철분부족	• 철분 부족 빈혈 시 발생
	기타	• 임신, 요독증에서 흔히 나타남

(2) 진단기준

하지불안 증후군 진단기준 (DSM-5-TR)

A. 대개 다리에 불편하고 불쾌한 감각을 동반하거나 이에 대한 반응으로 나타나는 다리를 움직이고 싶은 충동이 다음 항목 모두를 충족한다.
  1. 다리를 움직이고 싶은 충동이 쉬고 있거나 활동을 하지 않는 동안에 시작되거나 악화됨
  2. 다리를 움직이고 싶은 충동이 움직임에 의해 부분적으로 또는 완전히 완화됨
  3. 다리를 움직이고 싶은 충동이 낮보다 저녁이나 밤에 악화되거나 저녁이나 밤에만 발생함
B. 진단기준 A의 증상이 일주일에 적어도 3회 이상 발생하고, 3개월 이상 지속됨
C. 진단기준 A의 증상이 사회적, 직업적, 교육적, 학업적, 행동적 또는 다른 중요한 기능 영역에서 현저한 고통이나 손상을 동반한다.
D. 진단기준 A의 증상이 다른 정신질환이나 의학적 상태(예 관절염, 하지 부종, 말초 허혈, 하지 경련)로 인한것이 아니며, 행동 문제(예 자세 불편감, 습관적으로 발을 구르는 것)로 더 잘 설명되지 않는다.
E. 증상이 남용약물이나 치료약물의 생리적 효과로 인한 것이 아니다(예 좌불안석).

표. 하지불안 증후군 사례

45세 김OO 여성은 밤에 잠들기 직전에 다리가 간지럽거나 찌르는 듯한 불편감이 느껴져 누워서 계속 다리를 움직이게 되어, 수면에 큰 지장을 받게 됨
다리를 움직이거나 일어나면, 증상이 완화되나 다시 증상이 나타나 수면 부족으로 일상생활의 피로감과 우울감이 심해짐

4 호흡곤란 수면장애

개념	• 수면 중의 호흡장애로 인하여 과도한 졸음이나 불면증이 유발되는 경우임
종류	• 폐쇄성 수면 무호흡 저호흡, 중추성 수면 무호흡증, 수면관련 환기저하

1 폐쇄성 수면 무호흡 저호흡

진단특징	• 수면 도중 반복되는 상기도(인두) 폐쇄로 무호흡이나 저호흡이 나타남 • 수면 중 5회 이상, 보통 20~30초간 무호흡이나 저호흡이 나타남
원인	• 과체중이나 비만환자에게 흔함
증상	• 대부분 대상자는 호흡곤란을 자각하지 못하는 경우가 많으나 낮시간에 과도한 졸음을 느낌

폐쇄성 수면 무호흡 저호흡 진단기준 (DSM-5-TR)

A. (1) 또는 (2) 중 하나 이상이 있다.
  1. 수면다원검사에서 수면 시간당 적어도 5회 이상 폐쇄성 무호흡이나 저호흡이 있고 다음 중 한 가지 이상의 수면증상이 있음
     a. 야간호흡 장애: 코골이, 거친 콧숨/헐떡임, 또는 수면 중 호흡 정지
     b. 충분한 수면을 취했음에도 주간 졸림, 피로감, 또는 개운하지 않은 수면으로, 다른 정신질환(수면장애 포함)으로 더 잘 설명되지 않으며 다른 의학적 상태로 인한 것이 아님
  2. 동반된 증상과 관계없이 수면다원검사에서 확인된 수면 시간당 15회 이상 폐쇄성 무호흡 그리고/또는 저호흡

현재의 심각도를 명시할 것
- 경도: 무호흡 저호흡 지수가 15이내이다.
- 중등도: 무호흡 저호흡 지수가 15~30이다.
- 고도: 무호흡 저호흡 지수가 30을 초과한다.

2 중추성 수면 무호흡증

진단특징	• 상기도(인두) 폐쇄는 없고, 수면 중 호흡노력의 변동성에 의해 발생하는 무호흡과 저호흡이 반복적임
원인	• 심장질환(심부전 등), 뇌졸중, 신부전 환자에게 발생

중추성성 수면 무호흡증 (DSM-5-TR)

A. 수면다원검사에서 수면 시간당 5회 이상의 중추성 무호흡이 존재한다.
B. 장애가 다른 수면장애로 더 잘 설명되지 않는다.

3 수면관련 환기저하

개념	• 수면 중에 호흡기능이 저하되면서 동맥의 이산화탄소 수준이 증가하여 발생하는 현상임
원인	• 비만환자에게 발생

수면관련 환기저하 (DSM-5-TR)

A. 수면다원검사에서 이산화탄소 농도의 상승과 연관된 호흡저하 삽화들이 나타남
B. 장애가 다른 수면장애로 더 잘 설명되지 않는다.

5 일주기리듬 수면-각성장애 진단기준 (DSM-5-TR)

1 원인 및 유형

개념		• 수면-각성주기의 변화로 인해 과도한 졸음과 불면이 반복되는 경우임
원인	환경	• 교대근무형(야간근무), 시차형(외국 여행 등)
	개인	• 개인의 일주기 수면-각성 주기의 부조화 : 불규칙한 수면 습관, 스마트폰 사용 등
유형	① 뒤처진 수면위상형 (지연된 수면단계형)	• 수면-각성 주기가 사회적으로 요구되는 것보다 지연되어 있는 경우임 예 밤늦게까지 깨어있고, 아침에 늦게 일어남 (올빼미)
	② 앞당겨진 수면위상형 (조기 수면단계형)	• 수면-각성 주기가 사회적으로 요구되는 것보다 앞서있는 경우임 예 초저녁인 저녁 6~8시에 잠들고, 새벽 1~3시에 깸 (노인 흔함)
	③ 불규칙한 수면-각성형	• 수면-각성주기가 일정하지 못해, 하루에도 여러번 낮잠을 자고 밤에 수면을 취하지 않음 • 24시간 내 수면시간의 총합은 연령대에서 정상시간에 해당됨 예 치매환자는 하루 종일 짧은 낮잠을 여러번 자고, 밤에 길게 자지 못해 밤낮이 뚜렷하지 않음
	④ 교대근무형	• 교대근무에 의해 요구되는 수면-각성 주기와 개인의 수면-각성 주기가 불일치한 경우임
	⑤ 비 24시간 수면-각성형	• 개인의 수면-각성주기가 24시간 환경과 일치하지 않아서 잠들고 깨어나는 시간이 매일 지속적으로 늦어지는 경우임 • 외부의 빛이나 어둠주기와 상관없는 수면-각성 주기를 갖음 (시각장애인에게서 흔히 나타남)

2 진단기준

일주기리듬 수면-각성장애 진단기준 (DSM-5-TR)

A. 일차적으로 일주기리듬의 변화 또는 내인성 일주기리듬과 개인의 물리적 환경 또는 사회적, 직업적 일정에 요구되는 수면-각성 일정 사이의 조정불량으로 인한 수면교란이 지속되거나 반복되는 양상이 있다.
B. 수면 방해는 과도한 졸림 또는 불면 또는 2가지 모두 초래한다.
C. 수면 교란은 사회적, 직업적, 또는 다른 중요한 기능 영역에서 임상적으로 현저한 고통이나 손상을 초래한다.

다음 중 하나를 명시 할 것
- 뒤처진 수면위상형: 수면 개시 및 각성 시간이 지연되어 있는 양상으로, 원하는 시간이나 통상적으로 받아들여지는 이른 시간에 잠들고 깨어날 수 없다.
- 앞당겨진 수면위상형: 기대되는 시간이나 통상적으로 받아들여지는 늦은 시간까지 깨어 있거나 잠들어 있을 수 없으며 일찍 자고 일찍 일어나는 양상이다.
- 불규칙한 수면-각성형: 일시적으로 와해된 수면-각성 양상으로, 잠들어 있고 깨어 있는 기간이 24시간에 걸쳐 다양하다.
- 비 24시간 수면-각성형: 수면 각성 주기의 양상이 24시간 환경에 일치하지 않고, 일관된 일일 이동(대개 더 늦은 시간으로)이 있다.
- 교대근무형: 교대근무와 연관되는 주요 수면시간 동안의 불면 그리고/또는 보통 각성시간 동안의 과도한 졸림이 있다.

다음의 경우 명시할 것
- 삽화성: 증상이 적어도 1개월 이상 3개월 미만으로 지속된다.
- 지속성: 증상이 3개월 이상 지속된다.
- 재발성: 2회 이상의 삽화가 1년 이내에 발생한다.

표. 일주기리듬 수면-각성장애 사례

교대근무를 하는 김OO 간호사는 나이트 근무를 한달이면 6번 정도 한다. 밤 10시부터 아침 7시까지 나이트 근무를 하고, 퇴근 후에 잠을 잘려고 해도 낮동안의 밝은 햇빛과 외부 소음 등으로 깊이 잠들지 못하였다. 이에 피로가 누적되고 일상생활에도 지장을 주게 되었다.

고등학교 2학년 박OO은 새벽 3시가 되어야 잠이 오고, 학교를 가야하기에 아침 7시에는 일어나나, 충분한 숙면을 취하지 못해 학교에 가서도 계속 피곤해한다.
피로가 누적되어 주말이면 오후까지 늦잠을 자는 경우가 많고, 평일에 일찍 잠들려고 노력해도 새벽 3시 이전에는 잠이 오질 않았다.

Part 26 성격장애 12, 96, 94, 92 임용

1 성격장애 개요

1 성격장애 진단의 기준

내적경험, 행동양식	• 내적경험, 행동양식이 그가 속한 사회의 문화적 기대에 심하게 벗어나야함 • 인지, 정동, 대인관계 기능, 충동조절 중 2개 이상의 영역에서 나타나야 함
융통성 X	• 고정된 행동양식이 융통성이 없고, 개인생활과 사회생활 전반에 넓게 퍼져 있어야 함
심각한 고통, 기능장애	• 사회, 직업, 기능적 영역 등에서 임상적으로 심각한 고통이나 기능장애 초래
사춘기, 청소년 초기에 시작	• 증상은 사춘기나 성인기 초기에 시작하여 만성적임

2 성격장애의 네가지 특성

① 스트레스에 대한 부정적 반응
② 일이나 사랑에서 나타나는 장애
③ 대인관계에서의 갈등
④ 타인을 불쾌하게 만드는 경향

3 유형 및 핵심증상

(1) A군 성격장애

• 이상하거나 괴상함

유형	특징
편집성 성격장애	• 타인에 대한 강한 불신과 의심, 적대적인 태도, 보복행동
조현성 성격장애	• 관계형성에 대한 무관심, 감정표현의 부족, 대인관계의 고립 (고립, 은둔, 회피)
조현형 성격장애	• 대인관계 기피, 인지적·지각적 왜곡, 기이한 행동

(2) B군 성격장애

• 극적·연극적임, 감정적·충동적임, 변덕스러움

유형	특징
반사회적 성격장애	• 타인 권리 무시하고 침해, 법과 윤리 무시, 폭력 및 사기 행동 등 범죄성, 충동성
경계성 성격장애	• 불안정한 대인관계, 자아상 및 정동의 불안정성, 현저한 충동성
연극성 성격장애	• 타인의 관심(주의)을 끌려는 행동, 과도한 극적인 감정표현
자기애성 성격장애	• 자신의 과대성, 감탄(찬사)에 대한 욕구, 공감능력의 부족

(3) C군 성격장애

• 걱정·두려움, 불안함

유형	특징
회피성 성격장애	• 부정적 평가에 예민함, 사회적 억제(대인관계 회피), 부적절감
의존성 성격장애	• 과도한 의존 욕구, 자기주장의 결여, 지나친 돌봄요구와 연관된 복종과 매달림 (굴종적인 행동)
강박성 성격장애	• 완벽주의, 정돈, 질서정연, 조절에 과도한 집착

❷ A군 성격장애

1 편집성 성격장애 96 임용

(1) 진단기준

편집성 성격장애 진단기준 (DSM-5-TR)
A. 다른 사람의 동기를 악의가 있는 것으로 해석하는 등 타인에 대한 전반적인 불신과 의심이 있으며, 이 패턴은 성인기 초기에 시작되며 여러 상황에서 나타나고 다음 중 4가지(또는 그 이상)로 나타난다. 　1. 충분한 근거 없이, 다른 사람이 자신을 착취하고 해를 끼치고 속인다고 의심함 　2. 친구들이나 동료들의 충정이나 신뢰에 대한 근거 없는 의심에 사로잡혀 있음 　3. 어떠한 정보가 자신에게 나쁘게 이용될 것이라는 잘못된 두려움 때문에 다른 사람에게 비밀을 털어놓기를 꺼림 　4. 그리 악의 없는 말이나 사건에 대해 자신을 비하하거나 위협하려는 숨은 의미가 있는 것으로 해석함 　5. 지속적으로 원한을 품음(즉, 모욕이나 상처줌 혹은 경멸을 용서하지 못함) 　6. 다른 사람에게는 명백하지 않은 자신의 성격이나 평판에 대한 공격으로 인지하고 즉각 화를 내고 반격함 　7. 정당한 이유 없이 배우자나 성행위 파트너의 정조를 반복적으로 의심함 B. 조현병, 정신병적 양상을 동반한 양극성장애 또는 우울장애, 다른 정신병적 장애의 경과 중 발생한 것은 여기에 포함시키지 않으며, 다른 의학적 상태의 생리적 효과로 인한 것이 아니다.

(2) 증상 및 특징

불신, 의심	• 타인에 대한 강한 불신과 의심, 적대적인 태도, 보복행동 • 타인의 동기를 악의가 있는 것으로 해석하는 광범위하고 지속적인 불신과 의심

(3) 원인 및 치료

원인	어린시절 학대	• 어린시절 부모로부터 학대 경험으로 기본적인 신뢰감 형성 X
	부정적 인지	• "사람들은 악의적이고, 기만이다." • "그들은 기회만 있으면, 나를 공격할 것이다." • "긴장하고 경계해야만 나에게 피해가 없을 것이다."
치료		• 치료 매우 어려움 • 편집성 성격장애로 병원 오지 않고, 우울증이나 불안장애로 병원 찾음

| 표. 편집성 성격장애 사례 |

30대 중반 김OO 대리는 직장에서 누군가 자신의 컴퓨터를 보고, 자료를 빼돌린다는 의심에 USB나 외장하드로 자료를 모두 담아서 다니며, 모든 서류와 자료에는 본인만의 암호로 비밀번호를 걸어놓고 있다. 입사동기가 사소한 부탁을 해도, '나를 이용할려는 의도'로 해석하여, 친밀감을 쌓기가 어렵고, 여자친구가 애정표현을 해도 불신하며, 자주 카톡을 보내 애정을 확인하고, 과도한 질투를 보인다. 팀내에서도 자주 갈등을 보이며, 본인 빼고 몰래 회의를 하거나, 비밀회의를 한다고 생각하여, 회의실 문을 자주 열어보곤 하였다.

2 조현성 성격장애 94, 92 임용

(1) 진단기준

조현성 성격장애 진단기준 (DSM-5-TR)
A. 사회적 관계에서 고립되고 대인관계 환경에서 제한된 범위의 감정표현이 만연된 패턴으로 나타나고, 이 패턴이 성인기 초기에 시작되며 다양한 맥락에서 나타나고, 다음 중 4가지(또는 그이상)에 해당될 때 조현성 성격장애로 진단한다. 1. 가족의 일원이 되는 것을 포함해서 친밀한 관계를 바라지 않고 즐기지도 않음 2. 항상 혼자서 하는 행위를 선택함 3. 다른 사람과의 성적 경험에 대한 관심이 거의 없음 4. 거의 모든 분야에서 즐거움을 취하려 하지 않음 5. 일차 친족 이외의 친한 친구가 없음 6. 다른 사람의 칭찬이나 비난에 무관심함 7. 감정적 냉정, 냉담, 혹은 단조로운 정동(평평한 감정) 성향을 보임 B. 조현병, 정신병적 양상을 동반한 양극성장애 또는 우울장애, 다른 정신병적 장애 혹은 자페스펙트럼장애의 경과동안에만 발생한 것이 아니고, 다른 의학적 상태의 생리적 효과로 인한 것이 아니다.

(2) 증상 및 특징

고립, 은둔, 회피	• 관계형성에 대한 무관심, 감정표현의 부족, 대인관계의 고립

(3) 원인 및 치료

원인	부모 거부	• 부모로부터 충분히 수용되지 못하거나 거부당한 경험이 있음
	부정적 자기개념	• "나는 사회 속 무리에 끼어들기에는 부적절한 사람이다." • "나는 혼자 있는 것이 낫다. 아무도 나를 간섭하지 않았으면 좋겠다."
	대인관계 회피	• "다른 사람과 관계를 맺으면 문제만 일어난다." • "주위에 사람들만 없다면, 인생은 별로 복잡하지 않을 것이다."
	유전(기질)	• 극도의 내향성
치료목표		• 사회적 고립에서 벗어나고, 사회적 상황에 효과적으로 적응하도록 도움

│ 표. 조현성 성격장애 사례 │

30대 남성 A씨는 컴퓨터 프로그래머로 근무를 하는데, 주로 혼자서 하는 작업만을 일하며, 다른 사람과 함께 일하는 것을 싫어한다.
직장동료와 사적인 어울림이 전혀 없고, 퇴근해서도 사람들과 어울리지 않고 게임을 하거나 유투브를 본다. 어릴적부터 친한 친구가 1명도 없었고, 심지어 가족에게도 특별히 친밀감이나 유대감을 느끼지 못했다. 혼자있는 것을 선호하며, 대인관계에서 불편감을 자주 느낀다.
주변 동료의 말로는 A씨가 감정 표현을 하는 일이 없고, 항상 활력이 없어보인다고 하였다.

3 조현형 성격장애 12 임용

(1) 진단기준

조현형 진단기준 (DSM-5-TR)

A. 친밀한 관계를 극심하게 불편해하고 유지할 능력이 부족하며, 인지 및 지각의 왜곡과 행동의 기이성이 특징인 사회적 결함과 대인관계 결함이 만연한 패턴. 이는 성인기 초기에 시작되며 여러 맥락에서 나타나고, 다음 중 5가지(또는 그 이상)를 충족한다.
  1. 관계사고(관계망상은 제외)
  2. 행동에 영향을 주며 소문화권의 기준에 맞지 않는 유별난 믿음이나 마술적인 사고를 갖고 있음 (예 미신, 천리안에 대한 믿음, 텔레파시, 아동이나 청소년에서 '육감', '기이한 공상이나 몰두')
  3. 신체적 착각을 포함한 일반적이지 않은 지각 경험
  4. 이상한 생각이나 말을 함 (예 모호하고, 우회적, 은유적, 과장적으로 수식된, 또는 상동적인)
  5. 의심 또는 편집적 사고
  6. 부적절하고 제한된 정동
  7. 이상하거나, 기이하거나, 독특한 행동이나 외모
  8. 일차 친족 이외에 친한 친구나 측근이 없음
  9. 익숙함에도 줄어들지 않고, 자신에 대한 부정적인 판단보다도 편집증적인 공포와 관계되어 있는 과도한 사회적 불안
B. 조현병, 정신병적 양상을 동반한 양극성장애 또는 우울장애, 다른 정신병적 장애 혹은 자폐스펙트럼장애의 경과 중 발생한 것은 여기에 포함시키지 않는다.

(2) 증상 및 특징

인지와 지각의 왜곡, 기이한 행동, 친밀한 관계 불편	• 친밀한 관계를 극심하게 불편해하고 인지 및 지각의 지각의 왜곡과 기이한 행동을 보이는 패턴

- 대인관계 능력과 대인관계 결여 → 사회적 상호작용 결여
- 관계가 가까워지는 것에 대해 급격한 불편감
- 마술적 사고, 관계사고
- 지각-착각, 이인증
- 언어, 행동-이상한 단어선택, 부적절한 정서, 사회적 고립

> **아동, 청소년기부터 징후 나타남**
> • 사회적 고립, 빈약한 친구관계, 사회적 불안, 학교성적 저하, 과민성, 특이한 사고와 언어, 괴상한 공상 등

(3) 원인 및 특징

원인	유전	• 가족력 있음
	부모 무관심, 냉담	• 어린시절 부모의 무관심, 무시, 냉담으로 정서적 고립감 겪음
	인지왜곡	• "사람들과 관계를 맺는 것은 매우 위험하다." • "나는 사람들이 나를 좋아하지 않는다는 것을 알고 있다." • "나는 다른 사람들이 무슨 생각을 하는지 다 안다." • "내가 느끼는 감정은 앞으로 무슨일이 벌어질지를 알려주는 신호이다."
		• 관계망상적 사고, 마술적 사고, 괴이한 믿음 등 • 초감각인지 및 예지력 같은 초심리학에 대한 집착 등
특징		• 조현병의 유병률이 높음

표. 조현형 성격장애 사례

30대 여성 A씨는 평상시 주변사람들에게 독특한 성격이라는 말을 자주 듣는다.
외계 생물체와 텔레파시 등과 같은 기묘한 이야기에 관심이 많으며, 실제로 외계 생물들이 인간 몰래 같이 살고 있다는 믿음이 있다.
때로는 주변에서 발생하는 소리나 빛이 자신에게 특별한 메시지를 전달한다고 느끼며, 가족이외에는 거의 대화를 하지 않고, 사람들과 친하게 지내지 않는다.
평소 옷차림도 독특하며, 때때로 과도한 장식이나 특이한 액세서리 등을 선호하며, 큰별이 그려진 티셔츠를 선호하고, 귀걸이도 별모양, 목걸이도 별모양으로 하고 다닌다.

3 B군 성격장애

1 반사회적 성격장애 12, 94 임용

(1) 진단기준

반사회적 성격장애 진단기준 (DSM-5-TR)

A. 다른 사람의 권리를 무시하고 침해하는 만연된 패턴이 15세부터 시작되고, 다음 중 3가지(또는 그이상)를 충족한다.
  1. 체포의 이유가 되는 행위를 반복하는 것과 같은 법적 행동에 관련된 사회적 규범을 준수하지 않음
  2. 반복적으로 거짓말, 가명 사용, 자신의 이익이나 쾌락을 위해 타인을 속이는 것으로 나타나는 사기성
  3. 충동적이거나, 미리 계획을 세우지 못함
  4. 반복되는 몸싸움이나 폭력으로 나타나는 성마름과 공격성
  5. 자신이나 타인의 안전을 무시하는 무모성
  6. 반복적으로 일관된 업무 태도를 유지하지 못하고, 재정적 의무를 준수하지 못하는 것으로 나타나는 지속되는 무책임성
  7. 다른 사람을 해하거나 학대하거나 다른 사람 것을 훔치는 것을 아무렇지도 않게 여기거나 이를 합리화하는 것으로 나타나는 반성의 결여
B. 최소 18세 이상이어야 한다.
C. 15세 이전에 품행장애가 시작된 증거가 있다.
D. 반사회적 행동은 조현병이나 양극성장애의 경과 중에만 발생하지 않는다.

(2) 증상 및 특징

타인 권리 무시, 침해, 범죄성 충동성	• 타인 권리 무시하고 침해, 법과 윤리 무시, 폭력 및 사기 행동 등 범죄성, 충동성

- 타인을 착취, 교묘한 속임수
- 타인의 감정 무시, 타인에게 냉담
- 공격성
- 양심의 가책이나 죄책감 X
- 품행장애 행동의 과거력
- 학업이나 직장에서 성취 정도 빈약함
- 가까운 사람, 특히 성적 대상과의 지속적 관계의 어려움
- 점잖거나 유혹적인 겉모습

(3) 원인 및 특징

원인	유전	• 유전적 성향 있음 • 기질적으로 극도의 적개심과 불신감 있음
	부모의 양육태도	• 부모의 지배적이고, 거칠고, 엄격한 양육태도 가짐 → 자녀 공격적이고, 반사회적인 성격 가짐
	정신분석	• 부모와 신뢰관계가 형성되지 않음
	독특한 신념체계 (인지)	• "힘과 주먹이 내가 원하는 것을 얻는 최선의 방법이다." • "다른 사람들은 약한 자들이며, 당해도 되는 존재들이다." • "다른 사람들이 나를 어떻게 생각하는 지는 중요하지 않다."
치료		• 치료 매우 어려움 • 법원의 명령이나 중요한 사람에 의해 병원에 강제 의뢰됨
과거력		• 어린시절 품행장애 이력 있음
역학		• 남성 〉 여성 • 사회경제적 수준이 낮은 남성이 많음

(4) 치료목표와 간호 중재

치료목표	• 대상자의 감정과 분노를 파괴적이지 않은 방식으로 표현할 수 있음 • 대상자가 타인의 권리를 침해하지 않고도 자신의 욕구를 충족할 수 있음 • 대상자가 직장인으로서 부모로서 역할을 만족스럽게 수행할 수 있음
간호중재	① 제한 설정 　• 수용 될 수 없는 행동을 설명하며 행동의 한계를 제시 　• 한계를 넘게 되면 어떠한 결과가 나타나는지 확인 　• 기대되거나 원하는 행동을 확인함 ② 직면: 조종하고 속이려는 행동을 관리 ③ 분노조절, 공격적, 충동적 행동 조절

┃ 표. 반사회적 성격장애 사례 ┃

40대 초반 B씨는 폭행, 절도, 강간, 사기 등의 범죄행위로 현재 전과 10범이다.
고등학교 시절부터 폭행을 일삼아 퇴학을 당했으며, 그 이후에는 반복적인 범죄행위로 교도소를 드나들고 있다.
형기를 마치고 출소하게 되면, 한두 달을 견디지 못하고, 새로운 범죄를 저질러 다시 복역을 하곤 하였다. B씨는 어린 시절에 이혼하여 자신을 돌보지 않은 부모에 대한 심한 분노를 지니고 있으며 자신을 받아들이지 않는 사회에도 적개심을 지니고 있다.
또한 자신이 저지른 범죄에 대해서 전혀 죄책감이나 반성의 기미를 보이지 않고 있다.

자료원. 권석만 저. 이상심리학의 기초

2 경계성 성격장애 12 임용

(1) 진단기준

경계성 성격장애 진단기준 (DSM-5-TR)

대인관계, 자아상 및 정동의 불안정성과 현저한 충동성의 광범위한 형태로 성인기 초기에 시작되며 여러 상황에서 나타나고, 다음 중 5가지(또는 그 이상)를 충족한다.

1. 실제 혹은 상상 속에서 버림받지 않기 위해 미친 듯이 노력함
   (주의점: 진단기준 5번에 있는 자살행동이나 자해행동은 포함되지 않음)
2. 이상화와 평가절하의 극단 사이를 오락가락하는 것을 특징으로 하는 불안정하고 열정적인 대인관계 패턴
3. 정체성 장애 : 현저하게 지속되는 불안정한 자아상 또는 자기감
4. 자신이 손상될 가능성이 있는 최소한 2가지 이상의 경우에서의 충동성
   (예 소비, 성행위, 물질 남용, 난폭운전, 폭식)
   주의점: 진단기준 5번에 잇는 자살 행동이나 자해 행동은 포함되지 않음
5. 반복적 자살 행동, 자살 제스처, 자해 위협 혹은 자해 행동
6. 현저한 기분의 반응성으로 인한 감정의 불안정
   (예 격정적인 불쾌감 삽화, 성마름 또는 불안이 보통 수 시간 동안 지속되며 아주 드물게 수 일간 지속됨)
7. 만성적인 공허감
8. 부적절하고 격렬하게 화를 내거나 화를 조절하지 못함
   (예 자주 성질을 부리거나 늘 화를 내거나, 몸싸움을 반복함)
9. 일시적이고 스트레스와 관련된 편집성 사고 혹은 심각한 해리 증상들

(2) 증상 및 특징

극단적인 심리적 불안정성, 충동성	• 불안정한 대인관계, 자아상 및 정동의 불안정성, 현저한 충동성

- 강렬하고도 불안정한 대인관계 형성

  타인에게 버림받는 것에 대한 강한 두려움 (이상화와 평가절하 이유)
  → 이성을 이상화하고, 상대방이 자신을 버리고 떠나가는 것을 두려워하고, 강렬한 애정표현 요구
  → 좌절 시 평가절하하며, 강렬한 증오, 경멸, 자해나 자살같은 극단적인 행동을 함

- 충동적이고 예측 불가능한 행동
- 정서변화가 심하고 부적절함

(3) 원인 및 특징

원인	어린시절 외상(학대)	• 어린시절 외상 경험으로 신체적, 성적, 언어적 학대 경험 • 18세 이전에 부모의 상실이나 이별 경험
	분리-개별화기(말러)	• 말러 분리-개별화기가 이루어지지 않음. 화해접근기에 고착되어 버림받는 것에 대한 공포와 잠재적 분노가 내재됨(인지적 요인) • 엄마가 사라지는 것에 놀라게 되고, 엄마가 어디에 있는지에 대해 심하게 걱정하며 극심한 불안속에 엄마를 찾음 → 자신이 버림받게 되는 것에 대한 강렬한 두려움 경험
	정신분석	• 부모와 신뢰관계가 형성되지 않음
	독특한 신념체계 (인지)	• "세상은 위험하며 악의에 가득 차 있다." • "나는 힘없고 상처받기 쉬운 존재다." • "나는 원래부터 환영받지 못할 존재다."
인지왜곡 (인지오류)		• 흑백논리적 사고 → '천사 아니면 악마'로 타인을 극단적으로 이상화하거나 평가절하함
방어기전		• 분리 → 이상화, 평가절하 / 타인에 대한 긍정적, 부정적 자질을 통합하거나 조정할 수 없음
자살		• 3/4이상이 자해행동, 자살시도 • 이중 10명 중 1명은 자살에 성공함

(4) 치료

치료목표	• 자아를 강화시켜 불안을 잘 인내하도록 하고, 충동에 대한 통제력을 향상시킴 • 긍정적인 내용과 부정적 내용이 분리되어 있는 것을 통합시킴
인지행동치료	• 사고중지 • 탈비극화: "일어날 수 있는 일 중 가장 나쁜, 최악은 무엇인가요?" • 행동계약법 등
변증법적 행동치료	• 경계성 성격장애의 충동성 조절을 위해 만들어진 치료법임

표. 경계성 성격장애 사례

미모의 여대생 지수(가명)은 이성관계가 매우 복잡하고 불안정하다.
남자친구와의 관계가 몇 달 이상 지속되지 못하고 늘 불행한 결과를 초래하고 금방 헤어지게 된다.
금사빠처럼 급속하게 뜨거운 애정을 느끼고, "당신 없으면 못살아"라고 말하며, 자신에 대해 지속적인 애정을 보여주기를 원하며, 수시로 애정을 확인한다.
사소한 갈등이 생기고, 조금이라도 서운하게 하면 "넌 나를 사랑하지 않는거야"라고 말하며, 화를 내고 분노와 배신감에 남자친구의 열등한 면과 단점에 대해 모욕적인 가혹한 비난을 하면서
남자친구에게 심한 마음의 상처를 주곤 하였다.
남자친구가 정말로 떠날 것 같으면 극도로 불안해하며 매달리며, 감정이 하루에도 몇 번씩 변하였다.
남자친구와 헤어지면, 공허한 마음에 금방 새로운 남자친구를 사귀게 되지만, 연애기간은 몇 달이 지속되질 않았다.

❸ 연극성 성격장애

(1) 진단기준

연극성 성격장애 진단기준 (DSM-5-TR)
과도하게 감정적이고 지나치게 주의를 끄는 만연한 패턴으로 성인기 초기에 시작되며, 여러 맥락에서 나타나고 다음 중 5가지(또는 그 이상)을 충족한다. 1. 자신이 관심의 중심에 있지 않는 상황을 불편해함 2. 다른 사람들과의 상호작용은 종종 부적절한 성적 유혹이나 도발적인 행동으로 특징지어짐 3. 감정표현이 피상적이고 빠르게 변함 4. 지속적으로 신체적 외모를 이용하여 자신에게 관심을 유도함 5. 지나치게 인상적이면서 세밀함이 결여된 언어 스타일 6. 자기극화 연극성 그리고 과장된 감정의 표현을 보임 7. 피암시적임 (즉, 다른 사람이나 상황에 의해 쉽게 영향을 받음) 8. 관계를 실제보다 더 가까운 것으로 간주함

(2) 증상 특징

증상	• 타인의 관심(주의)을 끌려는 행동, 과도한 극적인 감정표현
특징	• 자신이 관심의 중심이 되고자 하며, 주목받고자 하는 행동임

- 연극적, 과도한 감정, 시선집중을 구하는 행동
- 유혹, 화려함, 피상적인 대인접촉
- 속임수와 분열조장
- 관심이 철회된 경우, 우울과 자살
- 히스테리성 성격장애로도 불림

(3) 원인

가족의 강화	• 어린시절 가족의 지나친 강화로 주목받고자 하는 행동 형성
유전(기질)	• 극심한 신경증과 외향성
독특한 신념체계 (인지)	• "모든 사람으로부터 사랑을 받아야 한다." • "나는 부적절한 존재이고, 혼자서는 삶을 영위할 수 없다." • "내가 원하는 것을 얻으려면 다른 사람을 즐겁거나 감탄하도록 만들어야 한다." • "내가 행복하려면, 다른 사람의 관심과 애정이 절대적으로 필요하다."

❘ 표. 연극성 성격장애 사례 ❘

23세 수지(가명)는 화려한 옷차림으로 어디서든 관심을 받는다. 그녀는 항상 관심을 받고 주목을 받아야만 마음이 편하다. 누구와도 빨리 친해지는 친화력으로도 유명하지만, 오래 관계가 지속되지는 않는다. 그녀는 감정표현이 극적이지만, 감정의 깊이가 없어 주변사람들이 그녀를 진실하지 못하다고 생각한다. 친구가 자신의 고민을 이야기하면, 화제를 자신에게 돌리고, 사람들에게 주목받지 못하면 갑자기 우울해하거나 극적인 행동으로 관심을 끌려한다.
SNS을 자주하면서 항상 화려한 모습을 SNS에 올리고, 다수와 소통을 하며 많은 시간을 보낸다. 시간이 날때마다 사람들의 반응을 확인하며 "좋아요"와 댓글들을 몇분마다 확인한다.

4 자기애성 성격장애

(1) 진단기준

자기애성 성격장애 진단기준 (DSM-5-TR)
과대성(공상 또는 행동상), 감탄 요구, 공감 부족이 만연된 패턴으로 성인기 초기에 시작되며 여러 맥락에서 나타나고, 다음 중 5가지(또는 그 이상)을 충족한다. 1. 자기-중요성에 대한 과대한 느낌을 가짐 　(예 성취와 능력의 과장, 상응하는 성과 없이도 우수한 것으로 인식 될 것을 기대) 2. 무한한 성공, 권력, 명석함, 아름다움, 이상적인 사랑에 대한 환상에 몰두함 3. 자신은 '특별'하고 특이해서 또 다른 특별하거나 높은 지위의 사람(또는 기관)만이 자신을 이해할 수 있고 또는 관련해야 한다는 믿음 4. 과도한 감탄을 요구함 5. 특권의식이 있음 　(즉, 특별히 호의적인 대우를 받기를, 자신의 기대에 대해 자동적으로 순응하기를 불합리하게 기대함) 6. 대인관계에서 착취적임 　(즉, 자신의 목적을 달성하기 위해서 타인을 이용함) 7. 공감의 결여: 타인의 느낌이나 요구를 인식하거나 확인하려 하지 않음 8. 다른 사람을 자주 부러워하거나 다른 사람이 자신을 시기하고 있다는 믿음 9. 오만하고 건방진 행동이나 태도

(2) 증상 특징

증상	• 자신의 과대성, 감탄(찬사)에 대한 욕구, 공감능력의 부족
특징	• 자신이 중요한 인물이라는 과장된 생각과 거만함

- 타인에 대한 공감은 부족하면서 자신은 타인에게 계속 존경을 요구하므로 원만한 대인관계 형성이 어려움
- 자신이 중요 인물이라는 과장된 생각, 극단적인 자기중심성
- 주위 사람의 관심과 선망의 대상이 되고자 하는 의도의 자기과시
- 권력, 성공, 부, 아름다움, 사랑에 대한 환상에 몰두
- 거절과 비판(비평)에 민감, 타인 폄하
- 속임수, 착취
- 과장, 비난, 분노

(3) 원인

과잉보호	• 성장과정에서 유아기적 자기애가 좌절경험(세상이 나를 중심으로 돌아가지 않는다)을 통해 성숙되나, 부모의 과잉보호로 좌절경험을 하지 못해 자기애가 생김 • 어린시절 부모가 무관심하거나 모순되게 보상을 주고, 성취에 대해 과도하게 칭찬하거나 작은 실수에 대해 가혹하게 비판하는 것이 반복됨
독특한 신념체계 (인지)	• "나는 매우 특별한 사람이다." • "나는 너무나 우월하기에 특별한 대우를 받아야 한다." • "인정, 칭찬, 존경을 받는 것은 매우 중요한 일이다." • "사람들은 나를 비판할 자격이 없다."

표. 자기애성 성격장애 사례

대기업 팀장인 40대 A씨는 자신의 성과를 늘 과장하는 경향이 있고, 주변사람들에게 자신의 뛰어난 능력과 학력에 대해 이야기하며 큰 업적을 자랑한다.

자신의 의견이 항상 맞다고 생각하기에 자신의 의견이 채택되지 않는 것을 받아들이지 못하고, 사소한 문제로 경쟁을 벌이고, 자존심 대결을 한다.

높은 지위에 있는 사람들과는 소통을 하지만 자신보다 급이 떨어지는 것 같으면 철저히 무시한다. 상사앞에서는 능력을 과시하면서 아랫사람들에는 무시하는 태도를 보이며, 동료들이 피드백을 주면 화를 내거나 무시하며, 자신의 실수를 절대 인정하지 않는다.

주변의 공을 아무렇지 않게 가로채는 일도 허다하며, 아내에게 자신이 특별한 사람이라는 점을 강조하고 아내가 자신을 충분히 존경하고 떠받들어야 한다고 생각한다.

4 C군 성격장애

1 회피성 성격장애 12, 92 임용

(1) 진단기준

회피성 성격장애 진단기준 (DSM-5-TR)

사회관계의 억제, 부적절감, 그리고 부정적 평가에 대한 예민함이 만연된 패턴으로 성인기 초기에 시작되며 여러 맥락에서 나타나고, 다음 중 4가지(또는 그 이상)를 충족한다.

1. 비난, 거부, 거절에 대한 두려움 때문에 의미 있는 대인 접촉과 관련된 직업적 활동을 회피함
2. 확실한 호감이 가지 않는 한 사람들과 관계하는 것을 꺼림
3. 수치심을 느끼거나 조롱당 할 것에 대한 두려움 때문에 친밀한 관계를 제한함
4. 사회적 상황에서 비난하거나 거절당하는 것에 대해 집착함
5. 부적절감으로 인해 새로운 대인관계 상황을 제한됨
6. 자신을 사회적으로 서툴고, 개인적으로 매력적이지 않으며, 다른 사람들보다 열등하다고 바라봄
7. 당황스러움이 드러날까 염려하여 어떤 새로운 일에 관여하거나 개인적인 위험을 감수하는 것을 유별나게 꺼림

(2) 증상 특징

증상	• 부정적 평가에 예민함, 사회적 억제(대인관계 회피), 부적절감
특징	• 대인관계 접촉이 필요한 모든 상황에서 회피와 사회적 억압

- 거절에 대한 과민함과 자신에 대한 부적절감, 열등감으로 대인관계 회피
- 과도한 부끄러움, 낮은 자존감
- 익숙하지 않은 활동, 새로운 사람 회피
- 사회적 상황에서 심한 불안
- 부정적인 평가에 매우 민감

(3) 원인 및 인지왜곡

① 원인

기질	• 수줍고, 억제적인 경함, 자기비판적 경향이 강함 • 위험에 대한 과도한 생리적 민감성 (교감신경계)
정신분석	• 주된 감정은 수치심임 • 부모를 수치심, 죄의식을 유발시키는 비판적이고 거부적인 인물로 묘사함
부정적 신념체계 (인지)	• "역시 나는 매력이 없어." • "사람들이 나를 바보라고 생각할 꺼야." • "다른 사람들은 나를 비판할꺼야."

② 인지왜곡(오류)

이분법적 사고	• 타인이 분명한 호의를 보이지 않으면, 거부나 비난으로 해석함
의미확대 및 의미축소	• 타인의 긍정적인 반응은 무시하고, 부정적인 언급은 중시함
선택적 추론 (정신적 여과)	• 부정적인 증거에만 주의를 기울임

┃ 표. 회피성 성격장애 사례 ┃

대학생인 아현(가명)이은 수줍음이 많은 성격으로 어릴 때부터 친했던 친구 2명과 어울리고, 가족없이 외출하는 일은 거의 없다.
사람들과 어울릴때는 아주 작은 부정적인 반응 하나하나가 크게 느껴지게 된다.
같은과 친구들이 같이 점심을 먹자고 해도 이핑계, 저핑계로 거절한다. 다른 일이 있어서가 아니라 자신이 대화에 잘 끼어들지 못하거나 실수하지 않을까, 자신을 비웃지 않을까 과도하게 염려하고 걱정되서이다.

2 의존성 성격장애 12 임용

(1) 진단기준

의존성 성격장애 진단기준 (DSM-5-TR)

만연된 지나친 돌봄을 받고자 하는 욕구가 복종, 매달림, 이별 공포를 초래하는 데, 이는 성인기 초기에 시작되며 여러 맥락에서 나타나고, 다음 중 5가지(또는 그 이상)을 충족한다.
1. 다른사람으로부터의 과도히 많은 충고나 확신 없이는 일상의 판단을 하는 데 어려움을 겪음
2. 자신의 생활 중 가장 중요한 부분에 대해 타인이 책임질 것을 요구함
3. 지지와 안정을 잃는 것에 대한 공포 때문에 다른 사람과의 의견 불일치를 표현하는 데 어려움이 있음
 (주의점: 보복에 대한 현실적인 공포는 포함하지 않는다.)
4. 계획을 시작하기 어렵거나 스스로 일을 하기가 힘듦
 (동기나 에너지의 결핍이라기보다는 판단이나 능력에 있어 자신감의 결여 때문임)
5. 다른사람의 돌봄과 지지를 지속하기 위해 불쾌한 일이라도 자원해서 함
6. 혼자서는 자신을 돌볼 수 없다는 심한 공포 때문에 불편함과 절망감을 느낌
7. 하나의 친밀한 관계가 끝나면 자신을 돌봐 주고 지지해 줄 근원으로 다른 관계를 시급히 찾음
8. 자신을 돌보기 위해 혼자 남는 데 대한 공포에 비현실적으로 집착함

(2) 증상 특징

증상	• 과도한 의존 욕구, 자기주장의 결여, 지나친 돌봄요구와 연관된 복종과 매달림 (굴종적인 행동)
특징	• 가까운 사람에게 매우 의존적이며, 대인관계가 끝났을 때 대체물을 급하게 찾음

- 돌봄에 대한 높은 요구, 분리에 대한 강렬한 두려움-다른 사람에게 복종, 매달리기
- 자신의 역량이나 판단능력에 대한 확신 결여
- 자기욕구를 경시하고 주요 결정을 타인에게 맡김
- 지나치게 수동적이고 유순함
- 자기희생, 복종
- 다른 사람의 보호를 받고자 하는 욕구가 강함

(3) 원인

과잉보호	• 부모가 과잉보호한 경우
어릴 때 병치레	• 선천적으로 허약하고 어릴 때 병치레가 잦은 아이
독특한 신념체계 (인지)	• "나는 근본적으로 무력하고 부적절한 사람이다." • "나는 혼자서는 세상에 대처할 수 없으며, 의지할 사람이 필요하다."

표. 의존성 성격장애 사례

20대 후반 A씨는 직장에서 주변사람들의 말에 따르는 편이다. 회의에서 스스로 의견을 내거나 결정하는 일은 없고, 일처리는 성실하게 잘 하는 편이고 온화한 편이다.
스스로 결정하는 것에 대한 불안이 커서, 작은일도 상사의 확인을 받아야 하며, 동료들이 스스로 결정하라고 해도, 스스로 결정해서 실수할까봐 자신 없어 한다.
또한 상사가 부당한 요구를 해도 거절하지 못하고 다 응한다.
또한 대학의 전공도, 직장도 모두 부모님의 의견에 따라 결정하였다.

3 강박성 성격장애

(1) 진단기준

강박성 성격장애 진단기준 (DSM-5-TR)

융통성, 개방성, 효율성을 희생시키더라도 정돈, 완벽, 정신적 통제 및 대인관계의 통제에 몰두하는 만연된 패턴이 성인기 초기에 시작되며 여러 맥락에서 나타나고 다음 중 4가지(또는 그이상)을 충족한다.
1. 내용의 세부, 규칙, 목록, 순서, 조직 혹은 스케줄에 집착되어 있어 활동의 중요한 부분을 놓침
2. 과제의 완수를 방해하는 완벽함
    (예 자신의 지나치게 엄격한 기준을 충족하지 못해 프로젝트를 완수할 수 없음)
3. 여가 활동이나 친구 교제를 마다하고 일과 성과에 지나치게 열중함
    (경제적으로 필요한 것이 명백히 아님)
4. 도덕, 윤리 또는 가치관에 대해 지나치게 양심적이고, 꼼꼼하며, 융통성이 없음
    (문화적 혹은 종교적 정체성으로 설명되지 않음)
5. 감정적인 가치가 없는데도 낡고 가치 없는 물건을 버리지 못함
6. 자신의 일하는 방법에 대해 정확하게 복종적이지 않으면 일을 위임하거나 함께 일하지 않으려 함
7. 자신과 다른사람에 모두에게 돈 쓰는 데 인색함, 돈을 미래의 재난에 대해 대비하는 것으로 인식함
8. 경식성과 고집스러움을 보임

(2) 증상 특징

증상	• 완벽주의, 정돈, 질서정연, 조절에 과도한 집착
특징	• 정리정돈과 규제에 기초를 둔 완벽주의임

- 제한적 감정표현, 지나치게 차갑고 경직된 태도
- 질서, 규칙, 정확성, 완벽함, 세밀함, 목적지향적 활동에 집착
- 자신이나 타인에게 엄격한 기준 적용
- 완벽주의
- 통제하고자 하는 욕구
- 융통성이 없고 완고함
- 사소한 일에 몰두
- 자신과 타인에 대한 강한 비판

(3) 원인 및 인지왜곡

① 원인

정신분석	• 항문기 억제된 성격
독특한 신념체계 (인지)	• "나는 내자신 뿐만 아니라, 내 주변환경을 완벽하게 통제해야 한다." • "실수는 곧 실패이다." • "구체적이고, 명확한 규칙이나 절차가 없으면 나는 아무것도 할 수 없을 것이다."

② 인지왜곡

흑백논리적 사고	• 완벽 아니면 실패
파국화	• 실패에 대한 강한 두려움
의미확대, 의미축소	• 세부적인 사항에 과도한 중요성 부여하고 집착 • 실제로 중요한 일은 의미를 축소하여 전반적인 판단에 어려움을 겪음

표. 강박성 성격장애 사례

회사원 A씨는 변화하기보다는 항상 하던 대로 일을 하려는 사람이다. 보고서도 항상 세밀하게 반복적으로 점검하는데 주말에도 오탈자, 띄어쓰기 등에 지나치게 신경쓰고, 간혹 일정에 보고서를 제출하지 못할때도 있었다. 아주 작은 실수도 용납이 되지 않아 수십번씩 검토하고, 팀원들에게도 과도한 기준을 기준을 강요하여, 간섭을 많이하고 혼내는 일이 잦았다.

집에서도 물건들이 제자리에 항상 위치해야 하고, 친구가 놀러와도 물건을 제자리에 두지 않으면 다시 정리하느라 스트레스를 받는다. 항상 계획대로 되지 않으면 스트레스를 많이 받는다.

돈에 매우 민감하여 씀씀이가 인색하여 팀원들에게 커피 한잔을 사지 않고, 경제적 여유가 있음에도 불구하고, 만일의 재난상황에 대비하여 저축해야 한다고 자신과 가족을 위해서도 돈을 쓰지 않는다.

Part 27. 자살과 비자살적 자해, 위기간호 19, 12, 10, 09, 08, 99 임용

1 비자살적 자해장애

1 진단기준

비자살적 자해장애 진단기준 (DSM-5-TR)

A. 지난 1년간, 5일 또는 그 이상, 신체 표면에 고의적으로 출혈, 상처, 고통을 유발하는 행동(예 칼로 긋기, 불로 지지기, 찌르기, 과도하게 문지르기)을 자신에게 스스로 가하며, 이는 단지 경도 또는 중등도의 신체적 손상을 유발할 수 있는 자해 행동을 하려는 의도에 의한 것이다.
(즉, 자살 의도가 없음)

B. 개인은 다음 중 하나 이상의 기대를 가지고 자해 행동을 시도한다.
  1. 부정적 느낌 또는 인지 상태로부터 안도감을 얻기 위하여
  2. 대인관계 어려움을 해결하기 위하여
  3. 긍정적인 기분 상태를 유도하기 위하여

C. 다음 중 최소한 한 가지와 연관된 고의적인 자해 행동을 시도한다.
  1. 우울, 불안, 긴장, 분노, 일반화된 고통, 자기-비판과 같은 대인관계 어려움이나 부정적 느낌 또는 생각이 자해 행위 바로 직전에 일어남
  2. 자해 행위에 앞서, 의도한 행동에 몰두하는 기간이 있고 이를 통제하기 어려움
  3. 자해 행위를 하지 않을 때에도 자해에 대한 생각이 빈번하게 일어남

D. 행동은 사회적으로 제재되는 것이 아니며(예 바디 피어싱, 문신, 종교적 또는 문화적 의례의 일부), 딱지를 뜯거나 손톱을 물어뜯는 것에 제한되지 않는다.

E. 행동 또는 그 결과는 대인관계, 학업 또는 다른 중요한 기능 영역에서 임상적으로 현저한 고통이나 방해를 초래한다.

F. 행동은 정신병적 삽화, 섬망, 물질 중독 또는 물질 금단 기간에만 일어나는 것이 아니다.
신경발달장애가 있는 개인에게서는 반복적인 상동증의 일부로 나타나는 것이 아니다. 또한 자해 행동이 다른 정신질환이나 의학적 상태로 더 잘 설명되지 않는다.

표. 비자살적 자해 vs 자살시도

특성		비자살적 자해	자살시도
행동의 의도/목적		• 심리적 고통으로부터 일시적 도피 • 자신 또는 상황의 변화 추구	• 영구적인 의식 종료/삶의 종료 • 참을 수 없는 심리적 고통으로부터 도피
사용 방법의 심각도/치명도		• 낮음	• 높음
행동 빈도		• 높음, 때로 100회 이상	• 낮음, 보통 1~3회
사용 방법의 종류		• 다양한 방법 사용	• 단일 방법 사용
행동 당시 인지적 상태		• 고통스럽지만 희망적 • 적응적 문제해결의 어려움	• 절망적, 무력감 • 문제해결 불가능
결과/영향	개인 내적	• 경감과 진정 • 일시적 고통 감소	• 좌절과 실망감 • 고통 증가
	개인 외적	• 타인의 거절과 비난	• 타인의 돌봄과 관심

2 비자살적 자해장애 임상양상

자해 자극	• 손상된 대인관계는 자해의 자극이 될 있음
행복감, 안도감	• 불안, 분노, 괴로움 등 부정적인 감정이나 생각으로부터 안도감 느낌 • 자해를 시도하는 중, 후에 강력한 행복감을 느낌 → 신체손상에 대한 내인성 아편제인 '엔도르핀' 방출 결과임
자살시도	• 비자살적 자해 청소년 성인기에 자살시도 확률 2배 높음
관련 질환	• 경계성 성격장애 여성의 70%, 섭식장애 30%에서 발생

2 자살단서와 자살행동 12, 10, 09, 99 임용

1 자살단서

	언어적 단서	비언어적 단서
직접적	• "난 더 못견디겠어. 자살할거야." • "난 이 약을 다 먹고 고통없이 죽을 거야." • "이제 모든걸 끝낼꺼야." • "우리 식구는 내가 없으면 더 좋을 거야." • "내가 없으면 아무도 신경안쓸 거야."	• 수면제 등과 같은 약을 먹거나, 자해를 하거나, 목을 맬 줄을 만드는 것과 같은 행동 • SNS에 자살을 암시 하는 글을 올림 • 갑자기 유서를 쓰거나, 이상한 메모를 남김 • 자살방법(약물, 높은 장소, 흉기 등)을 검색함 • 수면제, 감기약 등을 모아 둠
간접적	• "나를 위해 기도해줘." • "네가 돌아오면 난 여기 없을 거야." • "난 쓸모없는 사람이야." • "다 필요없어. 아무 의미 없어."	• 물건을 정리하거나 소중한 물건을 주변 사람들에게 나눠줌 • 감정기복이 심해지거나 지나치게 차분함 (갑작스러운 평안함) • 평소와 다르게 다른사람들과 연락을 끊고 혼자있으려 함 • 외모와 위생관리를 하지 않음 • 불면증이나 식욕변화가 있음 • 우울증이 있는 사람이 갑자기 밝아짐

2 자살징후

언어적, 비언어적 단서	• 직접적, 간접적인 언어적·비언어적 단서	
감정과 태도의 변화	• 극심한 우울감과 무기력함 • 갑자기 태도가 달라짐 → 우울증이 있는 사람이 갑자기 밝아짐, 감정기복이 심해짐	
일상생활에서의 변화	수면패턴 변화	• 불면증 또는 과다수면
	식욕의 변화	• 식사량 줄거나 폭식 • 체중이 줄거나 증가함
	외모와 위생관리 소홀	• 씻지 않거나 옷차림에 신경 X • 평소 깔끔한 사람이 위생관리 X
인간관계 변화	• 주변사람들과 거리를 둠 (조용해지고, 고립됨) • 감정적으로 예민해짐	
자해 및 위험한 행동	• 자해행동 • 폭음, 약물 남용 등 자기 파괴적인 행동 • 교통사고 위험이 있는 행동을 하거나, 위험한 장소에 자주 감	

3 자살행동

자살 위협	• 실제적인 자살행동 전에 언어적, 비언어적 자살시도를 나타내는 것
자살 관념	• 죽음에 대한 생각, 죽음을 원하는 것, 죽음에 성공하기 위해 고려하는 실행계획을 세우는 것까지 포함함
자살	• 죽을 의도를 가지고 자기 자신에게 해로운 행동을 한 결과 죽음에 이르는 것

> **자살 징후를 보이는 사람에게 어떻게 해야 할까?**
> ① 진심으로 관심을 가짐
>   예 "요즘 기분이 어때?", "무슨 힘든일 있어?"
> ② 자살 생각이 있는지 직접적으로 물어보기
>   자살사고에 대해 '직접적'으로 물어보고, "함께 자살에 대해 대화할 수 있으며, 너를 이해할 수 있다"라는 진심을 분명히 표현함
> ③ 자살방법, 계획, 동기에 대해 구체적으로 물어보기 09 임용
>   자살방법, 계획, 동기에 대해 구체적으로 물어보고, 위기상태에 대해 표현할 수 있는 기회를 제공함
> ④ 혼자 두지 말고, 주변에 알리기

3 자살원인

1 생물학적 요인

가족력	• 부모, 형제 또는 자녀가 자살로 사망한 경우, 자살 위험 2~8배 높음

2 심리적 요인 12 임용

상실	• 상실한 대상에 지녔던 분노나 공격성이 자기 자신에게로 향하게 됨
심리적 고통	• 심리적(감정적) 고통에서 벗어나고 싶은 욕구로 인해 자살함 예 이별, 가족 갈등, 왕따, 학대 등으로 극심한 심리적 고통을 느낄 때 "너무 힘들어. 이 고통이 끝났으면 좋겠어."
극심한 절망감과 무기력함	• 현재의 고통이 끝나지 않을 것이라는 절망감을 느껴, 해결방법이 없다고 생각하여, 점점 무기력해지고, 포기하게 됨 예 "이 상황에서 벗어날 방법이 없어.", "아무리 노력해도 달라지는 게 없어."
충동적이고 감정적인 반응	• 강한 수치심, 분노, 배신감 등을 경험할 때 종종 충동적으로 발생함 예 "너무 화가 나. 다 끝내버릴 꺼야."

회피적 선택	• 삶자체가 무의하다고 느끼고, 죽음을 더 나은 선택으로 느끼기도 하며, 고통에서 해방되는 길로 받아들이기도 함
	예 질병으로 만성적 통증을 호소하는 환자, 장기적인 우울증 환자 "사는게 지옥같아. 죽는게 더 나은 선택같고, 더 편할 것 같아."
버림받음과 외로움	• 타인과 단절을 느끼고 사회적 고립이 심한 경우
	예 친구, 가족, 연인에게 버림받거나 사회적으로 고립된 사람

3 사회문화적 요인

표. 뒤르켐의 자살 유형 19 임용

이기적 자살	• 개인의 사회적 통합정도가 낮고 개인이 속한 집단의 결속이 약해져서, 개인이 고립(소외감)되는 경우 발생하는 자살
	예 신체적, 정신적 질병에 의한 자살, 사별 후 자살, 직장 해고 후 자살 친구와 가족과의 관계된 단절된 노인의 외로움과 고립감을 견디지 못하고 자살하는 경우 등
이타적 자살	• 사회적 결속이 지나치게 강해서 사회의 가치를 개인의 가치보다 더 중시할 때, 사회를 위해 자기를 희생한다는 마음이 강할때 발생하는 자살
	• 즉, 개인이 사화적 집단이나 가치를 지나치게 중시하여, 집단을 위해 희생하는 형태의 자살임
	예 테러 조직에서 자폭테러를 하는 경우, 군인이 전우를 구하기 위해 스스로 목숨을 버리는 경우 등
아노미적 자살 (무규제 자살)	• 사회의 급격한 변화와 불안정으로 인해 도덕적 통제가 결여되거나 무규범 상태로 빠져들게 되는 상황에서 나타나는 자살임
	• 사회적 규범이 붕괴되거나 급격한 변화(경제적, 사회적 위기)를 겪을 때 발생
	예 IMF때 사업실패의 충격으로 자살하는 경우 등

4 정신의학적 원인

- 우울증 2/3
- 조현병의 경우 환각 많음
- 알코올 중독자
- 물질관련 및 중독장애
- 양극성 장애
- 반사회적 성격장애
- 경계성, 자기애성 성격장애

4 자살 고위험군과 사정요인

1 자살 고위험군

요인	위험성 낮음	위험성 높음
성별	여성	남성
연령	사춘기 이전	65세 이상 노인
결혼상태	기혼	이혼 혹은 사별
정신과적 진단	정신질환의 급성 삽화가 없거나, 물질 사용이 적음	조현병, 주요우울장애, 양극성장애, 알코올 중독
종교	종교 있음	종교 없음
이전 자살시도력	시도력 없음	시도력 있음
신체질환	회복 가능한 질환	회복이 어렵고 통증이 심한 질환

2 자살환자의 사정요소

자살시도의 환경 사정	• 굴욕적인 생활사건 • 자살준비활동: 자살노트, 유언작성, 소중한 물건을 남에게 주기 • 방법의 치명성, 미수에 대한 준비	현재 증상	• 절망, 자기비난, 실패감, 무가치감, 지속적인 불면, 체중감소, 사회적 위축 • 우울, 초조, 안절부절, 피로 • 말이 느려지고, 자살사고와 계획
정신질환	• 과거의 자살기도, 정동장애, 우울 • 알코올 중독, 물질남용 • 청소년기 행동장애, 노인의 조기치매	정신사회력	• 최근의 이별, 이혼, 사별, 혼자 주거 • 무직, 최근의 직업변화 또는 실직 • 삶의 스트레스(이사, 상실, 학교문제 등)
성격적 요소	• 충동성, 공격성, 적대성 • 인지적 완고성과 부정성 • 절망감, 낮은 자존감 • 경계성 또는 반사회적 성격장애	가족력	• 자살행위의 가족력 • 정동장애, 알코올 중독 또는 둘 다의 가족

사고	"자살에 대한 생각이 있습니까?"
계획	"자살에 대한 계획이 있습니까?"
방법	"어떤 방법으로 자살하려고 합니까?"
의도	"자살계획을 수행할 의도가 있습니까?"
수행	"어떻게 자살계획을 실행하실 겁니까?" "언제 자살할 생각입니까?" "무슨 요일 또는 하루 중 어떤 시간에 자살할 계획입니까?" "어디서 자살할 생각입니까?"

3 자살의 위험지표

• 계획의 정도	• 구조 또는 방해를 최소화할 수 있는 시간과 공간의 선정
• 자살 행동시 개인의 정신 상태	• 급격한 불안초조상태
• 최근 리튬, 항정신병 약물의 중단	
• 최근의 퇴원 등	

4 자살 위험요인과 보호요인

자살 위험요인	자살 보호요인
• 명백한 자살의도 • 치명적인 자살계획 • 자살 미수 • 정신질환 • 의학적 질병 • 아동학대 경험 • 자살 가족력 • 최근의 사회적지지 결여(고립) • 실직 • 최근 스트레스 사건 (예 죽음, 기타 다양한 상실경험) • 절망 • 공황발작 • 수치심 및 굴욕감 • 충동성 • 공격성 • 인지능력 상실 • 물질남용	• 가족(부부, 자식)에 대한 책임감 • 임신 • 종교적 믿음 • 삶에 대한 만족감 • 긍정적인 사회적지지 • 효과적인 대처기술 • 효과적인 문제해결능력 • 현실감각

자료원. 김경희외. 제 7판 정신건강간호학(2023). 현문사

5 자살에 대한 편견과 실제

편견	정확한 지식
• 자살하겠다고 말하는 사람들은 절대 자살하지 않는다.	
• 자살하는 사람들의 일반적인 유형이 존재한다.	• 자살은 누구나 할 수 있으며, 자살자의 일반적인 특성은 없다. 단지 좀 더 자살위험이 높은 집단이 있을 뿐이다.
• 자살하는 사람은 죽으려는 충분한 의도를 갖고 있다.	• 대부분의 자살하는 사람들은 삶이나 죽음을 스스로 결정하지 않는다. 그들은 자신의 생명을 타인의 몫으로 남기는 도박을 감행한다.
• 한 번 자살을 시도해본 사람들은 영원히 자살하려고 한다.	• 자살하려는 대부분의 사람들은 제한된 기간만 자살하려고 한다. 일단 위기를 극복하면 다시 자살하는 경우는 드물다.
• 모든 자살하는 사람들은 정신적으로 질환을 지니고 있다.	• 대부분의 연구에서 자살하려는 사람들은 매우 행복하지는 않지만 정신질환이 있는 경우는 아니다.
• 자살한 사람들 모두에게서 우울증이 발견된다.	• 우울증이 대부분의 자살에서 주요한 요인이지만 자살한 사람 모두가 우울증이 있는 것은 아니다.
• 대부분의 자살한 사람들은 자신의 문제에 대해 도움을 요청하지 않는다.	• 자살한 사람들은 자살생각과 계획을 말했다는 증거가 있다.
• 사람들에게 인간관계 단절은 자주 발생하기 때문에 이것이 자살의 원인은 아니다.	• 사랑하는 사람들의 상실 등으로 인해 자살이 촉발되는 경우가 있다.
• 자살하려는 사람들은 누군가가 중간에 끼어들려고 하면, 화를 내면서 나중에 그 사람을 원망할 것이다.	• 자살하려는 사람들은 처음에 방어적이고 도움을 거부하는 것이 일반적이지만 이러한 행동은 많은 사람들이 관심을 갖고 도움을 줄 준비가 되어 있는지를 시험하는 것이다. 진심으로 자신에 대해 관심을 갖고 정서적으로 고통을 나누려 한다면 고통이 경감되면서 나중에 이것을 고맙게 생각할 것이다.

5 청소년 자살

1 아동·청소년기 자살행동 관련 요인

구분	내용
가족 요인	• 가족해체(이혼, 별거, 한부모 가정, 조손 가정 등) • 부모의 정신병리 및 자살행동의 가족력, 가정학대
성격 및 심리적 요인	• 충동성 및 공격성
정신질환요인	• 정신장애, 우울 및 양극성 장애, 약물사용 장애, 품행장애, 반사회적 행동, 불안장애, 정신증(조현병 포함), PTSD, 수면장애
자살촉발 요인	• 자살생각 및 이전 자살시도, 치명적인 수단에의 접근성, 자살의도와 동기, 대인관계 갈등·상실, 약물남용
학교요인	• 학업 스트레스, 집단따돌림 피해
사회문화적 요인	• 미디어 사용, 다문화 가정의 증가

자료원. 자살예방협회(2023)

2 청소년 자살 특징

계획없는 충동성	• 청소년기 자살은 계획적인 경우보다 충동적인 경우가 많음 • 미래의 희망없음 보다 현재의 고통 때문에 자살하는 경우 많음 예 부모님에게 심하게 혼난후, 감정을 주체하지 못하고 극단적인 선택을 하는 경우
강력한 전염성	• 청소년은 피암시성이 성인보다 강해 연예인, 주변사람들의 죽음과 자살에 많은 영향을 받음 • 온라인과 SNS 영향을 받음 • 또래 영향을 받음 : 주변 친구가 자살하면 모방자살 할 확률이 큼 **베르테르 효과** • 사회적으로 존경받거나 유명한 사람의 죽음, 특히 자살에 관한 소식에 심리적으로 동조하여 이를 모방한 자살 시도가 잇따르는 사회 현상
죽음에 대한 환상	• 죽음을 비현실적으로 받아들여 사후세계를 긍정적으로 보거나 부활에 대한 환상을 가져 자살을 쉽게 생각하는 경향이 있음
분명한 자살 동기	• 문제 해결의 대안, 보복의 동기와 같이 분명한 이유를 만들어 합리화 하는 경향이 있음
원인이 복합적임	• 여러 문제가 겹쳐서 발생하는 경우가 많음 예 학교폭력 + 부모의 무관심 + 학업 스트레스
신호를 보냄	• 성인보다 자살을 하기전에 도움을 요청하는 신호를 보낼 가능성이 큼 예 주변 물건 정리, 의미심장한 말을 함. 갑자기 지나치게 밝아지거나 우울해짐
자해	• 반복적인 자해 행동을 보이는 경우 자살 위험성이 큼
신체적인 증상, 무단결석 등	• 성인과는 달리 우울증이 복통, 두통 등 신체적인 증상이나 산만함, 짜증, 난폭, 반항, 무단결석, 비행 등으로 나타나는 경우가 많음

3 청소년의 자살 심리 08 임용

회피심리	• 문제해결에 필요한 자원 및 문제해결 능력 부족, 어려운 상황으로부터 피하기 위함
자기 처벌 심리	• 초자아로부터 야기되는 죄책감과 죄의식
충동적인 자해심리	• 청소년 특징인 충동적 행동은 높은 자살 사고로 이어짐
재결합 심리	• 사랑하는 사람과의 저승에서의 재결합

6 자살 간호 중재

안전을 위한 계약 (자살방지 서약서, 자살 생명존중 서약서)	• 자살하지 않겠다는 계약, 유효기간 명시, 유효기간 지나기전에 재계약 자살 충동이 생기거나 자신을 해할 위험이 있을때는 의료진에게 도움을 청할 것이라는 약속 포함
자살 예방서비스	• 중앙자살예방센터: 국가적 차원에서 자살예방 정책을 수립하고, 지역사회 자살예방활동을 지원하기 위해 설립 → 자살 고위험군의 조기발견과 개입이 가능하도록 생명사랑지킴이(게이트키퍼) 활동 독려, 생명의 전화
심리 부검	• 자살사망자의 유족과 전문가의 면담을 통해 자살의 원인과 자살에 이르게 한 과정을 분석하여 자살 사망자의 삶을 통합하는 과정임
자살 생존자들의 재통합	• 자살 시도에서 생존한 사람들 뿐 아니라, 자살로 인해 가족이나 친구들을 잃은 사람도 포함

〈 레스닉 재통합 모델 〉
• 레스닉은 재통합 모델을 사용하여 자살 생존자를 도울 수 있다고 봄

1	소생기	• 자살보고 후 첫 24시간 동안, 죽음에 대한 충격 완화 • 장례, 매장 절차, 자살한 사람의 죽음을 생존해 있는 가족들이나 주변인들이 받아들이도록 돕는 것임
2	재활기	• 자살 생존자들은 죽음을 애도하고 감정을 충분히 표현하도록 함
3	재생기	• 자살 생존자의 자살 경험을 그들의 삶에 통합하도록 도움

7 위기간호

위기는 어떤 상태의 안정을 깨뜨리는 급격한 변화로 스트레스 사건이나 지각된 위협으로 일어나며, 평소 문제해결 방법으로는 효과를 거둘수 없는 상황임

1 위기의 특성

- 각 개인이 심리적 항상성을 유지할 수 없는 위협에 직면하고, 이에 대처 할 수 없게되면 위기를 경험함
- 위기상태는 4~6주 정도 지속되며 불안및 긴장이 고조되므로 효율적인 문제해결능력이 상실하며, 정서적 고통을 경험하며 불안, 분노, 우울 등을 경험함
- 적응해서 이전의 정신건강상태로 회복하거나 더욱 건설적인 대처기술을 개발하거나 아니면 기능수준의 저하가 발생함

2 위기의 종류

성숙위기 (발달위기)	• 성장발달 과정 중에 있는 사람들이 경험하고 예견할 수 있는 위기로서, 발달에 따른 신체변화, 결혼, 출산 등과 관련된 위기임
	예 첫 학교입학, 초경, 사춘기, 군 입대, 독립, 취업, 결혼, 임신, 출산, 폐경, 은퇴, 죽음 준비, 임종 등
상황위기	• 우발적으로 발생을 예견할 수 없는 위기임
	예 기형아 출산, 이혼, 실직, 질병, 불치병 진단 사고, 화재 등

3 위기의 5단계 (fink) 94 임용

단계	내 용
충격 단계	• 최고의 스트레스를 느끼고 불안, 무력감, 혼돈, 공황이 따르고 이인화의 감정을 느낌
현실화 단계	• 충격에서 벗어나 현실감을 느끼는 단계 • 불합리한 행위로 보이며 불안을 상승시키는 시기로서 외부의 도움이 필요함
방어적 후퇴단계	• 현실감에 의해 다시 손상, 현실부정, 도피 • 많은 대처기전을 사용(투사, 합리화, 부정 등)하는 단계임
승인단계	• 상황에 대해 객관적으로 현실인식, 문제해결 시도 및 위기해결을 위한 계획을 수립함 • 해결이 어려운 경우 불안상승, 자아개념 붕괴 또는 포기, 자살가능성이 발생함
적응변화단계	• 재조직과 안정의 시기로서 성공적인 문제해결이 가능하고, 최고의 성숙과 적응수준 도달이 가능한 단계임

4 폭력주기이론 (워커) 23 임용

(1) 1단계 : 긴장형성단계

화, 소소한 폭행	• 가해자는 비난, 침묵, 언어적 학대와 낮은 정도의 구타 혹은 신체적 학대를 보이고 작은 자극에도 화를 내지만 이내 곧 사과함
합리화	• 피해자는 가해자의 분노가 더 커지지 않게 노력함으로써 그 상황을 피하게 됨 • 피해자는 자신을 향한 상대방의 분노나 폭력을 합리화함 • 소소한 폭행이 계속되고 긴장감은 폭발이 임박하기까지 계속 상승
지속시간	• 몇주에서 몇개월, 몇 년까지 지속되는 경우도 있음

(2) 2단계: 폭발단계 (폭력발생 단계, 급성 폭발 단계)

폭력적, 공격성	• 가장 폭력적이고 짧으며 순간적으로 가하는 공격성이 특징이고, 대부분 이단계에서 외상이 일어나기 쉬움 • 가해자는 자신의 행동을 통제하지 못하고 오랜기간 폭력에 노출된 피해자는 이단계가 시작되면 곧 상황이 나아질것을 알고 있음
숨음, 두려움 최소화	• 피해자는 안전한 장소를 찾아 숨고, 피해자는 두려움을 최소화하기 위해 상처의 심각도를 무시하거나 축소해서 말하며 대게 심각한 신체적 손상이 있는 경우 혹은 자신의 삶이나 자녀에게 위험이 느껴지는 경우에만 도움을 요청함 • 소소한 폭행이 계속되고 긴장감은 폭발이 임박하기까지 계속 상승
지속시간	• 대게 24시간 정도 지속되며 짧음

(2) 3단계: 화해단계 (밀월단계, 신혼기)

뉘우침, 후회, 사과	• 2단계 폭력단계의 문제점들이 진전되는것을 막기 위해 다정, 사랑, 뉘우침 또는 협상의 기간임 • 고요함이 특징이며, 가해자는 후회, 사과, 다시는 그러지 않겠다고 약속하며 사랑을 고백하고 선물과 꽃을 사는 등의 로맨틱한 행동을 하기도 함
협상, 고요함	• 피해자들은 모든 것을 사랑으로 극복할 수 있고, 결국 이번 폭행이 마지막이 될 것이라고 믿음 • 가해자의 문제와 폭력적인 행동을 극복하도록 자신이 도울 수 있다고 생각함
지속기간	• 1단계보다 짧지만 2단계보다는 길음

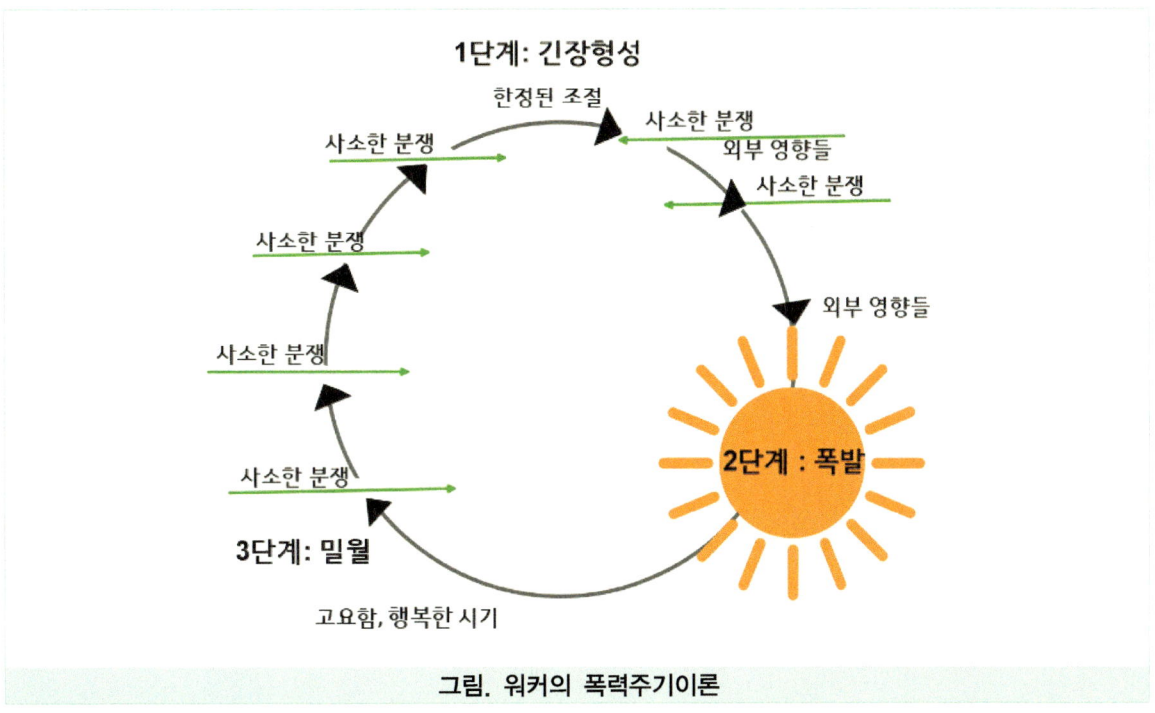

그림. 워커의 폭력주기이론

자료원. 김경희외. 제 7판 정신건강간호학(2023). 현문사

❽ 배우자 폭력

유형	행동
신체적 폭력	• 상대방을 다치게 할 수 있는 물건을 던지는 행동 • 밀치거나 팔, 어깨, 머리 등을 움켜잡는 행동 • 손바닥으로 뺨이나 머리, 몸을 때리는 행동 • 목을 조르거나 코와 입을 막는 등 숨을 쉬지 못하게 하거나 고의로 화상을 입히는 행동 • 칼이나 흉기 등으로 위협하거나 다치게 하는 행동 • 허리띠, 몽둥이 등 맞으면 다칠 수 있는 물건으로 때리는 행동 • 주먹이나 발로 때리거나 사정없이 마구 때리는 행동
정서적 폭력	• 모욕하거나 욕을 하는 행동 • 때리려고 위협하는 행동 • 상대방의 물건을 부수는 행동 • 상대방이 아끼는 사람(예 아이)이나 반려동물을 해치거나 해치겠다고 위협하는 행동 • 상대방 앞에서 자해를 하거나 자해, 자살하겠다고 위협하는 행동 • 잠을 못 자게 괴롭히는 행동

유형	행동
경제적 폭력	• 생활비를 부담해야 하지만 일부러 생활비를 주지 않는 행동 • 상대방의 재산 또는 상대방에게 지분이 있는 재산을 동의 없이 처분하는 행동 • 수입과 지출을 독점하는 경우 • 돈이나 재산을 빼앗거나 빚을 떠넘기는 행동
성적 폭력	• 무력을 사용하여 상대방이 원하지 않을 때 성관계를 강요하거나 상대방이 원하지 않는 형태의 성관계를 강요하는 행동 • 무력은 사용하지 않았지만 상대방이 원하지 않을 때 성관계를 강요하거나 상대방이 원하지 않는 형태의 성관계를 강요하는 행동 • 상대방이 원하지 않는 신체적 접촉(만지기, 키스, 포옹 등)을 하는 행동 • 상대방의 신체 일부 또는 성행위를 동의 없이 촬영하는 행동 • 상대방의 신체 일부 또는 성행위를 촬영한 사진, 동영상 등을 동의 없이 올리는 행동
통제	• 친구들과 연락하거나 만나지 못하게 하는 행동 • 친정식구 또는 본가와 연락하거나 만나지 못하게 하는 행동 • 어디에 있는지 꼭 알려고 하는 행동 • 무시하거나 냉담하게 대하는 행동 • 이성과 이야기를 하면 화를 내는 행동 • 바람을 피운다고 자꾸 의심하고 비난하는 행동 • 아파서 병원에 가야 할 때에도 허락을 받도록 하는 행동 • 온라인, 오프라인에서 누구와 연락을 주고받는지 감시하는 행동 • 사회 활동(직업 갖기, 교육 받기, 사회적 성취 등)을 못하게 하거나 허락을 받도록 하는 행동 • 외출 시간, 귀가 시간 등을 허락받도록 요구하는 행동 • 피임을 거부하거나 성관계 도중 합의 없이 피임 기구를 제거하는 행동

Part 28. 정신건강 법적 윤리적 상황 22 임용

1 개인정보보호와 관련된 법령

- **정신건강복지법 제71조 (비밀누설의 금지)**: 정신질환자 또는 정신건강증진시설과 관련된 직무를 수행하고 있거나 수행하였던 사람은 그 직무의 수행과 관련하여 알게 된 다른 사람의 비밀을 누설하거나 공표하여서는 아니 된다.

- **개인정보보호법 제60조(비밀유지 등)**: 직무상 알게 된 비밀을 다른 사람에게 누설하거나 직무상 목적 외의 용도로 이용하여서는 아니 된다.

- **정보통신망법 제28조제2항(개인정보의 누설금지)**: 이용자의 개인정보를 처리하고 있거나 처리하였던 자는 직무상 알게 된 개인정보를 훼손·침해 또는 누설하여서는 아니 된다.

- **의료법 제19조(정보누설 금지)**: 의료인이나 의료기관 종사자는 이 법이나 다른 법령에 특별히 규정된 경우 외에는 관련 업무를 하면서 알게 된 다른 사람의 정보를 누설하거나 발표하지 못한다.

- **의료법 제21조제2항(기록열람 등)**: 의료인, 의료기관의 장 및 의료기관 종사자는 환자가 아닌 다른 사람에게 환자에 관한 기록을 열람하게 하거나 그 사본을 내주는 등 내용을 확인할 수 있게 하여서는 아니된다.

- **형법 제317조(업무상 비밀누설)**: 의사, 한의사, 치과의사, 약제사, 약종상, 조산사, 변호사, 변리사, 공인회계사, 공증인, 대서업자나 그 직무상 보조자 또는 차등의 직에 있던 자가 그 직무처리 중 지득한 타인의 비밀을 누설한 때에는 3년 이하의 징역이나 금고, 10년 이하의 자격정지 또는 700만원 이하의 벌금에 처한다.

2. 정신건강증진 및 정신질환자 복지서비스 지원에 관한 법률(약칭: 정신건강복지법)

제 2조(기본이념)
① 모든 국민은 정신질환으로부터 보호받을 권리를 가진다.
② 모든 정신질환자는 인간으로서의 존엄과 가치를 보장받고, 최적의 치료를 받을 권리를 가진다.
③ 모든 정신질환자는 정신질환이 있다는 이유로 부당한 차별대우를 받지 아니한다.
④ 미성년자인 정신질환자는 특별히 치료, 보호 및 교육을 받을 권리를 가진다.
⑤ 정신질환자에 대해서는 입원 또는 입소가 최소화되도록 지역사회 중심의 치료가 우선적으로 고려되어야 하며, 정신건강증진시설에 자신의 의지에 따른 입원 또는 입소가 권장되어야 한다.
⑥ 정신건강증진시설에 입원 등을 하고 있는 사람은 가능한 한 자유로운 환경을 누릴권리와 다른사람들과 자유로이 의견교환을 할 수 있는 권리를 가진다.
⑦ 정신질환자는 원칙적으로 자신의 신체와 재산에 관한 사항에 대하여 스스로 판단하고 결정할 권리를 가진다. 특히 주거지, 의료행위에 대한 동의나 거부, 타인과의 교류, 복지서비스의 이용 여부와 복지서비스 종류의 선택등을 스스로 결절할 수 있도록 자기결정권을 존중받는다.
⑧ 정신질환자는 자신에게 법률적·사실적 영향을 미치는 사안에 대하여 스스로 이해하여 자신의 자유로운 의사를 표현할 수 있도록 필요한 도움을 받을 권리를 가진다.
⑨ 정신질환자는 자신과 관련된 정책의 결정과정에 참여할 권리를 가진다.

제13조(학교 등에서의 정신건강증진사업 실시)
① 다음 각 호에 해당하는 기관·단체·학교의 장 및 사업장의 사용자는 구성원의 정신건강에 관한 교육·상담과 정신질환 치료와의 연계 등의 정신건강증진사업을 실시하도록 노력하여야 한다.
  1. 국가 및 지방자치단체의 기관 중 업무의 성질상 정신건강을 해칠 가능성이 높아 정신건강증진사업을 실시할 필요가 있는 기관으로서 대통령령으로 정하는 기관
  2. 「초·중등교육법」 및 「고등교육법」에 따른 학교 중 대통령령으로 정하는 학교
  3. 「근로기준법」에 따른 근로자 300명 이상을 사용하는 사업장
  4. 그 밖에 업무의 성질이나 근무자 수 등을 고려하여 정신건강증진사업을 실시할 필요가 있는 기관·단체로서 대통령령으로 정하는 기관·단체
② 보건복지부장관은 제1항에 따른 정신건강증진사업의 효율적 시행을 위하여 그 구체적 내용 및 방법 등에 관한 지침 시행, 정보 제공, 그 밖의 필요한 사항의 권고를 할 수 있다.
③ 보건복지부장관은 제1항 각 호의 기관·단체·학교 및 사업장 중 구성원의 정신건강 증진을 위하여 적극적으로 노력한 기관 등을 선정·공표할 수 있으며, 해당 기관·단체、학교 및 사업장에 대하여 지원을 할 수 있다.

❸ 정신건강 법적 윤리적상황(입퇴원 기준) 22 임용

(1) 자의입원 (정신건강복지법 41조) 22 임용

입원	• 정신의료기관 등(정신의료기관 또는 정신요양시설)에 입원을 요하는 정신질환자 또는 정신건강상 문제가 있는 사람이 입원 또는 입소신청서를 제출하고 입원하는 경우임
퇴원	• 정신의료기관 중의 장은 환자가 퇴원하고자 하는 경우 바로 퇴원시켜야 하며, 2개월마다 퇴원 의사가 있는 지를 확인해야 함

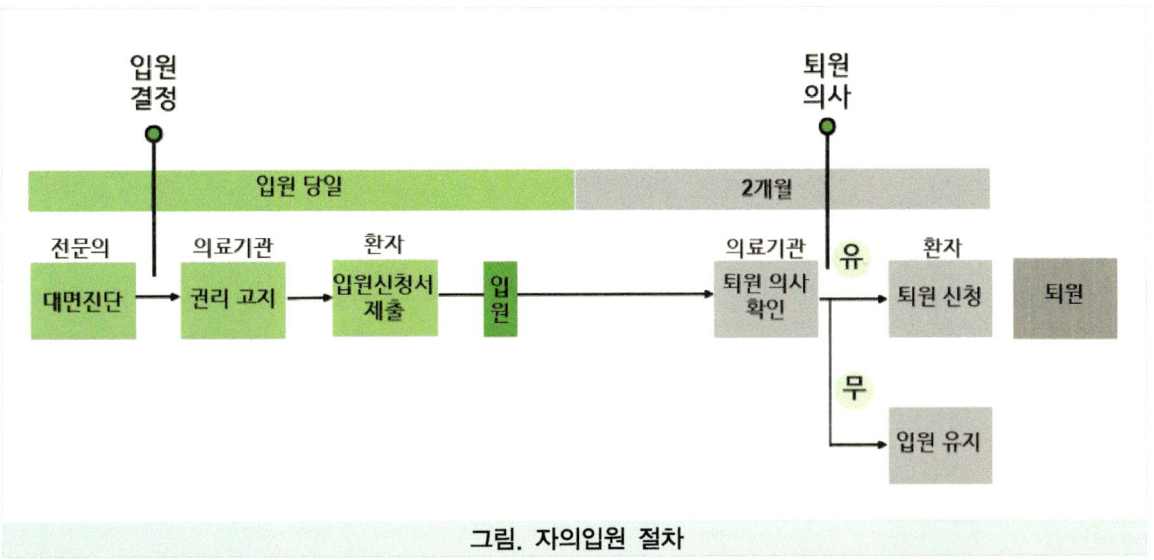

그림. 자의입원 절차

자료원. 김경희외. 제 7판 정신건강간호학(2023). 현문사

(2) 동의입원 (정신건강복지법 42조)

입원		• 정신의료기관의 장은 정신질환자 본인의 입원의사와함께 보호의무자 1인 입원 동의를 받아 입원신청서를 받음
퇴원	퇴원의사 확인	• 입원한 날로부터 2개월마다 퇴원 의사가 있는지를 확인해야 함
	입원치료 필요 (퇴원 거부)	• 정신질환자가 보호의무자의 동의없이 퇴원을 신청하고, 정신건강의학과 전문의 진단결과 환자의 치료와 보호 필요성이 있는 경우에는 퇴원신청을 받은 날로부터 72시간까지 정신의료기관의 장이 퇴원을 거부할 수 있음
	입원형태 전환	• 이 72시간 동안 필요한 경우 보호입원이나 행정입원으로 전환할 수 있음

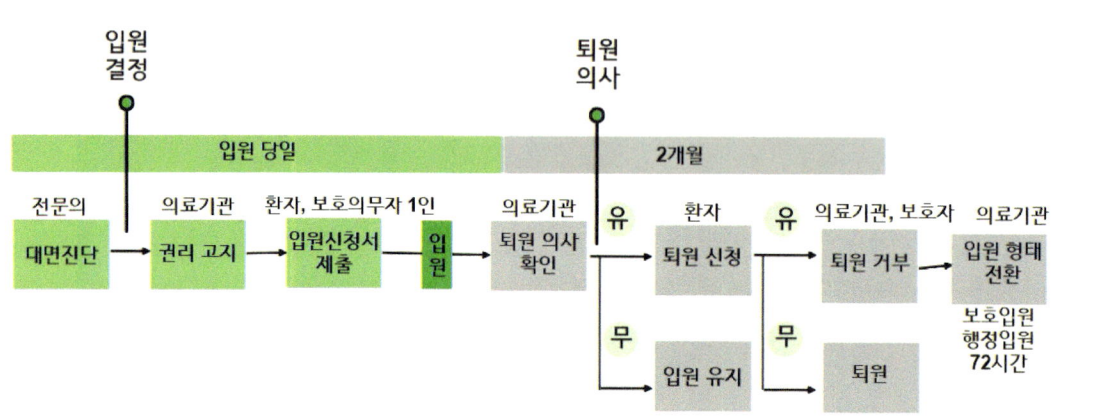

그림. 동의입원 절차

자료원. 김경희외. 제 7판 정신건강간호학(2023). 현문사

3 보호의무자에 의한 입원 (보호입원, 정신건강복지법 43조)

입원대상			• 정신질환자만을 대상으로 함(정신건강에 문제 있는 사람은 제외함)
입원신청	보호의무자 2인		• 정신의료기관의 장은 입원이 필요한 경우 정신질환자의 보호의무자 2명(후견인과 부양의무자) 이상이 신청한 경우로, 입원신청서와 보호의무자임을 알 수 있는 서류제출
	전문의 진단	입원필요성	• 입원필요성(입원치료 또는 요양을 받을 만한 정도 또는 성질의 정신질환자)과 자타해 위험이 있다는 서로 다른 정신건강의학과 전문의 2명의 일치된 소견(진단)을 받아야 함
		자타해위험	
		전문의 2인	
진단	2주 입원		• 그 증상의 정확한 진단을 위하여 2주의 범위에서 기간을 정하여 입원하게 할 수 있음
입원신고	3일 이내		• 최초입원 후 3일 이내에 입원적합성심사위원회에 입원신고를 하여, 최초입원 후 1개월 안에 입원적합성심사위원회의 입원적합 여부통지가 있어야 1개월 이상 입원이 가능함
	1개월 이내		
입원기간	3개월 이내		• 입원의 기간 : 최초 입원날로부터 3개월 이내
입원연장	보호의무자 2인, 전문의 2인		• 계속 입원 등이 필요한 경우 서로 다른 정신건강의학과 전문의 2명 일치된 소견과 보호의무자 2인의 동의가 있어야만 입원치료가 유지될 수 있음
	1차 연장		• 1차 연장 : 3개월 연장 가능
	이후 연장		• 이후 연장 : 매 6개월 마다 연장가능
	• 입원 후 3개월 – 3개월 – 이후 6개월 주기		

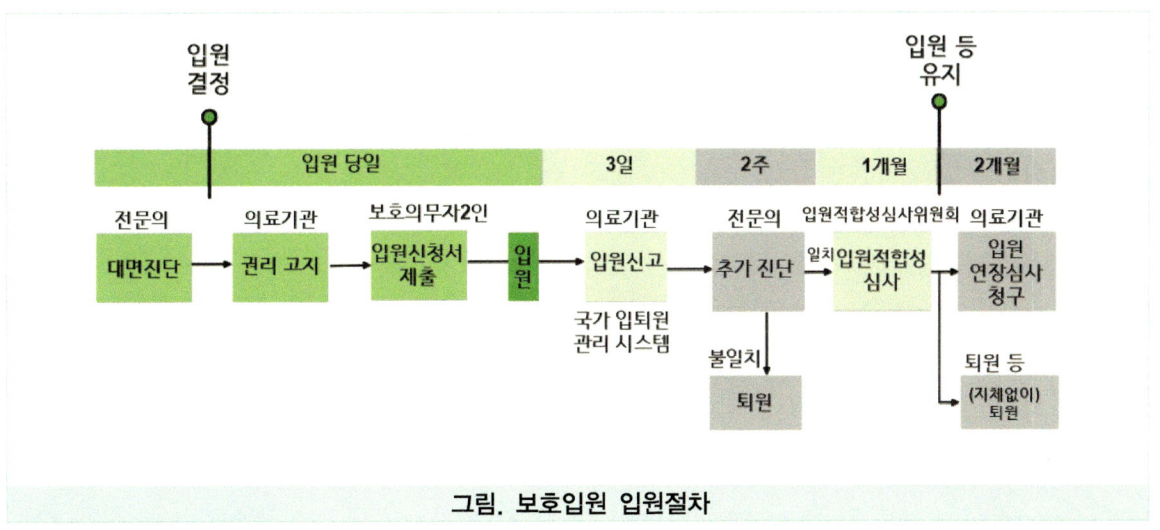

그림. 보호입원 입원절차

자료원. 김경희외. 제 7판 정신건강간호학(2023). 현문사

4 특별자치시장·특별자치도지사·시장·군수·구청장에 의한 입원
(행정입원, 정신건강복지법 44조)

진단 및 보호 신청	경찰관, 정신건강의학과전문의 또는 정신건강요원 → 지차제	• 정신질환으로 자신 또는 타인을 해할 위험이 있다고 의심되는 자를 발견한 정신건강의학과전문의 또는 정신건강요원은 특별자치시장·특별자치도지사·시장·군수·구청장에게 당해인의 진단 및 보호를 신청할 수 있음
진단의뢰	지자체 → 전문의	• 신청을 받은 특별자치시장·특별자치도지사·시장·군수·구청장은 정신건강의학과 전문의에게 진단을 의뢰해야함
진단	2주 입원	• 이때 정신건강의학과전문의가 이사람이 자신 또는 타인을 해할 위험이 있어 증상의 정확한 진단이 필요하다고 인정하면 특별자치시장·특별자치도지사·시장·군수·구청장은 2주의 기간을 정하여 보건복지부장관이나 지방자치단체의 장이 지정한 정신의료기관에 입원시킬 수 있음
입원	전문의 2인	• 서로 다른 정신건강의학과 전문의 2명 일치된 소견이 있는 경우, 지정 정신의료기관에 입원치료를 의뢰할 수 있음
입원신고	3일 이내	• 최초입원 후 3일 이내에 입원적합성심사위원회에 입원신고를 하여, 최초입원 후 1개월 안에 입원적합성심사위원회의 입원적합 여부통지가 있어야 1개월 이상 입원이 가능함
	1개월 이내	
입원기간	3개월 이내	• 입원의 기간 : 최초 입원날로부터 3개월 이내
입원연장	전문의 2인	• 계속 입원 등이 필요한 경우 서로 다른 정신건강의학과 전문의 2명 일치된 소견이 있어야 함
	1차 연장	• 1차 연장 : 3개월 연장 가능
	이후 연장	• 이후 연장 : 매 6개월 마다 연장가능
	• 입원 후 3개월 - 3개월 - 이후 6개월 주기	

PART 28 정신건강 법적 윤리적 상황

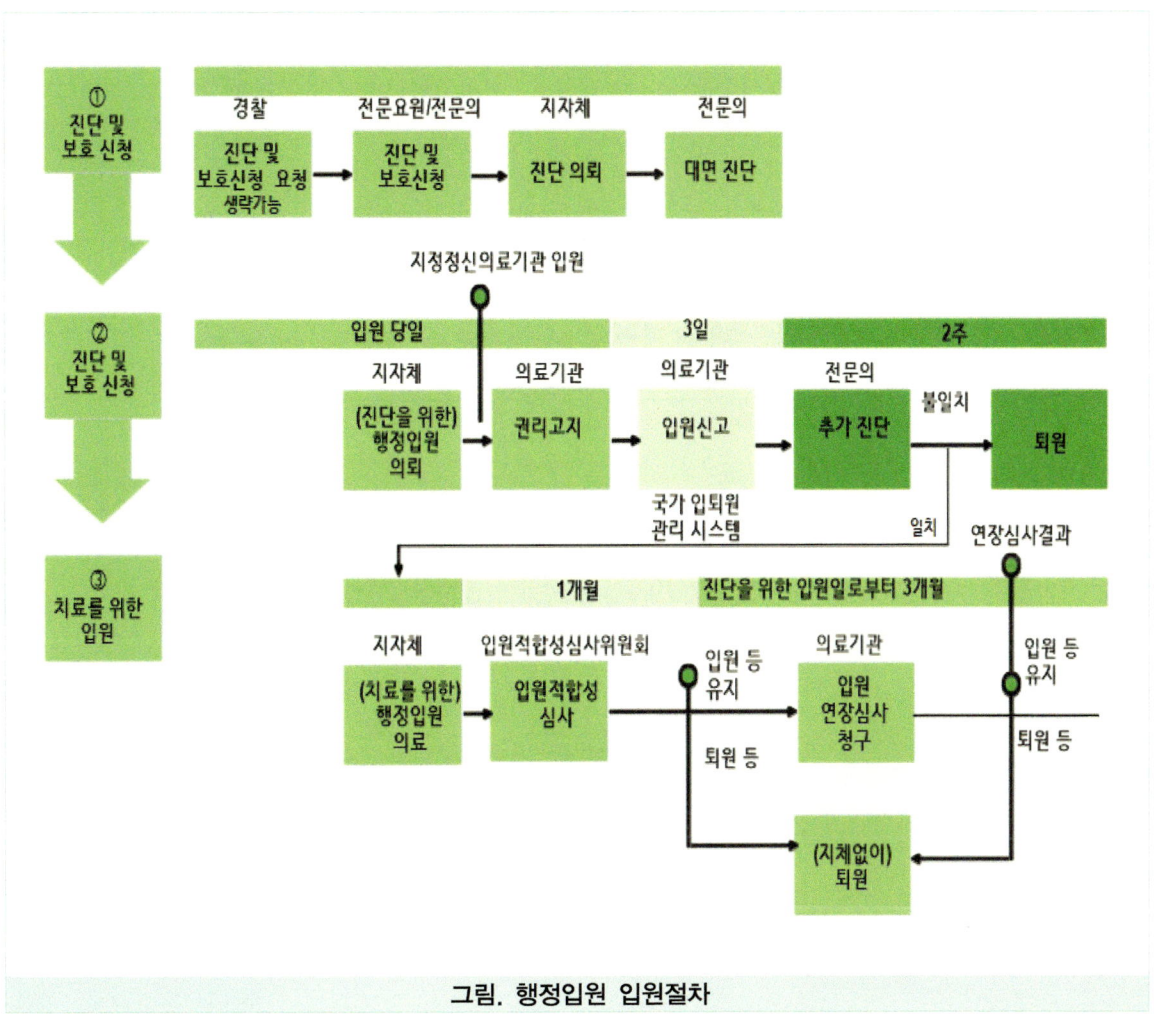

그림. 행정입원 입원절차

자료원. 김경희외. 제 7판 정신건강간호학(2023). 현문사

5 응급입원 (정신건강복지법 50조) 22 임용

입원	자신, 타인 해 끼칠 위험	• 정신질환자로 추정되는 자로서 자신 또는 타인을 해를 끼칠 위험이 큰 사람을 끼칠 위험이 큰 사람을 발견한 사람은 그 상황이 매우 급박하여 다른규정에 의한 입원을 시킬 시간적 여유가 없을 때 의사와 경찰관의 동의를 얻어 정신의료기관에 응급입원을 의뢰할 수 있음 • 이때는 입원에 동의한 경찰관 또는 구급대 의원은 정신의료기관까지 해당 환자를 호송함
	의사, 경찰관 동의	
입원 기간		• 정신의료기관의 장은 3일 이내 응급입원을 시킬 수 있음 • 정신건강의학과전문의의 진단이 있는 경우에는 자의입원이나 다른입원방법을 할 수 있음

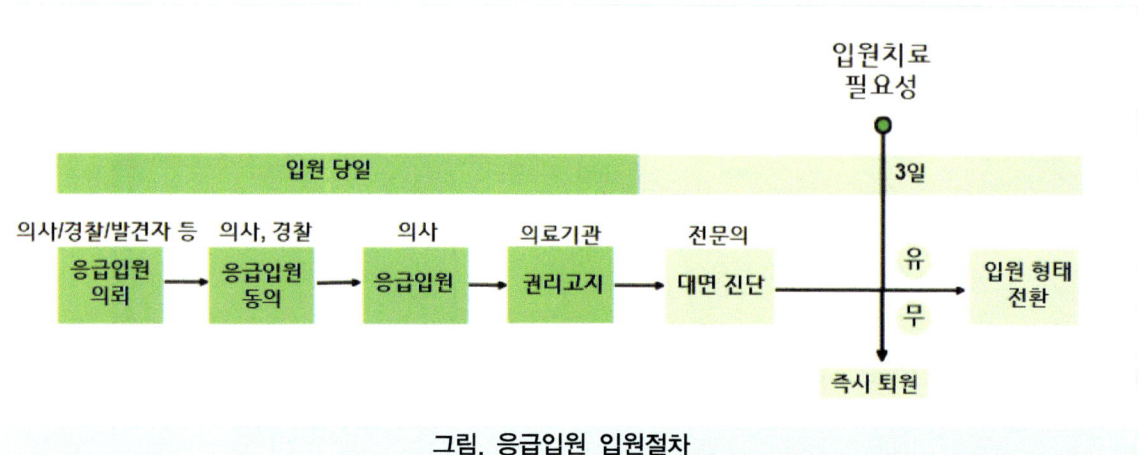

그림. 응급입원 입원절차

자료원. 김경희외. 제 7판 정신건강간호학(2023). 현문사

	자의입원	동의입원	보호입원	행정입원	응급입원
유형	자발적		비자발적		
요건	정신질환 또는 정신건강상 문제가 있는 사람	정신질환자	입원치료가 필요한 정신질환 그리고 자·타해 위험이 있는 사람	정신질환으로 자·타해 위험이 있는 사람	정신질환 추정자이며 자·타해 위험이 있는 사람→의사와 경찰관의 동의
입원 신청	본인이 입원신청서 제출	본인의 신청 + 보호의무자 1인의 동의	보호의무자 2인의 신청	정신과 전문의 또는 정신건강전문요원의 신청 → 특별자치시장·특별자치도지사·시장·군수·구청장의 진단의뢰	정신질환자를 발견한 사람이 의뢰→경찰관 또는 구급대원은 정신의료기관까지 호송
입원 절차	별도 절차 없음		정신과 전문의 1인 입원 권고 →2주간 진단입원 →소속이 다른 정신과 전문의 2인이 일치된 소견으로 입원확정	정신과 전문의 1인 입원 권고 → 2주간 진단입원 → 정신과 전문의 2인이 일치된 소견으로 입원확정	3일간 입원 후 퇴원 또는 입원 유형 전환
입원 기간	제한 없음		3개월간		3일
입원 신고	해당없음		3일 내 신고		해당 없음
입원 적합성 심사	해당없음		국립정신병원 등에 설치된 입원적합성심사위원회가 심사 (최초 입원일로부터 1개월 이내)		해당 없음
퇴원 의사 표시	본인의 신청 (입원 2개월마다 퇴원의사 확인 필요)		본인 또는 보호의무자의 신청	특별자치시장 특별자치도지사· 시장·군수·구청장의 해제	입원 3일 수 입원 불필요시 즉시 퇴원

	자의입원	동의입원	보호입원 (보호의무자의 입원)	행정입원	응급입원
퇴원 의사 표시	본인의 신청 (입원 2개월마다 퇴원의사 확인 필요)		본인또는 보호의무자의 신청	특별자치시장 특별자치도지사· 시장·군수·구청장의 해제	입원 3일 수 입원 불필요시 즉시 퇴원
퇴원 제한	신청하면 지체 없이 퇴원	보호의무자의 동의없이 퇴원을 신청한 경우, 정신과 전문의 치료와 보호 필요성에 대한 진단에 따라 최대 72시간 퇴원 거부 가능	입원요건 충족 시 퇴원 거부 가능	해제하면 지체없이 퇴원	입원 3일 후 입원 불필요시 즉시 퇴원
입원 연장 조건	해당 없음	72시간동안 필요한 경우 비자의적 입원(보호입원, 행정입원)으로 전환 할 수 있음	소속이 다른 정신과 전문의 2인 소견+보호의무자 2명 이상 동의 *3개월(1차)+6개월 연장 → 입원 후 3개월 - 3개월 - 이후 6개월 주기	2인 이상의 전문의 판단 *3개월(1차)+6개월 연장	3일 이후 다른 입원 유형으로 변경

Part 29 물질 관련 및 중독 장애 24, 22, 12, 10 임용

① 물질 관련 및 중독 장애 개요

1 물질사용장애와 비물질관련 장애 중독 (DSM-5-TR)

물질사용장애	• 알코올, 카페인, 대마, 환각제, 흡입제, 아편계, 진정제/수면제/항불안제, 자극제, 담배(니코틴)
비물질관련 장애	• 도박중독

2 주요개념 24 임용

(1) 물질 중독 및 물질 급성 중독

물질중독	• 강박적이거나 지속적인 물질에 대한 요구로, 충족되지 않으면 신체적 또는 심리적인 고통을 유발시킬 만큼의 강한 필요를 말함
	• 물질을 사용하는 것이 본인과 주변인에게 유해한 영향을 미치며, 이 유해한 결과가 충분히 예상됨에도 반복적으로 물질을 사용하는 것임
물질 급성 중독	• 물질의 과다사용으로 신체적, 정신적으로 심각한 변화와 부적응적인 행동을 보이는 가역적이고 물질 특이적인 증후군이 발생하는 것임

(2) 내성

개념	• 물질을 지속적으로 사용한 결과 물질에 대한 감수성이 비정상적으로 저하되어, 이전과 같은 용량으로 동일한 효과가 나타나지 않고, 물질의 효과가 감소하기 때문에 물질의 용량을 증가하게 되는 현상임
	물질(약물)효과 감소 → 물질(약물) 증량) → 중독
사례	예 알코올 내성 : 소주 반병을 마시면 취했지만, 현재는 소주 2명을 마셔야 취함
	예 카페인 내성 : 커피 1잔으로 각성효과가 있었지만, 시간이 지나 3잔은 마셔야 효과를 느낌
	예 마약(헤로인, 코카인) : 처음부터 더 많은 양을 사용해야 쾌락을 느낌

(3) 교차내성

개념	• 특정약물에 내성이 생긴경우 약리작용이 비슷한 종류의 다른 약물에도 내성이 생긴 것임
	예 알코올에 내성이 생긴 경우 진정수면제에도 내성 생김

(4) 금단증상 12 임용

개념	• 장기간 사용하던 물질을 갑자기 중단하거나 감량했을 때 나타나는 물질 특유의 신체 및 정신 증후군으로 물질 특유의 부적응적 행동변화를 나타내는 것임 　: 혈액이나 조직에 물질 농도가 저하 → 대부분 신체적·심리적 고통 유발 • 과도하게 장기간 사용해온 물질의 사용 중단 혹은 감량으로 인해 생리적·정신적 장애와 더불어 특유의 부적응 행동변화가 발생하는 것임 • 금단증상의 강도와 유형은 물질의 종류, 사용기간, 개인의 신체 상태에 따라 다름
사례	예 알코올 금단 증상 : 손 떨림, 불안, 불면증, 심하면 환각, 섬망 등 예 카페인 금단 증상 : 집중력 저하, 두통, 피로감, 무기력 등 예 대마 금단 증상 : 과민성, 분노 또는 공격성, 신경과민 또는 불안, 수면문제, 식욕감퇴 또는 체중감소, 안절부절, 우울한 기분

표. 약효의 지속지속과 금단

반감기가 짧은 경우	• 반감기가 짧을수록 쉽게 금단은 나타남 (단기간 작용하는 물질) • 반감기가 짧은 약물을 고용량으로 장기간 복용하다 갑자기 끊었을때 금단은 심하게 나타남
반감기가 긴 경우	• 반감기가 길수록 금단증상도 길게 오랫동안 나타남 (장기간 작용하는 물질)

(5) 의존 24 임용

• 중독과 관련된 물질이 계속적으로 필요한 심리적, 정신적 상태

신체적 의존	• 물질을 줄이거나 중단했을때 신체적 불편감의 금단증상이 나타나, 금단증상을 피하기 위해 물질을 계속해서 취하는 것임 예 "펜타닐 패치의 부작용으로 야구 방망이로 두드려 맞은 듯한 고통을 느꼈다고 해요. 그래서 어쩔 수 없이 패치를 붙이지 않을 수 없었대요" 24 임용 예 벤조디아제핀계를 장기간 복용 후 중단했을 때 손떨림, 발한, 불면증, 근육경련 등의 금단증상이 나타나 이런 신체적 불편감을 피하기 위해 Lorazepam을 계속 복용하는 경우
심리적 의존	• 약물을 줄이거나 중단했을때 심리적 불편감의 금단증상이 나타나, 약물을 지속하고자 싶은 욕구가 강하게 나타나는 것임 → 갈망 갈망 : 약물을 사용하고자 하는 강력한 욕구 예 만성불안 환자 A씨는 벤조디아제핀계 약물을 복용하면서 심리적인 안정감을 느끼던 중 약을 줄였더니 불안이 극심해져 약물을 지속하고자 강한 심리적 욕구를 느끼는 경우 예 대마(마리화나)를 장기간 피운 B씨가 대마를 끊었더니 불안하고 짜증이 나고, 기분이 가라앉는 기분조절이 안되면서 대마를 계속 피우고 싶은 강한 심리적 갈망이 나타남

(6) 공동의존 12 임용

개념	• 가족의 일원 중 한 명의 약물중독으로 인하여 다른 가족이 심각하게 영향을 받는 행동양상으로 원가족 내에서 한 개인의 역기능적 형태가 지속된 결과로 나타나는 정서, 심리, 대처행동임 • 중독된 가족 구성원으로 인한 감정적 고통, 스트레스 등에서 중독자의 가족구성원들이 적응하기 위해 잘못된 적응활동을 하는 것임	
특징	역할보조	• 중독문제를 해결하기 보다는 중독 행위를 유지할 수 있도록 돕거나 방조하는 역할을 함 • 물질사용 문제를 해결하는데 방해되는 역기능적인 역할을 함 예 생활비를 대신 내줌. 직장문제를 대신 해결해줌 등
	문제 회피	• 중독문제를 직접적으로 해결하기 보다는 회피하거나 감추려는 경향이 있음 • 중독자의 잘못된 행동을 혼내지 않거나 모른 척하며 자신의 감정을 표현하지 않음 → 일시적으로 갈등을 줄이고, 가족 내 긴장을 완화할 수 있지만, 장기적으로는 역효과를 가져올 수 있음
	자기희생	• 가족구성원들이 자신의 삶과 감정보다 중독자에게 초점을 맞추게 되어 자기 자신을 희생하여 이로 인해 장기적으로 정서적, 신체적, 건강에 부정적 영향을 받음
	감정적, 심리적 의존	• 중독자 뿐 아니라 주변가족도 중독자의 존재나 행동에 정서적으로 지나치게 의존하며, 중독자의 문제를 우선시함

① 공동의존의 유형

순교자 유형	• 가장 일반적인 공동의존의 형태로 자신의 잘못이라 생각 • 불편함과 실망, 자신의 아픔까지도 참아가며 희생과 헌신을 통해 문제를 해결하고자 함
박해자 유형	• 순교자의 반대유형으로 자신보다는 다른 사람의 잘못이라 생각함 • 자신의 안정감과 마음의 평화를 위해 남을 압박하며 자신이 할 수 있는 것과 없는 것을 구별하지 못하고, 분노와 죄의식을 처리하기 위해 무의식중에 남을 조종함
공모자 유형	• 물질중단에 따른 가족구조의 변화를 두려워함 (가족내에서 형성된 정체성에 대한 애착이 강함) • 변화보다는 공모자나 협조자가 되어 알코올 사용장애 대상자의 단주 유지 노력을 계속 방해함
술친구 유형	• 이 유형은 알코올 사용장애 대상자가 될 가능성이 많고 쉽게 중독될 수 있음
냉담한 공동의존자형	• 대상자 돕는 것을 포기, 용기를 잃어 감정적 무감각한 상태가 됨 • 자살이 현실적이고 수용 가능한 선택이 되기도 함

② 공동의존 자녀의 유형

가족 영웅 또는 위대한 아이	• 본인이 착한 아이로 모든 일을 다 잘해야 살아남을 수 있다고 생각함 • 성인과 같은 정도의 책임감을 떠맡음으로써 가족에게 자랑스러움을 가져다 주고 작은 부모역할을 함 (주로 장남, 장녀)
희생양, 문제아	• 부정적 행동을 일으켜 가족의 주목을 받으며 자라며, 일탈행동, 약물남용, 임신 등 사회의 문제아로 보임 (주로 형제순위가 둘째아이, 중간아이)
잊혀진 아이	• 조용한 아이로 전혀 문제가 없어 보이나 자신이 버려졌다고 생각해 자신을 무가치하게 느낌 (주로 셋째아이)
가족의 익살꾼	• 가족의 관심을 받으려 하며 오히려 물질사용자에게서 필요한 것을 얻어냄 • 가족의 위안자 역할을 하며, 가족의 고통, 슬픔, 분노 등을 완화하려고 노력함 (주로 막내)

(7) 물질 오용

개념	• 의사의 처방없이 약물을 사용하거나, 지시사항을 무시하여 사용하는 행위로 적절한 용도로 약물을 사용하지 못하고, 잘못 사용하는 것임
특징	• 일시적, 실수적 사용 가능 • 예상치 못한 부작용 가능, 심각한 신체적·사회적 문제 발생 X, 중독 X
사례	예 불안감 감소를 위해 벤조디아제핀을 의사처방보다 더 많은 용량을 사용하는 경우 예 인후통이 있을 때 의사의 처방없이 가족이 처방받은 진통제를 복용하는 경우

(8) 물질남용 12 임용

개념	• 치료를 목적으로 하지 않고, 의도적으로 다른 목적(감정이나 행동변화, 즉 쾌락과 중독, 스트레스 해소 등의 목적)으로 물질을 반복적으로 비의학적이고 불법적으로 사용하는 것
특징	• 반복적이고 지속적으로 사용, 중독패턴 형성 • 신체적·심리적 의존, 사회적·법적 문제 가능
사례	예 시험전날 밤을 새기위해 처방전 없이 암페타민을 복용하는 경우 예 펜터민 성분의 나비약을 SNS등을 통해 구입하여 살빼는 약으로 사용하는 경우 예 환각효과를 느끼기 위해 본드흡입 또는 LSD를 사용하는 경우 예 코카인, 헤로인, 대마초 등 불법 마약을 지속적으로 사용하여 신체적, 심리적 의존이 발생하는 경우 예 직장이나 학업에 지장을 줄 정도로 매일 과음하는 경우

(9) 복합물질 남용

개념	• 물질사용에서 금단증상을 줄이거나 중독의 성질을 변화시키려고 동시에 또는 결과적으로 두개 이상의 물질을 함께 사용하는 것임
특징	• 단일 물질 남용보다 부작용과 중독의 위험성이 심해짐
사례	예 만성 불안을 조절하기 위해 벤조디아제핀을 복용하는 사람이 스트레스 시 알코올을 함께 섭취하는 경우 → 중추신경억제로 호흡억제, 혼수상태 발생 위험 예 헤로인 남용자가 알코올이나 마리화나를 함께 사용하는 경우

(10) 입문 약물

개념	• 비교적 낮은 중독성을 가진 약물이지만, 더 강하고 위험한 다른 불법약물을 계속 사용하게 하는 약물을 의미함 • 보통 알코올, 담배, 대마초 등임
사례	예 담배 → 대마초 → 코카인 등 예 알코올 → 마리화나 → LSD, 엑스터시 → 헤로인

(11) 플래시백(flashback)

개념	• 환각제 사용 중단 후 환각제 중독 때 경험한 지각현상을 경험하는 것임
증상	• 기하학적 환각, 주변 시야에서의 움직임에 대한 잘못된 지각, 색채의 섬광, 강렬한 색깔, 양성적인 잔상, 대상 주위의 후광, 기시증, 미시증 같은 증상 등이 나타나는 것임

3 물질사용장애 진단기준 (DSM-5-TR)

- 임상적으로 심각한 장애나 고통을 일으키는 부적응적인 물질 사용 양상이 다음에 열거한 항목 중 지난 12개월 동안에 최소한 2개 이상으로 나타난다. (2~3개: 경도, 4~5개: 중등도, 6개 이상: 고도)

조절능력 손상	1. 원래 의도했던 것보다 더 많은 양이나 오랜 기간동안 물질을 사용한다. 2. 물질사용을 중단하거나 줄이거나 조절하려고 계속 노력하지만 실패한다. 3. 물질을 구하거나 물질을 사용하거나 또는 물질의 효과에서 벗어나기 위해 많은 시간을 할애한다. 4. 물질사용에 대한 강한 욕구와 사용하고 싶은 충동으로 물질사용을 갈망한다.
사회적 손상	5. 반복적인 물질사용으로 직장, 학교, 가정에서의 중요한 역할 책임을 수행하지 못한다. 6. 물질의 효과로 인해 사회적 문제나 대인관계 문제가 지속적으로 또는 반복적으로 야기되거나 악화됨에도 불구하고 계속 물질을 사용한다. 7. 물질사용으로 인해 중요한 사회적, 직업적 활동 및 여가활동을 포기하거나 줄인다.
위험한 사용	8. 신체적으로 해가 되는 상황에서도 반복적으로 물질을 사용한다. 9. 물질사용으로 인해 지속적이고 반복적으로 신체적, 정신적 문제가 생기거나 악화된다는 것을 알면서도 계속 물질을 사용한다.
약물학적 진단기준	10. 내성(다음 중 하나로 정의됨) 　a. 원하는 효과를 얻기 위해 물질 사용량의 뚜렷한 증가가 필요하다. 　b. 동일한 용량의 물질을 계속 사용할 경우 효과가 현저히 감소한다. 11. 금단(다음 중 하나로 정의됨) 　a. 사용하던 물질을 중단하거나 감소함으로써 물질의 특징적인 금단 증후군을 경험한다. 　b. 금단 증상을 완화하거나 피하기 위해 물질을 사용한다.

표. 약물(마약류)에 대한 세계보건기구(WHO) 정의

1	의존성	• 약물사용에 대한 욕구가 강제적일 정도로 강하고
2	내성	• 사용 약물의 양이 증가하는 경향이 있으며
3	금단증상	• 이를 중단할 경우 신체적으로 고통과 부작용이 따르며
4	위해성	• 개인에게 한정되지 아니하고 사회에도 해를 끼치는 약물

4 물질사용장애 원인과 역동

(1) 생물학적 요인

유전적 요인	• 물질사용장애와 비물질관련 장애는 유전적 요인이 있으며, 특히 알코올 사용장애는 유전적 요인이 강함
신경화학적 요인	• 물질 사용 → 신경전달물질 자극 → 뇌의 보상회로(중뇌-변연계) 활성화 → 도파민 분비 → 행복감과 쾌감을 느끼며, 행동의 강화를 유발 • 도파민, 세로토닌, 노르아드레날린 분비 • 아시안은 알코올 분해효소인 ALDH(아세트알데히드 분해)가 부족함

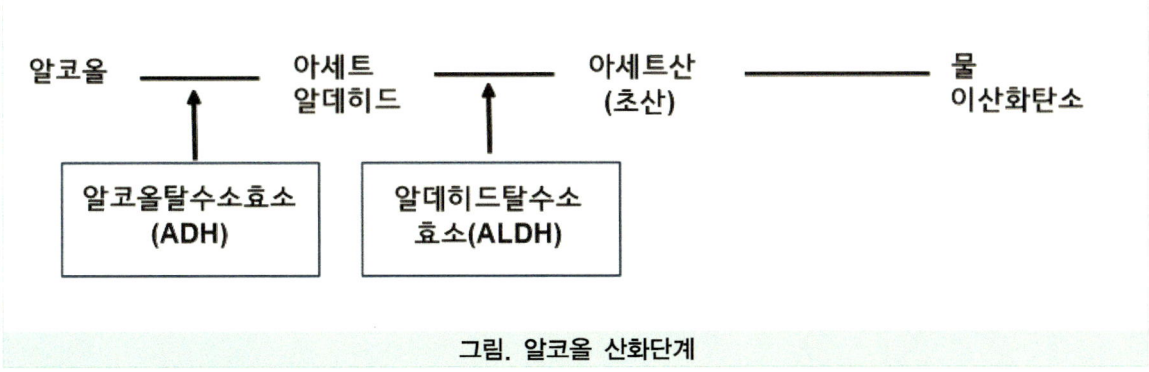

그림. 알코올 산화단계

(2) 심리학적 요인

정신역동적 요인	• Freud 구강기 동안 욕구가 충족되지 못할때 고착이 초래 → 구강기 의존욕구를 채우기 위한 목적으로 물질 사용
성격적 요인	• 충동적, 새로운 경험에 대한 호기심 큼, 사회적 규범에 반항적임, 좌절했을때 잘 참지 못함 등 미성숙한 정신상태
	• 낮은 자존감, 잦은 우울감 및 수동성

(3) 환경적 요인

사회문화적 요인	• 알코올에 대한 관대, 술, 담배처럼 사회적인 허용 등
사회학습적 요인 (행동이론)	• 물질사용은 불안감소, 긴장 해소, 행복감을 경험하게 되면 다시 물질을 사용하거나 사용을 유지하는 정적 강화행동이 일어남 • 물질의 내재적 강화특성이 개인으로 하여금 반복적으로 물질을 추구하게 만듦
사회경제적 요인	• 빈곤, 부모감독의 부족, 열악한 교육자원, 사회적 유대감 부족, 지지체계의 손상 등

(4) 가족적 요인

모델링, 모방	• 초기 아동기때부터 관찰되는 행동에 대한 모델링, 모방의 효과로 중독행동이 나타남 → 특히 가족이나 또래가 중요한 영향을 미침
부적절한 훈육	• 부모의 부적절한 훈육인 방임, 비일관성, 가혹행위 등이 물질중독을 일으킴

2 알코올 사용장애

1 진단기준

(1) 알코올 사용장애 진단기준

알코올 사용장애 진단기준 (DSM-5-TR)

A. 임상적으로 현저한 손상이나 고통을 초래하는 문제적 알코올 사용 양상이 지난 12개월 사이에 다음의 항목 중 최소한 2개 이상으로 나타난다.
 1. 알코올을 종종 의도했던 것보다 많은 양, 혹은 오랜기간 동안 사용함
 2. 알코올 사용을 줄이거나 조절하려는 지속적인 욕구가 있음. 혹은 사용을 줄이거나 조절하려고 노력했지만 실패한 경험들이 있음
 3. 알코올을 구하거나, 사용하거나, 그 효과에서 벗어나기 위한 활동에 많은 시간을 보냄
 4. 알코올에 대한 갈망감, 혹은 강한 바람, 혹은 욕구
 5. 반복적인 알코올 사용으로 인해 직장, 학교 혹은 가정에서의 주요한 역할 책임 수행에 실패함
 6. 알코올의 영향으로 지속적으로, 혹은 반복적으로 사회적 혹은 대인관계 문제가 발생하거나 악화됨에도 불구하고 알코올 사용을 지속함
 7. 알코올 사용으로 인해 중요한 사회적, 직업적 혹은 여가활동을 포기하거나 줄임
 8. 신체적으로 해가 되는 상황에서도 반복적으로 알코올을 사용함
 9. 알코올 사용으로 인해 지속적으로, 혹은 반복적으로 신체적·심리적 문제가 유발되거나 악화될 가능성이 높다는 것을 알면서도 계속 알코올을 사용함
 10. 내성, 다음 중 하나로 정의됨
  a. 중독이나 원하는 효과를 얻기 위해 알코올 사용량의 뚜렷한 증가가 필요
  b. 동일한 용량의 알코올을 계속 사용할 경우 효과가 현저히 감소
 11. 금단, 다음 중 하나로 정의됨
  a. 알코올의 특징적인 금단증후군(알코올 금단의 진단기준 A,B를 참조하시오.)
  b. 금단 증상을 완화하거나 피하기 위해 알코올(혹은 벤조디아제핀 같은 비슷한 관련 물질)을 사용

(2) 알코올 중독 진단기준

알코올 중독 진단기준 (DSM-5-TR)

A. 최근의 알코올 섭취가 있다.
B. 알코올을 섭취하는 동안, 또는 그 직후에 임상적으로 심각한 문제적 행동 변화 및 심리적 변화가 발생한다.(예 부적절한 성적 또는 공격적 행동, 기분 가변성, 판단력 손상)
C. 알코올을 사용하는 동안 또는 그 직후에 다음 징후 혹은 증상 중 한가지(혹은 그 이상)가 나타난다.
 1. 불분명한 언어 2. 운동 실조 3. 불안정한 보행
 4. 안구진탕 5. 집중력 또는 기억력 손상 6. 혼미 또는 혼수
D. 징후 또는 증상은 다른 의학적 상태로 인한 것이 아니며, 다른 물질 중독을 포함한 다른 정신질환으로 더 잘 설명되지 않는다.

(3) 알코올 금단 진단기준

알코올 금단 진단기준 (DSM-5-TR)

A. 알코올을 과다하게 장기적으로 사용하다가 중단(혹은 감량)한다.
B. 진단기준 A에서 기술된 것처럼 알코올을 사용하다가 중단(혹은 감량)한 지 수 시간 혹은 수일 이내에 다음 항목 중 2가지(혹은 그 이상)가 나타난다.
  1. 자율신경계 항진(예 발한 또는 분당 100회 이상의 빈맥)
  2. 손 떨림 증가
  3. 불면
  4. 오심 또는 구토
  5. 일시적인 시각적·촉각적·청각적 환각이나 착각
  6. 정신운동 초조
  7. 불안
  8. 대발작
C. 진단기준 B의 징후 또는 증상이 사회적, 직업적 또는 다른 중요한 기능영역에서 임상적으로 현저한 고통이나 손상을 초래한다.
D. 징후 또는 증상은 다른 의학적 상태로 인한 것이 아니며, 다른 물질 중독 및 금단을 포함한 다른 정신질환으로 더 잘 설명되지 않는다.

2 알코올이 신체질환에 미치는 영향

위장관	• 위염, 위궤양
췌장염	• 급·만성 췌장염
식도	• 식도염, 간경화로 인한 식도정맥류
간질환	• 지방간, 알코올성 간염, 간경화
영양결핍	• 영양실조, 비타민 B 결핍
내분비계	• 발기불능, 무정자증, 고환위축, 유방이상비대
감염	• 폐렴, 결핵
심혈관	• 알코올성 심근질환
암	• 인두, 후두, 식도, 췌장, 위, 결장

3 알코올 금단섬망 (진전섬망)

개념		• 지속적으로 과음하던 사람이 갑자기 음주를 중단하거나 감량한 후에 발생하는 급성 정신증적 상태로 마지막 음주 후 24~72시간에 증상 발생하여 1주일 동안 지속됨
증상	정신 증상	• 착각, 환각 중 생생한 환시(거미나 뱀 등), 지남력 상실(시간, 장소)을 수반한 혼돈, 주의집중력 장애, 초조, 혼미 등
	신체 증상	• 동공확대, 경련 및 간질 발작, 체온상승, 발한, 혈압상승, 맥박은 빠르고 불규칙함 • 수분과 전해질 불균형, 폐렴, 탈수증 같은 심각한 내과적 합병증 발생 • 치료하지 않으면 사망률이 15% 이상 증가됨

4 알코올 환각

증상	• 알코올 사용장애 환자가 술을 끊거나 감량한 후 생생하고 지속적인 환청이나 환시를 동반하는 기질적 환각이 48시간 이내에 일시적으로 나타나는 증상임 • 의식장애와 지남력 장애가 없으면서 환각(특히 환청)이 있음

｜ 알코올 금단섬망 vs 알코올 환각 ｜

	알코올 금단섬망	알코올 환각
의식	의식 X	의식 O
지남력	지남력 X	지남력 O
환각	환각 O	환각 O

4 알코올로 유발된 신경인지장애

(1) 베르니케 뇌증

비타민 B1 결핍	• 만성알코올 중독으로 비타민 B1인 티아민 결핍으로 나타나는 가장 심각한 증상임 • 안근육마비, 안구진탕, 균형감 상실(절뚝거리는 걸음걸이), 혼돈, 섬망, 혼미 증상을 보임

(2) 베르니케-코르사코프 증후군 (코르사코프 정신병)

발생		• 베르니케 뇌증에서 회복중인 환자나 베르니케 뇌병변을 치료하지 않은 환자들 중 약 80%에서 발생함
개념	최근 기억 상실	• 만성 알코올 중독자에게 나타나는 대뇌와 말초신경의 퇴행성 변화로 혼돈, 최근 기억상실, 작화증 등이 주된 증상임
	작화증	
증상	베르니케	• 안근육마비, 안구진탕, 균형감 상실, 혼돈 등
	코르사코프	• 최근 기억상실, 작화증 등이 주된 증상임
	감각, 운동장애	• 병식결여, 판단장애로 인한 고통, 전반적인 지적황폐, 말초신경장애로 인한 감각과 운동장애 등이 있을 수 있음
	사지 말초신경염	• 사지의 말초신경염, 특히 하지의 다발성 신경염으로 발과 다리의 통증이 심하며, 발가락을 땅에 닿지 않게 하려고 발뒤꿈치로 걷는 것을 볼 수 있음
후유증		• 증상은 6~8주 지속되며, 기억의 완전한 회복은 어려우며, 영구적인 인지적·정서적 문제가 생기기도 함

3 카페인 관련장애

1 카페인 진단기준

(1) 카페인 중독 진단기준

카페인 중독 진단기준 (DSM-5-TR)

A. 최근의 카페인 섭취가 있다.(보통 250mg 이상을 초과하는 고용량)
B. 카페인을 사용하는 동안, 또는 그 직후에 다음 징후 혹은 증상 중 5가지(혹은 그이상)가 나타난다.
   1. 안절부절   2. 신경과민
   3. 흥분   4. 불면
   5. 안면홍조   6. 이뇨
   7. 위장관장애 8. 근육연축
   9. 사고와 언어의 두서없는 흐름   10. 빈맥 혹은 심부정맥
   11. 지칠 줄 모르는 시간   12. 정신운동 초조
C. 진단기준 B의 징후나 증상이 사회적, 직업적 또는 다른 중요한 기능 영역에서 임상적으로 현저한 고통이나 손상을 초래한다.
D. 징후 또는 증상은 다른 의학적 상태로 인한 것이 아니며, 다른 물질 중독을 포함한 다른 정신질환으로 더 잘 설명되지 않는다.

(2) 카페인 금단 진단기준 22 임용

카페인 금단 진단기준 (DSM-5-TR)

A. 장기적으로 매일 카페인을 사용한다.
B. 카페인 사용을 갑자기 끊거나 줄인 후 24시간 이내에 다음의 징후나 증상 중 3가지(혹은 그 이상)가 나타난다.
   1. 두통   2. 현저한 피로나 졸음
   3. 불쾌 기분,   4. 집중력 저하
   5. 독감 유사 증상 (오심, 구토 혹은 근육의 통증이나 뻣뻣함)
C. 진단기준 B의 징후 또는 증상이 사회적, 직업적 또는 다른 중요한 기능 영역에서 임상적으로 현저한 고통이나 손상을 초래한다.
D. 징후 또는 증상은 다른 의학적 상태(예 편두통, 바이러스 감염성 질환)의 생리적 효과로 인한 것이 아니고, 다른 물질 중독 및 금단을 포함한 다른 정신질환으로 더 잘 설명되지 않는다.

2 카페인 기전 및 신체작용 22 임용

기전	• 알칼리성이며 크산틴(Xantine) 유도체 계열의 중추신경계 자극제(각성제) • 아데노신 수용체 길항제 (아데노신: 신경세포 활동을 억제)
섭취	• 커피, 차, 카페인이 든 소다음료, 에너지 드링크, 체중감량 보조제, 진통제와 감기약, 초컬릿, 아이스크림 등
신체작용	• 혈관수축으로 혈압 상승, 심박동수 증가, 이뇨작용 등

4 담배관련 장애

1 담배사용 진단기준

(1) 담배사용장애 진단기준

담배사용장애 진단기준 (DSM-5-TR)

A. 임상적으로 현저한 손상이나 고통을 초래하는 문제적 담배 사용 양상이 지난 12개월 사이에 다음의 항목 중 최소한 2개 이상으로 나타난다.
  1. 담배를 종종 의도했던 것보다 많은 양, 혹은 오랜 기간 동안 사용함
  2. 담배 사용을 줄이거나 조절하려는 지속적인 욕구가 있음. 혹은 사용을 줄이거나 조절하려고 노력했지만, 실패한 경험들이 있음
  3. 담배를 구하거나 피우기 위한 활동에 많은 시간을 보냄
  4. 담배에 대한 갈망감, 혹은 강한 바람, 혹은 욕구
  5. 반복적인 담배 사용으로 인한 직장, 학교 혹은 가정에서의 주요한 역할 책임 수행에 실패함(예 업무 수행에 방해가 됨)
  6. 담배의 영향으로 지속적으로, 혹은 반복적으로 사회적 혹은 대인관계 문제가 발생하거나 악화됨에도 불구하고 담배 사용을 지속함 (예 다른 사람과 담배 사용에 대한 문제로 다툼)
  7. 담배 사용으로 인해 중요한 사회적, 직업적 혹은 여가 활동을 포기하거나 줄임
  8. 신체적으로 해가 되는 상황에서도 반복적으로 담배를 사용함
  9. 담배 사용으로 인해 지속적으로 혹은 반복적으로 신체적·심리적 문제가 유발되거나 약화될 가능성이 높다는 것을 알면서도 계속 담배를 사용함
  10. 내성, 다음 중 하나로 정의됨
      a. 중독이나 원하는 효과를 얻기 위해 담배 사용량의 뚜렷한 증가가 필요
      b. 동일한 용량의 담배를 계속 사용할 경우 효과가 현저히 감소
  11. 금단, 다음 중 하나로 나타남
      a. 담배의 특징적인 금단 증후군(담배 금단 진단기준 A와 B를 참조하시오.)
      b. 금단 증상을 완화하거나 피하기 위해 담배(혹은 니코틴과 같은 비슷한 관련 물질)를 사용

(2) 담배 금단 진단기준

담배금단 진단기준 (DSM-5-TR)

A. 최소 수주 동안 매일 담배를 사용한다.
B. 갑작스러운 담배 사용 중단 혹은 담배 사용량의 감소 후 24시간 내에 다음 징후 또는 증상 중 4가지(혹은 그 이상)가 나타난다.
  1. 과민성, 좌절 또는 화   2. 불안   3. 집중곤란   4. 식욕증가
  5. 안절부절   6. 우울기분   7. 불면
C. 진단기준 B의 징후 또는 증상이 사회적, 직업적 또는 다른 중요한 기능 영역에서 임상적으로 현저한 고통이나 손상을 초래한다.
D. 징후 또는 증상은 다른 의학적 상태로 인한 것이 아니며, 다른 물질 중독 및 금단을 포함하는 다른 정신질환으로 더 잘 설명되지 않는다.

2 니코틴과 심리적 의존

니코틴	• 말초혈관 수축, 장운동 증가, 진전, 고혈압, 빈맥, 복통, 두통 등을 일으킴
심리적 의존	• 담배는 심리적 의존이 강해 한번 피우기 시작한 대상자의 80~85%는 해로움을 아는데도 잘 끊지 못함

5 아편계

1 특징 및 종류

특징		• 중추신경억제제, 내성, 신체적 의존, 심리적 의존
종류	천연아편	• 모르핀(morphine), 코데인(codein), 헤로인(가장 많음, 모르핀보다 4~5배 강함
	아편유도체 합성아편	• 메페리딘(데메롤 demerol), 메타돈(methadone), 펜타닐, 페치딘, 옥시코돈 등

2 아편계 남용

효과	• 중추신경 억제제로 강한 진통효과, 진정효과, 기분변화, 기침 억제 • 행복함(다행감), 기분고양, 불안감소, 자존심 증가, 대처능력 증가 등
투여방법	• 경구, 흡입, 정맥주사, 피하주사, 흡연 등

3 아편계 중독

아편계 중독 진단기준 (DSM-5-TR)

A. 최근의 아편계 사용이 있다.
B. 아편계를 사용하는 동안, 또는 그 직후에 임상적으로 현저한 문제적 행동 변화 및 심리적 변화가 발생한다.(예 초기 다행감에 뒤따르는 무감동, 불쾌감, 정신운동 초조 또는 지연, 판단력 손상)
C. 아편계를 사용하는 동안, 또는 그 직후에 나타나는 동공축소(혹은 심한 과용량 사용에 따른 저산소증으로 인한 동공확대)와 다음 징후 혹은 증상 중 한 가지(혹은 그 이상)가 나타난다.
　1. 졸음 또는 혼수　　2. 불분명한 언어　　3. 집중력 또는 기억력 손상
D. 징후 또는 증상은 다른 의학적 상태로 인한 것이 아니며, 다른 물질 중독 및 금단을 포함하는 다른 정신질환으로 더 잘 설명되지 않는다.

중독	• 동공축소, 졸음, 주의력장애, 언어장애, 판단력 장애등 인격변화 • 졸음 및 혼수, 진통효과, 용량 많아지면서 혈압하강, 서맥, 체온하강, 호흡억제(사망의 원인)

4 아편계 금단

아편계 금단 진단기준 (DSM-5-TR)

A. 다음 중 하나가 있다.
  1. 심하게 지속적으로(즉, 수 주 이상) 사용하던 아편계의 중단(혹은 감량)
  2. 아편계 사용 기간 후에 아편계 길항제의 투여
B. 진단기준 A 이후 수 분에서 수일 이내에 다음 항목 중에서 3가지(혹은 그 이상)가 나타난다.
  1. 불쾌기분   2. 오심 또는 구토   3. 근육통
  4. 눈물 흘림, 콧물 흘림   5. 동공산대, 입모(털이 곤두서는 것) 또는 발한 증가
  6. 설사   7. 하품   8. 발열
  9. 불면
C. 진단기준 B의 징후 또는 증상이 사회적, 직업적 또는 다른 중요한 기능영역에서 임상적으로 현저한 고통이나 손상을 초래한다.

금단	• 24시간이 되면 혈압, 맥박, 호흡수, 체온 증가, 근육경축, 난폭한 요구, 발로 차는 행동, 각종 통증, 오심,구토, 설사, 장경련, 탈수, 백혈구 증가, 케톤증 등이 나타나고 7~10일간 지속됨
마약길항제	• 금단증상시 마약의 길항제인 날론손 투여

6 진정제, 수면제 또는 항불안제

1 특징 및 종류

특징		• 중추신경억제제, 내성, 신체적 의존, 심리적 의존
종류	벤조디아제핀, 벤조디아제핀 유사약물	• Diazepam, Lorazepam, Chlordiazepoxi, Clonazepam, Alprazolam 등
	바비튜레이트, 바비튜레이트 유사 수면제	• Pentobarbital, Secobarbital, Amobarbital, Butabarbital 등

2 진정제, 수면제 또는 항불안제 중독

진정제, 수면제 또는 항불안제 중독 진단기준 (DSM-5-TR)

A. 최근의 진정제, 수면제 또는 항불안제 사용이 있다.
B. 진정제, 수면제 또는 항불안제를 사용하는 동안, 또는 그 직후에 임상적으로 현저한 부적응적 행동 변화 및 심리적 변화가 발생한다.(예 부적절한 성적 또는 공격적 행동, 기분 가변성, 판단력 손상)
C. 진정제, 수면제 또는 항불안제를 사용하는 동안 또는 그 직후에 다음 징후 혹은 증상 중 한가지(혹은 그 이상)이 나타난다.
  1. 불분명한 언어
  2. 운동실조
  3. 불안정한 보행
  4. 안구진탕
  5. 인지기능 손상(예 집중력, 기억력)
  6. 혼미 또는 혼수
D. 징후 또는 증상은 다른 의학적 상태로 인한 것이 아니며, 다른 물질 중독을 포함한 다른 정신질환으로 더 잘 설명되지 않는다.

3 진정제, 수면제 또는 항불안제 금단

진정제, 수면제 또는 항불안제 금단 진단기준 (DSM-5-TR)

A. 진정제, 수면제 또는 항불안제를 장기적으로 사용하다가 중단(혹은 감량)한다.
B. 진단기준 A에서 기술된 것처럼 진정제, 수면제 또는 항불안제를 사용하다가 중단(혹은 감량)한지 수 분에서 수 일 이내에 다음 항목 중 진정제, 수면제 또는 항불안제 금단 2가지(혹은 그이상)가 나타난다.
  1. 자율신경계 항진(예 발한 혹은 분당 100회 이상의 빈맥)
  2. 손떨림
  3. 불면
  4. 오심 또는 구토
  5. 일시적인 시각적·촉각적·청각적 환각 또는 착각
  6. 정신운동 초조
  7. 불안
  8. 대발작
C. 진단기준 B의 징후 또는 증상이 사회적, 직업적 또는 다른 중요한 기능영역에서 임상적으로 현저한 고통이나 손상을 초래한다.

바비튜레이트 금단증상	• 바비튜레이트 약물이 금단 증상 심하며, 태반 통과하므로 신생아 신체적금단을 일으킴 → 높은 음조의 울음, 진전, 안전부절, 수면장애, 반사 증가, 설사 구토, 발작 등

7 자극제

- 중추신경흥분제, 내성, 신체적 의존, 심리적 의존

1 암페타민 10 임용

종류	• 암페타민, 텍스트로 암페타민, 메스암페타민(필로폰(히로뽕)), 메틸페닐데이트(Ritalin)
투여방법	• 경구, 흡입, 주사, 흡연의 형태
사용	• 의학적으로 ADHD, 비만증, 수면발작에 사용 • 은어로 스피드, 다어어트필, 뽕 등으로 피로나 졸음을 쫓을때 사용, 다행감, 성욕과 쾌감의 목적 등으로 유흥가 이외에서도 마약 대신 사용하는 경우 있음
중독	• 급성 정신병, 심한 편집증, 환각과 격렬한 행동 등 증상을 보임 • 두통, 경련, 고혈압, 뇌출혈, 사망, 우울, 편집증, 환각상태로 충동적인 폭력행위 살인까지도 저지를 수 있음
심리적 의존	• 암페타민 중단하면 우울, 피로, 졸음이 더욱 증가하여, 특히 강박적으로 갈망을 일으킬 정도로 심리적 의존 심함

2 코카인

투여방법	흡입	• 주로 코로 흡입(비강점막): 비중격 궤양 및 파괴, 만성기관지염, 폐렴 등
	정맥주사	• 강력한 효과를 원해 헤로인과 같이 투약하는 경우 많음
사용		• 다행감, 끝없는 고양감이 나타남
중독		• 흥분, 동공산대, 불안, 초조, 진전(손떨림), 뇌혈관장애, 심근경색, 호흡정지 • 급성중독 : 두서 없는 말, 두통, 일시적인 관계망상, 이명 동반 • Cocaine bugs : 피부에 온몸에 벌레가 기어 다니는 듯한 환각증상
심리적 의존		• 약물에 대한 강력한 다행감, 강한 쾌감(정맥주사)있어 "심리적 의존" 심함
금단증상		• 코카인의 경우 금단증상으로 우울, 편집증적 사고, 심하면 자살사고

3 자극제 중독

자극제 중독 진단기준 (DSM-5-TR)

A. 최근의 암페타민류 물질, 코카인, 기타 자극제의 반복적인 사용이 있다.
B. 자극제를 사용하는 동안 또는 그 직후에 임상적으로 현저한 문제적 행동 변화 및 심리적 변화가 발생한다.(예 다행감 또는 정동 둔화, 사회성 변화, 과다경계, 대인관계 민감성, 불안, 긴장, 분노, 상동적 행동, 판단력 손상 등)
C. 자극제를 사용하는 동안 또는 그 직후에 다음 징후 혹은 증상 중 2가지(혹은 그 이상)가 나타난다.
   1. 빈맥 또는 서맥
   2. 동공확장
   3. 혈압의 상승이나 저하
   4. 발한 또는 오한
   5. 오심 또는 구토
   6. 체중 감소의 증거
   7. 정신운동 초조 또는 지연
   8. 근육약화, 호흡억제, 흉통 또는 심부정맥
   9. 혼돈, 발작, 운동이상, 근육긴장이상 또는 혼수

3 자극제 금단

자극제 금단 진단기준 (DSM-5-TR)

A. 암페타민류 물질, 코카인 또는 기타 자극제를 장기적으로 사용하다가 중단(혹은 감량)한다.
B. 진단기준 A 상태 이후 불쾌 기분과 다음의 생리적 변화 중 2가지(혹은 그 이상) 증상이 수 시간에서 수일 이내로 나타난다.
   1. 피로
   2. 생생하고 불쾌한 꿈
   3. 불면 또는 과다수면
   4. 식욕증가
   5. 정신운동지연 또는 초조
C. 진단기준 B의 징후 또는 증상이 사회적, 직업적 또는 다른 중요한 기능 영역에서 임상적으로 현저한 고통이나 손상을 초래한다.

4 자극제로 유발된 정신증

- 조현병과 같은 정신병 발생함, 피해망상, 관계망상, 공격성, 적대감, 불안 및 정신운동성 흥분 괴상한 행동, 환촉, 망상과 환청 등 발생함

8 환각제

1 특징 및 종류

특징	• 중추신경흥분제 또는 억제제, 내성, 심리적 의존(신체적 의존 X)	
종류	LSD 10 임용	• 가장 강력하고도 일반적으로 사용하는 환각제임
	펜시클리딘	• 정맥주사용 해리성 마취제로 개발되어 환각제로 사용하나 우리나라에서는 사용된 보고는 없음

2 증상 10 임용

환각, 망상 등	• 시공간에 대한 지각 변화, 환각과 망상 등
착각, 감각왜곡	• 양이 증가하면 착각과 감각의 왜곡이 일어나 기하학적 형태, 색채의 섬광, 강렬한 색감, 공감각 등
지옥여행	• 지옥여행(미칠것 같은 공포, 정신이 와해될것 같은 공포를 느낌)을 경험하기도 함
플래시백	• 환각제 사용 중단 후 환각제 중독 때 경험한 지각현상을 경험하는 것임

9 대마제제

특징	• 중추신경훈분제 또는 억제제, 심리적 의존(내성 X, 신체적 의존 X) • 내성 거의 없고, 신체적 의존 없고, 심리적 의존만 발생하며, 금단증상도 경한 증상으로 불안, 과민, 수면장애, 식욕감퇴, 발한, 체온상승, 구토, 근육통 등
사용방법	• 해시시, 마리화나 등 흡연형태로 대부분, 차나 음식과 섞어 구강으로도 사용
효과	• 다행감, 편안함, 기분이 고조된 상태, 심박동 증가, 결막 충혈, 식욕 증가, 구강건조, 지속 흡연시 이인증, 비현실감, 환각
무동기 증후군	• 만성적으로 대량 대마초 사용시 무동기 증훈군 발생 → 판단, 기억장애, 집중력 저하, 무관심, 명청함, 목표추구행위 감소
의료적 문제	• 타르가 담배보다 2배 많음. 폐 자극으로 심한 흡연자에게 급성 또는 만성기관지염, 부비강염, 심박동수 증가 등

⑩ 흡입제

특징	• 중추신경흥분제, 내성, 심리적의존(신체적의존-아직 모름)
종류	• 일반적으로 약물로 취급되지 않는 각종 휘발성 물질, 휘발성 유기용매, 가스남용, 본드, 가솔린, 라이터 연료, 시너, 페인트, 니스, 모발 스프레이, 에테르, 톨루엔, 염화탄소, 이산화질소 등의 물질을 흡입제로 사용
중독증상	• 다행감, 붕 뜨는 느낌, 착각, 환청, 환시 등의 중독증상 보임 • 흥분, 착란, 피해망상, 정신병, 무감동,충동성, 난폭성, 운동실조, 안구진탕, 기면, 반사감소, 진전, 정신운동 지연, 혼미 혼수 등
육안확인	• 흡입제 사용을 육안으로 확인할 수 있는 증상은 코나 입 주위의 발진, 호흡 시 냄새, 몸이나 옷에서 흡입제의 잔류물 흔적 등임
사망	• 연수 중추마비, 급성 심부전, 비닐봉지와 구토물에 의한 질식, 점막 자극에 의한 기도부종, 폐수종 등
의료적 문제	• 뇌로 빠르게 흡수되어 만성 신부전, 골수억제, 간, 신장 같은 조직 손상, 심장, 근육 등의 기관에도 비가역적인 손상이 나타남 • 중추신경계와 말초신경계 장애를 일으켜 두통, 통증, 경련 등

⑪ 기타물질

- 최근 남용하는 약물로 병원, 약국에서 쉽게 구할 수 있는 감기약, 진통제 등
- 남용목적으로 수십배를 과량 사용할때는 마약과 유사한 증상으로 중독증상, 금단증상 발생

덱스트로메토판 (러미라, 루비킹)	• 진해제로 청소년들에게 술, 담배를 제외하고 본드 및 부탄가스 등 흡입제와 더불어 많이 사용되는 약물임
엑시터시	• 암페타민의 흥분성 효과와 메스칼린의 환각작용이 있는 것으로 알려진 클럽 약물(club drug)임 • 다양한 모양과 색깔의 알약으로 복용이 쉽고 오래도록 사용하면 혼란 상태, 불안, 수면 문제, 충동 통제의 감소와 기억 및 주의집중의 저하가 초래될 수 있음
감마-하이드록시 부티레이트 (GHB)	• 무색, 무취의 GHB는 소다수 등 음료에 몇방을 타서 마시면 10~15분 내에 약물효과가 나타나기 시작해 3~4시간 지속됨 • 약물효과는 기분이 좋아지고다소 취한 듯하면서 몸이 쳐지는 듯한 느낌이 듬 • 단순 음료가 아닌 알코올에 타서 마시면 효과가 급속히 나타나 의식이 잃을 수 있으며, 성범죄용으로 악용되어 "물뽕", "데이트 강간 약물"로 불림

표. 남용약물의 투여방법과 의존

구분	종류	약리학적 분류	의학적 용도	신체적 의존	심리적 의존	내성	투여방법
마약 (아편계)	모르핀 헤로인 코카인 데메롤	중추신경 억제제	진통제 진정제 진해제	있음	있음	있음	경구, 주사, 코흡입
환각제	LSD 펜시클리딘	중추신경 흥분제 또는 억제제	없음	없음	있음	있음	경구, 주사
대마	마리화나 해시시	중추신경 흥분제 또는 억제제	없음	없음	있음	있음	경구, 흡연
자극제	암페타민류 필로폰	중추신경 흥분제	기면제, 비만증	있음	있음	있음	경구, 주사
자극제	코카인	중추신경 흥분제	국소마취제	없음	있음	없음	경구, 코흡입
진정 수면제, 항불안제	바비튜레이트, 벤조디아제핀류	중추신경 억제제	진정제, 수면제, 이완제	있음	있음	있음	경구
흡입제	톨루엔, 가솔린, 아세톤 등	중추신경 억제제	없음	아직 모름	있음	있음	흡입

12 물질 남용 약물치료

디설피람 (disulfiram)	• 알코올 사용장애 치료제로 혐오치료의 일종임 (항주제임) • 알코올의 신진대사과정을 차단하여 중단 대사물질인 아세트알데히드를 축적시켜 심각한 신체적 부작용을 일으킴 • 디설피람을 복용한 대상자는 아주 소량의 알코올을 섭취하더라도 피부의 홍조, 두통, 기절, 허약감, 어지럼증, 구토, 빈맥, 호흡곤란같은 신체적 증상을 경험하게 되고, 알코올을 혐오하게 만듦
날트렉손 (naltrexone), 아캄프로세이트 (acamprosate)	• 알코올에 대한 갈망을 줄여주는 치료제임 (항갈망제) • 날트렉손은 아편길항제이기도 함
메사돈 (methadone)	• 합성아편제인 메사돈은 헤로인의 대체제로 신체적 욕구를 충족하기 위해 복용함
날록손 (Naloxone)	• 아편(마약) 급성 중독 시 사용, 아편 길항제임

13 비물질 관련 장애

장애	내용
도박장애	• 심각한 부정적 결과가 초래됨에도 불구하고 도박을 하고 싶은 욕망을 억제하지 못하고 반복적이고 만성적으로 도박을 하는 경우
인터넷 중독	• 인터넷사용에 있어 자율적 통제가 불가능할뿐 아니라 병적으로 집착하여 과도하게 인터넷을 하는 행동으로 금단, 내성을 보이며 학업이나 직장, 가정생활에 심각한 문제를 초래하는 경우
쇼핑 중독	• 지속적이고 반복적인 구매 행동이 부정적이거나 스트레스를 유발하는 생활사건이나 감정에 대한 첫 반응인 경우
일 중독	• 일에 대한 과도한 전념과 그로 인해 생활의 중요한 측면을 등한시하는 것으로 일에서 즐거움과 만족을 추구하거나, 즐겁지는 않으나 일하고자 하는 욕망을 통제하기 어렵거나, 힘든일에 대한 보상의 축적으로 쾌감을 경험한 결과 건강, 관계, 가족, 기타 활동에 방해를 받는 경우
성중독	• 더 이상 옳거나 그릇된 성행위에 대해 판단하지 못하며, 통제력 상실, 선택할 수 있는 힘 상실, 중단이 자유롭지 못한 상태

표. 도박장애 진단기준

도박장애 진단기준 (DSM-5-TR)

A. 지속적이고 반복적인 문제적 도박 행동이 임상적으로 현저한 손상이나 고통을 초래하고, 지난 12개월 동안 다음의 항목 중 4가지(또는 그 이상)가 나타난다.
  1. 원하는 흥분을 얻기 위하여 액수를 늘리면서 도박하려는 욕구
  2. 도박을 줄이거나 중지시키려고 시도할 때 안절부절 못하거나 과민해짐
  3. 도박을 조절하거나, 줄이거나, 중지시키려는 노력이 반복적으로 실패함
  4. 종종 도박에 집착함(예 과거의 도박 경험을 되새기고, 다음 도박의 승산을 예견해 보거나 계획하고, 도박으로 돈을 벌수 있는 방법을 생각)
  5. 괴로움(예 무기력함, 죄책감, 불안감, 우울감)을 느낄 때 도박함
  6. 도박으로 돈을 잃은 후, 흔히 만회하기 위해 다음날 다시 도박함(손실을 쫓아감)
  7. 도박으로 관여된 정도를 숨기기 위해 거짓말을 함
  8. 도박으로 인해 중요한 관계, 일자리, 교육적 또는 직업적 기회를 상실하거나 위험에 빠트림
  9. 도박으로 야기된 절망적인 경제 상태에서 벗어나기 위한 돈 조달을 남에게 의존함

B. 도박 행동이 조증 삽화로 더 잘 설명되지 않는다.

14 청소년 물질 중독

1 청소년 물질남용 원인

심리적 원인	• 기분변화 심하고, 사회적 민감도가 높고, 자율적인 주체성을 확립하는 과정중에 있어 외로움과 고통을 겪음 → 과정상의 장애가 생길 시 남용 증가 • 약물남용을 하는 청소년일수록 자아정체감이 현저히 낮음
사회적 원인	• 사회부조화로 인한 절망, 인간관계의 소실 및 고립화 • 주변 친구의 영향 (또래의 압박) 즉, 친구와 어울리고 싶고 또래에게 인정받기 위해서
환경적 원인	• 어릴때부터 대중매체를 통해 약에 노출되어 약물 사용 기회 및 사용증가 + 집안 환경 (주로 값이 싸고 손쉽게 구할 수 있는 알코올, 본드, 부탄가스 등)
개인적 요인	• 호기심, 입시, 스트레스, 우울/긴장/불안/권태/외로움/절망감 등의 부정적 감정 해소, 회피형 성격, 애정결핍 등

2 청소년 물질중독이 성인보다 더 위험한 이유

뇌 손상	• 뇌가 완전히 발달하지 않았으며 전전두엽이 미성숙한 시기임(20대 중반까지 발달) • 청소년기에 마약이나 중독성 물질을 사용하면 뇌 발달과정을 방해하고, 뇌의 구조와 기능에 영향을 미침 • 청소년의 뇌는 새로운 경험을 통해 뇌의 구조와 기능이 변화하는 '신경가소성'이 매우 활발한 시기이므로, 마약류로 인한 뇌손상이 성인에 비해 7배에 달함
중독 위험	• 청소년 뇌는 성인의 뇌보다 중독의 유혹에 빠지기 쉬운 상태임 • 청소년이 일찍 약물 사용을 시작할수록 약물을 계속 사용하여 나중에 중독될 가능성이 커짐

3 마약류 사용으로 인한 나타나는 청소년의 심리·정서적 어려움

불면, 각성	• 필로폰, 코카인 같은 중추신경 흥분제 사용으로 각성상태 유지, 불면증 유발, 잠들기 어렵고 자주 깨고 일찍 깸
식욕의 변화	• 약물 종류와 상관없이 식욕감퇴 유발
기분장애	• 우울증, 무기력, 삶의 의지 상실 • 감정의 기복이 심해지고 쉽게 흥분, 폭력성이 나타남, 불안장애와 강박장애
정신병적 장애	• 주위 환경과 상황인식 능력 저하, 정보해석 오류로 환각, 관계 망상 등 • 환시, 환청, 환촉처럼 없는 감각이 있는 것처럼 경험하는 다양한 감각장애 • 벌레가 기어다니는 듯한 환촉, 난장이, 벌레, 작은 동물 등 헛것이 보이고 괴물에 쫓기는 환시 • 욕설이나 자신을 비난하거나 행동을 지시하는 내용의 환청

4 청소년 마약중독을 알 수 있는 징후

신체적 특징	정서적 특징	행동적 특징
• 안 좋은 위생상태와 외관변화 • 윤기 나거나 충혈된 눈 • 콧물이나 코피가 자주 남 • 일을 계속하는데 어려움 • 집중력을 유지하는데 어려움	• 편집증, 과민성, 불안, 안절부절 • 기분이나 태도의 변화가 큼	• 눈 접촉 피함, 변명하기, 노골적인 거짓말 • 통금시간 무시 및 위반 행위 • 무책임한 행동, 금전 요구 증가 • 방문 잠그기, 비밀전화 걸기 • 다른 사람으로부터 고립되거나 가족이나 친구와의 관계가 손상됨 • 학교 및 수업에 빠짐, 성적 저하 • 징계 거부

참고문헌

- 권준수 외(2023), DSM-5-TR 정신질환의 진단 및 통계 편람. 학지사
- 권영란 외(2024). 제 9판 수정판 정신건강간호학. 현문사
- 김경희 외(2023). 제 7판 정신건강간호학. 현문사
- 김성재 외(2023). 제 9판 정신간호총론. 수문사
- 우미영 외(2023). 제 8판 정신건강강호학. 수문사
- 남지혜 외(2020). 살아있는 DBT
- 이우경 외(2019). 심리평가의 최신 흐름. 학지사
- 정신건강전문요원 보수교육 자료(2023)
- 권석만 저(2023). 이상심리학의 기초. 학지사
- 권석만 저(2020). 현재 심리치료와 상담이론. 학지사
- 한국노인호학회. 노인간호학(2021). 현문사
- 국가법령정보센터 (https://law.go.kr)
- 보건복지부 (https://www.mohw.go.kr)
- 법제처 (https://www.moleg.go.kr)

2026학년도 김이지 보건임용 02

정신간호학

초판 1쇄 발행 2025년 04월 18일

편저 김이지
감수 한수경
발행인 공태현　**발행처** (주)법률저널
등록일자 2008년 9월 26일　**등록번호** 제15-605호
주소 151-862 서울 관악구 복은4길 50 (서림동 120-32)
대표전화 02)874-1144　**팩스** 02)876-4312
홈페이지 www.lec.co.kr
ISBN 979-11-7384-021-0 (13510)
정가 33,000원